中国职业技术教育学会科研项目优秀成果

The Excellent Achievements in Scientific Research Project of Chinese Society of Technical and Vocational Education

高等职业教育汽车专业“双证课程”培养方案规划教材

汽车性能检测与评价

高等职业技术教育研究会 审定
张爱民 主编
朱道伟 任育刚 副主编

Automotive Performance Detecting and Evaluation

人民邮电出版社
北京

图书在版编目（CIP）数据

汽车性能检测与评价 / 张爱民主编. —北京：人民邮电出版社，2009.9（2020.9 重印）
中国职业技术教育学会科研项目优秀成果. 高等职业教育汽车专业“双证课程”培养方案规划教材
ISBN 978-7-115-20888-0

Ⅰ. 汽… Ⅱ. 张… Ⅲ. 汽车－性能－检测－高等学校：技术学校－教材 Ⅳ. U472.9

中国版本图书馆CIP数据核字（2009）第108870号

内容提要

本书以汽车使用性能检测为主线，采取项目式的教学方法，在介绍汽车性能的同时，围绕性能评价、性能检测和检测结果分析组织内容。

本书内容包括汽车的动力性、燃油经济性、制动性、转向系统性能、行驶系统性能、传动系统性能、排放污染物、噪声性能、车速表性能、通过性、照明和信号装置、发动机性能检测与评价以及整车与总成技术性能要求与评价，共 13 个项目。每个项目按照“项目要求—相关知识—项目实施—拓展知识—小结—习题”的形式安排，突出了实用性。

本书可作为高职高专院校汽车检测与维修技术、汽车运用技术等专业的教材，也可作为汽车维修、汽车检测等工程技术人员的培训用书。

中国职业技术教育学会科研项目优秀成果
高等职业教育汽车专业“双证课程”培养方案规划教材

汽车性能检测与评价

◆ 审　　定　高等职业技术教育研究会
主　　编　张爱民
副 主 编　朱道伟　任育刚
责任编辑　赵慧君

◆ 人民邮电出版社出版发行　　北京市丰台区成寿寺路 11 号
邮编　100164　　电子邮件　315@ptpress.com.cn
网址　http://www.ptpress.com.cn
固安县铭成印刷有限公司印刷

◆ 开本：787×1092　1/16
印张：18.25　　　　2009 年 9 月第 1 版
字数：451 千字　　　　2020 年 9 月河北第 12 次印刷

ISBN 978-7-115-20888-0/U

定价：29.80 元

读者服务热线：(010)81055256　印装质量热线：(010)81055316
反盗版热线：(010)81055315

职业教育与职业资格证书推进策略与“双证课程”的研究与实践课题组

组　长：

俞克新

副组长：

李维利　张宝忠　许　远　潘春燕

成　员：

林　平　周　虹　钟　健　赵　宇　李秀忠　冯建东　散晓燕　安宗权
黄军辉　赵　波　邓晓阳　牛宝林　吴新佳　韩志国　周明虎　顾　晔
吴晓苏　赵慧君　潘新文　李育民

课题鉴定专家：

李怀康　邓泽民　吕景泉　陈　敏　于洪文

高等职业教育汽车专业“双证课程”培养方案规划教材编委会

丛书出版前言

职业教育是现代国民教育体系的重要组成部分，在实施科教兴国战略和人才强国战略中具有特殊的重要地位。党中央、国务院高度重视发展职业教育，提出要全面贯彻党的教育方针，以服务为宗旨，以就业为导向，走产学结合的发展道路，为社会主义现代化建设培养千百万高素质技能型专门人才。因此，以就业为导向是我国职业教育今后发展的主旋律。推行“双证制度”是落实职业教育“就业导向”的一个重要措施，教育部《关于全面提高高等职业教育教学质量的若干意见》（教高［2006］16 号）中也明确提出，要推行“双证书”制度，强化学生职业能力的培养，使有职业资格证书专业的毕业生取得“双证书”。但是，由于基于双证书的专业解决方案、课程资源匮乏，双证书课程不能融入教学计划，或者现有的教学计划还不能按照职业能力形成系统化的课程，因此，“双证书”制度的推行遇到了一定的困难。

为配合各高职院校积极实施双证书制度工作，推进示范校建设，中国高等职业技术教育研究会和人民邮电出版社在广泛调研的基础上，联合向中国职业技术教育学会申报了《职业教育与职业资格证书推进策略与“双证课程”的研究与实践》课题（中国职业技术教育学会科研规划项目，立项编号 225753）。此课题拟将职业教育的专业人才培养方案与职业资格认证紧密结合起来，使每个专业课程设置嵌入一个对应的证书，拟为一般高职院校提供一个可以参照的“双证课程”专业人才培养方案。该课题研究的对象包括数控加工操作、数控设备维修、模具设计与制造、机电一体化技术、汽车制造与装配技术、汽车检测与维修技术等多个专业。

该课题由教育部的权威专家牵头，邀请了中国职教界、人力资源和社会保障部及有关行业的专家，以及全国 50 多所高职高专机电类专业教学改革领先的学校，一起进行课题研究，目前已召开多次研讨会，将课题涉及的每个专业的人才培养方案按照“专业人才定位—对应职业资格证书—职业标准解读与工作过程分析—专业核心技能—专业人才培养方案—课程开发方案”的过程开发。即首先对各专业的工作岗位进行分析和分类，按照相应岗位职业资格证书的要求提取典型工作任务、典型产品或服务，进而分析得出专业核心技能、岗位核心技能，再将这些核心技能进行分解，进而推出各专业的专业核心课程与双证课程，最后开发出各专业的人才培养方案。

根据以上研究成果，课题组对专业课程对应的教材也做了全面系统的研究，拟开发的教材具有以下鲜明特色。

1. 注重专业整体策划。本套教材是根据课题的研究成果—专业人才培养方案开发的，每个专业各门课程的教材内容既相互独立又有机衔接，整套教材具有一定的系统性与完整性。

2. 融通学历证书与职业资格证书。本套教材将各专业对应的职业资格证书的知识和能力要求都嵌入到各双证教材中，使学生在获得学历文凭的同时获得相关的国家职业资格证书。

3. 紧密结合当前教学改革趋势。本套教材紧扣教学改革的最新趋势，专业核心课程、双证课程按照工作过程导向及项目教学的思路编写，较好地满足了当前各高职高专院校的需求。

为方便教学，我们免费为选用本套教材的老师提供相关专业的整体教学方案及相关教学资源。

经过近两年的课题研究与探索，本套教材终于正式出版了，我们希望通过本套教材，为各高职高专院校提供一个可实施的基于双证书的专业教学方案。我们也热切盼望各位关心高等职业教育的读者能够对本套教材的不当之处给予批评指正，提出修改意见，并积极与我们联系，共同探讨教学改革和教材编写等相关问题。来信请发至 panchunyan@ptpress.com.cn。

前 言

“汽车性能检测”是高职高专院校汽车类专业的一门主干课程，为了使此类专业的学生能够胜任汽车生产制造、汽车维修、交通运输、汽车检测等企业相关岗位的工作要求，也便于教师全面、系统地讲授这门课程，我们编写了这本《汽车性能检测与评价》。

本书在研究汽车整车性能的基础上，详细介绍用各种先进的检测仪器设备对汽车技术状况进行不解体检测的方法，并通过诊断出的各种性能参数，全面、准确评价汽车的性能和技术状况。

本书的参考学时为100学时，其中理论学时为60学时，实训环节为40学时，各项目的参考学时参见下面的学时分配表。

项　目	课 程 内 容	学 时 分 配	
		讲　授	实　训
项目一	汽车动力性检测与评价	6	4
项目二	汽车燃料经济性检测与评价	4	4
项目三	汽车制动性检测与评价	6	4
项目四	汽车转向系统性能检测与评价	6	4
项目五	汽车行驶系统性能检测与评价	6	2
项目六	汽车传动系统性能检测与评价	2	2
项目七	汽车排放污染物检测与评价	8	4
项目八	汽车噪声性能检测与评价	2	1
项目九	汽车车速表性能检测与评价	2	1
项目十	汽车通过性检测与评价	2	4
项目十一	汽车照明、信号装置检测与评价	4	2
项目十二	汽车发动机性能检测与评价	8	6
项目十三	整车与总成技术性能要求与评价	4	2
课时总计		60	40

本书由张爱民主编，朱道伟、任育刚副主编，安相璧、张敏主审。参加编写的人员有徐来春、孙兴齐、伊洪冰、刘增勇、蔡强、张旭涛、聂建红和中国汽车技术研究中心的王仁广等。

本书在编写过程中参阅了大量国内外的技术资料、教材和著作，得到了军事交通学院汽车试验中心领导和同志们的大力支持，在此谨向所有参考资料的作者及关心支持本书编写的同志表示感谢。

由于编者水平有限，书中错漏之处在所难免，恳请广大读者批评指正。

编　者

2009年7月

目　录

项目一

汽车动力性检测与评价

一、项目要求

汽车是一种高效率的运输工具，其运输效率的高低主要取决于汽车的动力性，动力性越好，汽车以最快的运输速度完成运输工作的能力越高，所以，动力性是汽车各种性能中最基本、最重要的性能，它代表了汽车行驶可发挥的极限能力。因此，加强对汽车动力性的检测，成为保持与发挥汽车动力的有效途径。

通过本项目内容的学习，读者能够掌握汽车动力性的基本概念、评价指标、影响因素；掌握汽车的驱动力、行驶阻力产生原因，汽车行驶的附着力和附着条件；了解底盘测功机的工作原理、构造及检测方法；掌握汽车道路检测的条件、检测仪器及检测方法。

二、相关知识

（一）汽车动力性评价指标

汽车的动力性是汽车各种性能中最基本、最重要的性能，它反映了汽车在良好路面上直线行驶时，由汽车受到的纵向外力决定的所能达到的平均行驶速度（也称为平均技术速度）。由于汽车行驶条件非常复杂、多变，如直接用汽车平均技术速度来评价汽车的动力性，将非常困难，甚至是不可能的，因此，目前主要采用与平均技术速度直接有关的以下 3 个指标来评价。汽车动力性的检测主要依据 GB/T 18276—2000 规定的程序进行。

1. 最高车速

最高车速是指汽车满载时，在水平良好的路面上行驶所能达到的最高稳定行驶速度。现代载货汽车的最高车速一般在 100km/h 左右。总质量越大，汽车的最高车速将越低。现代轿车的最高车速为 140km/h ~ 200km/h。

2. 加速时间

加速时间（或加速路程）是指汽车由某一车速加速至另一车速所需要的时间（或路程）。通常用两种加速时间来表明汽车的加速能力：一种是汽车从原地起步，连续换挡加速至某一高速所需的时间；另一种是汽车在最高挡或次高挡由某一低速加速至另一高速所需的时间。后者主要反映汽车超车能力的强弱。

3. 最大爬坡度

最大爬坡度是指汽车满载在良好路面上，使用最低挡所能爬上的最大坡度。现代载货汽车的最大爬坡度为30%（即坡度角为16.5°）左右，越野汽车的最大爬坡度为60%（即坡度角为30°）左右。

上述3个指标，特别是前两个，对于不同用途的汽车，影响汽车平均技术速度的程度是不相同的。例如，主要行驶在高速公路上的汽车，其平均技术速度将主要取决于最高车速的高低；而公共汽车的平均技术速度将不取决于最高车速，而取决于其加速能力的大小。

（二）汽车的动力性分析

1. 汽车的驱动力与行驶阻力

确定每辆汽车动力性指标的大小，必须根据力学原理，先找出沿汽车行驶方向的所有外力，即与汽车行驶方向相同的驱动力和与行驶方向相反的行驶阻力，并使驱动力与行驶阻力相等，建立汽车行驶方程式。最后解该方程式，即可求得汽车在各种工况下的速度、加速度和爬坡度。

汽车的行驶方程式可用下式表示：

$$F_t=\sum F \tag{1-1}$$

式中：F_t——驱动力（N）；

$\sum F$——行驶阻力之和（N）。

驱动力是由发动机发出的转矩，经传动系传给驱动轮，然后与路面发生相互作用而产生的。行驶阻力有滚动阻力、空气阻力、坡度阻力和加速阻力等。下面分别讨论上述各力的产生和各种参数对其产生的影响，并使 $F_t=\sum F$ 方程式具体化，以便求解出汽车行驶时的速度、加速度和爬坡度。

（1）汽车的驱动力

汽车发动机发出的转矩，经传动系传给驱动车轮，此时作用于驱动车轮上的转矩（M_t）可由下式求得：

$$M_t = M_e \cdot i_g \cdot i_0 \cdot \eta_t \tag{1-2}$$

式中：M_e——发动机转矩（N·m）；

i_g——变速器传动比；

i_0——主减速器传动比；

η_t——传动系机械效率。

驱动车轮在 M_t 的作用下，在其与地面的接触处，驱动车轮对地面作用，产生一圆周力 F_0，与此同时，地面给驱动车轮一反作用力 F_t，如图1-1所示。

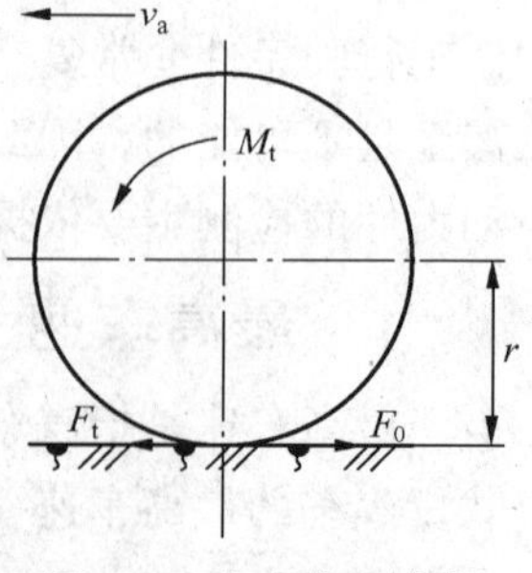

图1-1 汽车的驱动力

F_t即为驱动力，其值为

$$F_t = \frac{M_t}{r} \tag{1-3}$$

式中：r——车轮半径（m）。

将公式（1-3）代入公式（1-2），最后得

$$F_t = \frac{M_e \cdot i_g \cdot i_0 \cdot \eta_t}{r} \tag{1-4}$$

公式（1-4）即为驱动力的基础公式。但要运用此公式，还必须对发动机转矩、传动效率和车轮半径作进一步的讨论。

（2）汽车的行驶阻力

汽车在水平道路上等速行驶时，必须克服来自地面的滚动阻力 F_f和来自四周空气的空气阻力 F_w。只要汽车行驶，两个阻力就存在，并转化为热能消耗掉。汽车上坡时，还必须克服汽车重力沿坡道的分力，称为坡度阻力 F_i；当汽车下坡时，坡度阻力 F_i将转化为推力，即为负值，它推动汽车向前行驶。汽车加速行驶时，还必须克服汽车的惯性力即加速阻力 F_j；汽车减速行驶时，加速阻力 F_j为负值，变为推动汽车行驶的力。因此汽车行驶时要克服的总阻力为

总阻力=滚动阻力+空气阻力+坡度阻力+加速阻力

即$\sum F = F_f + F_w + F_i + F_j$

上式中，汽车在水平道路上行驶时，F_i=0；等速行驶时，F_j=0。

① 滚动阻力。车轮滚动时，轮胎与地面的接触部分将产生复杂的相互作用力，并引起轮胎与地面的变形。在它们的变形过程中，其内部分子间摩擦的存在，将造成能量的损失，这种能量损失就是产生滚动阻力的原因。轮胎在坚硬良好路面上滚动时，可以认为只有轮胎发生变形，也就是只有轮胎内部分子摩擦所引起的能量损失。轮胎在松软路面滚动时，将形成车辙，可以认为主要是松软土壤发生变形，能量损失主要是土壤分子间的摩擦造成。

一辆汽车行驶时总的滚动阻力将等于每个车轮滚动阻力之和。对于一辆双轴汽车来说，其滚动阻力为

$$\begin{aligned} F_f &= F_{f1} + F_{f2} = Z_1 \cdot f + Z_2 \cdot f \\ &= (Z_1 + Z_2) f = G \cdot f \end{aligned} \tag{1-5}$$

式中：G——汽车总重量（N）；

F_f——汽车总滚动阻力（N）；

Z_1，Z_2——地面对前后轴车轮的作用力（N）；

f——滚动阻力系数。

如图 1-2 所示，当汽车在坡度为α角的路面上行驶时，由于

$$Z_1 + Z_2 = G \cdot \cos\alpha \tag{1-6}$$

所以计算滚动阻力的公式（1-5）变为

$$F_f = G \cdot \cos\alpha \cdot f \tag{1-7}$$

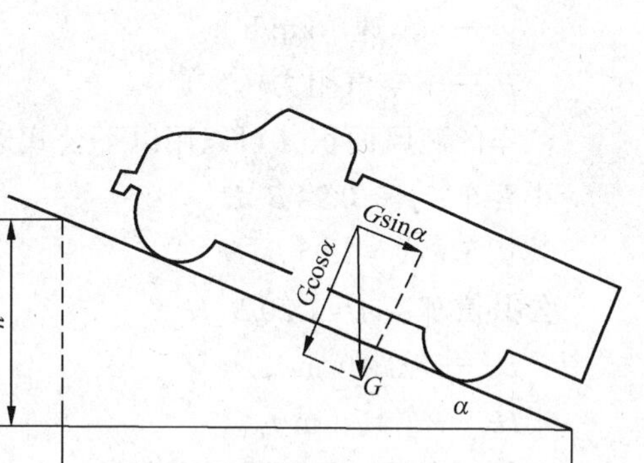

图 1-2　汽车上坡行驶

滚动阻力系数通常由试验测得，它的数值与路

面种类、行驶车速、轮胎结构和轮胎气压有关。常用的滚动阻力系数值如表 1-1 所示。

从表 1-1 中看出，路面越松软，滚动阻力系数值越大，这是因为此时轮胎除产生的迟滞损失，还与土壤分子产生摩擦，使能量损失大大增加。

表 1-1　　滚动阻力系数 *f* 的数值

路 面 类 型	滚动阻力系数
良好的沥青或混凝土路面	0.010 ~ 0.018
一般的沥青或混凝土路面	0.018 ~ 0.020
碎石路面	0.020 ~ 0.025
良好的卵石路面	0.025 ~ 0.030
坑洼的卵石路面	0.035 ~ 0.050
干燥的压紧土路	0.025 ~ 0.035
雨后的压紧土路	0.050 ~ 0.150
泥泞土路（雨季或解冻期）	0.100 ~ 0.250
干砂	0.100 ~ 0.300
湿砂	0.060 ~ 0.150
结冰路面	0.015 ~ 0.030
压紧的雪道	0.030 ~ 0.050

② 空气阻力。汽车行驶时，必然受到空气的阻碍作用。空气对汽车的作用力在行驶方向的分力称为空气阻力。空气阻力由摩擦阻力和压力阻力两部分组成。空气分子相对于汽车表面发生摩擦所产生的摩擦力沿汽车行驶方向的分力称为摩擦阻力。空气分子作用于汽车表面的法向压力的合力沿汽车行驶方向的分力称为压力阻力，压力阻力又可分为形状阻力、干扰阻力、内循环阻力和诱导阻力 4 部分。

如行驶车速 v_a 以 km/h 计，则空气阻力（Fw）为

$$F_w = \frac{C_D \cdot A \cdot v_a^2}{21.15} \text{（N）} \tag{1-8}$$

式中：C_D——空气阻力系数；

A——迎风面积（m^2）；

v_a——车速（km/h）；

F_w——空气阻力（N）。

汽车的迎风面积 A 可以用以下公式近似计算。

小客车：$A \approx 0.94 B \cdot H$

载货车：$A \approx 1.05 B \cdot H$

公共汽车：$A \approx 1.20 B \cdot H$

式中：B——轮距（m）；

H——车高（m）。

空气阻力系数是用试验测定的。

③ 坡度阻力。汽车上坡行驶时，如图 1-3

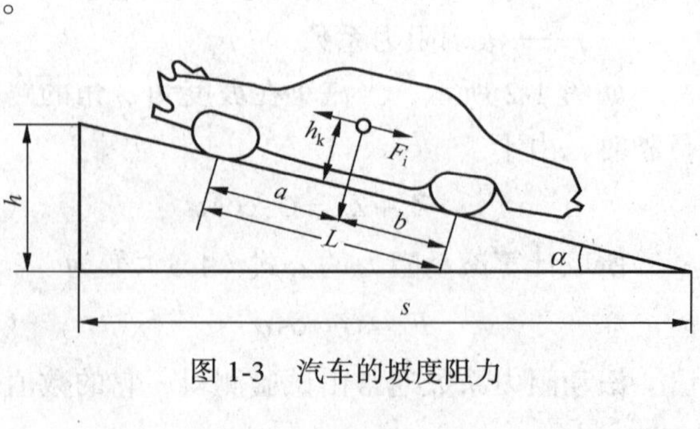

图 1-3　汽车的坡度阻力

所示，汽车重力沿坡道的分力与汽车行驶方向相反，形成行驶阻力，故称为坡度阻力（F_i），即

$$F_i = G \cdot \sin\alpha \quad (1\text{-}9)$$

道路坡度（i）常用坡高（h）与底长（s）之比来表示：

$$i = \frac{h}{s} \times 100\% = \tan\alpha \quad (1\text{-}10)$$

当坡度较小时，可以认为

$$\sin\alpha \approx \tan\alpha = i \quad (1\text{-}11)$$

故公式（1-9）又可写成：

$$F_i = G \cdot i \quad (1\text{-}12)$$

值得注意的是：当汽车下坡时，F_i为负值，即行驶阻力变为动力。

④ 加速阻力。汽车加速行驶时，需要克服其质量加速运动时的惯性力，这个惯性力就是加速阻力（F_j）。汽车的质量分为平移质量与旋转质量两部分。汽车加速时，平移质量（汽车的总质量）要产生惯性力，旋转质量（主要是发动机飞轮和车轮）要产生惯性力偶矩。为了便于计算，一般把旋转质量的惯性力偶矩转化为平移质量惯性力，并以系数 δ 作为旋转质量转换系数。因而汽车加速时的加速阻力为

$$F_j = \delta m \frac{dv}{dt} \text{（N）} \quad (1\text{-}13)$$

式中：δ——汽车旋转质量转换系数（$\delta > 1$）；

m——汽车总质量（kg）；

$\frac{dv}{dt}$——汽车行驶加速度（m/s^2）。

汽车旋转质量很多，如发动机飞轮，离合器压盘，变速器齿轮、轴，万向节、传动轴，主减速器齿轮、半轴及车轮等，其中飞轮和车轮的转动惯量很大，因而主要把飞轮和车轮的旋转惯性力偶矩转换成平移质量惯性力。

汽车在行驶过程中，滚动阻力和空气阻力是在任何条件下存在的，而坡度阻力和加速阻力只在汽车上坡或加速行驶时存在。因此在分析汽车受力时，必须考虑汽车的运动状态和行驶条件。

2. 汽车行驶的驱动与附着条件

汽车要正常行驶，驱动力（F_t）必须等于或大于滚动阻力（F_f）、空气阻力（F_w）、坡度阻力（F_i）之和。两者相等时，汽车等速行驶；驱动力大于各阻力之和时汽车加速行驶。故汽车行驶的必要条件可写成：

$$F_t \geqslant F_f + F_w + F_i \quad (1\text{-}14)$$

公式（1-14）称为汽车的驱动条件。

从前面分析可以看出，增大 F_t 可以通过增大发动机转矩和传动系传动比来达到。但这些措施只有在驱动轮与地面接触处不发生滑转时才有可能。车轮与路面不发生滑动（即滑转）的条件应是路面作用于驱动轮的切向反力（X_2）必须小于、等于附着力（$Z_2 \cdot \varphi$），即

$$X_2 \leqslant Z_2 \cdot \varphi \quad (1\text{-}15)$$

式中：φ——附着系数；

Z_2——作用于所有驱动轮上的法向反作用力。

在轮胎与路面不发生滑移时，切向反力的最大值等于附着力（$Z_2 \cdot \varphi$）。

由于滚动阻力系数（f）比φ小得多（在良好的路面上），因此可以略去滚动阻力，即

$$F_{t\max} \approx Z_2 \cdot \varphi \tag{1-16}$$

公式（1-16）称为汽车行驶的附着条件，是汽车行驶的充分条件。式中Z_2为作用于所有驱动轮上的法向反作用力。地面作用于驱动轮的法向反作用力及其附着系数越大，则汽车越容易满足附着条件。

附着系数主要取决于路面的种类和状况，以及轮胎花纹结构。在良好的混凝土或沥青路面上，路面干燥时φ值为0.7～0.8，潮湿时φ值为0.5～0.6；干燥碎石路面的φ值为0.6～0.7；干燥土路的φ值为0.5～0.6；潮湿土路的φ值为0.2～0.4。

把公式（1-15）和公式（1-16）连列起来，则有：

$$F_f + F_w + F_i \leqslant F_t \leqslant Z_2 \cdot \varphi \tag{1-17}$$

公式（1-17）总称为汽车的驱动与附着条件。

3. 影响汽车动力性的因素

影响汽车动力性的主要因素可以从下列几个方面讨论。

（1）发动机

① 比功率。汽车单位总质量所具有的功率称为比功率，即P_e/m（kW/t）。汽车的比功率越大，其最高车速和加速度越高，因此动力性越好。比功率是一个经常用来评定汽车动力性最简单而又最具有综合性的指标。

② 发动机的转矩适应性。发动机最大转矩与最大功率的转矩之比称为转矩适应性系数，即$\dfrac{M_{e\max}}{M_p}$。该比值越大，汽车动力性越好。因为汽车后备功率大，加速性好；汽车偶遇外界阻力增大，发动机转速将降低，但转矩升高，这有利于克服外界阻力，稳定汽车的行驶速度。

③ 发动机最大功率时的转速与最大转矩时转速之比值。该比值愈大，汽车偶遇外界阻力时发动机转速降低的允许值较大，这样飞轮放出的惯性力矩较大，有利于克服外界阻力，稳定汽车的行驶速度。

（2）驱动桥减速器主传动比

一辆汽车主减速器主传动比的选择，必须与发动机和整车很好匹配，才能使汽车动力性和燃油经济性取得满意的结果。

（3）变速器

① 变速器挡数。变速器挡数增多，会使汽车动力性提高。挡位增加越多，汽车的动力性越好。当增加到无穷多个挡时，即所谓的无级变速，汽车在任何车速下，发动机都能在最大功率下工作，此时后备功率最大，具有理想的、最高的动力性。

② Ⅰ挡传动比。变速器Ⅰ挡传动比的大小，决定了汽车最大爬坡度和汽车最低稳定车速的大小。Ⅰ挡传动比越大，在附着条件允许的条件下，汽车的最大爬坡度越大。汽车的最低稳定车速是越野汽车能否通过松软地区的重要参数之一，通常为3km/h左右。

（4）其他

① 汽车的总质量。汽车装载越多，或牵引越多，汽车的动力性越差。

② 汽车空气阻力系数。汽车流线型越差，空气阻力系数越大，汽车动力性就越差，这点高速汽车表现得尤为突出。

③ 汽车的维护保养。汽车的维护保养差，如发动机维护不好，动力不足；前束不合标准、轮胎气压不足、轮毂轴承调正不当等，均会降低汽车的动力性。

4. 汽车的功率平衡

汽车行驶时，不仅有驱动力和行驶阻力的平衡，也有发动机功率和汽车行驶阻力功率的平衡。即汽车行驶的每一瞬间，发动机发出的功率总是等于机械传动损失与各种行驶阻力所消耗的功率总和。

研究和分析汽车的功率平衡，不仅可以确定汽车的动力性指标，而且可以更方便地去理解汽车发动机的功率值和传动系统的参数，分析汽车的燃油经济性。

（1）汽车的功率平衡方程式

由汽车的驱动力平衡方程式，可以推得发动机功率与行驶阻力功率之间有如下关系：

$$P_{\mathrm{e}}\eta_{\mathrm{T}} = P_{\mathrm{f}} + P_{\mathrm{w}} + P_{\mathrm{i}} + P_{\mathrm{j}} \tag{1-18}$$

或

$$P_{\mathrm{e}} = \frac{1}{\eta_{\mathrm{T}}}(P_{\mathrm{f}} + P_{\mathrm{w}} + P_{\mathrm{i}} + P_{\mathrm{j}}) \tag{1-19}$$

其中，滚动阻力消耗功率为

$$P_{\mathrm{f}} = \frac{Gf\cos\alpha}{3600}v$$

克服坡度阻力消耗功率为

$$P_{\mathrm{i}} = \frac{G\sin\alpha}{3600}v$$

克服空气阻力消耗功率为

$$P_{\mathrm{w}} = \frac{C_{\mathrm{D}}Av^2}{3600\times 21.25} = \frac{C_{\mathrm{D}}Av^3}{76140}$$

克服加速阻力消耗功率为

$$P_{\mathrm{j}} = \frac{\delta Gv}{3600g}j$$

式中：G——汽车总重力（N）；

f——滚动阻力系数；

α——路面坡度角（°）；

v——车速（km/h）；

A——迎风面积（m^2）。

（2）汽车的功率平衡图

如同汽车的驱动力平衡图，将汽车各挡相应车速的发动机功率曲线 $P_{\mathrm{e}}-v$ 及汽车在平直良好路面上等速行驶相应车速的阻力功率曲线 $\frac{1}{\eta_{\mathrm{T}}}(P_{\mathrm{f}} + P_{\mathrm{W}})-v$ 绘在坐标图上，便得到汽车的功率平衡图，如图 1-4 所示。

显然，不同挡位时，功率不变，则各挡位上发动机功率所对应的车速不同。其特点是，各挡功率曲线的起点功率、最大功率、结束点功率分别处于等高的位置。低挡位对应低车速，所占速度变化区域窄；高挡时车速高，所占速度变化区域宽。

功率平衡图上直接挡的功率曲线与阻力功率曲线的交点处所对应的车速，就是汽车在水平良好的路面上达到最高车速状态。

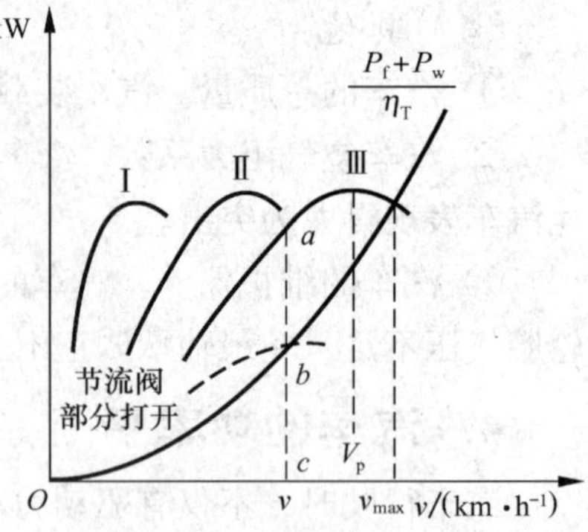

图 1-4　汽车功率平衡图

如果汽车在低于最高车速的某一车速下等速行驶，发动机的油门开度应减小，发动机应在部分负荷速度特性下工作，其功率曲线如图 1-4 虚线所示，由此可见，维持汽车在一般车速下等速行驶所需的发动机功率并不大。在该车速下，$P_e-\frac{1}{\eta_T}(P_f+P_W)$称为汽车的后备功率，如图 1-4 中的 ab 段。后备功率可用来使汽车加速或爬坡，以及拖带挂车。后备功率越大，汽车的动力性越好。

（三）台架检测的仪器与项目

汽车动力性检测通常有两种方法，即在试验台架检测（简称台架检测）和在实际道路检测（又称道路试验）。台架检测汽车动力性能在实验室内进行，主要设备是底盘测功机；道路试验主要在室外实际道路上进行，主要设备是汽车车速测量仪。

台架检测在室内进行，不受外界道路、环境等影响，与道路试验相比，具有以下优点。

① 不受外界试验条件与环境条件的影响。

② 试验周期短。

③ 节省财力及人力。

④ 精度高。

下面先来具体介绍台架检测。

1. 底盘测功机

（1）底盘测功机的功能

底盘测功机是汽车底盘综合性能诊断设备，其基本功能如下。

① 测试汽车驱动轮输出功率。

② 测试汽车的加速能力和滑行能力。

③ 测试汽车传动系统传动效率。

④ 检测、校验车速表。

若辅以油耗计、废气分析仪等设备，底盘测动机还可以对汽车的燃油经济性和废气排放性进行检测。

（2）底盘测功机的构造

底盘测功机一般由滚筒装置、测功装置、测速装置、飞轮机构、控制与指示装置等构成。其机械部分的结构如图 1-5 所示。

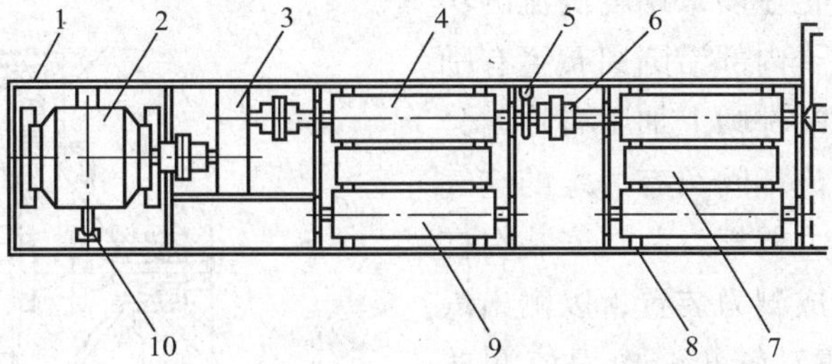

图 1-5　底盘测功机机械部分结构示意图

1—框架　2—电涡流测功器　3—升速器　4—主动滚筒　5—速度传感器　6—联轴器
7、8—飞轮　9、10—电磁离合器　11—举升器　12—从动滚筒　13—压力传感器

① 滚筒装置。测功试验时，汽车驱动轮在滚筒上滚动，驱动滚筒旋转，因此，滚筒装置相当于能够连续移动的路面。底盘测功机的滚筒装置有单滚筒和双滚筒两种类型，如图 1-6 所示。

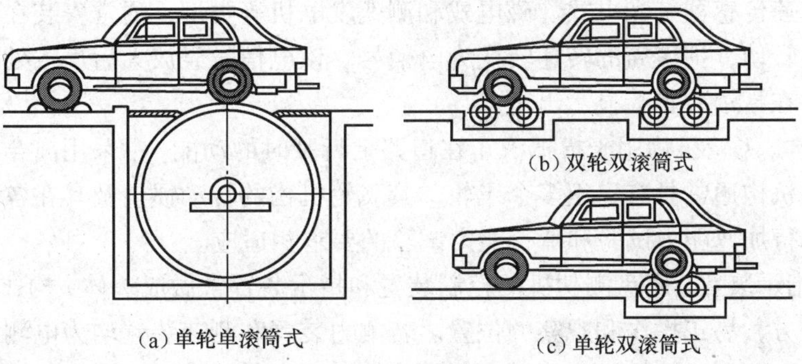

图 1-6　滚筒装置的结构类型

单滚筒试验台的滚筒直径较大，多在 1 500mm ~ 2 500mm 之间，有的可达 4 000mm。由于滚筒的直径大，滚筒的表面曲率小，车轮在滚筒上滚动时就像在平路上行驶，轮胎与滚筒表面间的滑转率小，行驶阻力也就小，因而测试精度高。但大滚筒试验台制造成本高，占地面积大，同时对车轮在滚筒上的安放定位要求严格，故使用不太方便。单滚筒底盘测功机一般用于科研单位，汽车制造厂家或大专院校用于汽车研究试验，很少用于汽车诊断和维修企业。

双滚筒试验台的滚筒直径一般在 180mm ~ 400mm 之间，由于滚筒半径小，滚筒表面曲率大，因而试验时轮胎与滚筒表面的接触面积较在平路上行驶时小得多，接触面间比压和变形大，滑转率大，从而使滚动阻力增大，测试精度变低。在较高的车速下，轮胎的滚动功率损失可达到所传递功率的 15% ~ 20%。但双滚筒底盘测功机具有车轮安放定位方便，制造成本低等优点，因而应用较多。

② 测功装置。测功装置用于吸收和测量汽车驱动轮的输出功率，因此通常被称为测功器。测功器也是一个加载装置，可模拟汽车在道路上行驶时所受的各种阻力，使车辆受力情况如同在道路上行驶时一样。

测功器主要由定子和转子构成，转子与滚筒相连，定子可绕其主轴线摆动。底盘测功机常用的测功器有水力测功器、电力测功器和电涡流测功器 3 类。

汽车检测站和维修企业多采用电涡流测功器。电涡流测功器的定子内部沿圆周布置有励磁线圈和涡流环，转子的外圆上加工有均匀分布的齿与槽，齿顶与涡流环间留有一定的空气隙。定子外壳上装有测力杠杆，并与安装在杠杆下方的压力传感器构成测力装置，以测出汽车驱动轮的驱动力或驱动转矩。电涡流测功器有多种，其中，水冷电涡流测功器的结构如图 1-7 所示。

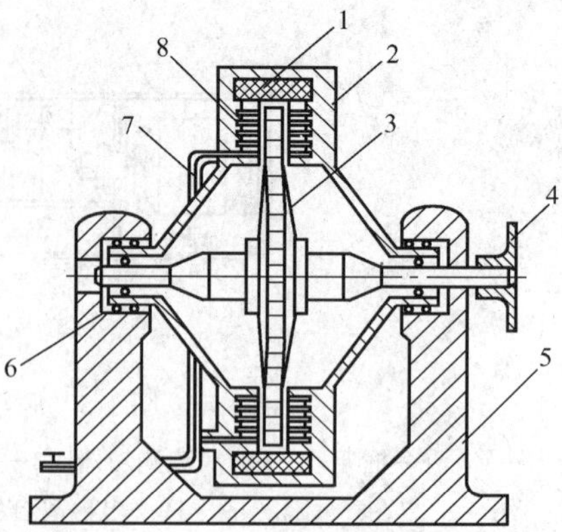

图 1-7　水冷电涡流测功器结构示意图

1—励磁线圈　2—定子　3—转子　4—联轴器　5—底座　6—轴承　7—冷却水管　8—冷却室水沟

③ 测速装置。底盘测功机在进行测功、加速试验、等速试验、滑行试验和燃油经济性试验时，都必须对试验车速进行测试。测速装置一般由测速传感器、中间处理装置和指示装置构成。常用的测速传感器有光电式、磁电式和测速发电机等类型，通常安装在从动滚筒一端，随从动滚筒一起转动，把滚筒的转速转变为电信号。该电信号经放大后送入处理装置，换算为车速（km/h）并在指示装置上显示出来。

④ 飞轮机构。飞轮机构用于模拟汽车在道路上行驶时的动能，常采用离合器实现与滚筒的自由接合。飞轮机构通常具有一组多个飞轮，其飞轮机构的转动惯量及其在各个飞轮上的分配应与所测车型进行加速能力试验和滑行能力试验的要求相适应。

⑤ 控制与指示装置。底盘测功机的控制装置和指示装置常做成一体，构成控制柜，安放在机械部分的左前方，易于操作和观察的位置。若测力装置和测速装置均为电测式，则指示装置可直接显示驱动车轮的输出功率；若测力装置为机械式时，则指示装置仅能显示驱动车轮的驱动力，驱动轮输出功率需根据所测出的驱动力和车速换算才能得到。

图 1-8 所示为底盘测功机控制装置的原理图；图 1-9 所示为控制柜面板图，控制柜上的按键、显示窗、旋钮、功能灯、报警灯、指示灯等，用来控制试验过程，显示试验结果。

带有打印机的底盘测功机，还可打印出所测数据或曲线图。

（3）底盘测功机的工作原理

汽车在道路上运行过程中存在着运动惯性和行驶阻力。要在试验台上模拟汽车道路上的运行工况，首先应解决模拟汽车的运动惯性和行驶阻力问题，这样才能用台架检测测试汽车运行状态的基本性能。在测功机台架上，利用飞轮的转动惯量及其旋转部件的转动惯量，在允许的误差范围内，可以满足汽车的惯量模拟。至于汽车在道路上运行时受到的滚动阻力和空气阻力等，可利用测功器加载装置来模拟。路面模拟是通过滚筒来实现的，即以滚筒来代替路面，滚筒的表面相对于汽车作旋转运动。控制系统可对加载装置及惯性模拟系统进行自动或手动控制，从而实现对车辆动力性（如驱动轮输出功率、加速性能、滑行性能等项目）的检测。

① 汽车驱动轮输出功率的测试原理。测试输出功率时，汽车驱动轮置于滚筒装置上，驱动滚筒旋转并通过滚筒带动测功器的转子旋转。当励磁线圈中没有电流通过时，转子不受制动力矩作用；当励磁线圈通有直流电时，所产生磁场的磁力线通过转子、空气隙、涡流环和定子构成闭合磁路。由于通过齿顶和凹槽的磁通量不同，因而当转子在滚筒带动下旋转时，通过涡流

环任一点的磁通量将呈周期性变化而产生涡电流。涡电流产生的磁场与励磁磁场相互作用，便产生了与转子旋转方向相反的转矩，从而对滚筒起到了加载作用。测出该转矩和转子转速，便可据此得到由滚筒传递给测功器转子的驱动功率。电涡流测功器具有测量精度高、震动小、结构简单和易于调控的特点，只要使励磁电流的强弱发生变化，就可以控制测功器所产生的制动力矩的大小，因而能比较容易、经济地实现自动控制。

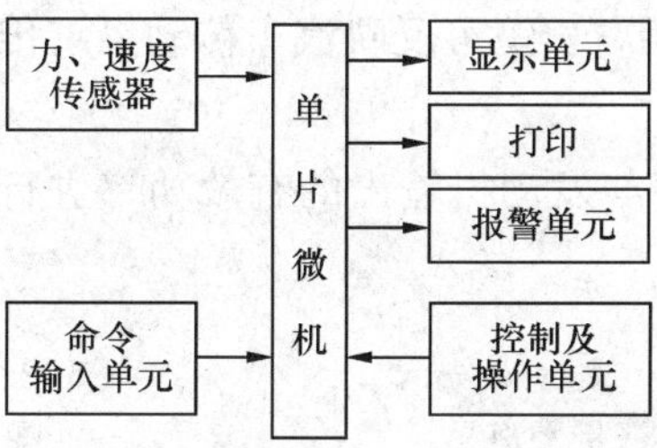

图 1-8　底盘测功机控制装置原理图

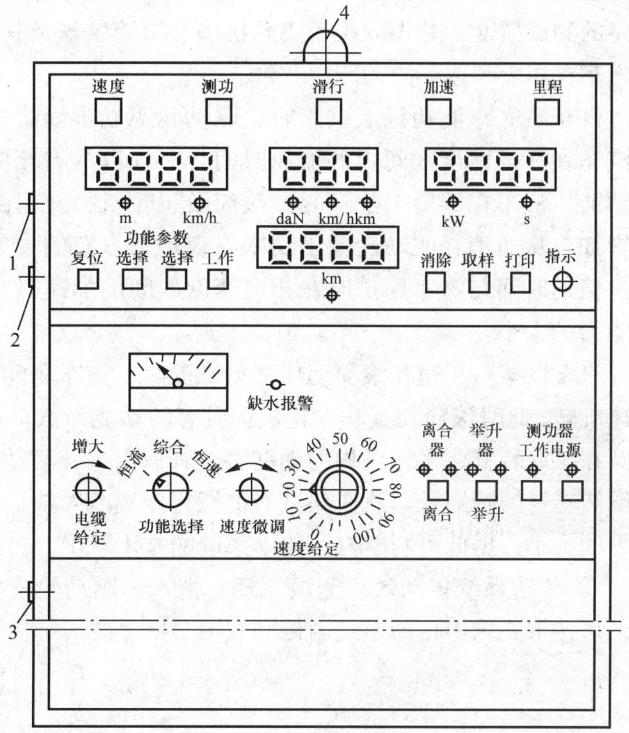

图 1-9　控制柜面板图

1—取样盒插口　2—打印机数据线插口　3—打印机电源线插口　4—报警灯

作用力与反作用力总是同时产生，同时消失的。转子施加制动力矩的同时，定子将受到与制动力矩大小相等、方向相反的力矩的作用，这一力矩力图使可绕主轴摆动的定子顺着转子旋转方向摆动。在测功器定子上安装一定长度的测力杠杆，并在杠杆的端部下方安装压力传感器，该传感器便受到因定子摆动由杠杆传来的压力。压力传感器受到压力后便会产生与压力大小成正比的电信号，显然，压力与杠杆长度的乘积就是定子（或转子）所受力矩的数值。在滚筒稳定旋转时，该力矩与驱动轮驱动力对滚筒的力矩平衡。因为滚筒的半径是已知的，所以，据此可求出车轮作用在滚筒上的驱动力的大小。

底盘测功机进行测功试验，以及进行加速试验、车速表检测、滑行试验、燃油经济性试验时，都需要测得试验车速，因此必须配备测速装置。测速装置多为电测式，所用传感器有磁电式、光电式和测速电动机等形式，一般装在从动滚筒一端，随滚筒一起转动，并把滚筒转动的角度转变为电信号。

由压力传感器和测速传感器传来的电信号输入到控制装置，经计算机处理后，在指示装置上显示出功率 P_k（kW）、驱动力 F（N）和车速 v（km/h）的数值。三者间具有如下关系：

$$P_{\mathrm{k}}=F\cdot v/3\,600 \tag{1-20}$$

式中：P_{k}——驱动轮输出功率（kW）;

F——驱动轮驱动力（N）;

v——试验车速（km/h）。

② 汽车的加速能力和滑行能力测试原理。底盘测功机对汽车加速能力（加速时间）和滑行距离的测试精度，首先取决于飞轮机构、滚筒装置及其他旋转部件的旋转动能是否与道路试验时汽车在相应车速下的动能相一致。

汽车在底盘测功机上试验时，驱动轮驱动滚筒旋转，但整车处于静止状况。这样，要测试汽车在一定速度区间内的加速时间，必须以具有相应转动惯量的飞轮机构模拟汽车行驶时的动能。汽车在滚筒上加速时，滚筒及飞轮机构转速的提高使滚筒及飞轮机构的旋转动能相应增加，从而消耗驱动轮输出功率，表现为汽车的加速阻力。滚筒圆周速度从某一值上升到另一值的时间与汽车路试时在相应速度区间的加速时间相对应。加速时间的长短则反映其加速能力的大小。

汽车以某一车速在滚筒上作滑行试验时，汽车驱动轮首先驱动滚筒装置、飞轮机构以相应转速旋转，此时滚筒装置和飞轮机构具有的动能与汽车道路试验时具有动能相等。摘挡滑行后，存储在滚筒装置、飞轮机构的动能将会释放出来，驱动汽车驱动轮和传动系统旋转，此时，滚筒继续转过的圆周长与汽车路试时的滑行距离相对应。滑行距离长短可反映汽车传动系统传动阻力的大小，据此可判断汽车传动系统的技术状况。

③ 传动系统传动效率测试原理。把汽车驱动轮输出功率与发动机输出的有效功率进行比较，可按下式求出传动系统的传动效率。

$$\eta=\frac{P_{\mathrm{k}}}{P_{\mathrm{e}}} \tag{1-21}$$

式中：P_{k}——驱动轮输出功率；

P_{e}——发动机有效功率。

正常情况下，汽车传动系统中的机械传动效率如表 1-2 所示。需要说明的是，在底盘测功机上试验时，车轮在滚筒上的滚动损失功率可达所传递功率的 15%～20%，所测驱动轮功率仅占发动机输出功率的 60%～70%（一般小轿车 70%，装用双级主传动器或单级主传动器的载货汽车和客车分别为 60%或 65%）。当传动效率过低时，说明消耗于离合器、变速器、分动器、主传动器、差速器的功率增加，汽车传动系统技术状况不良。

表 1-2 汽车传动系统机械传动效率

汽车类型		传动效率
小轿车		0.90～0.92
载货汽车 公共汽车	单级主传动	0.90
	双级主传动	0.84
4×4 越野汽车		0.85
6×6 载货汽车		0.80

利用试验台反拖可测得传动系统所消耗的功率。在惯性式底盘测功机或带有储能飞轮可模拟汽车在相应车速下行驶动能的底盘测功机上，若在测得汽车驱动车轮的输出功率后，立即踩下离合器踏板，存储在飞轮系统中的汽车行驶动能会反过来拖动汽车驱动轮和传动系统运转，运转阻力作用于滚筒，因此底盘测功机可测得反拖驱动轮和传动系统消耗的功率。如果将同一车速下驱动轮输出功率与反拖驱动轮和传动系统所消耗的功率相加，可求得该车速所对应的发动机转速下发动机的输出功率，根据发动机输出功率和汽车驱动轮输出功率可得到传动系统的机械效率。

（4）车速表检测原理

车速表检测时，汽车驱动轮置于滚筒上，并以某一预定车速（40km/h）行驶，当底盘测功机测速装置所显示的车速达到该车速时，检查车速表指示值。GB 7258-2004 对车速表的要求表述为车速表指示车速（v_1）（单位 km/h）与实际车速（v_2）（单位 km/h）之间应符合下列关系式：

$$0 \leqslant v_1 - v_2 \leqslant (v_2/10) + 4$$

从安全角度出发，车速表的读数应不小于实际车速，但考虑到在用车的实际情况，应允许车速表有一个小的下偏差。即当该机动车车速表的指示值（v_1）为 40km/h 时，测功机速度指示仪表的指示值（v_2）为 32.8km/h ~ 40km/h 才算合格。当测功机速度指示仪表的指示值（v_2）为 40km/h 时，读取该机动车车速表的指示值（v_1），当 v_1 的读数在 40km/h ~ 48km/h 范围内时为合格。

（5）其他项目的检测

除以上检测项目外，利用底盘测功机滚筒装置作为活动路面，以测功器的制动力矩模拟汽车的行驶阻力，则凡是汽车在运行中进行的检测和诊断项目，在配备所需仪器设备后均可在底盘测功机上进行。如采用油耗计测试在各种工况下的使用油耗；采用废气分析仪测试汽车在各种工况下的废气成分和烟度等。

2. 台架检测项目

型号不同的底盘测功机，其使用方法也有区别，以下介绍的是一般的操作方法。

（1）动力性的检测

汽车动力性采用驱动轮输出功率作为检测参数。驱动轮输出功率用底盘测功机检测。汽车动力性采用汽车发动机在额定扭矩（最大扭矩）和额定功率（最大功率）时的驱动轮输出功率作为评价指标。

① 检测工况检测工况采用汽车额定扭矩和额定功率的工况，即发动机全负荷与额定扭矩（最大扭矩）转速和额定功率转速所对应的直接挡（无直接挡时指传动比最接近于1的挡位）车速构成的工况。常用发动机额定功率、最大扭矩如表 1-3 所示。

表 1-3 常用发动机额定功率和最大扭矩

发动机型号	项目	
	额定功率（kW/ r · min^{-1}）	最大扭矩（N · m/r · min^{-1}）
EQ6BT5.9	114 ~ 118/2 800	490 ~ 559/1 600 ~ 1 700
EQ6100- Ⅰ	9/3 000	353/1 200 ~ 1 400
EQ491	65.5/5 500	152/3 500

续表

发动机型号		项目	
		额定功率（kW/ r · min^{-1}）	最大扭矩（N · m/r · min^{-1}）
C498QA1		78/4 800	180/3 000
4G64		92/5 500	186/3 000
6G72		133/5 500	255/4 500
SOFIM	8142.27S	76/3 800	225/2 000
	8142.47	85/3 800	245/2 000
	8142.43	87/3 600	269/1 900
	8142.23	76/3 600	240/1 900
JV		60/5 200	145/3 500

② 驱动轮输出功率限值。在额定扭矩和额定功率的检测工况下，采用校正驱动轮输出功率与相应发动机输出总功率的百分比作为驱动轮输出功率的限值。

$$\eta_{VM}=P_{VMO}/P_M \tag{1-22}$$

$$\eta_{VP}=P_{VPO}/P_e \tag{1-23}$$

式中：η_{VM}——汽车在额定扭矩工况下的校正驱动轮输出功率与额定扭矩功率的百分比（%）；

η_{VP}——汽车在额定功率工况下的校正驱动轮输出功率与额定功率的百分比（%）；

P_{VMO}——汽车在额定扭矩工况下的校正驱动轮输出功率（kW）；

P_{VPO}——汽车在额定功率工况下的校正驱动轮输出功率（kW）；

P_M——额定扭矩功率（kW）；

P_e——额定功率（kW）。

汽车的校正驱动轮输出功率限值如表 1-4 所示。

表 1-4　　汽车驱动轮输出功率的限值

汽车类别	汽车型号		额定扭矩工况		额定功率工况	
			直接挡检测速度 v_M/（km/h）	校正驱动轮输出功率/额定扭矩功率 η_{VM}/%	直接挡检测速度 v_P/（km/h）	校正驱动轮输出功率/额定功率 η_{VP}/%
载货汽车	1010 系列 1020 系列	汽油车	60	50	90	40
	1030 系列 1040 系列	汽油车	60	50	90	40
		柴油车	55	50	90	45
	1050 系列 1060 系列	汽油车	60	50	90	40
		柴油车	50	50	80	45
	1070 系列 1080 系列	汽油车	–	–	–	–
		柴油车	50	50	80	45
	1090 系列	汽油车	40	50	80	45
		柴油车	55	50	80	45
	1100,1110 系列 1120,1130 系列	汽油车	–	–	–	–
		柴油车	50	45	80	40

续表

汽车类别	汽车型号		额定扭矩工况		额定功率工况	
			直接挡检测速度 v_M/（km/h）	校正驱动轮输出功率/额定扭矩功率 η_{VM}/%	直接挡检测速度 v_P/（km/h）	校正驱动轮输出功率/额定功率 η_{VP}/%
	1140 系列 1150 系列 1160 系列	柴油车	50	50	80	40
	1170 系列 1190 系列	汽油车	55	50	80	40
半挂列车[1]	10t 半挂列车系列	汽油车	40	50	80	45
		柴油车	50	50	80	45
	15t，20t 半挂列车系列	柴油车	45	45	70	40
	25t 半挂列车系列	柴油车	45	50	75	40
客车	6600 系列	汽油车	60	45	85	35
		柴油车	45	50	75	40
	6700 系列	汽油车	50	40	80	35
		柴油车	55	45	75	35
	6800 系列	汽油车	40	40	85	35
		柴油车	45	45	75	35
	6900 系列	汽油车	40	40	85	35
		柴油车	60	45	85	35
	6100 系列	汽油车	40	40	85	35
		柴油车	40	45	85	35
	6110 系列	汽油车	40	40	85	35
		柴油车	55	45	80	35
	6120 系列	柴油车	60	40	90	35
轿车	夏利、富康		95/65[2]	40/35[2]	—	—
	桑塔纳		95/65[2]	45/40[2]	—	—

注：5010 系列～5040 系列厢式货车和罐式货车驱动轮输出功率的允许值按同系列普通货车的允许值下调 2%；其他系列厢式货车和罐式货车驱动轮输出功率的允许值按同系列普通货车的允许值下调 4%。

[1]—半挂列车是按载质量的分类。

[2]—汽车变速器使用三挡时的参数值。

③ 动力性合格条件。汽车动力性合格的条件为

$$\eta_{VM} \geqslant \eta_{Ma} \text{ 或 } \eta_{VP} \geqslant \eta_{Pa} \qquad (1\text{-}24)$$

式中：η_{Va}——汽车在额定扭矩工况下校正驱动轮输出功率与额定扭矩功率的百分比的允许值；

η_{Pa}——汽车在额定功率工况下校正驱动轮输出功率与额定功率的百分比的允许值。

轿车的动力性按额定扭矩工况进行检测和评价，这主要是考虑到轿车发动机在额定功率时的转速很高，在额定功率工况下试验，可能有一定的危险性，并对被测车辆可能造成损坏。

其他车辆按额定扭矩工况或额定功率工况进行检测和评价。

需注意的是：驱动轮输出功率是采用底盘测功机来检测的，实测的驱动轮输出功率是在试验室或检测站的实际环境状态下测得的，所以，需将实测的驱动轮输出功率校正到标准环境状态下的校正驱动轮输出功率，以便与限值比较。

④ 检验方法。

a. 按表 1-4 中相应车型的检测速度，在底盘测功机上设定检测速度 v_M 或 v_P。

b. 将被测车辆驱动轮置于底盘测功机滚筒上，启动汽车，逐步加速并换至直接挡，使汽车以直接挡的最低车速稳定动转。

c. 将油门踏板踩到底，测定 v_M 或 v_P 工况的驱动轮输出功率。

d. 测取读数。待汽车速度在设定的检测速度下稳定 15s 后，方可记录仪表显示的输出功率值；实际检测速度与设定检测速度的允差为 ± 0.5km/h。

e. 在读数期间，扭矩变动幅度应不超过 ± 4%。

f. 记录环境状态及检测数据。

g. 汽车的额定扭矩和额定功率取用汽车使用说明书提供的数据。

h. 将实测驱动轮输出功率修正为标准环境状态下的校正驱动轮输出功率。

i. 对 η_{VM} 或 η_{VP} 低于允许值的车辆，允许复测一次。

（2）加速时间的测定

根据被测车辆的整备质量选定底盘测功机的相应当量惯量。当底盘测功机配备的惯量模拟系统（飞轮）的惯量级数不能准确地满足被测车辆的当量惯量需要时，可选配与被测车辆整备质量最接近的转动惯量级。

将被测车辆驱动轮置于底盘测功机的滚筒上，启动汽车，逐步加速并换至直接挡，待车速稳定在 30km/h 时，迅速将油门踏板踩到底，全力加速至该车型最高车速的 80%。记录加速时间，填入表 1-5 中，重复测试两次，取其平均值作为测试结果。

表 1-5　　客车、货车加速时间测试记录表

<table>
<tr><td colspan="4">汽车型号</td><td></td><td></td><td colspan="4" rowspan="5">汽车牌号
整备质量
轮胎气压
底盘测功机型号</td><td></td></tr>
<tr><td colspan="4">总质量</td><td>kg</td><td></td><td>kg</td></tr>
<tr><td colspan="4">轮胎规格</td><td></td><td></td><td>kPa</td></tr>
<tr><td colspan="4">发动机型号</td><td></td><td></td><td></td></tr>
<tr><td colspan="4">模拟惯量</td><td>kg</td><td></td><td></td></tr>
<tr><td colspan="2" rowspan="2">车　速</td><td colspan="9">从 30km/h 加速到下列车速（km/h）</td></tr>
<tr><td>40</td><td>50</td><td>60</td><td>70</td><td>80</td><td>90</td><td>100</td><td>110</td><td>120</td></tr>
<tr><td rowspan="3">加速时间（s）</td><td>1</td><td></td><td></td><td></td><td></td><td></td><td></td><td></td><td></td><td></td></tr>
<tr><td>2</td><td></td><td></td><td></td><td></td><td></td><td></td><td></td><td></td><td></td></tr>
<tr><td>平均</td><td></td><td></td><td></td><td></td><td></td><td></td><td></td><td></td><td></td></tr>
<tr><td colspan="11">测试单位：
测试人员：
测试日期：　　　　　　　　年　　月　　日</td></tr>
</table>

轿车还要进行起步连续换挡加速时间的测试。启动轿车，从初速度 0km/h 开始起步，连续换挡，全力加速直至车速为 100km/h。将测试结果记入表 1-6 中。测试重复两次，取平均值作为测试结果。

表 1-6　轿车起步连续换挡加速时间测试记录表

汽车型号　　　　　　　　　　汽车牌号
总质量　　　　kg　　　　　　整备质量　　　　kg
轮胎规格　　　　　　　　　　轮胎气压　　　　kPa
发动机型号　　　　　　　　　底盘测功机型号
模拟惯量　　　　kg

车　速		从 0km/h 加速到下列车速（km/h）									
		10	20	30	40	50	60	70	80	90	100
加速时间（s）	1										
	2										
	平均										

测试单位：
测试人员：
测试日期：　　　　年　　月　　日

（3）滑行距离和时间的测定

被测汽车的轮胎气压应符合规定值，传动系统润滑油温不低于 50℃。根据被测车辆的质量选定底盘测功机的相应当量惯量。当底盘测功机所配备的飞轮系统的惯量级数不能准确满足被测车辆的当量惯量时，可选配与被测车辆整备质量最接近的转动惯量级。

将被测车辆驱动轮置于底盘测功机滚筒上，启动汽车，按引导系统的提示加速至高于规定滑行初速度（30km/h）后，置变速器于空挡，利用车—台系统存储的动能使其运转，直至车轮停止转动。将滑行的距离记录下来，与表 1-7 所示的参考值对照，即可判断汽车的滑行距离是否符合要求。

表 1-7　车辆滑行距离要求

汽车整备质量（M/kg）	双轴驱动车辆滑行距离（m）	单轴驱动车辆滑行距离（m）
$M<1\,000$	≥104	≥130
$1\,000\leqslant M\leqslant 4\,000$	≥120	≥160
$4\,000<M\leqslant 5\,000$	≥144	≥180
$5\,000<M\leqslant 8\,000$	≥184	≥230
$8\,000<M\leqslant 11\,000$	≥200	≥250
$M>11\,000$	≥214	≥270

（四）道路试验的仪器与项目

道路试验对汽车动力性的测试不同于台架检测，它要受到道路条件和环境条件的限制。同一车辆，使用相同的仪器设备测试，若其车辆、道路与环境条件不同，其测试的结果也会不同，因此，道路试验测试汽车的动力性，必须限定试验的条件。为了使试验结果具有可比性，国家在有关标准中对试验条件作了规定。

1. 测试条件

（1）装载质量

被测车辆的装载质量为厂定最大装载质量；装载物应均匀分布并固定牢靠，试验过程中不得晃动和颠离；乘员质量和替代重物分布应符合表 1-8 的规定。

表 1-8　　　　　　　　　　　　　　　　**乘员质量**

<table>
<tr><th colspan="3" rowspan="2">车　　型</th><th rowspan="2">每人平均质量</th><th rowspan="2">行李质量</th><th colspan="4">替代重物分布</th></tr>
<tr><th>座椅上</th><th>座椅前的地板上</th><th>吊在车顶的拉手上</th><th>行李箱(架)</th></tr>
<tr><td colspan="3">载货汽车、越野汽车、专用汽车、自卸汽车、牵引汽车</td><td>65</td><td>—</td><td>55</td><td>10</td><td>—</td><td>—</td></tr>
<tr><td rowspan="4">客车</td><td colspan="2">长途</td><td>60</td><td>13</td><td>50</td><td>10</td><td>—</td><td>13</td></tr>
<tr><td rowspan="2">公共</td><td>座客</td><td>60</td><td>—</td><td>50</td><td>10</td><td>—</td><td>—</td></tr>
<tr><td>站客</td><td>60</td><td>—</td><td>—</td><td>55（地板上）</td><td>5</td><td>—</td></tr>
<tr><td colspan="2">旅游</td><td>60</td><td>22</td><td>50</td><td>10</td><td>—</td><td>22</td></tr>
<tr><td colspan="3">轿车</td><td>60</td><td>5</td><td>50</td><td>10</td><td>—</td><td>5</td></tr>
</table>

（2）轮胎压力

试验过程中，轮胎冷充气压力应符合该车技术条件的规定，误差不超过 ± 10kPa（ ± 0.1kg/cm^2 ）。

（3）燃料、润滑油（脂）和制动液

被测汽车使用的燃料、润滑油（脂）和制动液的牌号和规格，应符合该车技术条件的规定。同一次试验必须使用同一批燃料、润滑油（脂）和制动液。

（4）气象条件

试验应在无雨无雾，相对湿度小于 95%，气温在 0℃ ~ 40℃之间，风速不大于 3m/s 的天气条件下进行。

（5）试验道路

各项性能试验应在清洁、干燥、平坦的用沥青或混凝土铺装的直线道路上进行。道路长 2km ~ 3km，宽不小于 8m，纵向坡度在 0.1%以内。

（6）试验仪器、设备

试验仪器、设备须经计量鉴定，在有效期内使用，确保功能正常，精度符合要求。若使用汽车本身的速度表、里程表测定车速或里程，应进行误差校正。

（7）被测车辆的准备

试验前，应记录被测车辆的生产厂名、牌号、型号、发动机号、底盘号、各主要总成号和出厂日期等；还应检查车辆装备完整性及装配调整情况，使之符合该车装配调整技术条件及国家标准的有关规定，并经行驶里程不大于 100km 的行驶检查，方可进行道路试验。

试验前，应根据试验要求，对被测车辆进行磨合，磨合规范按该车使用说明书的规定进行。试验时，车辆必须进行预热行驶，使发动机、传动系统及其他部分达到规定的温度状态。

2. 五轮仪

进行道路试验时，需要测量被测车辆的位移、速度和相应时间。车辆里程表虽然能够指示行驶里程和速度，但由于受到轮胎滚动半径变化、机械传递系统磨损、指示仪表本身精度不高等因素的影响，其显示精度不能满足试验要求，因此，需要专门仪器进行测量。这种用来测量汽车行驶过程的位移、速度与时间的仪器称为车速测量仪。由于传统上该仪器的传感器部分是一专门的小轮子，试验时由汽车拖动在路面上滚动，是除车轮外的第 5 个轮子，故又称之为五轮仪。

目前，我国常见的五轮仪有派斯勒 EM/SCH 型五轮仪（德国产）、SM 型五轮仪（日本产）、CWY 型五轮仪（中国山东青岛产）和 AM2020 型五轮仪（中国山东龙口产）。

下面以 AM2020 型五轮仪为例来说明五轮仪的结构与检测原理。

（1）五轮仪的组成

如图 1-10 所示，五轮仪由第五轮、显示器、传感器、脚踏开关（用于制动、换挡加速试验）等组成。第五轮由轮子、齿圈、连接臂、安装盘组成。其中，显示器的前、后板如图 1-11 和图 1-12 所示。

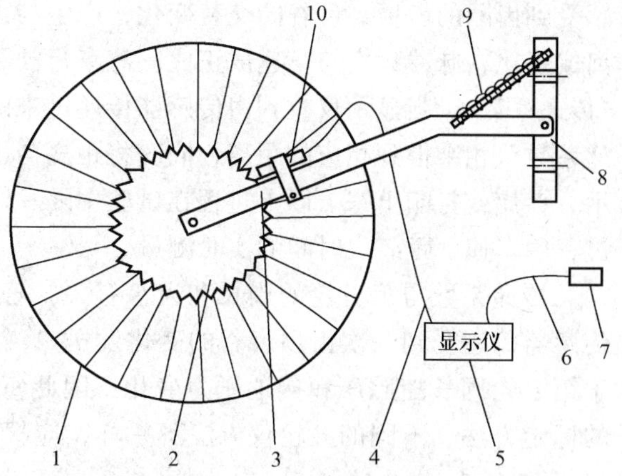

图 1-10 五轮仪组成示意图

1—轮子 2—齿圈 3—连接臂 4—导线 5—显示器 6—开关导线 7—脚踏开关 8—安装盘 9—加力弹簧 10—传感器

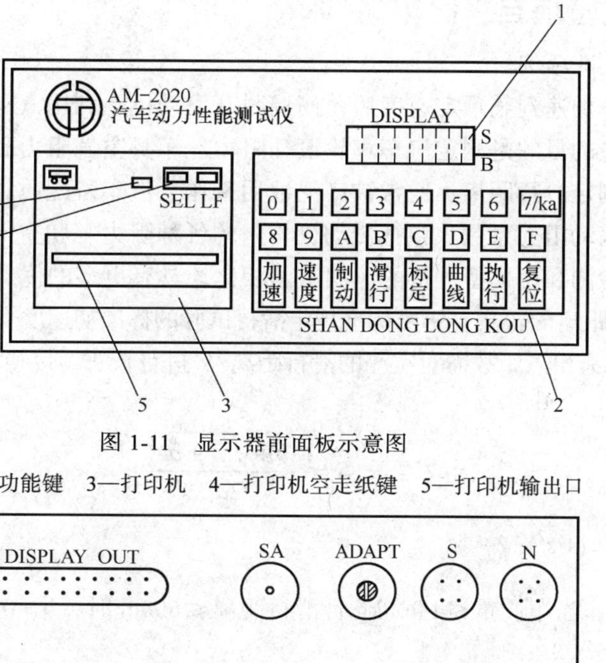

图 1-11 显示器前面板示意图

1—显示窗口 2—数字及功能键 3—打印机 4—打印机空走纸键 5—打印机输出口 6—发光二极管

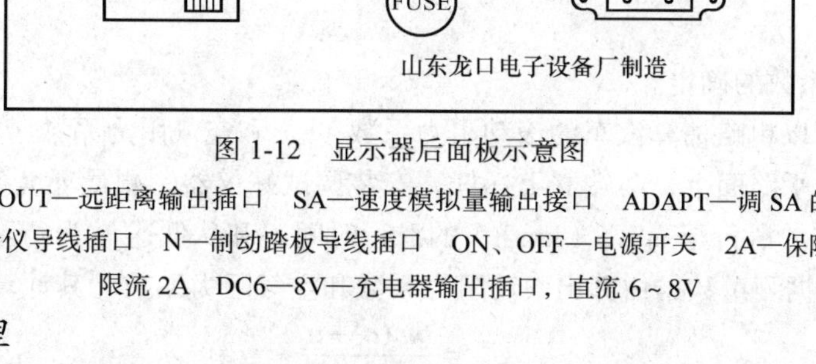

图 1-12 显示器后面板示意图

DISPLAY OUT—远距离输出插口 SA—速度模拟量输出接口 ADAPT—调 SA 的电位器 S—五轮仪导线插口 N—制动踏板导线插口 ON、OFF—电源开关 2A—保险管，限流 2A DC6—8V—充电器输出插口，直流 6～8V

（2）工作原理

试验时，第五轮固定在被测车辆的尾部或侧面，当第五轮随车运动而转动时，磁电传感器感受到齿圈的齿顶、齿谷的交替变化，产生与齿数成一定比例数量的电脉冲。脉冲数与车行距离成正比，脉冲频率与车速成正比。汽车行驶距离与脉冲信号数的比值是一常数，通常称之为"传递系数"。当显示仪收到由传感器传递过来的一定频率和数量的脉冲信号时，便自动与"传递系数"相乘得到相应的距离，同时将距离与由晶体振荡器控制的时间相比，得出车速，并显示、存储或打印出来。以上过程在试验中隔一定时间进行一次，直至试验结束，从而完成试验过程中车速、距离、时间的实时测量。

传递系数与第五轮的周长和齿盘有关，若第五轮实际周长为 L（m），齿盘上有 n 个齿，传感器每感受到一次齿顶齿谷的变化发送 2 个脉冲信号，则传递系数为 $L/2n$（m/脉冲）。由于第五轮周长随胎压和接地压力变化，因此每次试验前都应进行传递系数的标定。传递系数的标定方法，不同的五轮仪方法不一样，应根据所用五轮仪的使用说明书要求的方法进行。

（3）五轮仪的使用

使用五轮仪应该保证第五轮与地面间有一定的接地压力，以避免运动中第五轮跳离地面。传递系数是固定值的五轮仪，在标定传递系数时，应使第五轮实际周长尽可能符合使用说明书的"标准值"；传递系数可变的五轮仪，传递系数一经标定并输入内存，试验中不能关机，否则应重新标定。

3. 道路试验项目

（1）滑行试验项目

滑行是指汽车加速到某预定速度后，摘挡脱开发动机，利用汽车的动能继续行驶直到停车的过程。滑行试验的目的是测定汽车车轮滚动阻力、车身空气阻力和传动系的各种阻力。简单的滑行试验（即测定滑行距离）通常被广泛地用来作为汽车装配质量的检验手段；精密滑行试验则可分别求出滚动阻力系数（包括传动机构内的各种阻力）和空气阻力系数。滑行试验与用转鼓进行的台架检测和用模型进行的风洞试验相比，具有更多的优点。

① 实际滑行距离的校正。国家标准规定滑行试验的标准初速度 v_0=50km/h，而实测的初速度 v_0'与标准初速度总有出入，故需对实测的滑行距离 S' 进行校正，以换算出标准初速度 v_0=50km/h 的滑行距离 S，其公式为

$$S=\frac{-b+\sqrt{b^2+ac}}{2a} \tag{1-25}$$

式中：$a=\dfrac{v_0'^2-bS'}{S'^2}\,(1/\text{s}^2)$；

$b=0.2\text{m/s}^2$，当车质量≤4 000kg 且滑行距离≤600m 时，$b=0.3\ \text{m/s}^2$；

$c=771.6\text{m/s}^2$。

测量仪器采用车速、行程记录装置，精度不低于 0.5%，现多选用五轮仪或非接触式汽车速度仪。

② 行驶阻力系数的确定。

利用滑行法可以粗略估算汽车的滚动阻力系数（f）和空气阻力系数（C_D）。具体方法是在长约 1 000m 的水平路面上，两端立上标杆，安装调试好仪器，测量环境条件。试验中分别测量从高速 v_1（km/h）滑行至 v_1-5（km/h）的滑行时间 t_1 和从低速 v_2 滑行至 v_2-5（km/h）的滑行时间 t_2，然后根据测量数据估算出滚动阻力系数和空气阻力系数。其计算公式为

$$C_W=\frac{6m(a_1-a_2)}{A(v_1^2-v_2^2)} \tag{1-26}$$

$$f = \frac{28.2(a_2 v_1^2 - a_1 v_2^2)}{10^3 (v_1^2 - v_2^2)} \tag{1-27}$$

此算法适用于车速 100 k m / h 以下的车辆。

例如，以质量 $m = 1\,450$kg 和迎风面积 $A = 2.2\text{m}^2$ 的汽车为例，计算过程如表 1-9 所示。

表 1-9 滚动阻力系数和空气阻力系数举例

	第一次试验（高速）	第二次试验（低速）
初速	v_{a1}=60km/h	v_{a2}=15km/h
终速	v_{b1}=55km/h	v_{b2}=10km/h
v_a 和 v_b 之间的时间	t_1=6.5s	t_2=10.5s
平均车速	v_1=（v_{a1}+v_{b1}）/2=57.5km/h	v_2=（v_{a2}+v_{b2}）/2=12.5km/h
平均减速度	a_1=（v_{a1}−v_{b1}）/2=0.21km/h	a_2=（v_{a2}−v_{b2}）/2=0.13km/h
结论	$C_w = \frac{bm(a_1 - a_2)}{A(v_1^2 - v_2^2)} = 0.36$	$f = \frac{28.2(a_2 v_1^2 - a_1 v_2^2)}{10^3(v_1^2 - v_2^2)} = 0.013$

上述用滑行法估算滚动阻力系数和空气阻力系数的方法，是假定滚动阻力系数与车速无关的条件下求两系数的，但实际上滚动阻力系数是随车速的提高而增加的，若要求得到准确的滚动阻力系数和空气阻力系数，还应采用轮胎试验装置和风洞进行专门的试验。

（2）最高车速试验

最高车速是指汽车在无风情况下，在水平良好的混凝土或沥青路面上行驶所能达到的最大行驶速度 v_{max}。一般情况下，公路上规定的车速有“持续车速”和“最高车速”。显然，具有高动力性的汽车的最高车速是高于公路上规定的“最高车速”的。

（3）加速性能试验

汽车的加速能力对平均行驶车速有很大影响，汽车在水平路面上的加速度大小与动力因素成正比，因此加速度大小反映了汽车动力性的好坏。从理论上讲，评价加速性应该用加速度和时间的关系，但由于其使用意义不大，不如采用速度或距离与时间的关系更直观，因此一般都是用汽车从某一条件下加速到某一距离或某一车速时所需时间来表示。

① 最高挡或次高挡加速性能试验。最高挡或次高挡加速性能试验也称超车加速性能试验。超车加速时间是指用最高挡或次高挡由某一中等车速全力加速至某一高速时所需的时间。因为超车时汽车与被超车辆并行，容易发生安全事故，所以超车加速能力强，并行行程短，行驶就安全。超车加速能力还没有一致的规定，采用较多的是用最高挡或次高挡由预定车速全力加速行驶至某一高速所需的时间，或由加速曲线即车速时间关系曲线全面地反映加速能力。

② 起步连续换挡加速性能试验。原地起步加速时间是指汽车由第一挡起步并以最大的加速度（包括选择适当的换挡时机）逐步换至高挡后到达某一预定的距离或车速时所需的时间，该时间采用起步连续换挡加速试验来测定。国外一般用从 0 ~ 400m、0 ~ 500m、0 ~ 1 000m 的原地起步加速时间来比较加速能力。

（4）爬坡性能试验

爬坡性能试验是在各种坡度的坡道上，测定汽车的起步能力和爬坡能力，分为陡坡试验和长坡试验两种。

① 陡坡试验。陡坡试验一般在专门设置的坡道上进行，坡道长度应大于汽车长度的 2～3 倍。车辆用最低挡开始爬坡，其所能克服的最大坡度值即为最大爬坡能力，用角度或纵向升高百分比表示。在陡坡试验过程中，应对车辆各部件工作情况（如化油器倾斜对发动机运转特性、怠速特性以及启动性能的影响，轮胎与路面附着情况，离合器接合情况等）进行仔细观察、测量。

轿车的最大爬坡度一般在 20%以上；货车的最大爬坡度在 20%～30%之间；越野车爬坡能力是重要指标，一般最大爬坡度不小于 60%；而液力传动车辆，其最大爬坡度可达很大值，但仅具有极低的车速，因此一般以克服一定的坡度时的车速来评价其爬坡性能。

② 长坡试验。长坡试验的目的，是检查车辆能否在短时间顺利通过坡度为 7%～10%、长 10km 以上的连续长坡。试验时，要记录爬坡过程中的换挡次数、各排挡使用时间以及爬坡所需总时间。

三、项目实施

（一）检测仪器与实施要求

1.检测器材

① 汽车台架动力性检测的底盘测功机。

② 湿度计、温度计、大气压力计、饱和蒸气压计。

③ 汽车道路动力性检测的五轮仪（或非接触式速度仪）。

④ 标杆等、坡度仪、发动机转速表，秒表，钢卷尺（50m）。

2. 实施要求

① 了解汽车底盘测功机的构造、工作原理、检测项目和操作方法。

② 掌握汽车动力检测中各种仪器的使用方法。

③ 能够阐述底盘测功机检测汽车加速能力、驱动轮输出功率的方法。

④ 掌握汽车最高车速、最大爬坡度、滑行距离和滑行阻力的检测方法。

⑤ 能根据检测结果，正确分析汽车发动机功率偏低、动力性不足的原因。

（二）检测实施步骤

1. 汽车驱动轮输出功率检测

（1）准备工作

① 被测车辆的准备。

a. 调整发动机供油系统、点火系统至最佳工作状态。

b. 检查传动系统、车轮的连接情况并紧固。

c. 清洁轮胎，检查轮胎气压是否符合规定。

d. 运行走热全车。

② 底盘测功机的准备。

a. 对于水冷测功机，将冷却水阀打开。

b. 接通电源，根据被测车型选择测试功率的挡位。

c. 用三角铁抵住停在地面上的车轮前方，进行必要的纵向约束。

d. 将冷却风扇置于被测汽车前方 0.5m 处，对发动机吹风，防止发动机过热。

（2）测试条件

① 环境温度应为 0～40℃，湿度应小于 85%，大气压力在 80～110kPa 范围内。

② 使用仪器设备有温度计、湿度计、大气压力计，饱和蒸气压计以及底盘测功机等。

（3）驱动轮输出功率的检测

① 设定测试车速 v_M（额定扭矩对应的车速）和 v_P（额定功率对应的车速）。

② 将被测车辆驱动轮置于底盘测功机滚筒上，启动汽车，逐步加速换入直接挡，使汽车以直接挡的最低车速稳定运转。

③ 将油门踏板踩到底，测定 v_M 或 v_P 工况下的驱动轮输出功率。

④ 待汽车速度在设定的检测速度下稳定 15s 后，方可记录仪表显示的功率值；实际检测车速与设定检测车速的允许误差为 ±0.5km/h。

⑤ 在读数期间，扭矩变动幅度应不超过 ±4%。

⑥ 按表 1-9 记录环境状态参数及检测数据。

⑦ 将实测驱动轮输出功率修正为标准状态下的校正驱动轮输出功率，与额定功率和额定扭矩功率进行比较。

⑧ 对 η_{VM} 或 η_{VP} 低于允许值的车辆，允许再测一次。

表 1-10　汽车驱动轮输出功率检测记录表

汽车型号		汽车牌号	
总质量	kg	整备质量	kg
总行驶里程	km	前次检测后行程	km
发动机型号		底盘测功机型号	
轮胎规格		轮胎气压	kPa
额定转矩（M_e）	Nm/(r/min)	额定转矩功率(P_M)	kW/(r/min)
额定功率（P_e）	kW/(r/min)	环境湿度	℃
环境湿度	%	大气压力	kPa
饱和蒸汽压	kPa	功率校正系数α	

设定检测速度（km/h）	v_M=	v_r=
实测检测速度（km/h）	v_M' =	v_r' =
实测驱动轮输出功率（kW）	P_{VM}=	P_{VP}=
校正驱动轮输出功率（kW）	P_{VMO}=	P_{VPO}=
计算比值（%）	η_{VM}=	η_{VP}=
允许值（%）	η_{Ma}=	η_{Pa}=
判定		

检测单位：

检测人员：

检测日期：　　　　年　月　日

2. 滑行距离检测

（1）底盘测功机检测汽车的滑行距离

① 准备工作。被测车辆轮胎气压应符合规定值，传动系统润滑油温不低于 50℃。根据被测车辆的质量选定底盘测功机相应的当量惯量。当底盘测功机所配备的飞轮系统的惯量级数不能准确满足测试汽车的当量惯量时，可选配与测试汽车整备质量最接近的转动惯量级。

② 滑行距离的检测。将测试车辆驱动轮置量于测功机滚筒上，启动汽车，按引导系统的提示加速至高于规定滑行初速度（30km/h）后，置变速器于空挡，利用车-台系统存储的动能，使其运转至车轮停止转动。将滑行的距离记录下来，与国家标准参考值对照，可判断汽车的滑行距离是否符合要求。

（2）道路检测汽车的滑行距离

① 准备工作。在长约 1 000m 的试验路段两端立上标杆作为滑行区段。选用五轮仪测量车速、行程。

② 滑行距离的检测。汽车在进入滑行区段前，车速应稍大于 50km/h，此时驾驶员将变速器置放入空挡（松开离合器踏板），汽车开始滑行，直至汽车完全停住为止。在滑行过程中，驾驶员不得转动转向盘。当车速为50km/h时（汽车应进入滑行区段），记录滑行初速度（应为50km/h ± 0.3km/h）和滑行距离。

试验至少往返各滑行一次，往返区段尽量重合。

初速度 v_0=50km/h 的滑行距离 S，其公式为：

$$S=\frac{-b+\sqrt{b^2+ac}}{2a}$$

式中：$a=\dfrac{v'^2_0-bs'}{S'^2}(1/s^2)$；

b =0.2m/s²，当车质量≤4 000kg 且滑行距离≤600m 时，b =0.3m/s²；

c =771.6m/s²。

3. 最高车速检测

（1）检测前的准备

试验前应检查被测车辆的转向机构、各部紧固件的紧固情况及制动系统的效能，以保证试验的安全。试验时，关闭汽车门窗，其他试验条件及被测车辆的准备按通用试验条件的规定。

试验在符合试验条件的道路上，选择中间 200m 作为测量路段，并用标杆做好标志，测量路段两端为试验加速区间。根据被测车辆加速性能的优劣，选定充足的加速区间（包括试车场内环形高速跑道），使汽车在驶入测量路段前能够达到最高的稳定车速。

（2）最高车速检测

被测车辆在加速区间以最佳的加速状态行驶，在到达测量路段前保持变速器（及分动器）在汽车设计最高车速的相应部件的工作状况，并记录异常现象。

试验往返各进行一次，测定汽车通过测量路段的时间，并按下式计算最高车速检测结果。

$$v=\frac{3600\times 0.2}{t} \tag{1-28}$$

式中：v——汽车最高车速；

t——往返试验所测时间的算术平均值（s）。

4. 加速性能检测

（1）检测准备

① 检查汽油发动机化油器的阻风阀和节气阀以保证能全开。

② 柴油发动机喷油泵齿条行程应能达到最大位置。

③ 允许更换空气滤清器和燃油滤清器的滤芯。

④ 按该车技术条件规定的额定装载量装载。

⑤ 选取合适长度的加速性能试验路段，在两端各放置标杆作为记号。

（2）最高挡或次高挡加速性能检测

汽车在变速器预定挡位，以预定的车速（从稍高于该挡最低稳定车速起，选5的整数倍的速度如 20，25，30，35，40 km/h）作等速行驶，用五轮仪监视初速度，当车速稳定后（偏差≤1 km/h）驶入试验路段，迅速将油门踏板踩到底，使汽车加速行驶至该挡最大车速的80%以上，轿车应达到100 km/h以上。用五轮仪记录汽车的初速度和加速行驶的全过程，试验往返各进行一次，往返加速试验的路段应重合。

取往返试验结果的平均值作出曲线如图1-13所示。

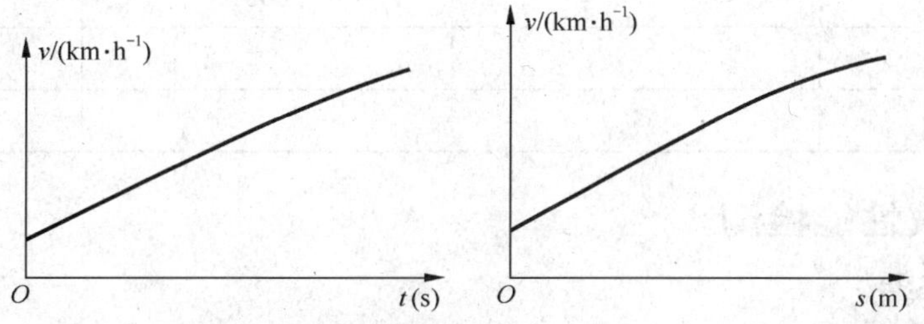

图1-13　最高两挡加速性能曲线示意图

（3）起步连续换挡加速性能试验

检测前的准备与条件与最高车速检测相同。

汽车停于试验路段的一端，变速器置于该车的起步挡位，迅速起步并将油门踏板快速踩到底，使汽车尽快加速行驶，当发动机达到最大功率转速时，力求迅速无声地换挡，换挡后立即将油门全开，直至最高挡最高车速的80%以上，轿车应加速至100km/h以上。

用五轮仪测定汽车加速行驶的全过程，往返各进行一次，往返试验的路段应重合。根据记录数据，分别绘制被测车辆往返两次的加速性能曲线（$v-t$）、（$v-s$）。取两次曲线的平均值绘制汽车的加速性能曲线，如图1-14所示。

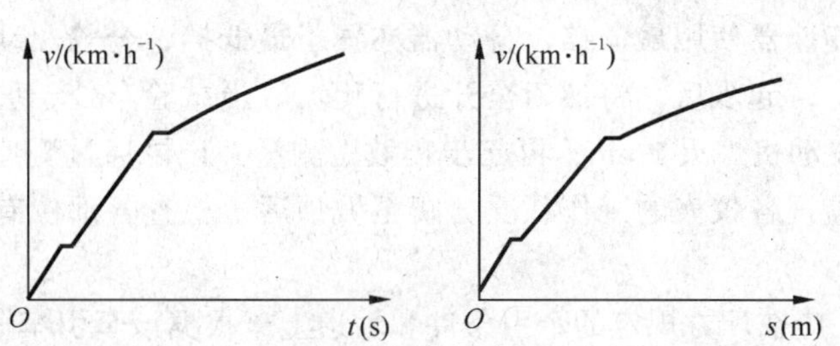

图1-14　起步换挡加速性能曲线示意图

(4) 试验结果

从加速性能曲线对应点取值填入表 1-11、表 1-12 和表 1-13。

表 1-11　最高两挡加速性能试验结果

车速(km/h) 测量项目	20	30	40	50	60	70	80	90	100	110
加速时间 t(s)										
加速距离 s(m)										

表 1-12　起步换挡加速性能试验结果之一

车速(km/h) 测量项目	10	20	30	40	50	60	70	80	90	100
加速时间 t(s)										
加速距离 s(m)										

表 1-13　起步换挡加速性能试验结果之二

加速距离(m)	400	600	1 000
时间 t(s)			
车速 v(km/h)			

5. 爬陡坡性能检测

(1) 试验条件

试验时的坡道坡度应接近于被测车辆的最大爬坡度。坡道长小于 25m，坡前应有 8～10m 的平直路段，坡度大于或等于 30%的路面用水泥铺装，小于 30%的坡道可用沥青铺装，在坡道中部设置 10m 的测速路段。允许以表面平整、坚实，坡度均匀的自然坡道代替。大于 40%的纵坡必须设置安全保障装置。其他试验条件及试验车辆的准备按通用试验条件的规定。

(2) 爬陡坡检测

非越野车检测：使用最低挡，如有副变速器也置于最低挡，将被测车辆停于接近坡道的平直路段上，起步后，将油门全开进行爬坡。测量并记录汽车通过测速路段的时间及发动机转速，爬坡过程中监视各仪表（如水温、机油压力等）的工作情况。爬至坡顶后，停车检查各部位有无异常现象发生，并做详细记录。

越野车检测：变速器使用最低挡，分动器亦置于最低挡，全轮驱动，将被测车辆停于接近坡道的平直路段上，起步后，将油门全开进行爬坡。当试验车处于坡道上，停住车辆，将变速器放入空挡，发动机熄火 2min，再起步爬坡。测量并记录通过测速路段的时间及发动机转速。爬坡过程中监视各仪表的工作状况，爬至坡顶后，检查各部位有无异常现象，并做详细记录。

牵引车辆检测：应在厂方规定的牵引条件和坡道上，根据该牵引车辆是否为越野车来选择上述试验方法中的一种进行。

四、拓展知识

装有液力变矩器汽车的动力性

现代汽车为了提高性能、操作简便、起步和换挡平顺等，很多装用了液力变矩器。特别是近年来的中、高级轿车上，配有液力变矩器加自动变速器构成传动系统的车辆数量日益增多。由于液力变矩器的传力性质与传统形式的离合器存在较大差异，因此在发动机特性不变的情况下，汽车的驱动力将发生一定的改变。驱动力是汽车动力性分析的基础，所以要研究液力传动汽车的动力性，关键在于其驱动力的分析。

1. 液力传动装置的基本特点

汽车上传统的离合器的传力性质简单、直观，在离合器正常不打滑的情况下，若不计极小的机械损失，离合器能将发动机发出的动力（转矩和功率）原封不动地传递下去。液力传动装置（有偶合器和变矩器两种形式）因结构和以液体为工作介质的缘故，其传力性质与离合器存在较大的差别。

液力传动装置是一种以液体为工作介质的能量转换装置，主要包括能量的输入部件（一般称为泵轮，接受发动机传来的机械能，并将其转换为液体的动能）和能量的输出部件（一般称为涡轮，将液体的动能转换为机械能输出）。如果液力传动装置只有以上两个部件，这种传动装置便是液力偶合器；如果除上述两部件外还有一个固定的导流部件（称为导轮，装在泵轮的出口处或入口处），这种传力装置便是液力变矩器。

理论分析和实验都已证明：液力偶合器的涡轮转矩值与泵轮转矩值恒相等，但其作用方向相反；而液力变矩器因有固定导轮的作用勺，使涡轮输出的转矩值不再与泵轮输入的转矩值相等（或大或小）。

液力传动装置的相似理论也表明：几何相似的液力传动装置的原始特性都是一样的，对液力偶合器和液力变矩器都是如此。所谓原始特性是指几何相似的液力传动装置的基本特性参数，如转矩系数（λ_p）、传功效率（η）和变矩系数（K）等，随速比（i）的变化关系。应该注意，相似理论对我们分析液力传动装置的特性是极其重要的。

2. 装有液力变矩器汽车的动力性

装有液力变矩器的汽车，由于液力变矩器的变矩系数（K）是随速比 i 的减小而增加的，即随涡轮转速的降低而增加，因此汽车起步时转矩较大，并且保证传动系统的传动比随汽车阻力的增加而自动增加。液力变矩器是一种无级变速器，能扩大转矩的变化范围。但液力变矩器的转矩变化范围较小，因此一般都同三挡、四挡自动机械变速器串联使用，以适应汽车行驶条件的需要。

使用“非透过性”液力变矩器，能使发动机在节流阀全开时，处于 n_p 转速下发出最大功率，能在不同车速下，使驱动轮获得较大驱动力。但液力变矩器的传动效率随着速比的不同而有很大变化。当起步加速和克服大的坡道阻力时，速比 i 很小，液力变矩器处于低效率工况，尽管发动机发出最大功率 P_{emax}，可是驱动轮上的驱动功率并不很大。考虑到液力变矩器传动效率的变化，要尽可能提高各种车速下的驱动力，液力变矩器应该是透过性的，使发动机能在不同转速下工作。当液力变矩器具有一定透过性时，涡轮轴可以得到较大的转速 n_t，也就是汽车可以有较高的行驶速度，其转矩也有所增加；并有较宽的高效率工作范围。这样，汽车起步时，可从发动机获得较大转矩，而随着加速，发动机的转速增加，使得汽车获得较高的速度，因而改善了汽车的动力性。

加速时，涡轮的转速逐渐提高，涡轮转矩逐渐减小。当 $n_t=n_t'$ 时，$K=1$，涡轮转矩等于泵轮转矩。若进一步提高速比，$T_t<T_p$，则效率下降，液力变矩器处于不利的工况。所以现代汽车采用综合式液力变矩器，在 $K=1$ 后，液力变矩器就转入液力偶合器工况。

液力偶合器的 $T_t=T_p$，$K=1$，其传动效率为

$$\eta=\frac{n_t}{n_p}=i \tag{1-29}$$

由公式（1-29）可以看出液力偶合器的传动效率随速比变大而提高。

图 1-15 所示为液力偶合器的无量纲特性。

图 1-16 所示为 $K=1$ 后转入液力偶合器工况的综合式液力变矩器的无量纲特性。汽车起步时，$n_t=0$，$i=0$，这时变矩比最大为 K_0。随着 n_t 的逐渐增加，i 也增加，液力变矩器的效率也增加，在达到最大值后就开始下降。当 $K>1$ 时，液力变矩器的效率比液力偶合器高。当 $K=1$ 时，液力变矩器的效率和液力偶合器相等。当 i 再增加时，液力偶合器的效率增加，而液力变矩器的效率则下降。

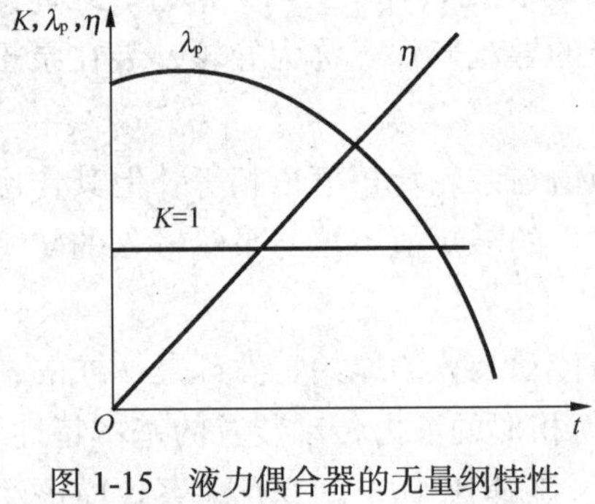

图 1-15　液力偶合器的无量纲特性

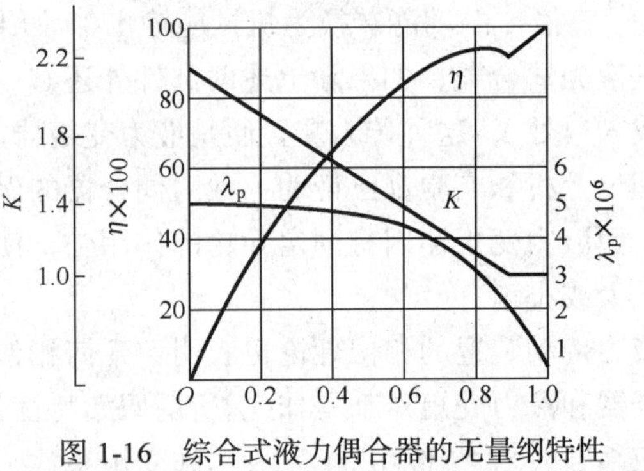

图 1-16　综合式液力偶合器的无量纲特性

为了提高燃油经济性，有的汽车上的液力变矩器在 $K=1$ 时，直接将泵轮和涡轮锁住，这时，功率直接进行传递，液力变矩器的效率接近 100%，汽车的动力性和燃油经济性都得到提高。

所以，综合式液力变矩器和带有锁止离合器的液力变矩器，防止了高速区传动效率的降低，从而提高了汽车的动力性与燃油经济性。

利用液力变矩器的输出特性及下面两个公式，可以求出汽车的驱动力图。

图 1-17 所示为装有综合式液力变矩器和两挡变速器的汽车的驱动力曲线图。低速挡时，由于变速器传动比和液力变矩器速比主的增加使液力变矩器的效率得到提高，因此驱动力比高速挡时要大。图 1-17 上的虚线是这辆汽车装上三挡分级式变速器时的驱动力曲线。对比曲线可以看出，汽车装有液力变矩器传动后，其低速时的驱动力比一般有级式变速器要大，特别是汽车从起步速度为零开始就能够连续地发出驱动力，而有级式变速器只有在达到一定速度后才能正常传递动力，起步时要靠离合器滑转来传递驱动功率。所以装有液力变矩器的汽车起步平顺无

冲击，起步加速性较好。

装有液力变矩器的汽车，在低速下能发出很大的驱动力并稳定行驶，对于在松软地面或雪地行驶的越野性也有重大意义。

在高速行驶时，装有液力变矩器的汽车动力性并无改善。装有锁止离合器的液力变矩器，高速行驶时，驱动力与一般齿轮变速器的相等，所以动力性仍能有所改善。

液力变矩器在各种汽车上应用日益广泛，不仅是因为它改善汽车在良好路面上的动力性，还因为它操作轻便，不会由于阻力过大而导致发动机熄火，因此能显著地减轻驾驶员的劳动强度，也适合于驾驶技术不高的人驾驶。

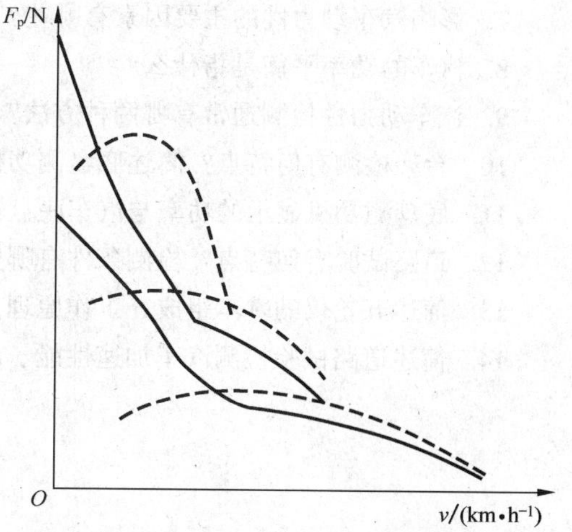

图 1-17　装有综合式液力变矩器汽车的驱动力图

小　结

1. 汽车的动力性主要由最高车速、加速能力、爬坡能力等 3 方面的指标来评定。

2. 汽车在行驶过程中，受到滚动阻力、空气阻力、坡度阻力的影响，驱动力必须克服以上阻力才能前进。当驱动力等于滚动阻力、空气阻力、坡度阻力之和时汽车等速行驶，当驱动力大于滚动阻力、空气阻力、坡度阻力之和时汽车加速行驶。

3. 汽车的动力性通常在道路上进行测试，也可以在室内底盘测功机上测试。道路试验主要是测定最高车速、加速能力、最大爬坡度等评价参数。由于滑行距离能够表明汽车底盘传动系统的技术状况，且可确定汽车的滚动阻力系数和空气阻力系数，因此在进行动力性试验时也常常包括滑行试验。

4. 室内测功机上可以进行驱动轮输出功率的测试，依此考核传动系统及发动机的技术状况。另外用底盘测功机还可以进行加速能力和滑行性能的测验。

习　题

1. 汽车动力性包括哪些方面的内容？其评价指标有哪些？
2. 汽车车轮的驱动力是如何产生的？汽车的行驶阻力有哪些？
3. 汽车行驶的驱动条件是什么？
4. 什么是汽车附着力？影响附着系数的因素是什么？
5. 地面附着力与车轮滚动阻力有何区别？
6. 滚动阻力系数与道路附着系数有何区别？

7. 影响汽车动力性的主要因素有哪些？
8. 汽车的功率平衡是指什么？
9. 汽车动力性检测通常有哪两种方法？各自的主要设备是什么？
10. 台架检测有何特点？简述底盘测功机的主要功能与组成。
11. 底盘测功机显示的功率与汽车底盘输出的功率有什么区别？
12. 道路试验有何特点？检测条件有哪些？
13. 简述五轮仪的基本组成、工作原理及使用注意事项。
14. 简述道路试验检测汽车加速性能、滑行距离与爬坡试验的方法。

项目二

汽车燃料经济性检测与评价

一、项目要求

石油是交通运输的主要能源和战略资源，从 2005 年开始，我国已经成为世界第二大石油消费国、第三大石油进口国，到 2010 年石油进口依存度将突破 50%。燃油消耗费用将从现在的 20% ~ 30%进一步上升，汽车的运输成本将大幅度提高。为降低汽车的使用费用、减少国家对进口石油的依赖性、节省石油资源，同时降低发动机产生的 CO_2 排放量，满足国家有关排放标准，必须提高汽车的燃油经济性，节约燃油消耗。

通过本部分内容的学习，读者应该掌握汽车燃料经济性的概念和评价指标；了解台架检测汽车燃料消耗量设备，熟悉其检测项目与方法；了解道路试验检测燃料消耗量的条件，熟悉其检测项目与方法。

二、相关知识

（一）汽车燃料经济性评价指标

汽车的燃油经济性常用一定运行工况下汽车行驶百公里的燃油消耗量或一定燃油量能使汽车行驶里程来衡量。

在我国及欧洲，燃油经济性指标的单位为 L/100km，即行驶 100km 所消耗的燃油升数，其数值越大，汽车燃油经济性越差。美国为 MPG 或 mile/Usgal，指的是每加仑燃油能行驶的英里数，这个数值越大，汽车燃油经济性越好。

等速行驶百公里燃油消耗量是常用的一种评价指标，指汽车在一定载荷（我国标准规定轿车为半载、货车为满载）下，以最高挡在水平良好路面上等速行驶 100km 的燃油消耗量。常通过试验的方法测出每隔 10km/h 或 20km/h 速度间隔的等速百公里燃油消耗量，然后在图上连成曲线，该曲线称为等速百公里燃油消耗量曲线，用它来综合评价汽车每一速度的燃油经济性，如图 2-1 所示。

但是，等速行驶工况并没有全面反映汽车的实际运行情况，特别是在市区行驶中频繁出现的加速、减速、怠速停车等行驶工况。因此，在对实际行驶车辆进行跟踪测试统计的基础上，各国都制定了一些典型的循环行驶试验工况来模拟实际汽车运行状况，并以其百公里燃油消耗量（或 MPG）来评定相应行驶工况的燃油经济性。

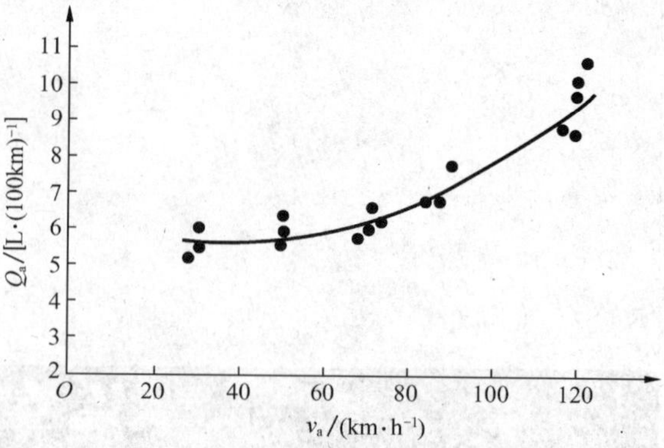

图 2-1　汽车等速百公里燃油消耗量曲线

循环工况规定了车速-时间行驶规范，如何时换挡、何时制动以及行车的速度和加速度等数值。因此，它在路上试验比较困难，一般多规定在室内汽车底盘测功机（转鼓试验台）上进行测试；而规定在路上进行试验的循环工况均很简单。

此外，我国还规定了最高挡全油门加速时间及燃油消耗量指标，这个指标可评定汽车技术状况和大负荷加速工况的燃油经济性。

（二）汽车燃料经济性检测设备

汽车燃油经济性的试验有两种方法，一是道路试验，二是台架检测。一般而言，汽车检测站因受到场地条件限制，无法用道路试验方法检测汽车的燃油经济性，因此常在底盘测功机上，参照有关规定，模拟道路试验方法检测汽车的燃油经济性。

汽车燃油经济性的台架试验设备，除了底盘测功机以外，还需油耗仪（或称燃油流量测试仪）。

1. 燃油消耗量检测设备

汽车的燃油消耗量是由油耗仪来测量的。油耗仪由油耗传感器和显示装置构成。油耗仪种类很多，按测试方法可分为容积式油耗仪、质量式油耗仪、流量式油耗仪和流速式油耗仪。下面主要介绍容积式油耗仪和质量式油耗仪。

（1）容积式油耗仪

容积式油耗仪的工作原理是使被测流体充满一定容量的测量室，通过充满测量室的次数则可得出被测流体的总量，再除以测定时间间隔或行驶里程即可得平均燃料消耗量。

容积式油耗仪分为定容式和容量式两种。定容式油耗仪主要用于汽油发动机的台架试验。它通过测量消耗一定容积的燃料所需时间来计算燃料消耗量，不能用于瞬时油耗的测量。

容积式油耗仪可以进行连续测量，按结构分为多种：膜片式、往复活塞式和四活塞联动式等。膜片式油耗仪具有结构简单、密封性好、对燃料清洁性要求低的优点，但使用中膜片产生塑性变形不可避免，因而需要经常校准。往复活塞式油耗仪的密封和排气不易解决，目前使用较少。四活塞联动式油耗仪具有结构紧凑、布置对称、计量精度高、适合道路试验的优点，目前主要采用这种结构，但该结构设备成本高，对燃料的清洁性要求高。图 2-2 所示为四活塞联动式油耗仪的组成结构，它由滤清排气装置、四活塞联动式油耗传感器、路程传感器、油耗测量仪表和快速连接接头等组成。

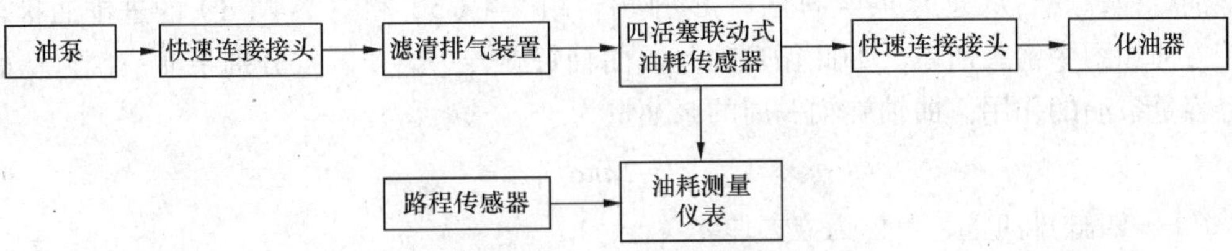

图 2-2　四活塞联动式油耗仪的组成

① 滤清排气装置。为保护流量传感器，燃料在进入流量传感器前必须进行滤清，滤清器滤芯用陶土制成，滤芯中心的磁环可增强燃料中金属杂质的滤清效果。排气机构主要由浮子室、浮子及排气阀组成，它与滤清装置装在一起，其结构如图 2-3 所示。浮子室的作用是将油泵输出的脉动压力变成均匀压力，并使燃料在浮子室中有缓冲停留时间，使油、气更好地分离，提高计量精度。

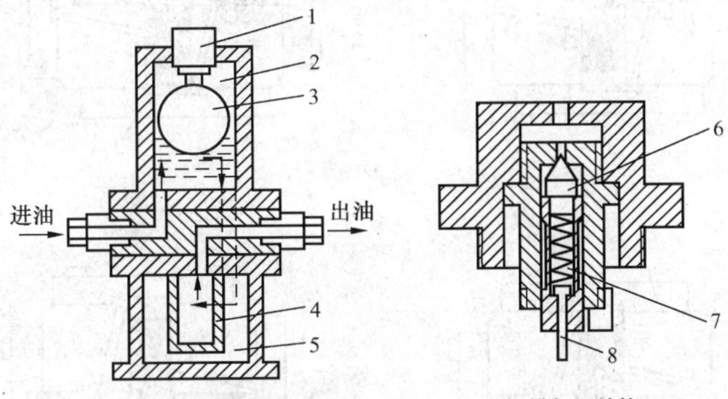

（a）滤清排气装置　　（b）排气阀结构

图 2-3　四活塞联动式油耗仪的滤清排气装置

1—排气阀　2—油气分离器　3—浮子　4—滤芯　5—滤清室　6—针阀　7—弹簧　8—挺杆

当浮子随液面升高时，首先通过挺杆压缩弹簧，再由弹簧推动针阀上升，使针阀关闭阀孔，浮子在浮力作用下将继续上升压缩弹簧，直到浮子的浮力和针阀重力及弹簧反力平衡时，液面保持在一定高度。当气体进入浮子室，液面下降，浮子靠自重下降，首先使压缩弹簧伸张，但此时阀门尚未打开，只有当气体占有的容积使液面降低到使压缩弹簧张力小于针阀自重时，针阀才打开，这样就使气体在浮子室中有一定的存储容积，保证了缓冲排气的作用，并使针阀开启次数大大减少。

② 行星活塞式油耗传感器。图 2-4 所示为行星活塞式油耗传感器的流量变换结构的工作原理。该装置由十字形配置的 4 个活塞和旋转曲轴构成，用于将一定容积的燃料流量转变为曲轴的旋转。

在泵油压力作用下，燃料推动活塞往复运动，4 个活塞往复运动一次则曲轴旋转一周，完成一个进排油循环。活塞在油缸中处于进油行程还是排油行程，取决于活塞相对于进、排油口的位置。图 2-4（a）表示活塞 1 处于进油行程，来自曲轴箱的燃料在 P_3 推动其下行，并使曲轴作顺时针旋转。此时，活塞 2 处于排油行程终了，活塞 4 处于排油行程中，燃料从活塞 4 上部经 P_1 从排油口 E1 排出，活塞 5 处于进油终了。当活塞和曲轴位置如图 2-4（b）所示时，活塞 1 处于进油行程终了，活塞 2 处于进油行程，通道 P_4 导通，活塞 4 处于排油行程终了，活塞 5

处于排油行程，燃料从通道 P_2 经排油口 E_2 排出。图 2-4（c）和图 2-4（d）的进排油状态及曲轴旋转方向如图中箭头所示。如此循环往复，曲轴每旋转一周，各缸分别泵油一次，从而具有连续定容量泵油的作用。曲轴旋轴一周的泵油量为

$$V=2h\pi d^2 \tag{2-1}$$

式中：V——四缸排油量，单位为立方厘米（cm^3）；

h——曲轴偏心距，单位为厘米（cm）；

d——活塞直径，单位为 cm。

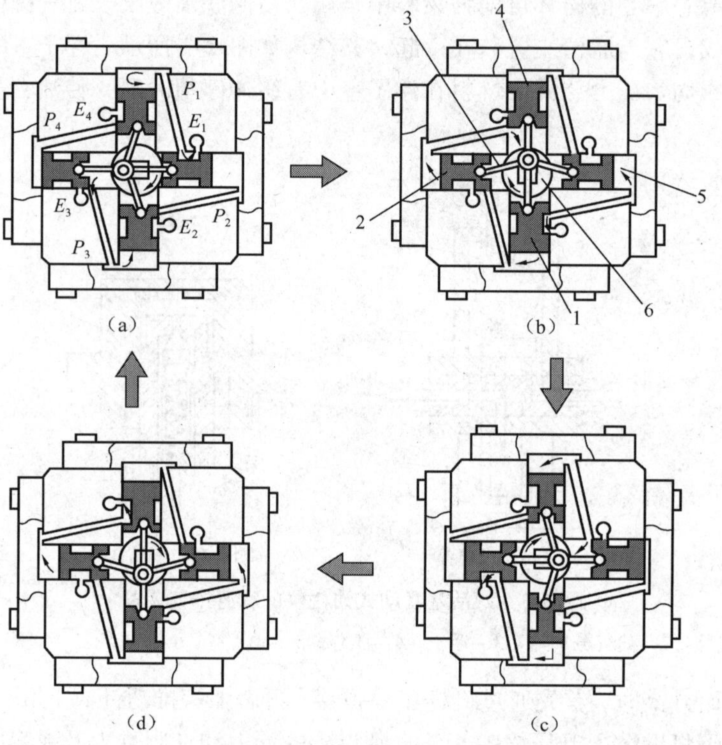

图 2-4　四活塞联动式流量传感器的工作原理

1、2、4、5—活塞　3—连杆　6—曲轴　P1、P2、P3、P4—油道　E1、E2、E3、E4—排油口

由公式（2-1）可知，经过上述流量变换机构的转换后，测量燃料消耗量转化为测量流量变换结构曲轴的旋转圈数。这可由安装在曲轴一端的信号转换装置完成。一般采用光电测量装置进行信号转换，把曲轴旋转圈数转化为电脉冲信号。

③ 信号转换装置。如图 2-5 所示，信号转换装置由主动磁铁、从动磁铁、转轴、光栅、发光二极管和光敏管等组成。主动磁铁装在曲轴端部、从动磁铁装在转轴端部，两磁铁相对安装但磁铁之间留有间隙，目的是构成磁性联轴器。光栅固定在转轴上，由转轴带动旋转，光栅两侧装有发光二极管和光敏管，光敏管用于接收发光二极管发出的光线。光栅位于二者之间，其作用是把发光二极管发出的连续光线转变为光脉冲。曲轴转动时，通过磁性联轴器带动转轴和光栅旋转，光栅在发光二极管和光敏管之间旋转，使光敏管接收到光脉冲，由光敏管的光电作用将光脉冲转换为电脉冲信号输入到测量显示仪表，该电脉冲数与曲轴转过的圈数成正比。

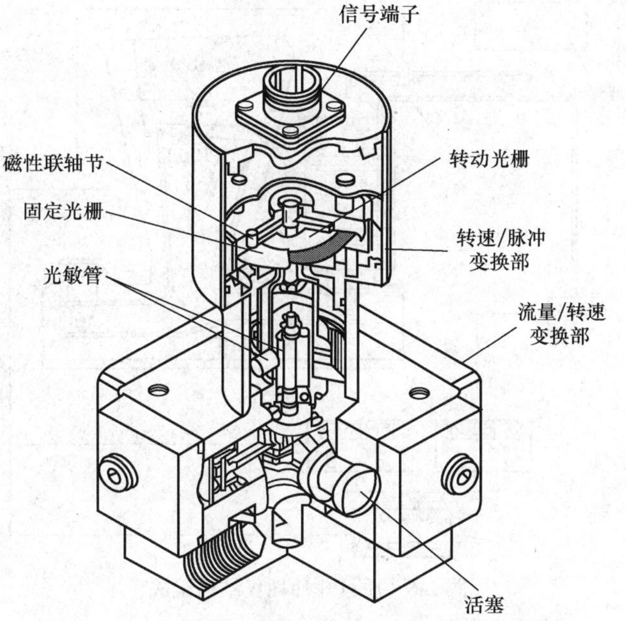

图 2-5　四活塞联动式油耗传感器的结构

④ 油耗测量仪表。油耗测量仪表使用单片机作为控制单元，硬件电路包括流量传感器信号的隔离整形电路、路程传感器信号的测量电路、单片机及外围电路、键盘及 LED 显示电路、串口通信电路等组成。通过流量传感器信号和油耗测量仪表的定时装置信号可计算得到燃料消耗量，通过流量传感器信号和路程传感器信号可计算得到百公里油耗值。

（2）质量式油耗仪

质量法是采用质量式油耗仪，通过测量消耗一定质量燃料所经历的时间，由下式计算得到燃料消耗量。

$$Q_t = 3.6\frac{G}{t}$$

式中：Q_t——燃料消耗量，单位为克（g）；

t——消耗质量为 G 的燃料所经历的时间，单位为秒（s）。

质量式油耗仪由称量装置、计数装置和控制装置构成，如图 2-6 所示。称量装置的秤盘上装有油杯 1，燃料经电磁阀 3 加入油杯。电磁阀的开闭由装在平衡块上的行程限位器 8 拨动两个微型限位开关 6 和开关 7 进行控制。光电传感器由两个光电二极管 5、10 和装在菱形指针上的光源 9 组成，用于给出油耗始点和终点信号。光电二极管 5 为固定式，光电二极管 10 装在活动滑块上，滑块通过齿轮齿条机构移动，齿轮轴与鼓轮 12 相连，计量的燃料量通过转动鼓轮 12 从刻度盘上读出。计量开始时，光源 9 的光束射在光电二极管 5 上，光电二极管发出信号使计数器 13 开始计数，随着油杯中燃料的消耗，指针移动。当光束射到光电二极管 10 上时，光电二极管 10 发出信号，使计数器停止计数。

质量式油耗仪不仅能精确测量平均燃料消耗量，而且能够实时输出瞬态燃料消耗量。

2. 油耗仪的安装

为了准确测量汽车燃料消耗量，在安装和使用油耗仪时需要注意以下两点。

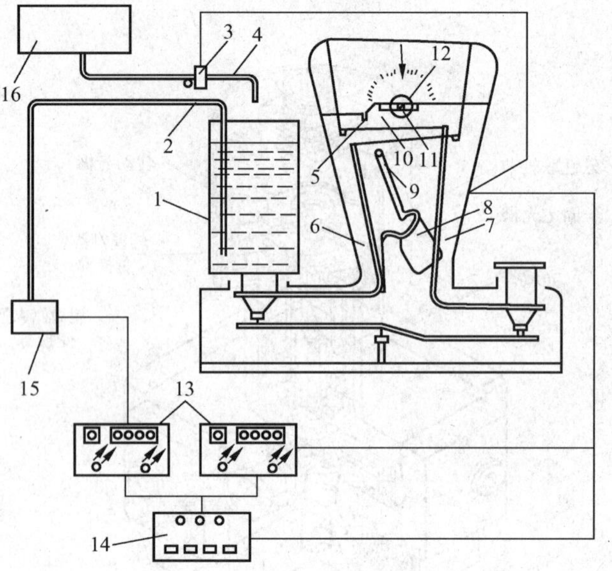

图 2-6 质量式油耗仪结构组成

1—油杯 2—出油管 3—电磁阀 4—加油管 5、10—光电二极管 6、7—限位开关 8—限位器 9—光源 11—鼓轮机构 12—鼓轮 13—计数器 14—控制装置 15—发动机 16—燃油箱

① 油耗仪的进、出油管最好为透明塑料管，以便观察燃料有无气体。若供油管中存在气体将导致测量误差。

② 经油耗仪计数的燃料必须全部进入燃烧室，不得产生二次计数。

针对不同的发动机供油系统，油耗仪的安装方法具有不同的特点和方式。

(1) 汽油车油耗仪的安装

① 化油器式汽油车油耗仪的安装。对于无回油管路的化油器式汽油车，可以将油耗仪直接串接到汽油泵与化油器之间，使油耗仪的入口接汽油泵的出口，油耗仪的出口接化油器的入口，如图 2-7 所示。

② 电喷式汽油车油耗仪的安装。电喷式汽油车发动机的喷油压力很大，回油量多且油温较高，对电喷式汽油车进行燃料消耗量测量时，需要特别注意油耗仪在管路中的安装方法。对电喷汽油车的油耗测量采用两种方法进行：采用电喷汽车油耗仪进行测量和采用普通油耗器进行测量。

- 采用电喷汽车油耗仪的连接方法：图 2-8 所示为采用电喷汽车油耗仪进行油耗连接示意图。

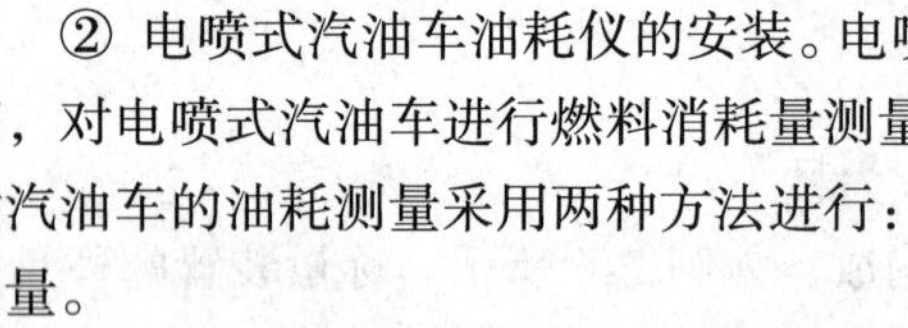

图 2-7 化油器式汽车油耗仪安装示意图

1—油箱 2—滤油器 3—汽油泵 4—传感器 5—化油器

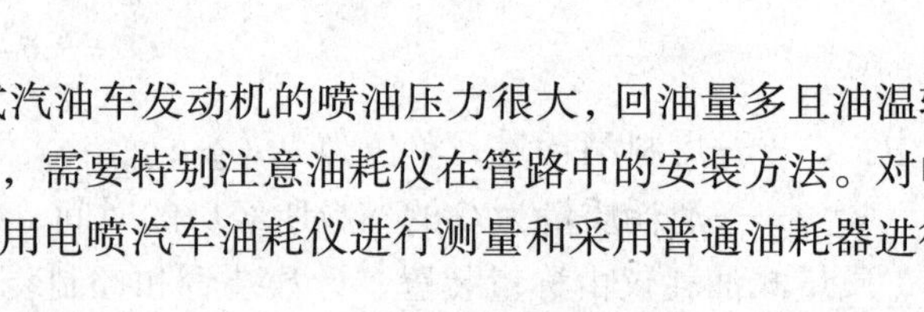

图 2-8 电喷式油耗仪安装示意图

● 采用普通油耗仪的连接方法：该测试原理与电喷法基本相同，不同的是用两个普通油耗仪分别串接到发动机的进油路和回油路中，分别测量进油路和回油路的燃料消耗量，取两者的差值作为发动机的燃料消耗量。经过一段长时间的预热行驶后，大量的回油流入油箱进行热交换，使油箱内的燃料温度与供给发动机的燃料温度基本平衡，达到正常测量。

使用普通油耗仪连接方法的电喷式汽油车油耗测量由于仪器和人为因素很大，产生的误差很难消除。

（2）柴油车油耗仪的安装

柴油车供油系统因所选油泵不同形成了两种截然不同的油路，因而其油路连接方式也有所不同。

① 采用柱塞式喷油泵的柴油车。采用柱塞式喷油泵的柴油车供油系由油箱、燃油滤清器、输油泵、低压油管、喷油泵、高压油管和喷油器等组成。发动机工作时利用输油泵将柴油从油箱泵出，经燃油滤清器滤清后由喷油泵增压，再通过高压油管送到喷油器，输送到喷油器的燃料，绝大部分喷入燃烧室中燃烧，只有从柱塞配合间隙中渗漏的少量燃料经回油管回到低压油路中。由于输油泵的供油量比喷油泵的出油量多 3 ~ 4 倍，为保证进入喷油泵油室内的油压稳定，燃油滤清器或喷油泵上装有溢流阀，过量的燃料经溢流阀和回油管流向输油泵的进口或直接流回油箱。所以测量油耗时，只要将油耗仪安装在油箱与输油泵之间，并在油耗仪输出端的低压油路上增加一个三通阀，将燃料箱与油耗仪之间的回油管接到三通阀上即可，如图 2-9 所示。

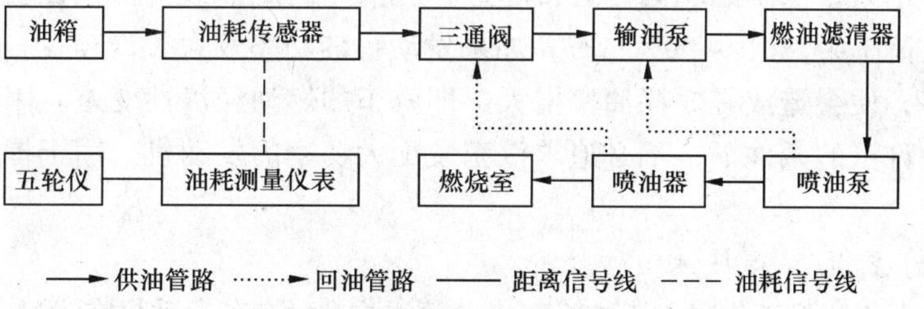

图 2-9 柱塞式喷油泵的油路

② 采用 PT 燃料泵的柴油车。采用 PT 燃料泵的柴油车供给系统由油箱、燃油滤清器、PT 燃料泵、低压输油管、喷油器和回油管组成。供油系统的特点是 PT 输油泵是低压油泵，取消了高压油管；从输油泵输出的循环油量只有小部分（约 20%）喷射到汽缸内，其余大部分燃料被喷油器冷却后重新回到油箱内，并有大量的气泡随燃料一起回到油箱内。所以测量油耗时，应将油耗传感器安装在油箱与燃油滤清器之间，在输出端的低压油路上增加一个三通阀。在喷油器的回油管路中增加一个油气分离器和一个散热器，然后接到三通阀上。油气分离器的作用是将喷油器回油管路中的气泡排出；散热器的作用是降低回油温度，保证喷油器可靠地工作。将喷油器回油管接到三通阀上，构成一个小循环。油耗传感器所计量的油量仅是每次循环喷入汽缸的燃料量，因此可准确地测量柴油车的燃料消耗量。

（3）油路中空气泡的排除

① 汽油机油路中空气泡的排除。汽油机油路中一旦产生气泡，对油耗检测结果的影响非常大。油耗仪会把气泡所占的容积，当作燃料消耗量计量，使得检测数据高于实际数据，造成测

量的失真。

做油耗检测时，必须排除气泡，通常可采取如下方法：把车上从油箱到汽油泵的管路“短路”，装上新的、密封性好的、无堵塞的油管，用性能较稳定的电动汽油泵和汽油滤清器代替原车上的相应部件，减短油泵到油耗仪的油管长度，使油泵到油耗仪的阻力大大减小，从而避免气泡对检测结果的不良影响。

② 柴油机油路空气泡的排除。在柴油车油路中装好油耗仪后，需用手动泵泵油，以泵油压力排除油路中的空气泡。它与汽油车的差别主要有两点：一是汽油车可以在发动后排除空气泡，而柴油车必须在发动之前排尽油路中的空气泡；二是汽油车在拆去油耗仪恢复原油路时，无需排除空气泡，而柴油车拆去油耗仪恢复原油路后，仍需排除油路中刚产生的空气泡。

（三）影响燃油经济性的因素

1. 影响燃油经济性的结构因素

（1）发动机类型和功率

柴油发动机的有效耗油率比汽油发动机低 20%左右，因而采用柴油发动机的汽车的燃油经济性好，加之柴油的价格低于汽油，使柴油车表现出更为优越的经济性。目前世界各国正在积极推进轻型货车和轿车的柴油化进程，西欧柴油轿车的市场份额已达 12%之多；在总质量为 2t～5t 的载货汽车中，德国有 85%左右正用柴油机，日本约为 90%。

发动机功率越大，汽车的动力性通常越好，但汽车的燃油经济性往往会越差。这是由于发动机的经济负荷率为 80%～90%左右，如果发动机的功率较大，汽车在一般车速状态下会远离经济负荷率，便会造成有效耗油率增大，即汽车的燃油经济性变差。因此，为了节约燃油，在行驶条件许可的条件下，不必追求汽车装配大功率的发动机，用于提高负荷达到节油的目的。

（2）小负荷工况节油技术

发动机在较小负荷下工作时，其油耗率将显著增加，而汽车发动机在运转的大部分时间内，小负荷工况占有很大比例，这就势必造成燃油的浪费。为了提高发动机的负荷率，对发动机采取闭缸的方法，即小负荷时关闭一部分汽缸，而在大负荷时才让全部汽缸工作发出大功率。这样便使发动机的排量随负荷的大小而变化，始终保持发动机在高负荷率下工作，达到节省燃油的目的，同时也不会影响发动机的动力性。闭缸节油的具体方法有以下几种。

① 只切断燃油供给。

② 关闭进排气门，停止供油供气。

③ 切断燃油后进行废气再循环，以废气代替新鲜空气。

④ 切断燃油后节气门全开，无节流供给新鲜空气。

表 2-1 所示为某一排量为 2L 的四缸发动机停止两个汽缸工作的节油数据，比较可见，关闭进、排气门的方法，可以消除气流流经气门引起的泵气损失，故其节油效果最好。

闭缸控制通常由电控自动实现，通过传感器检测发动机的工况，并按工况要求实现多缸和少缸工作的自动切换。小负荷闭缸是行之有效的节油方法，其推行的关键在于设置一套自动转换装置。

表 2-1　　各种闭缸法节油效果

闭缸方法	不同工况下的节油率/%		
	怠速	40km/h	60km/h
只切断燃油	26	14	8
切断燃油，节气门全开，供给空气	37	14	8
切断燃油，节气门全闭，废气再循环	37	14	8
关闭进、排气门	42	22	16

（3）设置超速挡

现代汽车为了提高燃油经济性，出现了减小主减速器传动比的趋势。主减速器传动比取值较大的汽车，可以通过设置超速挡来改善其经济性。由图 2-10 所示的功率平衡图可以看出，汽车在同一车速 v_i 下行驶时，采用超速挡和采用直接挡的阻力功率（以线段 ab 表示）相同，而采用超速挡的负荷率（ab/ac）明显高于直接挡的负荷率（ab/ad），只要在高负荷率下发动机混合气没有加浓，发动机的有效耗油率 η_e 就会明显降低，使汽车经济节油。高车速、比功率大的轿车，在一般公路上用超速挡行驶明显比用直接挡省油，所以有的汽车设置了两个超速挡。

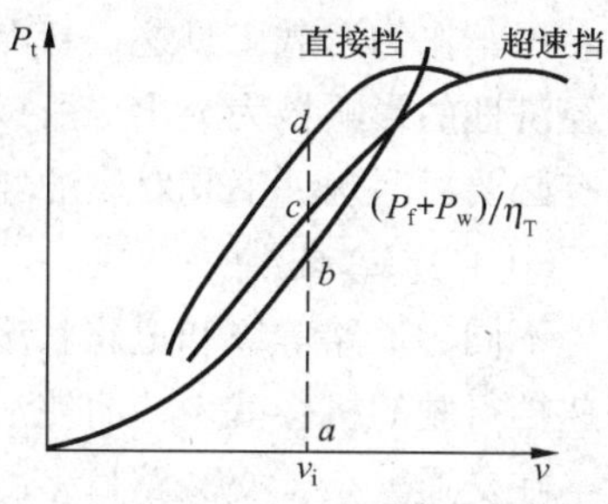

图 2-10　直接挡及超速挡的功率平衡图

（4）变速器挡数

在汽车动力性中已经提及，变速器挡数越多，汽车行驶中挡位选择的机会越多，在同一汽车行驶速度下，发动机在低燃油消耗区工作的可能性越大，有利于提高汽车的燃油经济性。

挡数无限的机械无级变速器（CVT），可以在任何条件下都使发动机处于最经济工况下工作，但由于技术等方面的限制，目前其产量还较低。随着未来材料、润滑油及微机控制、加工技术的进步，CVT 的产量将越来越大，应用将越来越广。

目前轿车上广泛应用的自动液力变速器的传动效率较低，使汽车油耗上升了 10%～11%。但自动液力变速器具有起步平稳，操作简便、乘坐舒适等优点，因而受到人们的广泛欢迎。为了兼顾操作方便性与燃油经济性，有的车辆采用手动和自动两套变速模式，可由驾驶者按需要选定。

（5）质量利用系数

质量利用系数是指汽车装载质量与汽车整备质量之比，是汽车设计与制造中的重要技术指标。总重相同的情况下，汽车的质量利用系数越大，相同运程的货运量越大，单位货运量（货物周转量）的油耗越少。因此，在汽车使用中，不必要的物品不应总放在车上，否则会增加燃油消耗量。

（6）列车运输

在道路状况较好（无大坡度）或车速不是很高的情况下，汽车的后备功率较大。将单车运输改为列车运输（单车拖带挂车或改为半挂车），会使单位运量的油耗明显下降。原因之一是列车的运输能力增加，使发动机的负荷率增加，而有效耗油率 η_e 下降；另一个原因是汽车列车的质量利用系数大幅度提高。

（7）复合动力系统

现用的内燃机汽车为满足不同条件下的行驶要求，汽车都有较大的后备功率。这样汽车在一般的行驶状态时，发动机都以较小负荷工作，相应地发动机的油耗率较大。为了更大程度上提高汽车的燃油经济性，可以将目前的发动机驱动改为发动机与电力驱动装置（包含蓄电池和电动机等）组合在一起共同驱动的复合动力系统。其基本原理是汽车处于一般行驶状态时，汽车行驶的动力来自发动机，同时发动机还向储能装置（如蓄电池）供给存储的能量；而当汽车加速或爬坡需要大功率时，发动机和储能驱动的电动机共同驱动汽车。这样汽车只需装备较小的发动机，并使发动机常处于高负荷、高效率下运转，即可降低燃油消耗率。

另外，采用复合动力系统还可在汽车减速制动、下坡滑行时将汽车的动能转化为电能（此时电动机变作发电机）存入蓄电池，进一步提高节油的效果。

2. 影响燃油经济性的环境因素

汽车作为运载工具这一特点就决定着汽车必然面临不同的环境条件。而环境状况对汽车燃油经济性的影响极为突出，所以尽管在前述有关内容中已经提及环境因素对力性的影响，但还是有必要再明确一下其对燃油经济性的影响。

（1）道路条件

不同的道路等级和道路状况，其行驶阻力存在着较大的差别。阻力越大，油门开度就大，高速挡行驶的机会就少，而使油耗增大。

在交通繁杂、交叉路口多的条件下，汽车制动、停止、起步、加速等工况较多，在这种情况下虽然车速较低，但相对油耗量较大，汽车的燃油经济性较差。

（2）气候条件

不同区域的气候条件差别是很大的。仅就我国而言，南部进入热带，北部接近寒带，南北温差相当悬殊；而东部与西部，无论是气压还是湿度，都存在着较大的差异。气温过低时，发动机启动困难、燃油雾化不良、燃烧速度慢、散热损失大，传动系统和行驶系统的机械损失增加等，会使汽车的燃油消耗量增大。气温过高时，发动机的充气量下降、容易过热和产生气阻等，使发动机工况受到影响，而使油耗量增大。随着海拔高度的增加，气压降低而空气稀薄，发动机的充气量也会随之下降，发动机燃烧受到影响而使汽车的燃油经济性也下降。

3. 影响燃油经济性的使用因素

使用因素一直是人们很重视的提高汽车燃油经济性的重要因素，即使是结构和技术状况再优良的汽车，不同的使用方法也会导致不同的油耗结果，所以人们也从未放松使用对节油效果的研究，并不断得到一些节油的新成果。

（1）燃油节能添加剂

汽车长期运行中，燃油在发动机的燃油供给系统中容易产生沉积物。如在化油器或燃油喷射系统中形成漆膜或结焦，影响燃油供应使得发动机空燃比发生改变；在气门部位结焦，会造成气门关闭不严，从而影响发动机的动力性和经济性；燃油的胶状物质还不容易完全燃烧，而使生成的积炭沉积在汽缸盖燃烧室，活塞顶部过多的积炭沉积将导致汽缸散热不良，引起发动机爆燃，进而影响发动机的动力性和经济性，并且加剧发动机的磨损。燃油节能添加剂就是针对以上问题研制的，它可以保持燃油供给系统始终具有清洁良好的技术状态，使发动机处于良好的运转状态，达到节省燃油、并控制排放的目的。

一般燃油节能添加剂包括清净分散剂、抗焦剂、助燃剂、减磨剂、抗爆剂、低温流动性改进剂、十六烷值改进剂等中的数种成分。含清净分散剂和抗焦剂的燃油节能添加剂能够有效地清除或减少燃油供给系统生成的沉积物，有利于发动机的正常运转，达到节油的效果；助燃剂能提高混合气在汽缸内燃烧的火焰传播速度，缩短燃烧持续时间，提高热效率而节油；减磨剂能降低燃烧室中摩擦副的磨损，尤其在无铅汽油中添加该类添加剂有助于减少排气阀的磨损，提高汽缸的密封性；抗爆剂适用于汽油，能提高汽油的辛烷值，有利于高压缩比汽油机工作，也使热效率得到提高；低温流动性改进剂和十六烷值改进剂适用于柴油，低温流动性改进剂能有效降低柴油的凝点、改善其寒冷季节的使用效果；十六烷值改进剂可降低柴油的发火自燃温度，避免工作粗暴，从而降低油耗。

燃油节能改进剂应与燃油有良好的相溶性，否则在使用中会出现沉积物，反而影响发动机的工常工作。目前市场上出售的燃油节能改进剂主要以含清净分散剂、抗焦剂等成分为主，其节油效果达 3%～6%，可减少排放 20%左右。

（2）润滑油摩擦改进剂

润滑油摩擦改进剂即目前市面上出现的润滑油节能减摩添加剂。通常情况下，摩擦副在流体润滑状态下其表面完全被润滑油膜所隔离，且摩擦力与润滑油的粘度成正比。但如果润滑油粘度太低，或摩擦副上的负荷很高，此时由于摩擦副间的润滑油膜很薄，不能保持流动润滑状态而形成摩擦表面直接接触的边界润滑状态，此时摩擦力与润滑油的粘度无关，而只取决于润滑油的化学成分和性质。由于润滑油内原有的表面活性物质在加工过程中大多被精制除去，这时就需要添加摩擦改进剂来改善成品油的润滑性能，润滑油摩擦改进剂就是基于这种原理，通过添加剂的化学作用使摩擦表面的微观凸起部分变软和平滑，或添加剂吸附在摩擦副表面，并填平微观凹陷部分，改善摩擦副表面油膜状态，使苛刻的边界润滑条件下的摩擦力减小，以达到提高动力、降低油耗、减少磨损的目的。

润滑油摩擦改进剂分固体悬浮型和油溶型两大类。固体悬浮型开发应用得较早，它以微粒状态分散在润滑油中，对金属表面有很强的吸附力，但层间抗剪力很弱，故在边界润滑状态下有很好的抗压摩作用，并能耐高温。固体悬浮型润滑油磨擦改进剂的缺点是添加微粒在存储中有可能凝聚分层，其减摩作用将有所降低，同时还会使润滑油变得浑浊、颜色加深、有损外观，甚至还有可能出现微粒堵塞滤清器或被离心式滤清器从润滑油中分离出来。固体悬浮型润滑油磨擦改进剂的这些缺点，使得它近年来逐步被淘汰，而与润滑油完全相溶的油溶型润滑油磨擦改进剂得到了大力发展。该类润滑油磨擦改进剂大部分是极性的或含活性元素的油溶性大分子化合物，如脂肪酸。在油溶液中形成极性基相互结合的二聚物分子时，与金属表面接触时因极性基与金属表面的吸附力远大于分子间的二聚作用力，二聚物逐步分离为单分子，并在金属表面形成牢固、紧密、定向排列的第一个吸附层，二聚物随后也排列成 3 个、5 个、……以至数以百计的奇数个分子层。当金属表面在压力下相对运动时，隔离的金属表面上的边界吸附层中定向分子非极性的碳氢链末端很容易相对滑动，摩擦损失很小，摩擦系数可小到 0.01～0.02，而对于垂直于金属面的压力都具有很强的抵抗力。油溶性润滑油磨擦改进剂的极性越强，碳氢链越长，润滑能力越好。极性化合物分子与金属的吸附力随温度升高而减弱，当油温达到 150℃～200℃时，极性分子脱落，吸附膜被破坏而失效。近年来油溶型润滑油磨擦改进剂采用有机钼、有机钨、有机硼和无灰的有机酯等化合物作为摩擦改进剂，不仅在一般温度下具有减摩性，而且在高温下能起化学反应，改善摩擦表面的状况，使摩擦表面变得较为平滑，摩擦系数为 0.05 左右。

需要说明的是，摩擦改进剂虽然常兼有抗磨作用，但它不同于抗磨添加剂或极压抗磨添加剂。摩擦改进剂是靠边界润滑条件下形成减摩吸附膜或摩擦改进膜；而抗磨剂的作用是在润滑膜破裂的情况下，其所含的活性化学元素（硫、磷等）与金属发生化学反应生成抗磨保护膜，防止摩擦面胶合，卡咬或烧结。抗磨膜比边界润滑膜能支撑更高的负荷，但其摩擦系数远大于边界润滑膜。

对于汽车而言，边界润滑状态主要发生在发动机活塞环和它在上止点时对应的缸套部位、以及主减速器齿轮表面。此外，发动机启动、停歇和重负荷急加速运行或一定转速下突加负荷时，曲轴轴承和连杆轴承将会出现边界润滑；高压缩比发动机气门机构的凸轮轴与挺杆、摇臂与气门挺杆间在重负荷运转时摩擦面也处于边界润滑状态。因此，在汽车润滑油中加入合适的摩擦改进剂是减小摩擦、节约燃料的有效措施，节油率可达 1%～4%。

值得注意的是，随着润滑油的质量等级不断提高，车用润滑油内已加入了抗氧抗腐剂、金属盐洁净剂、分散剂、抗磨添加剂和防锈剂等多种表面活性添加剂，添加剂的配方经过试验平衡，不会导致各品种之间的相互干扰和中和，如果再加入了不适当的添加剂则有可能因不同添加剂之间的干扰而影响它们作用的正常发挥，尤其是对质量级别 G 级以上的高级发动机润滑油，这一点尤其不能忽视。因此，选用的添加剂必须与润滑油内原有的添加剂有相溶性，才能正常发挥其节能减磨作用。所以在润滑油内添加节能减摩剂后，应在较长时间内经常观察润滑油的状况及其是否发生变化。

（3）汽车驾驶

发动机的启动操作合理与否，对汽车节油及发动机的磨损都有很大的影响。这里主要针对发动机启动后的正确操作对汽车燃油经济性的影响作一叙述。

① 起步状态。发动机刚启动后，冷却水的温度一般较低，此时燃油雾化较差，燃烧不良，加之机油粘度较高，摩擦阻力较大，若此时立即将汽车起步行驶，油耗会较大。通常应在发动机运转预热使水温达到 40℃以上后再使汽车起步，才会有较好的节油效果。运转预热也不能求快，尤其在冬季预热发动机过程中，重踩加速踏板会比轻踩加速踏板油耗增加很多，而且使发动机磨损增加。

② 起步操作。汽车起步加速要求做到发动机既不熄火又能省油，其关键在于正确掌握加速踏板与离合器踏板的配合操作，另外还需选择恰当的挡位。

汽车起步时，由于滚动阻力和加速阻力都较大，而需要较大的驱动力，所以一般需要较低挡位。一般车辆，在坚实、平坦的道路上起步时用Ⅱ挡；在起步阻力较大的坡道、坑洼土路或泥泞道路，以及拖带挂车和半挂车满载起步时采用Ⅰ挡。

汽车在平路上起步时，左脚抬起离合器踏板与右脚轻轻踩下加速踏板的动作应协调。感到汽车动力不足，说明加速踏板踩下不够；感到汽车起步前冲，说明加速踏板踩得过猛。同时还应注意离合器踏板抬起的速度不应过猛，以免发动机熄火。一般来说，轻踩加速踏板，提速较慢但较省油；重踩加速踏板提速较快，但较费油。汽车在坡道上起步时，需做到操纵驻车制动、离合器踏板和加速踏板的动作相互配合得当，即右手握住驻车制动操纵杆，右脚轻踩加速踏板，使发动机转速提高，接着抬离合器踏板到接合状态，并缓慢放松驻车制动，同时逐渐下踩加速踏板和慢抬离合器踏板，做到平稳起步。

③ 行驶预热。在冬季环境温度较低时，传动系统的润滑油粘度也较大，所以要达到省油的目的，汽车在起步行驶的前 10km 内应以低挡较低车速（30km/h ~ 40km/h）行驶，待各总成润滑油升温、行驶阻力降低后，再转入正常行驶。

（4）行车挡位选择

汽车在行驶过程中，会因道路状况、交通流量和车速需要而不断地升、降挡位。一般的变速器有 4 ~ 5 个前进挡和一个倒挡，其中Ⅰ挡和Ⅱ挡为低速挡，其传动比大使驱动力大，所以主要用于汽车起步、爬陡坡等工况，此工况下油耗大，不宜长时间使用。Ⅲ挡为中速挡，是汽车低速挡与高速挡之间相互转换的过渡挡位，适用于急转弯、窄路、窄桥会车和通过困难路段的工况，油耗相对较大，也不宜长距离行驶。Ⅳ挡和Ⅴ挡为高速挡，其传动比小，传至驱动轮上的转矩较小，但车速快，使发动机所处的负荷率高。

汽车行驶过程中的挡位选择，对汽车油耗有着很大的影响。汽车在平原或丘陵地带低挡起步后，在道路和交通条件良好、车速不受限制的情况下，应及时逐级加挡，换入高挡行驶，这样不仅可提高车速，而且发动机负荷率高，可节油。汽车在坡道路面上坡行驶时，能用相邻较高一挡时，应及时换入较高的挡位，但也应避免“高挡硬撑”，否则会使油耗增加。

另外，汽车在行驶过程中，除了确定合适的挡位，掌握好换挡时机对节油也是很关键的。换挡时机一般用换挡时的车速来表示。试验表明：汽车在平路上行驶应按最佳的换挡时机自低挡依顺序换入高速挡，超前或滞后换挡都会费油。例如，某汽油车Ⅱ挡过早地以车速 5.2km/h 换入Ⅲ挡，与正常换挡车速 7.9km/h 换入Ⅲ挡相比，油耗增加 33.3%；过迟以车速 10.4km/h 换挡，油耗增加 10.9%。汽车上坡行驶减速也需把握换挡时机，减挡过早则不能充分利用汽车惯性来克服行驶阻力，反而抑制惯性，增加阻力，造成油耗增加；减挡过迟会使汽车惯性消耗太多，需要多减一次挡位，同样也会使油耗增加。所以，汽车上坡减挡的关键是既要利用汽车的惯性，又不使汽车惯性过多消失，这样才能做到节约燃油。

（5）换挡操作

离合器对汽车行驶的换挡操作起着重要的作用。无论是由低挡升高挡还是由高挡降低挡，都必须使变速器中待啮合的一对齿轮的线速度相近，换挡过程中同步、无冲击。过去换挡都采用两脚离合器，而现在新型汽车变速器大都装有同步器，由此引起了换挡操作方法的变革，即一脚离合器操作法。

一脚离合器的操作规程是当汽车需要加速而升挡时，迅速抬加速踏板，同时踩下离合器踏板，将变速杆从原挡摘入空挡，稍作停顿再挂入高挡，快抬离合器踏板，并踩加速踏板使汽车继续行驶；当汽车受交通环境变化和坡道行驶需要降挡时，可稍抬加速踏板，同时踩下离合器踏板，将变速杆摘下后迅速挂入低挡，快抬离合器踏板，并踩加速踏板使汽车继续行驶。

一脚离合器换挡是踩离合器、摘空挡、挂挡一次完成的，它与两脚离合器换挡比较，既缩短了发动机怠速运转的时间，又避免了加空油，所以可明显地减少油耗，同时减轻驾驶者的劳动强度。据有关资料介绍，汽车在交通拥挤路段或市区行车 1h，大约需要频繁地换挡 150 次，所以一脚离合器换挡所带来的节油效果还是相当可观的。一脚离合器还能避免减挡加空油使发动机不完全燃烧所带来的排放污染。

还应注意：汽车行驶过程运用一脚离合器换挡时，操作必须熟练、准确、敏捷，如果操作不当会造成同步器早期磨损。

（6）行车速度

在道路和路面状况以及交通情况允许的情况下，汽车在每个挡位上都可以有一个较大的车速范围。汽车行驶过程中的燃油消耗，除了前述挡位的影响外，还与行车速度密切相关。在低车速时，克服行驶阻力消耗的功率较小，发动机负荷率低而油耗率上升，导致百公里油耗增加；当车速高时，发动机负荷率高而油耗率下降，但车速提高所需克服的阻力大幅增大，超过了发动机油耗下降的幅度，也会使油耗增加。所以汽车在行驶速度较低和较高时油耗都会增加，只有在中间某一速度下油耗最低，这个车速被称为经济车速。汽车在每个挡位行驶时，都有一个对应的油耗最低的车速，这就是各挡的经济车速。其中最高挡（通常为直接挡）的经济车速常被称为技术经济车速。

实际上，汽车在行驶过程中要将车速固定在油耗最小的经济车速点上是很难做到的，即使操作经验再丰富的驾驶者也是如此。另外，汽车的行驶速度还要考虑到完成客货运输生产时运输任务的要求。所以，通常既要考虑节油，又要考虑完成运输任务的效率，以技术经济车速为参考，划定一个相对稍高的综合效益较经济的车速范围，将这一车速范围称为运行经济车速范围。还应指出：任一车型的经济车速都不是固定不变的，它随着道路和载荷等因素的改变而变化。当道路条件好，载荷小时，经济车速较高；反之，经济车速较低。

（7）加速踏板的控制

加速踏板的控制实质上就是发动机节流阀的控制，其开度的大小和动作的快慢既影响着汽车的运行状态，又对汽车油耗有着较大的影响，加速踏板通常是随着发动机不同负荷的需要相应的改变的。

对汽油机而言，节气门在较小开度范围内的混合气为经济混合气；较大开度时混合气浓度渐大，会使雾化和燃烧变差，所以从节油角度出发，节气门开度不宜过大。对柴油机而言，随供油齿杆行程的增大，循环供油量增多，混合气浓度增大，所以加速踏板也是在一定行程范围内为宜。

另外，汽车正常行驶过程中，加速踏板控制要柔和，即加速踏板要轻踩慢松，以避免混合气的突变，导致缸内燃烧不良而使油耗增加。

（8）行车温度

汽车的行车温度包括发动机冷却液温度、机油温度、发动机罩内空气温度、变速器和主减速器齿轮润滑油温度等。其中发动机冷却液温度对发动机运转性能也有影响，仅对油耗而言，试验表明：出水温度由 80℃降到 60℃，油耗增加 3.5%；降至 40℃，油耗增加 11%。同样，冷却液温度过高，油耗也会增加。

机油温度和齿轮油温度对燃油消耗的影响，在冬季表现得特别突出。但实际中一般不进行单独预热，而是通过发动机运转预热和汽车行驶预热的办法使其温度逐步提高。汽车行驶过程中，为了保持发动机冷却液和发动机罩内正常的工作温度，使发动机具有良好的动力性和燃油经济性，并减少磨损，还应经常观察仪表，出现异常及时查找原因并排除故障。

（9）汽车滑行

汽车滑行是指汽车解除驱动后，依靠其自身的动能或位能继续行驶的过程。合理地运用汽车滑行，可以收到明显的节油效果。

① 减速滑行。行驶中的汽车，在到达可预见性有障路段（如修路施工、窄道、弯道、回车、交叉路口、行人、停驶车辆等）或停车场（站）之前及时将变速器置于空挡的滑行，都

是减速滑行。在到达可预见性有障路段前可采用发动机不熄火脱挡减速滑行，即提前抬起加速踏板，使发动机处于怠速运转状态，变速杆处于空挡位置，汽车滑行车速逐渐降低。当车辆临近障碍时，可以不踩制动或轻踩制动低速通过。在到达停车场前可采用发动机熄火脱挡滑行，待车辆到达停车地点时轻踩制动停驶，这样既充分利用了汽车自身的动能，又有效地节省了燃油。应该注意的是，选择适当的滑行起始点使到达目标点的车速正好，对节油效果的影响也是至关重要的。如果滑行起始点离目标点太近，到达时车速太高，必然要靠踩制动减速，减少节油；如果滑行起始点太早，未到达前车速已降得很低，还需要重新加速或启动发动机，使节油减少，甚至费油。行车过程中减速滑行的次数较多，如果该方法运用得当，节油效果是非常显著的。

② 加速滑行。加速滑行是指在交通状况良好的平坦道路上，平均车速基本相同的情况下，汽车在高速挡上加速至较高车速，然后脱挡滑行至较低车速；挂该挡加速后，再脱挡滑行，采用加速行驶与脱挡滑行交替进行的行驶方式，加速滑行是可利用的有效节油措施。

汽车在通常平均速度下，若以相对均匀的速度行驶，发动机的负荷率仅为 35%～50%，此时的有效耗油率较大；而加速滑行的加速阶段，发动机负荷率增大而油耗率有所降低，此过程中由加速引起的油耗增加量与负荷率引起的油耗减小量造成的最终油耗不会增加太多，待汽车脱挡滑行时，只消耗很少的发动机怠速运转燃油量。如果能充分利用加速时积累的动能，增加滑行距离，那么从加速到滑行整个行驶里程计算，便可获得显著的节油效果。这在试验中已得到证实，有些车型在相同或相近平均速度下的加速滑行的油耗量比等速行驶节约 12%～16%。

还应注意：要使加速滑行取得较好的节油效果，首先应保证汽车的技术状况良好；其次是路面状况要平坦宽直、视线清晰、行人和车辆较少。在车速控制上，最大车速不高于经济车速上限，高、低车速之差不要超过 15km/h～25km/h；还要注意加速踏板的控制；特别注意在高速公路上是不宜采用加速滑行的，安全应放在首位。

③ 下坡滑行。汽车在坡度小于 5%的缓直坡道或陡坡接近平路的坡尾路段，道路较宽、视线良好时，可使汽车借助位能脱挡滑行，以达到节油的目的。

下坡滑行应特别注意发动机不应熄火，以保证储气筒气压和真空助力制动的真空度，确保汽车行驶安全；变速器也不应脱挡，以便需要时利用发动机阻力制动汽车、控制车速，减轻制动器的负担和热负荷，保持制动系的制动效能。

以上就燃油经济性的主要影响因素作了简要分析。除此之外，还有许多的其他节油措施，甚至包括改进汽车结构，完善其性能的节能产品。但不论什么措施或产品，其节油的效果都只能局限于其改善部位极限节油率之内，图 2-11 所示为美国环保局对典型汽车测试所得的能量分布情况。

由图 2-10 中可以看出，燃料燃烧的能量消耗在汽车的各个部位中，汽车各部位消耗的能量所占总能量的比例就是该部位节油的极限潜力，即极限节油率。例如，降低发动机中运动部件的摩擦损失，其极限节油率为 7.5%；而降低发动机、变速器、车轴等内部相对运动件之间的摩擦损失，其极限节油率为 10.5%（7.5%+1.5%+1.5%）；降低空气阻力系数和汽车迎面面积的极限节油率为 6%；汽车滑行时，强制怠速节油器切断发动机供油的极限节油率为 4%等。当然，极限节油率是理想节油率，在实际改善中，其节油率只能趋近，而不可能完全达到。

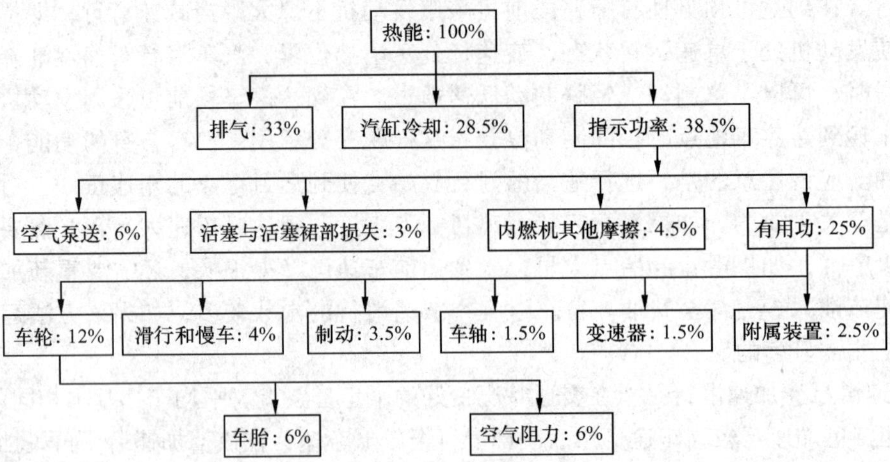

图 2-11 某典型汽车能量平衡图

三、项目实施

（一）检测仪器与实施要求

1. 检测器材

① 台架检测的汽车底盘测功机。

② 燃油消耗量检测设备、油耗传感器。

② 计时器、风速风向仪、干湿温度计、大气压力计、车速测定仪。

④ 秒表，钢卷尺（50m）。

2. 实施要求

① 掌握容积式油耗仪、质量式油耗仪的使用方法。

② 掌握油耗传感器在燃油管路中的安装方法。

③ 掌握汽车底盘测功机上汽车百公里燃油消耗量检测方法。

④ 了解汽车燃油经济性路试基本条件。

⑤ 掌握道路直接挡全油门加速燃料消耗量检测。

⑥ 熟悉汽车多工况燃料消耗量的检测方法。

（二）检测实施步骤

1. 直接挡全油门加速燃料消耗量的道路试验

（1）试验条件

① 被测车辆载荷要求。除有特殊规定外，乘用车为规定乘员数的一半（取整数）；城市客车为总质量的65%；其他车辆为满载，乘员质量及其装载要求按GB/T 12534-1990的规定执行。

② 试验仪器。车速测定仪器和燃料流量计的精度为0.5%；计时器的最小读数为0.1s。

③ 试验一般规定。被测车辆必须清洁，关闭车窗和驾驶室通风口，只允许开动为驱动车辆所必须的设备；由恒温器控制的空气流必须处于正常调整状态。被测车辆必须按照规定进行磨合，试验前车辆必须进行预热行驶，使汽车发动机、传动系统及其他部分预热到规定的温度状态。

④ 气象条件。试验时无雨无雾、相对湿度小于 95%，气温为 0℃ ~ 40℃，风速不大于 3m/s。

⑤ 道路条件。各项试验应在清洁、干燥、平坦的用沥青或混凝土铺装的直线道路上进行。道路长 2km ~ 3km，宽度不小于 8m，纵向坡度在 0.1%以内。

（2）检测方法

试验时，汽车挂直接挡（没有直接挡用最高挡）以（30±1）km/h 的速度，稳定通过 50m 的预备段，从测试路段的起点开始，油门全开加速，通过测试路段，测量并记录通过测试段的加速时间、燃料消耗量及汽车在测试段终点时的速度。

试验往返各进行两次，测得同方向加速时间的相对误差不大于 5%。取测得 4 次加速时间试验结果的算术平均值作为测定值，为保证试验结果的准确性，同方向加速时间误差最好不大于 1.0s。

对于轻型汽车，规定试验路段为 400m；可在 500m 路段的试验数据中截取通过 400m 长的试验数据进行处理。

2. 等速燃料消耗量的道路试验

（1）试验条件

同上。

（2）检测方法

① 根据 GB/T 12545.1 ~ 12545.2—2001 的规定，乘用车只进行 90km/h 和 120km/h 两个速度下的等速行驶燃料消耗量试验。

试验测试路段长度为 500m，汽车用 90km/h 和 120km/h 两个速度挡位。测量过程中，加速踏板应保持不动，等速行驶，通过 500m 的测试路段，测量通过该路段的时间及燃料消耗量。

② 根据 GB/T12545.2—2001 规定，商用车中城市客车和双层客车（包括城市铰接式客车）按照 4 工况循环进行试验，如图 2-12 所示；其他车辆按照 6 工况循环进行试验，如图 2-13 所示。

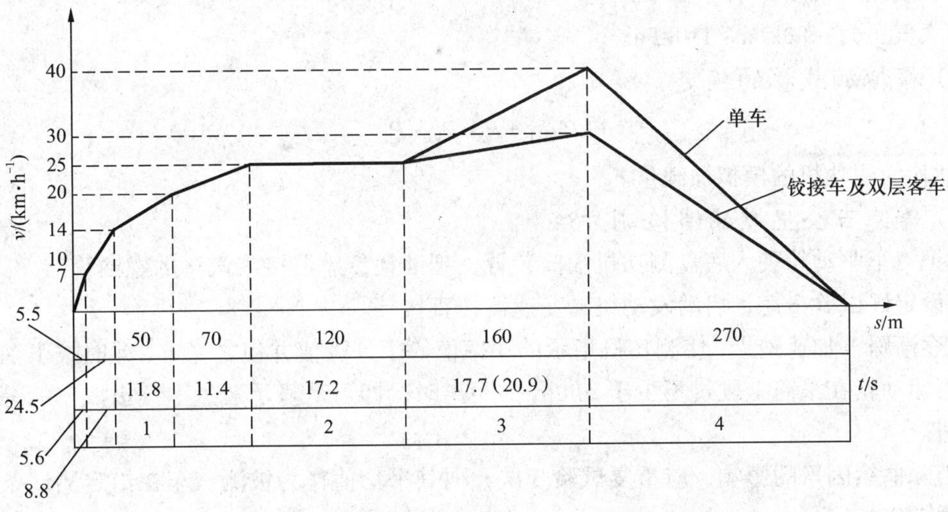

图 2-12　城市客车和双层客车 4 工况循环试验

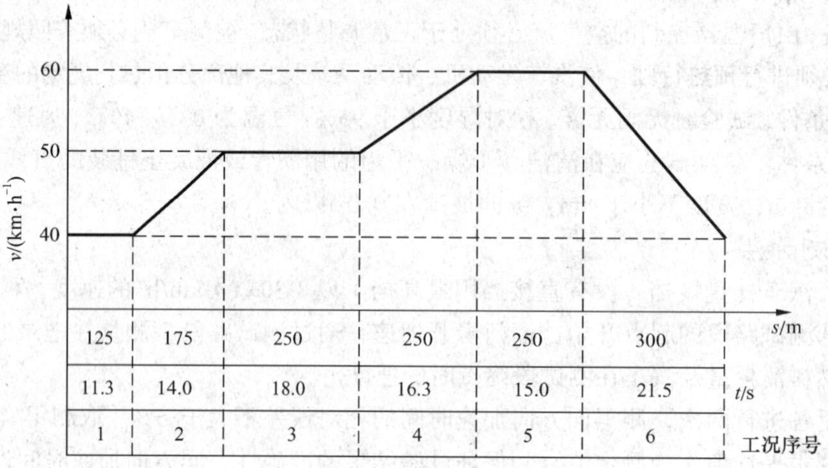

图 2-13　其他车辆 6 工况循环试验

试验车速从 20km/h（最小稳定车速高于 20km/h 时，从 30km/h）开始，以每隔 10km/h 均匀选取车速，直至最高车速的 90%，至少测定 5 个试验车速，同一车速往返各进行二次。

被测车辆在多工况的终速度的偏差为±3km/h，其他各工况速度偏差为±1.5km/h。在各种行驶工况改变过程中，允许车速的偏差大于规定值，但在任何条件下超过车速偏差的时间不大于 1s，即时间偏差为±1s。

以车速为横轴，燃料消耗量为纵轴，绘制等速燃料消耗量散点图，根据散点图绘制等速燃料消耗量特性曲线。

3. 模拟加载量的汽车百公里等速燃油消耗量台架检测

进行等速行驶燃料消耗量试验时，测功机的特性应符合 GB/T 12545.1—2001 中的规定。

（1）试验环境条件

① 环境温度：0℃～40℃。

② 环境相对湿度：小于 85%。

③ 大气压力：80kPa～110kPa。

（2）模拟加载量的确定

$$P_{PAU}=P_k-P_{PL}-P_C$$

以此作为测功机的模拟加载量。

（3）等速百公里燃油消检测方法

① 把汽车驱动轮驶入底盘测功机滚筒装置，把油耗传感器接入汽车的燃油管路。

② 设定好试验车速，启动发动机，变速器挂直接挡。

③ 逐渐踩下加速踏板，使测功机指示的功率值等于计算值并使之稳定，此时按下油耗测量按钮，当驱动轮在滚筒上驶过不少于 500m 的距离时，即可从显示装置上读出汽车的等速百公里油耗值。

为消除偶然因素的影响，应重复试验 3 次，取其平均值作为被测汽车在给定测试条件下的百公里油耗值。

四、拓展知识

新能源技术在汽车上的应用

1. 新能源汽车的类型及特点

随着世界能源危机和环保问题的日益突出，汽车工业面临着严峻的挑战。一方面，石油资源短缺，而汽车是油耗大户，且目前内燃机的热效率较低，燃料燃烧产生的热能大约只有35%～40%用于实际汽车行驶，节节攀升的汽车保有量加剧了这一矛盾；另一方面，汽车的大量使用加剧了环境污染，城市大气中的CO的82%、NO_x的48%、HC的58%和微粒的8%均来自于汽车尾气。20世纪末以来世界各国和各大汽车公司以及国内各大科研机构和高等院校纷纷致力于开发清洁节能汽车，新能源汽车获得了长足发展。

传统内燃机汽车的能源是汽油和柴油，利用其他能源来提供汽车动力的汽车均可称为新能源汽车。目前正在开发的新能源包括天然气、液化石油气、醇类、二甲醚、氢、燃料电池等。

（1）天然气汽车和液化石油气汽车

天然气（NG）是地表下岩石储集层中自然存在的以轻质碳氢化合物为主体的气体混合物的统称。其主要成分为甲烷（约占 85%～95%），还含有少量的乙烷、丙烷和丁烷以及少量的杂质氮、二氧化碳等。天然气按其来源有气田气，油田伴生气和煤成气之分。其中油田伴生气又有两种，一种溶解在汽油中，称为溶解气；一种聚集在含气已饱和的油层顶部，称为气顶气。燃用天然气的汽车被称为天然气汽车（NGV），又被称为“蓝色动力”汽车。

液化石油气（LPG）是指以丙烷及丁烷为主体的碳氢化合物的混合物，来源于油井气、石油加工的副产品和煤制取液体燃料时的副产品等。液化石油气在常温、常压下为气态，而在−0.5℃或常温（15℃）0.8MPa的压力下为液态。液化石油气一般以液态储运。燃用液化石油气的汽车被称为液化石油气汽车（LPGV）。

NG和LPG是理想的点燃式发动机用气体燃料，其原料来源丰富，燃气成分单一、纯度高，与空气混合均匀，燃烧完全，CO和微粒的排放量较低，排污少，燃烧温度低，NO_x排放较少，稀燃特性优越，低温启动及低温运转性能好。其缺点是储运性能比液体燃料差、发动机的容积效率较低、着火延迟期较长，动力性较差，汽车用户初始投资大，携带不便。这两类汽车多采用双燃料系统，即一个汽油或柴油燃料系统和一个压缩天然气或液化石油气系统，汽车可由其中任意一个系统驱动，并能由一个系统容易地过渡到另一个系统。

（2）电动汽车

世界上第一辆电动汽车（EV）由美国人在19世纪90年代制造。电动汽车大致分为蓄电池电动汽车（BEV）、燃料电池电动汽车（FCEV）和混合动力电动汽车（HEV）。电动汽车的一个共同特点是汽车完全或部分由电力通过电动机驱动，能够实现低排放和零排放。蓄电池电动汽车是最早出现的电动汽车。使用铅酸电池的汽车整车动力性、续驶里程与传统内燃机汽车有较大的差距，而使用高性能镍氢电池或者锂电池又会使成本大大增加。蓄电池需有一定充电时间及相应的充电设备，使用场合受到了限制。燃料电池具有近80%的能量利用率，能够实现零排放、低噪声。国外最新开发的高性能燃料电池已经能够实现几乎与传统内燃机汽车相当的动力性能，发展前景很好，但成本却是制约其产业化的瓶颈。

（3）醇类汽车

醇类汽车就是以甲醇、乙醇等醇类物质为燃料的汽车。使用比较广泛的是乙醇，乙醇来源广泛，制取技术成熟，辛烷值高，许用压缩比高，可降低排污。目前醇类汽车多使用乙醇与汽油或柴油以任意比例掺和的灵活燃料驱动，既不需要改造发动机，又起到良好的节能、降污效果。乙醇和甲醇的含氧量分别为 34.7%和 50%，有利于改善燃烧，降低排污。与汽油混烧，可使混合燃料也变成为含氧燃料，如汽油中添加 7.7%的乙醇，含氧量为 2.7%；添加 10%的乙醇，含氧量为 3.5%。研究表明，当乙醇含量为 6%时，HC 排放降低 5%，CO 排放降低 21%～28%，NO_x 排放降低 7%～16%。但这种掺和燃料要获得与汽油或柴油相当的功率，必须加大燃油喷射量，当掺醇率大于 15%～20%时，应改变发动机的压缩比和点火提前角。醇类用作汽车能源的主要问题有低温启动性差、易分层、有腐蚀、有剧毒、价格贵等。乙醇燃料理论空燃比低，对发动机进气系统要求不高，自燃性能差，辛烷值高，有较高的抗爆性，挥发性好，混合气分布均匀，热效率较高，汽车尾气污染可减少30%以上。

（4）氢燃料汽车

氢是清洁燃料，采用氢气作燃料，只需略加改动发动机的常规火花塞点火方式，则燃烧效率比汽油高，混合气可以较大程度地变稀，所需点火能量小，有利于节约燃料。氢气也可以加入其他燃料（如压缩天然气）中，用于提高效率和减少 NO_2 排放。氢的质量能量密度是各种燃料中最高的一种，但体积能量密度最低，其最大的使用障碍是储存和安全问题。

（5）二甲醚汽车

二甲醚（DME）是一种无色无味的气体，具有优良的燃烧性能：清洁、十六烷值高、动力性能好、污染少、稍加压即为液体，非常适合作为压燃式发动机的代用能源，使用该燃料的车辆可达到超低的排放标准。

（6）气动汽车

以压缩空气、液态空气、液氮等为介质，通过吸热膨胀做功供给驱动能量的汽车称为气动汽车。气动发动机不发生燃烧或其他化学反应，排放的是无污染物、无辐射的空气或氮气，真正实现了零污染。目前开发比较成功的是压缩空气动力汽车（APV），其工作原理类似于传统内燃机汽车，只不过驱动活塞连杆机构的能量来源于高压空气。压缩空气动力汽车介质来源方便、清洁，社会基础设施建设费用不高，较容易建造；无燃料燃烧过程，对发动机材料要求低，结构简单，可借鉴现有内燃机技术，因而研发周期短，设计和制造容易，但目前压缩空气动力汽车能量密度和能量转换率还不够高，续驶里程短。

（7）以植物油为燃料的汽车

为了寻找可代替石油的新能源，科学家也将目光投向了植物油，研制以植物油如大豆油、玉米油及向日葵油为原料的内燃机油。科学家们还在研究生物柴油，生物柴油这是一种以植物油为原料的燃料，将来可作为柴油的替代品大量用于卡车和轮船。生物柴油中不含硫，因此不会对环境造成酸雨威胁。为生产生物柴油，化学家们正在对植物油进行酯化加工，使之变成甲基酯化合物，燃烧起来更干净，发动机内残留物也更少。

2. 新能源汽车发展的前景

在各种汽车代用燃料中，液化石油气和压缩天然气最方便投入使用，而且目前已经具有较好的配套基础设施。这两种燃料汽车在排放和经济性要求较高而动力性能要求一般的公共交通领域具有很好的应用前景。美国近年来新型公交客车中天然气汽车就占据了较大比例。混合动力汽车毫无疑问是下一代汽车动力系统的主要形式。燃料电池是目前技术条件下能量利用率最高的车用能源。燃料电池的能量为锂离子电池的 2 ~ 3 倍；能量转换效率高达 60% ~ 80%，是汽油机或柴油机的 1.5 ~ 2 倍，能实现超低污染甚至零污染。

总之对代用燃料的综合评价应考虑以下因素：燃料成本、车辆成本；对进口石油的依赖程度；有效能源利用率；温室效应；排放污染；生产、储运、分销、加注设施；装载行驶里程和加注时间；安全性。基于这些因素，燃料电池汽车会在 20 年之后开始实现产业化，逐渐增加市场份额；传统汽油机汽车的市场份额会在 20 年之后开始出现明显的下降，但柴油车会在重型车辆领域继续保持很高的市场份额。

小结

1. 汽车的燃油经济性常用一定运行工况下汽车行驶百公里的燃油消耗量或一定燃油量能使汽车行驶里程来衡量。影响汽车燃油消耗量的主要因素有汽车的结构因素、环境因素和使用因素。

2. 常用的燃油消耗量检测设备有容积式油耗仪、质量式油耗仪两种。

3. 汽车燃油经济性的检测有两种方法，一是道路试验，二是台架检测。一般而言，汽车检测站因受到场地条件限制，无法用道路试验方法检测汽车的燃油经济性，因此常在底盘测功机上，参照有关规定模拟道路试验方法检测汽车的燃油经济性。道路试验包括不控制的道路试验、控制的道路试验和循环道路试验 3 种。

习题

1. 我国汽车的燃油经济性的评价指标是什么？有几种？各有什么优缺点？
2. 什么是等速百公里燃油消耗量？
3. 影响燃油经济性的结构因素、环境因素和使用因素各有哪些？
4. 如何合理驾驶，以提高汽车的经济性？用高挡行驶为什么会省油？
5. 在汽车排气、汽缸冷却系统消耗的能量占燃料燃烧的总能量的比例一般是多少？

6. 汽车的燃油消耗仪有几种？
7. 简述容积式油耗仪的工作原理，并简述其使用注意事项。
8. 画图说明油耗传感器在汽油车和柴油车供油系统中是如何安装的？
9. 台架检测测试汽车经济性时，应注意哪些问题？
10. 汽车燃油消耗量的道路试验包括哪几种？简述燃油经济性道路试验的基本条件。
11. 简述等速燃料消耗量试验与限定条件下的平均使用燃料消耗量试验的方法。

项目三

汽车制动性检测与评价

一、项目要求

汽车的制动性是汽车重要的使用性能之一，它的好坏直接关系到行车安全和汽车动力性能的发挥。性能良好和可靠的制动系统可保证行车安全，避免交通事故的发生。为防止或减少交通事故，必须加强对汽车制动装置的安全检测，保证汽车制动装置良好、可靠、符合国家制动标准，主动提高人员与车辆的安全性。

通过本部分内容的学习，读者掌握汽车制动性的评价指标；掌握地面制动力、制动器制动力和附着力的概念以及三者的关系；掌握滑移率的概念及其对附着系数的影响；了解制动时汽车跑偏的原因；掌握制动时侧滑对方向稳定性的影响；了解汽车制动性台架检测设备与检测标准，熟悉其检测项目与方法；了解道路试验中被测汽车的制动性条件与检测项目，熟悉汽车道路制动性检测的仪器、检测项目与方法。

二、相关知识

（一）汽车制动性评价指标

汽车制动性主要从下列三方面来评价。

① 制动效能，即制动距离与制动减速度。制动效能是指汽车在良好路面上，汽车以一定初速度制动到停车的制动距离或制动时汽车的减速度。它是制动性能最基本的评价指标。

② 制动效能的恒定性，即抗热衰退性能。汽车高速行驶或下长坡连续制动时制动效能保持的程度，称为抗热衰退性能。制动过程实际上是把汽车行驶的动能通过制动器吸收转换为热能的过程，所以制动器温度升高后能否保持在冷状态时的制动效能，已成为设计制动器时要考虑的一个重要问题。此外，涉水行驶后，制动器还存在水衰退问题。

③ 制动时汽车的方向稳定性，即制动时汽车不发生跑偏、侧滑以及失去转向能力的性能。

制动时汽车的方向稳定性，常用制动时汽车按给定路径行驶的能力来评价。若制动时发生跑偏、侧滑或失去转向能力，则汽车将偏离原来的路径。

根据汽车技术和道路等的发展情况，世界各国都制订有相应的制动法规。我国颁布的 GB 7258《机动车运用安全技术条件》中便对上述有明确的要求。

1. 汽车的制动效能及其恒定性

汽车的制动效能是指汽车迅速降低车速直至停车的能力。评定制动效能的指标是制动距离（s）和制动减速度（a_b）。

（1）制动距离与制动减速度

制动距离与汽车的行驶安全有直接的关系，它指的是汽车速度为 v_0 时，从驾驶员开始操纵制动控制装置（制动踏板）到汽车完全停住为止所驶过的距离。制动距离与制动踏板力、路面附着条件、车辆载荷、发动机是否结合等许多因素有关。在测试制动距离时，应对踏板力或制动系压力、路面附着系数以及车辆的状态做一规定。制动距离与制动器的热状况也有密切关系，若无特殊说明，一般制动距离是在冷试验的条件下测得的。此时，起始制动时制动器的温度在 1 000℃以下。由于各种汽车的动力性不同，对制动效能也提出了不同要求：一般轿车、轻型货车行驶车速高，所以要求制动效能也高；重型货车行驶车速低，要求就稍低一点。

制动减速度是制动时车速对时间的导数，它反映了地面制动力的大小，与制动器制动力（车轮滚动时）及附着力（车轮抱死拖滑时）有关。

（2）制动距离的分析

为了分析制动距离，需要对制动过程有一个全面了解。

图 3-1 所示为驾驶员在接受了紧急制动信号后，制动踏板力、汽车制动减速度与制动时间的关系曲线。图 3-1（a）所示为实际测得的曲线，图 3-1（b）所示为经过简化后的曲线。

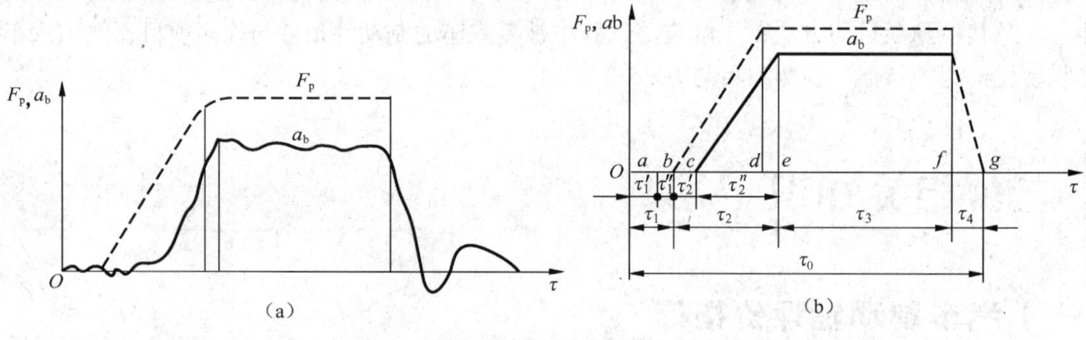

图 3-1　汽车的制动过程

驾驶员接到紧急停车信号时，并没有立即行动，如图 3-1（b）所示的 a 点，而要经过 τ_1' 后才能意识到应进行紧急制动，并移动右脚；再经过 τ_1'' 后才踩着制动踏板。从 a 点到 b 点所经过的时间（$\tau_1 = \tau_1' + \tau_1''$）称为驾驶员的反应时间。这段时间一般为 0.3s ~ 1.0s；在 b 点以后，随着驾驶员踩踏板的动作，踏板力迅速增大，至 d 点时达到最大值。不过由于制动蹄是由回位弹簧拉着的，蹄片与制动鼓间存在间隙，所以要经过 τ_2'，即至 c 点，地面制动力才起作用，使汽车开始产生减速度。由 c 点到 e 点是制动器制动力增长过程所需的时间 τ_2''。$\tau_2(=\tau_2' + \tau_2'')$ 称为制动器的作用时间。制动器作用时间一方面取决于驾驶员踩踏板的速度，另外更重要的是受制动系结构形式的影响。τ_2 一般在 0.2 ~ 0.9s 之间。由 e 点到 f 点为持续制动时间（τ_3），其减速度基本不变。到 f 点时驾驶员松开踏板，但制动力的消除还需要一段时间（τ_4），τ_4 一般在 0.2 ~ 1.0s 之间。这段时间过长会耽误随后起步行驶的时间。另外，若因车轮抱死而使汽车失去控制，驾驶员采取措施放松制动踏板时，又会使制动力不能立即释放。

制动的全过程包括驾驶员见到信号后作出行动反应、制动器起作用、持续制动和放松制动器 4 个阶段。制动距离是指开始踩着制动踏板到完全停车的距离，它包括制动器起作用和持续制动两个阶段中汽车驶过的距离 s_2 和 s_3。

下面仅对制动器起作用的时间加以分析。

真正使汽车减速停车的是持续制动时间，但制动器起作用时间对制动距离的影响是不小的，制动器起作用时间与制动系统的结构形式有密切的关系。

当驾驶员急速踩下制动踏板时，液压制动系统的制动器起作用时间可短至 0.1s 或更短；真空助力制动系统和气压制动系统为 0.3s ~ 0.9s；货车有挂车时，汽车列车的制动器起作用时间有时竟长达 2s，但精心设计的汽车列车制动系统可缩短到 0.4s。

改进制动系统结构，减少制动器起作用时间，是缩短制动距离的一项有效措施。例如红旗 CA770 轿车由真空助力制动系统改为压缩空气助力（气顶液）制动系统后，以 30km/h 起始制动车速所做的制动试验结果如表 3-1 所示。

表 3-1　　装用不同助力系时 CA770 轿车的制动性能

制动系统形式	制动距离/m	制动时间/s	最大制动减速度/（m/s^2）
真空助力制动系统	2.12	12.25	7.25
压缩空气—液压制动系统	1.45	8.25	7.65

由表可见，采用压缩空气—液压制动系后，制动距离缩短 32%，制动时间减少 31.6%，但最大减速度只提高 3.5%。虽未单独给出制动器起作用时间 τ_2 的变化情况，但试验结果说明，最大减速度提高不多，即持续制动时间 τ_3 变化不大，因此，可认为制动器起作用时间的减少是缩短制动距离的主要原因。

（3）制动效能的恒定性

以上的讨论仅限于在冷制动情况（制动器起始温度在 100℃以下）的制动效能。汽车在繁重的工作条件下制动时（例如在下长坡时，制动器就要较长时间连续地进行较大强度的制动），制动器温度一般在 300℃以上，有时甚至高达 600℃ ~ 700℃。高速制动时，制动器温度也会很快上升。制动器温度上升后，摩擦力矩常会有显著下降，这种现象称为制动器的热衰退。如凌志 LS400 汽车在冷制动时，起始制动车速为 195km/h，制动距离为 163.9m，减速度为 8.5m/s^2，而经过下山中的 26 次制动，前制动器温度达 693℃，这时以同样的起始车速制动，减速度为 6.0 m/s^2，制动距离加长了 80.6m，达到 244.5m。热衰退是目前制动器不可避免的现象，只是程度上有所差别。

制动效能的恒定性主要指的是抗热衰退性能。制动器抗热衰退性能一般用一系列连续制动时制动效能的保持程度来衡量。根据国家行业标准 ZBT 24007-89，要求以一定车速连续制动 15 次，每次的制动强度为 3m/s^2，最后的制动效能应不低于规定的冷试验制动效能（5.8m/s^2）的 60%（在制动踏板力相同的条件下）。

山区行驶的货车和高速行驶的轿车，对抗热衰退性能有更高的要求。一些国家规定，大型货车必须装备辅助制动器，以保持山区行驶的制动效能。

抗热衰退性能与制动器摩擦副材料及制动器结构有关。

2. 制动时汽车的方向稳定性

制动过程中，有时会出现制动跑偏、后轴侧滑或前轮失去转向能力，而使汽车失去控制，离开原来的行驶方向，甚至发生撞入对方车辆行驶轨道、下沟、滑下山坡的危险情况。一般称汽车在制动过程中维持直线行驶或按预定弯道行驶的能力为制动时汽车的方向稳定性。汽车试验中常规定一定宽度的试验通道（如 1.5 倍车宽或 3.7m）。制动时方向稳定性合格的车辆，在试验过程中不允许产生不可控制的效应使它离开这条通道。

制动时汽车自动向左或向右偏驶称为"制动跑偏"。侧滑是指制动时汽车的某一轴或两轴发生横向移动。最危险的情况是在高速制动时发生后轴侧滑，此时汽车常发生不规则的急剧回转运动而失去控制。跑偏与侧滑是有联系的，严重的跑偏有时会引起后轴侧滑，易于发生侧滑的汽车也有加剧跑偏的趋势。图 3-2 所示为单纯的制动跑偏和由跑偏引起后轴侧滑时轮胎留在地面上的印迹的示意图。

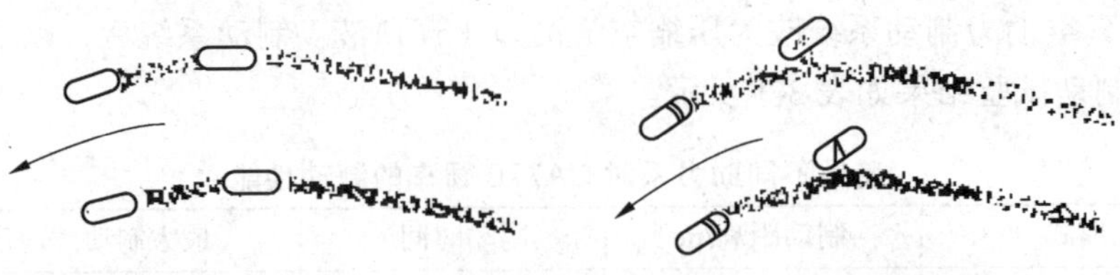

（a）制动跑偏时轮胎在地面上留下的印迹　　（b）制动跑偏引起后轴轻微侧滑时轮胎留在地面上的印迹

图 3-2　制动时汽车跑偏的情形

前轮失去转向能力是指弯道制动时汽车不再按原来的弯道行驶，而沿弯道切线方向驶出或直线行驶制动时，虽然转动转向盘但汽车仍按直线方向行驶的现象。失去转向能力和后轴侧滑也是有联系的，一般地讲，如果汽车后轴不侧滑，前轮就可能失去转向能力；后轴侧滑，前轮仍有转向能力。

制动跑偏、侧滑与前轮失去转向能力是造成交通事故的重要原因。例如，我国某市市郊一山区公路，根据两周（雨季）发生的七起交通事故分析，发现其中 6 起是由于制动时后轴发生侧滑或前轮失去转向能力造成的。西方一些国家的统计表明，发生人身伤亡的交通事故中，在潮湿路面上约有 1/3 与侧滑有关；在冰雪路面上有 70%～80%与侧滑有关。根据对侧滑事故的分析，发现有 50%是由制动引起的。

（1）汽车的制动跑偏

制动时汽车跑偏的原因有如下两个。

- 汽车的左、右轮，特别是前轴左、右车轮（转向轮）调动器的制动力不相等。
- 制动时悬架导向杆系统与转向系统拉杆在运动学上的不协调（互相干涉）。

其中，第一个原因是由制造、调整误差造成的；汽车究竟向左或向右跑偏，要根据具体情况而定；而第二个原因是的设计造成的，制动时汽车总是向左（或向右）一方跑偏。

图 3-3 所示为由于转向轴左、右车轮制动力不相等而引起跑偏的受力分析。为了简化，假定车速较低，跑偏不严重，且跑偏过程中转向盘是不动的，在制动过程中也没有发生侧滑，并忽略汽车作圆周运动时产生的离心力及车身绕质心的惯性力偶矩。

设前左轮的制动器制动力大于前右轮，故地面制动力 $F_{1l} > F_{1r}$。此时，前、后轴分别受到的地面侧向反作用力为 F_{y1} 和 F_{y2}。显然，F_{1l}绕主销的力矩大于 F_{1r} 绕主销的力矩。虽然转向盘不动，由于转向系各处的间隙及零部件的弹性变形，转向轮仍产生一向左转动的角度而使汽车有轻微的转弯行驶，即跑偏。同时，由于主销有后倾，也使 F_{y1} 对转向轮产生一同方向的偏转力矩，这样也增大了向左转动的角度。（F_j 为汽车惯性力）

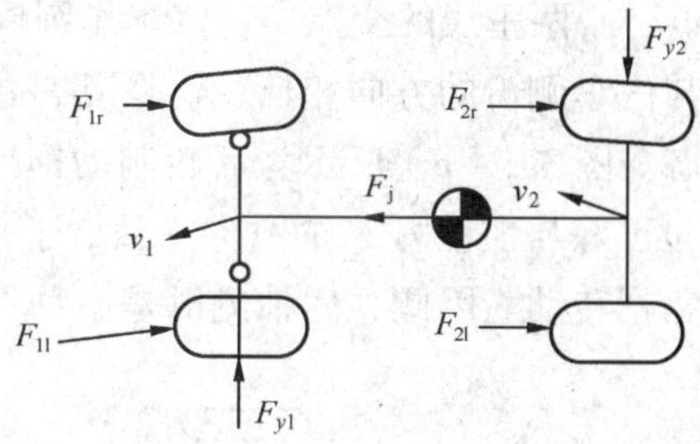

图 3-3　制动跑偏时的受力图

造成跑偏的第二个原因是悬架导向杆系统与转向系统拉杆发生了运动干涉，此时跑偏的方向不变。例如，一试制中的货车，在紧急制动时总是向右跑偏，在车速 30km/h 时，最严重的跑偏距离为 1.7m。分析其原因，主要是由转向节上节臂处的球头销离前轴中心线太高，且悬架钢板弹簧的刚度又太小造成的。图 3-4 所示为该货车的前部简图。在紧急制动时，前轴向前扭转了一角度，转向节上节臂球头销本应作相应的移动，但由于球头销连接在转向纵拉杆上，仅能克服转向拉杆的间隙，使拉杆有少许弹性变形而不允许球头销作相应的移动，致使转向节臂相对于主销作向右的偏转，于是引起转向轮向右转动，造成汽车跑偏。后来改进了设计，使转向节上节臂处球头销位置下移，在前钢板弹簧扭转相同角度时，球头销位移量减少，转向节偏转也减少；同时增加了前钢板弹簧的刚度，从而基本上消除了跑偏现象。

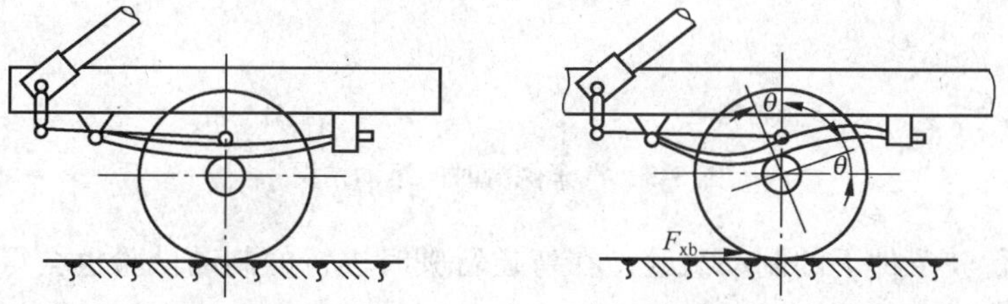

（a）未制动时　　（b）制动时前轴转动

图 3-4　悬架导向杆系与转向系拉杆在运动学上的不协调引起的制动跑偏

（2）制动时后轴侧滑与前轴转向能力的丧失

制动时发生侧滑，特别是后轴侧滑，将引起汽车剧烈的回转运动，严重时可使汽车调头。由试验与理论分析得知，制动时若后轴车轮比前轴车轮先抱死拖滑，就可能发生后轴侧滑。若能使前、后轴车轮同时抱死或前轴车轮先抱死，后轴车轮再抱死或不抱死，则能防止后轴侧滑，不过前轴车轮抱死后将失去转向能力。

由试验可以得出以下两点。

- 制动过程中，若是只有前轮抱死或前轮先抱死拖滑，汽车基本上沿直线向前行驶（减速停车）；汽车处于稳定状态，但丧失转向能力。

- 若后轮比前轮提前一定时间先抱死拖滑，且车速超过某一数值时，汽车在轻微的侧向力作用下就会发生侧滑。路面越滑、制动距离和制动时间越长，后轴侧滑越剧烈。

下面从受力情况分析汽车前轮抱死拖滑或后轮抱死拖滑的两种运动情况。

图 3-5（a）所示为前轮抱死而后轮滚动的情况。设转向盘固定不动，前轴如受侧向力作用将发生侧滑，因此前轴中点 A 的前进速度 v_A 与汽车纵轴线的夹角为 α；后轴因未发生侧滑，所以 v_B 的方向仍为汽车纵轴方向。此时，汽车将发生类似转弯的运动，其瞬时回转中心为速度

v_A、v_B两垂线的交点 O；汽车作圆周运动时产生了作用于质心 C 的惯性力 F_j。显然，F_j的方向与汽车侧滑的方向相反，就是说 F_j 能起到减小或阻止前轴侧滑的作用，即汽车处于一种稳定状态。图 3-5（b）所示为后轮制动抱死而前轮滚动的情况。如有侧向力作用，后轴发生侧滑的方向正好与惯性力 F_j 的方向一致，于是惯性力加剧后轴侧滑；后轴侧滑又加剧惯性力 F_j，汽车将急剧转动。因此，后轴侧滑是一种不稳定的、危险的工况。

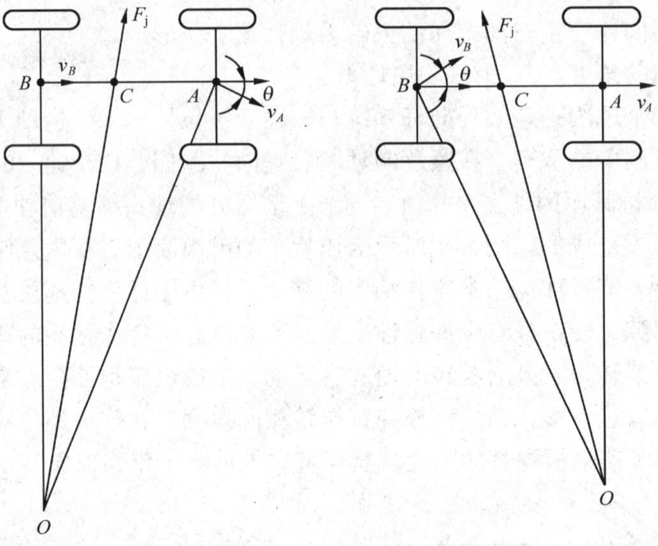

（a）前轴侧滑　　（b）后轴侧滑

图 3-5　汽车侧滑时的运动情况

上面是直线行驶条件下的制动试验，在弯道行驶时进行的制动试验也会得到类似的结果，即只有后轮抱死或后轮提前抱死，在一定车速条件下，后轴才会发生侧滑。另外，只有前轮抱死或前轮先抱死时，由于侧向力系数为零，不能产生任何地面侧向反作用力，汽车无法按原弯道行驶而沿切线方向驶出，即失去了转向能力。因此，从保证汽车方向稳定性的角度出发，首先不能出现只有后轴车轮抱死或后轴车轮比前轴车轮先抱死的情况，以防止危险的后轴侧滑；其次，尽量少出现只有前轴车轮抱死或前、后车轮都抱死的情况，以维持汽车的转向能力。最理想的情况就是防止任何车轮抱死，前、后车轮都处于滚动状态，这样就可以确保制动时的方向稳定性。

3. 制动性能的国标要求

① 车辆应具有行车制动、应急制动和驻车制动性能。

② 行车制动系统制动踏板的自由行程应符合该车原厂规定的有关技术条件。

③ 行车制动在产生最大制动作用时的踏板力，对于座位数小于或等于 9 的载客汽车应不大于 500N，对于其他车辆应不大于 700N。

④ 液压行车制动在达到规定的制动效能时，踏板行程（包括空行程，下同）不得超过全行程的 3/4；制动器装有自动调节间隙装置的车辆的踏板行程不得超过全行程的 4/5，且座位数小于或等于 9 的载客汽车应小于或等于 400N，其他车辆应小于或等于 600N；脚操纵时，座位数小于或等于 9 的载客汽车应小于或等于 500N，其他车辆应小于或等于 700N。

⑤ 驻车制动应能使车辆在即使没有驾驶员的情况下，也能停在上、下坡道上。驾驶员必须在座位上就可以实现驻车制动。施加于驻车制动操纵装置的力，手操纵时，座位数小于或等于9的载客汽车应小于或等于400N，其他车辆应小于或等于600N；脚操纵时，座位数小于或等于9的载客汽车应不大于700N。

⑥ 驻车制动操纵装置必须有足够的储备行程，一般应在操纵装置全行程的2/3以内产生规定的制动性能，驻车制动机构装有自动调节装置时，操纵杆往复拉动的次数不得超过3次。驻车制动应通过纯机械装置把工作部件锁止。不允许利用液压、气压或电力驱动来获得规定的驻车制动效果。

⑦ 气压制动系统必须装有限压装置，确保储气筒内气压不超过允许的最高气压。

⑧ 采用气压制动系统的车辆，发动机在75%的额定功率下，4min（汽车列车为6min，城市铰接公共汽车和无轨电车为8min）内气压表的指示气压应从零开始升至起步气压（未标起步气压，按400kPa计）。

⑨ 车辆的行车制动必须采用双管或多管路。

⑩ 车辆运行过程中，不应有自行制动现象。当挂车与牵引车意外脱离后，挂车应能自行制动，牵引车的制动仍然有效。

⑪ 车辆安装防抱制动装置的要求按GB 12676—1999中4.2.20和4.3.13的规定。

⑫ 制动系统故障报警装置应完好有效。

⑬ 台架检测（以下简称“台试”）测试制动性能。

⑭ 道路试验（以下简称“路试”）测试制动性能。车辆路试制动性能要求应符合GB 7258—1997中第（十四）条的规定。

⑮ 当车轮经台试后，对其制动性能①有疑问时，可用⑭规定的路试进行复检，并以满载路试的结果为准。

（1）行车制动性能

① 汽车在制动试验台上的制动力应符合表3-2的规定。

表3-2　台试制动力要求

制动力总和与整车质量的百分比（%）		轴制动力与轴荷的百分比（%）	
空载	满载	前轴	后轴
≥60	≥50	≥601	-

备注：空载和满载状态下测试均应满足此要求

② 台试时的制动气压和制动踏板力要求。

a. 满载检验时。

气压制动系：气压表的指示气压≤额定工作气压。

液压制动系：座位数小于或等于9的载客汽车踏板力≤500N；

其他车辆踏板力≤700N。

b. 空载校验时。

气压制动系：气压表的指示气压≤600kPa；

液压制动系：座位数小于或等于的载客汽车踏板力≤400N；

其他车辆踏板力≤450N。

③ 制动力平衡要求：在制动力增长全过程中，同时测得的左右轮制动力差的最大值，与全过程中测得的该轴左右轮最大制动力中大者之比，对前轴不得大于 20%；对后轴制动力大于或等于后轴轴荷的 60%时不得大于 24%；当后轴制动力小于后轴轴荷的 60%时，在制动力增长全过程中同时测得的左右轮制动力差的最大值不得大于后轴轴荷的 8%。

④ 汽车制动协调时间（指在急踩制动时，从踏板开始动作至制动力达到表 3-2 规定的制动力 75%时所需的时间）：对采用液压制动系的车辆不得大于 0.35s；对于采用气压制动系的车辆不得大于 0.56s。

⑤ 车轮阻滞力：进行制动力检测时，车轮各轮的阻滞力均不得大于该轴轴荷的 5%。

⑥ 制动完全释放时间（从松开制动踏板到制动消除所需要的时间）对单车不得大于 0.8%。

（2）应急制动性能

① 应急制动应在行车制动系统有一处管路失效的情况下，在规定的距离内将车辆停住。

② 检查汽车是否具有有效的应急制动装置。如受检汽车没有应急制动装置或对其应急制动性能有质疑时，应按表 3-3 的规定检验其应急制动性能。

③ 应急制动性能要求：汽车在制动试验台上，应急制动起作用时，测得的制动力应符合国家标准的规定。

表 3-3　　应急制动性能要求

车 辆 类 型	制动初速度（km/h）	制动距离（m）	充分发出的平均减速度（m/s^2）	允许操纵力不大于（N）	
				手 操 纵	脚 操 纵
座位数≤9 的载客汽车	50	≤38	≥2.9	400	500
其他载客汽车	30	≤18	≥2.5	600	700
其他汽车	30	≤20	≥2.2	600	700

（3）驻车制动性能

当采用制动试验台检验车辆驻车制动的制动力时，乘坐一名驾驶员，使用驻车制动装置，驻车制动力的总和应不小于该车在测试状态下整车重量的 20%；对总质量为整备质量 1.2 倍以下的车辆，限值为 15%。

（二）汽车制动时的受力分析

汽车受到与行驶方向相反的外力时，才能从一定的速度制动到较小的车速或停车，这个外力只能由地面和空气提供。因为空气阻力相对较小，所以实际上外力主要是由地面提供的，这个力被称为地面制动力。地面制动力越大，制动减速度越大，制动距离也越短，所以地面制动力对汽车制动性具有决定性影响。

下面分析一个车轮在制动时的受力状况，以说明影响汽车地面制动力的主要因素。

1．地面制动力

图 3-6 所示为在良好的硬路面上制动时车轮的受力情况。图中滚动阻力偶矩和减速时的惯性力、惯性力偶矩均忽略不计。T_μ 是车轮制动器中摩擦片与制动鼓或盘相对滑转时的摩擦力矩，单位为 N · m；F_{xb} 是地面制动力，单位为 N；W 为车轮垂直载荷，T_p 为车轴对车轮的推力，F_z 为地面对车轮的法向反作用力，它们的单位均为 N。

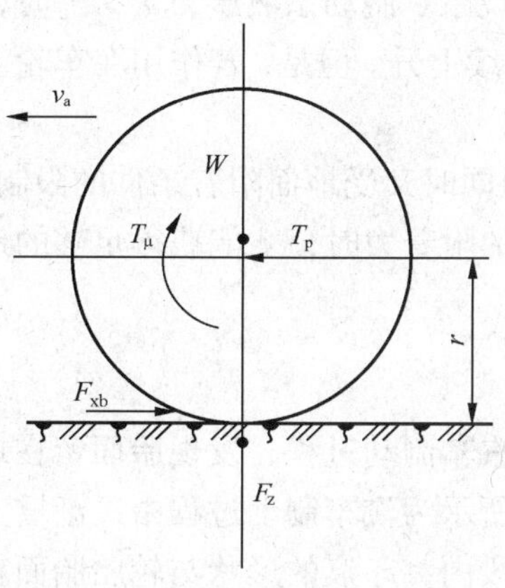

图 3-6　车轮在制动时的受力情况

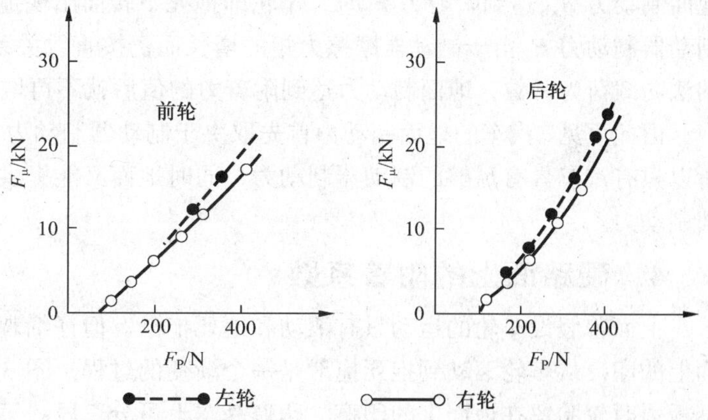

图 3-7　制动器制动力与制动踏板力的关系曲线

显然，从力矩平衡得到

$$F_{xb} = \frac{T_{\mu}}{r} \tag{3-1}$$

式中：r——车轮半径（m）。

地面制动力是使汽车制动而减速行驶的外力，但是地面制动力取决于两个摩擦副的摩擦力：一个是制动器内制动摩擦片与制动鼓或制动盘间的摩擦力，一个是轮胎与地面间的摩擦力——附着力。

2．制动器制动力

在轮胎周缘为了克服制动器摩擦力矩所需的力称为制动器制动力，以符号 F_{μ} 表示。它相当于把汽车架离地面，并踩住制动踏板，在轮胎周缘沿切线方向推动车轮直至它能转动所需的力，显然

$$F_{\mu} = \frac{T_{\mu}}{r} \tag{3-2}$$

式中：T_{μ}——制动器的摩擦力矩（N · m）。

由公式（3-2）可知，制动器制动力仅由制动器结构参数所决定，即取决于制动器的形式、结构尺寸、制动器摩擦副以及车轮半径，并与制动踏板力，即制动系的液压或空气压力成正比。图 3-7 所示为试验得到的某四座轿车的制动器制动力与踏板力的关系曲线。

3．地面制动力、制动器制动力与附着力之间的关系

在制动时，若只考虑车轮的运动为滚动与抱死拖滑两种状况，当制动踏板力较小时，制动器摩擦力矩不大，地面与轮胎之间的摩擦力即地面制动力，足以克服制动器摩擦力矩而使车轮滚动。车轮滚动时的地面制动力就等于制动器制动力，且随踏板力增长成正比地增长，如图 3-8 所示；地面制动力是滑动摩擦的约束反力，它的值不能超过附着力，即

$$F_{xb} \leqslant F\varphi = F_z\varphi \tag{3-3}$$

或最大地面制动力（F_{xbmax}）为

$$F_{xb\max} = F_z\varphi \tag{3-4}$$

当制动器踏板力（F_P）或制动系液压力（P）上升到某一值（图 3-8 中为制动系液压力 P_a）、

地面制动力 F_{xb} 达到附着力 F_φ时，车轮即抱死不转而出现拖滑现象。制动系液压力 $P>P_a$时，制动器制动力 F_μ 由于制动器摩擦力矩的增长而仍按直线关系继续上升。但是，若作用在车轮上的法向载荷为常数，地面制动力达到附着力的值后就不再增加。

由此可见，汽车的地面制动力首先取决于制动器制动力，但同时又受地面附着条件的限制，所以只有汽车具有足够的制动器制动力，同时地面又能提供高的附着力时，才能获得足够的地面制动力。

4. 硬路面上的附着系数

上面曾假设车轮的运动只有滚动和抱死拖滑。但仔细观察汽车制动过程，发现胎面留在地面上的印痕从车轮滚动到抱死拖滑是一个渐变的过程。图 3-9 所示为汽车制动过程中逐渐增大踏板力时轮胎留在地面上的印痕。印痕基本上可分三段：第一段内，印痕的形状与轮胎胎面花纹基本上一致，车轮还接近于单纯的滚动，第二段内，轮胎花纹的印痕可以辨别出来，但花纹逐渐模糊，轮胎不只是单纯的滚动，胎面与地面发生一定程度的相对滑动，即车轮处于边滚边滑的状态，且随着制动强度的增加，滑动成分的比例越来越大；第三段形成一条粗黑的印痕，看不出花纹的印痕，车轮被制动器抱住，在路面上作完全的拖滑。

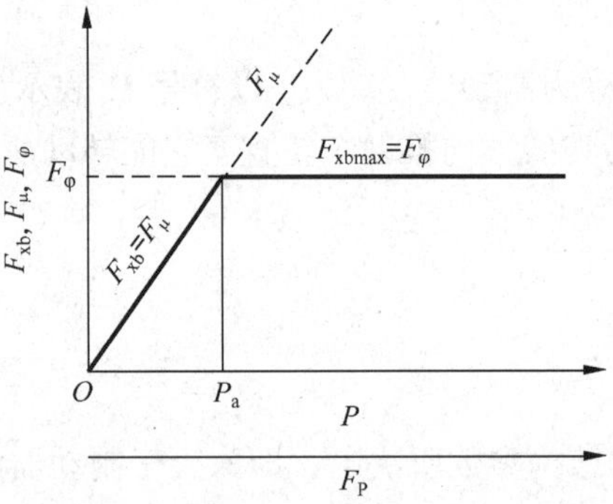

图 3-8 制动过程中地面制动力、制动器制动力及附着力的关系

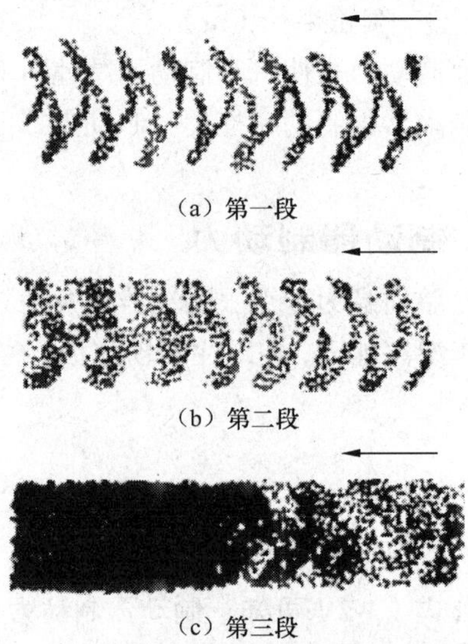

(a) 第一段

(b) 第二段

(c) 第三段

图 3-9 制动时轮胎留在地面上的印痕

从这三段的变化情况可以看出，随着制动强度的增加，车轮滚动成分越来越少，而滑动成分越来越多。一般用滑动率（s）说明这个过程中滑动成分的多少。滑动率的定义是

$$s=\frac{v_w-r_{r0}\omega_w}{v_w}\times 100\% \tag{3-5}$$

式中：v_w——车轮中心的速度；

r_{r0}——没有地面制动力时的车轮滚动半径；

ω_w——车轮的角速度。

在纯滚动时，$v_w=r_{r0}\,\omega_w$，$s=0$；在纯拖滑时，$\omega_w=0$，$s=100\%$；在边滚边滑时，$0<s<100\%$。所以，滑动率的数值说明了车轮运动中滑动成分所占的比例。滑动率越大，滑动成分越多。

若令地面制动力与垂直载荷之比为制动力系数 φ_b，则在不同滑动率时，φ_b 的数值不同。图 3-10 所示为试验所得的制动力系数曲线，即 φ_b—s 曲线。曲线在 OA 段近似于直线，随 s 的增加而迅速增大；过 A 点后上升缓慢，至 B 点达到最大值。制动力系数的最大值称为峰值附着系数（φ_P），一般出现在 $s = 15\% \sim 20\%$的位置。滑动率再增加，制动力系数有所下降，直至滑动率为 100%。s = 100%的制动力系数称为滑动附着系数（φ_s）。在干燥路面上，φ_P 与 φ_s 的差别较小，而在湿路面差别较大。

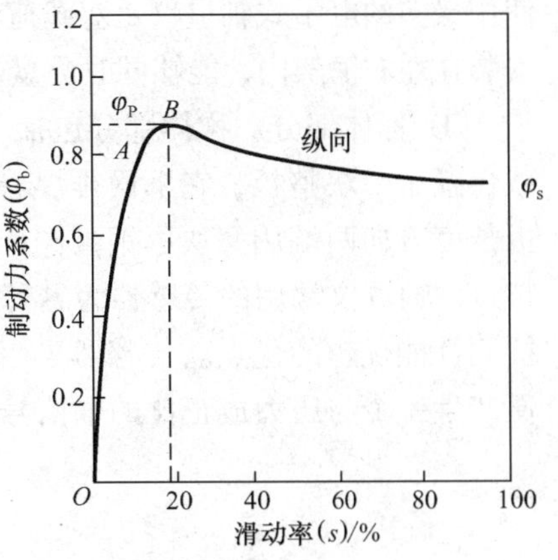

图 3-10 φ_b—s 曲线

附着系数的数值主要决定于道路的材料、路面的状况与轮胎结构、胎面花纹、材料以及汽车运动速度等因素。

当然，轮胎的磨损会影响它的附着能力。随着胎面花纹深度的减小，它的附着系数将有显著下降。

路面的结构对排水能力也有很大的影响。为了增加潮湿时的附着能力，路面的宏观结构应具有一定的不平度而有自动排水的能力；路面的微观结构应是粗糙且有一定的尖锐棱角，以穿透水膜，让路面与胎面直接接触。

增大轮胎与地面的接触面会提高附着能力。因此，低气压、宽断面和子午线轮胎的附着系数要较一般轮胎为高。

（三）汽车制动力台架检测设备

台架检测车辆制动性能的主要设备是制动试验台和与之配合使用的轴（轮）重仪。

制动试验台按不同的分类方法，可以分出不同的类型：

① 按试验台测量原理不同，可分为反力式和惯性式两类；

② 按试验台支撑车轮形式不同，可分为滚筒式和跑板式两类；

③ 按试验台检测参数不同，可分为测制动力式、测制动距离式和多功能综合式 3 类；

④ 按试验台测量装置至指示装置传递信号方式不同，可分为机械式、液压式和电气式 3 类；

⑤ 按试验台同时能测车轴数不同，又可分为单轴式、双轴式和多轴式 3 类。

无论哪种制动试验台，在检测汽车制动性能的过程中，都必须首先测得相对应的轴荷，用以评价和判断制动性能是否符合国家标准。

利用制动试验台检测汽车制动性能时，制动的参数标准是以轴制动力占轴荷的百分比来计算的，因此必须在测得轴荷和轴制动力之后才能评价制动性能是否符合国标要求。

用于检测车轴轴载质量的设备称为轴重检测台，又称轴重仪。轴重检测台按照工作原理分为机械式和电子式。机械式轴重仪是按照不等臂杠杆平衡原理和摆锤、齿板齿轮传动而设计的，具有结构简单的特点，但检测效率和精度不如电子式轴重仪高，在实际使用中，电子式轴重仪得到广泛的应用。

1. 电子式轴重仪

（1）电子式轴重仪的结构

电子式轴重仪一般由机械部分（包括承载装置和传感器装置）和显示仪表所组成。目前，使用最多的电子式轴重仪是双载荷台板式轴重仪（如图 3-11 所示），它具有左右两个称体，分别安装在左右框架内，能够同时测量左、右轮轮荷。它主要由称体部分和显示仪表两部分组成。

① 称体部分。称体部分包括承载台板、承载垫块、传感器及框架等，如图 3-12 所示。承载台板是一块整板，它下面排焊着两根槽钢，以增加承载面板刚度、防止受压变形。在承载台板长度方向两端用两块厚钢板作传感器的安装板，这种结构具有高度低、质量轻、加工简单的特点。轴重仪常用的传感器为悬臂梁式，它造价较高，但性能好，具有外形低、精度高、抗偏、抗侧性能优越的优点。传感器采用弹性梁及电阻应变片随其一起变形，产生一定的应变电桥，便产生一个与压力成正比的电信号。

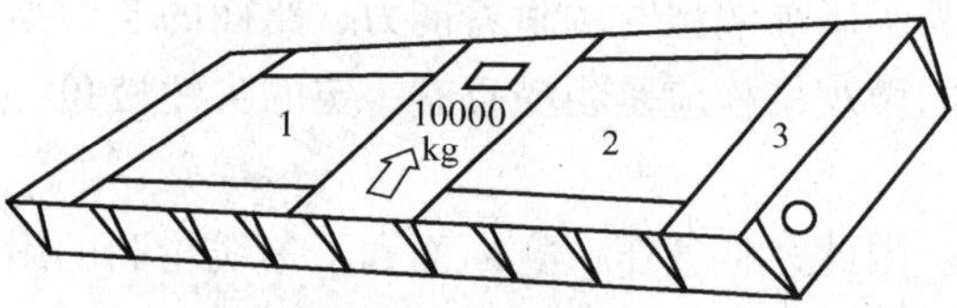

图 3-11　双载荷台板式轴重仪外形图

1—左称体　2—右称体　3—框架

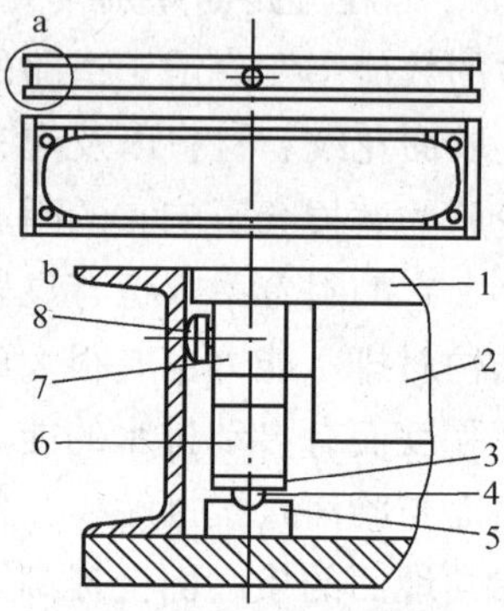

图 3-12　轴重仪称体结构简图

1—承载面板 2—槽钢 3—钢球盖 4—钢球 5—V 形垫块 6—悬臂梁传感器 7—加强板 8—台面限位装置

悬臂梁传感器共有 4 个，分别安装在台板四角的加强板上，由 V 形承载垫块支撑，以减少汽车在轴重仪上制动时产生横向力对测量精度的影响。在传感器与垫块之间采用钢球连接，这样安装方便，不会因上、下球座错位而产生横向分力，这种结构的显示读数稳定、测量速度快。在台板下面 4 边采用 4 个限位钢球进行限位，当承载台板上受到横向载荷时，通过钢球传给框架，以免对传感器冲击。

② 显示仪表。图 3-13 所示为国产 SDZ－4 型轴重仪显示仪表面板，它由 5 位大型发光管显示荷重（kg）。仪表板上，WEIGHING DISPLAY 为称重显示，SELECTOR 为选择器；L 代表左轮；R 代表右轮；L＋R 代表（左轮）＋（右轮）；ZERO QDJUSTER 表示零位校正器。

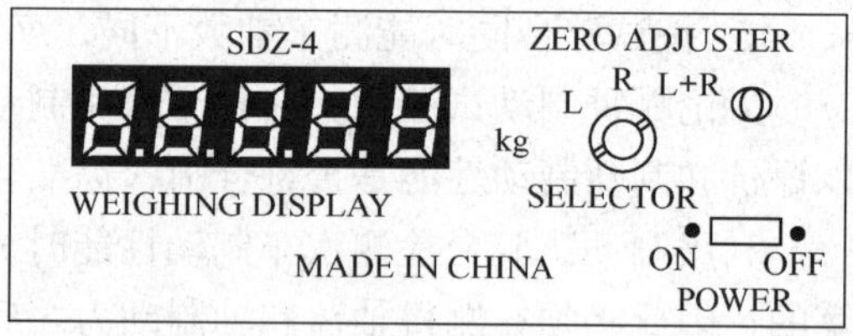

图 3-13　显示仪表面板

（2）电子式轴重仪的使用与维护

① 使用方法。

a. 将仪表电源线接通，将电源开关置于接通的位置。

b. 当仪表开始有显示，如显示“88888”时，检查数字显示是否短缺笔画，经过几秒自动转入测量状态，接着显示“零”。

c. 按动调零校正器，机内电脑自动给轴重仪调零。

d. 汽车缓慢开上电子式轴重仪，显示仪表便显示测量值。在显示的同时，打印机便打印出数据，显示值将保留到下一个车轴的车轮开到承载台板上为止。

e. 测量完毕断开电源，显示器关闭。

② 电子式轴重仪使用与维护要点。

a. 电子式轴重仪为较高精度的电子衡器，称量汽车轴重时，尽量保持轻上轻下，减少冲击载荷，也不要随意晃动台面。

b. 保持秤体干净卫生，特别是接线盒部分清洁，以免影响电信号输出。

c. 称量汽车轴重时，应尽量靠近称体面板的中部。

d. 秤体要尽量防日晒雨淋，特别是线盒插头部分严禁水进入，严禁用水冲洗秤体和仪表各部分。

e. 传感器是电子式轴重仪的核心部件，使用时特别注意防潮。其相对湿度不得大于80%，环境温度不能变化太大，为保证测试的线性度，传感器性能衰退后就要更换。

f. 要定期用标准量具校验电子式轴重仪的测量精度，一般3~6个月校验一次为宜。

2. 滚筒反力式制动试验台

我国目前生产和使用的制动试验台绝大多数为反力式滚筒制动试验台。下面主要介绍单轴反力式滚筒制动试验台。

（1）滚筒反力式制动试验台的工作原理

单轴滚筒反力式制动试验台的工作原理如图3-14所示。将车辆开到试验台上，使车轮处于每对滚筒之间，滚筒在电动机驱动下带动车轮转动，相当于车不动，路以一定速度移动。然后对车轮采取制动，车轮的制动力作用在滚筒上，该力的方向与滚筒的转动方向相反，此时，与滚筒相连的减速器（扭力箱）在反作用力矩的作用下发生一定程度的翻转，通过测力装置，便可测量显示出制动力的数值。因所测的制动力的方向与滚筒转动方向相反，故称之为滚筒反力式制动试验台。

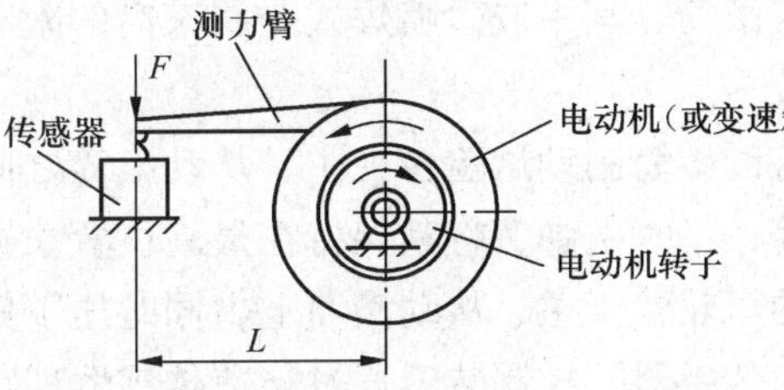

图3-14　单轴反力式滚筒制动试验台的工作原理

（2）滚筒反力式制动试验台的结构

滚筒反力式制动试验台根据试验台同时能测车轴数可分为单轴式和全轴式；按检测功能分为单测制动力式和同时检测轴荷和制动力的综合型试验台。不论哪种类型其基本结构都是相同的，下面以国内常用的单轴滚筒反力式试验台为例进行说明。

图3-15所示为单轴滚筒反力式制动试验台的结构示意图，它由结构完全相同的左、右车轮制动力测试单元和一套指示、控制装置组成。每一套车轮制动力测试单元由框架（有的试验台将左、右测试单元的框架制成一体）、驱动装置、滚筒装置、举升装置、测量装置等构成。

① 驱动装置。驱动装置由电动机、减速器和传动链条等组成。电动机经过减速器两级减速后（或再通过链传动）驱动主动滚筒，主动滚筒通过链传动带动从动滚筒旋转。电动机枢轴与减速器输出轴同心，减速器壳与电动机壳连成一体，电动机枢轴与减速器输出轴分别通过滚动轴承及轴承座制成在框架上，减速器壳与电动机壳可绕支撑轴线自由摆动（或减速器输出轴与主动滚筒共用一轴，减速器壳体为浮动连接，可绕主动滚筒自动摆动）。由于测试车速较低，滚

筒的转速也较低，一般在 40 ~ 100r/min 的范围内，因此要求减速器的减速比较大，一般采用两级齿轮减速或一级蜗轮蜗杆和一级齿轮减速。

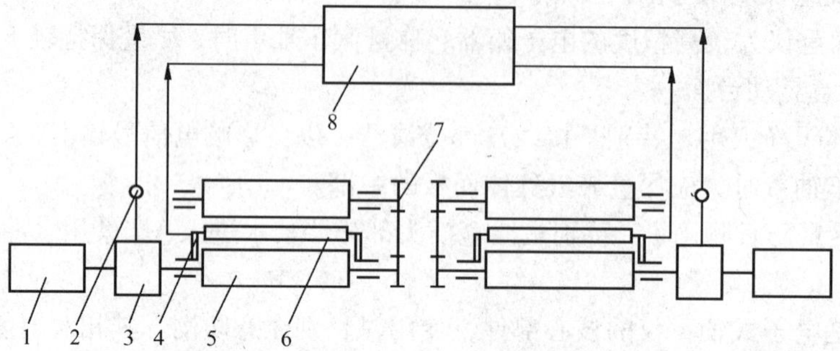

图 3-15　单轴滚筒反力式制动试验台的结构简图

1—电动机　2—压力传感器　3—减速箱　4—电传感器　5—滚筒　6—第三滚筒　7—链传动　8—测量指示仪表

② 滚筒装置。滚筒装置由两对共 4 个滚筒组成。每对滚筒独立设置，分为主动滚筒和从动滚筒。每个滚筒的两端分别用滚动轴承支撑，且与两滚筒轴线保持平行。滚筒相当于一个活动的路面，用来支撑被检车辆的车轮，承受和传递制动力。被测车轮置于两滚筒之间，为使滚筒与轮胎的附着系数能够与路面相近，在滚筒圆周表面进行了相应的加工与处理，一般有粗齿槽式金属滚筒、熔烧铝矾土砂粒式金属滚筒、嵌砂喷焊式金属滚筒、高硅合金铸铁滚筒和特殊水泥覆盖滚筒，其中嵌砂喷焊式金属滚筒的附着系数无论在哪种状况下都可达到 0.8 以上，目前使用较多。

有的滚筒制动试验台在主、从动滚筒之间设置一个直径较小，既可自转又可上下摆动的第三滚筒，平时由弹簧将其保持在最高位置。这种试验台大都取消了举升装置。在检验时，被测车辆的车轮置于主、从动滚筒上，同时压下第三滚筒，并与其保持可靠接触。在第三滚筒上装有转速传感器，控制装置通过转速传感器即可获知被测车轮的转动情况。当被测车轮制动，转速下降至接近车轮抱死时，控制装置根据转速传感器送出的相应电信号使驱动电动机停止转动，以防止滚筒剥伤轮胎，保护驱动电动机。第三滚筒除了上述作用外，有的试验台还作为安全保护装置使用，只有当两个车轮制动测试单元的第三滚筒同时被压下时，试验台驱动电动机电路才能接通。

③ 举升装置。为了便于汽车出入制动试验台，在主、从动两滚筒之间设置有举升装置。该装置通常由举升器、举升平板和控制开关等组成。举升器常用的有气压式、电动螺旋式、液压式 3 种。气压式是通过压缩空气驱动汽缸中活塞或使气囊膨胀完成举升作用的；电动螺旋式是由电动机通过减速器带动丝杠转动，迫使丝杠轴向运动起举升作用；液压式是由液压举升完成举升动作。

④ 测量装置。测量装置主要由测力杠杆和传感器组成。测力杠杆一端与传感器连接，另一端与减速器壳体连接。被测车轮制动时，测力杠杆与减速器壳体将一起绕主动滚筒轴线摆动，如图 3-16 所示。传感器将测力杠杆传来的与制动力成比例的力转变成电信号输送到指示、控制装置。传感器有应变测力式、自整角电机式、电位机式、差动变压器式等多种类型。

⑤ 测量仪表。制动台的测量仪表有智能仪表和虚拟仪表两种型式，目前后者采用较多。

测量仪表由多功能采集卡、信号调理板、光电隔离板、电机控制柜、计算机和打印机等组成，如图 3-17 所示。多功能采集卡具有 A/D、D/A、D/I 和 D/O 接口，分别用于获取模拟输入信号、模拟输出信号、数字输入信号和数字输出信号。

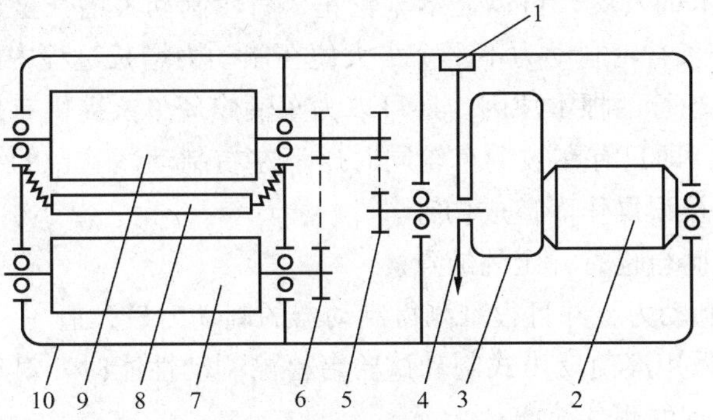

图 3-16　车轮制动器测试单元

1—传感器　2—电动机　3—减速器　4—测力杆　5、6—链传动
7—从动滚筒　8—第三滚筒　9—主动滚筒　10—框架

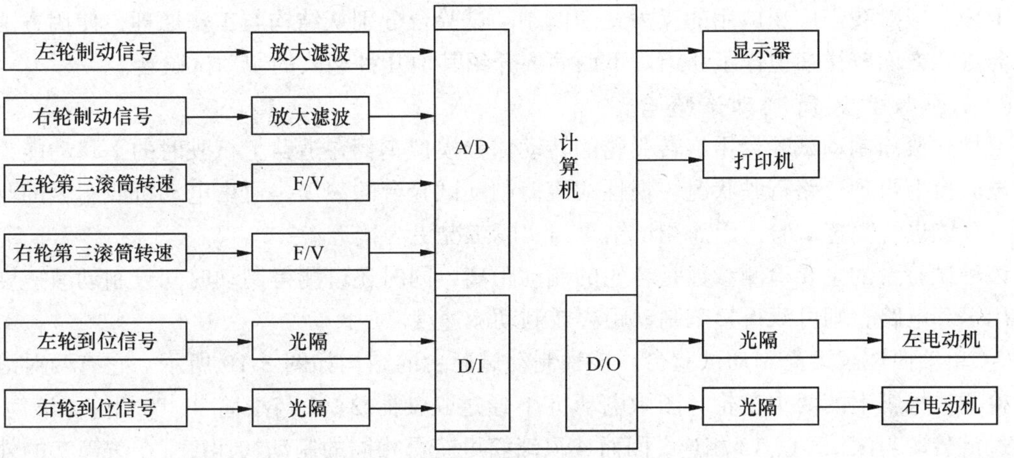

图 3-17　测量仪表构成

制动试验台的测量仪表测量的信号包括制动力、轴重、车轮转速、车轮到位、电机启停等信号。

制动力传感器和称重传感器的输出信号为毫伏级的信号，所以需要信号调理板调理后再送给多功能采集卡进行 A/D 转换。信号调理主要采用放大、滤波及抗干扰等信号处理方法，用于获取多能采集卡所需的 0V ~ 5V 标准电压信号。

第三滚筒转速传感器的输出为数字脉冲输入信号，车轮到位行程开关的输出为数字输入信号。上述信号经过光电隔离后，送多功能采集卡的 D/I 接口。

电机启停信号是由计算机发出的数字输出信号，并由多功能采集卡从 D/O 接口输出至光电隔离板，然后控制继电器和交流接触器，接通三相交流电启动控制电动机。

计算机的显示器用于测试结果的显示，而打印机用于输出打印结果报表。计算机的通信接口（COM 接口或网卡）用于向上位机传输数据。有的制动台还配有大型点阵显示屏，用于引导驾驶员在测试过程中执行相关的操作。

（3）滚筒反力式制动试验台的优缺点

由以上的介绍和分析可知，滚筒反力式制动试验台具有以下优点。

- 滚筒反力式制动试验台测试工况稳定，重复性好。
- 随着计算机技术的发展，可以显示车轮左、右轮制动力增长全过程随采样时间的变化情况，且能准确指明左、右轮制动力不平衡最大值在制动力增长过程中的具体位置，从而分析判断引起制动力平衡差超标的根本原因，还可以为车辆修理单位提供有效的信息支持。
- 安全保护作用，即只有在被测车轮同时压下左右制动试验台的第三滚筒时，滚筒才能被启动，避免了操作人员误操作而造成伤害。

滚筒反力式制动试验台也有一定的缺点。

- 很难测得实际制动力，并且很难测得制动器的制动力最大值。
- 测试效率低。采用滚筒反力式制动试验台检测制动性能时，对车辆各轴的检测是分开进行的，从而影响了车辆的测试效率。
- 悬架中减震器性能得不到检测。

3. 其他形式制动试验台

上面已经对我们广泛应用的反力式滚筒制动试验台分别从结构与工作原理、使用方法与维护保养等几方面较祥细地作了介绍。下面简要介绍其他几种型式的制动试验台。

（1）惯性式滚筒制动试验台

惯性式滚筒制动试验台用旋转飞轮的转动惯量模拟车辆在道路上行驶时的平移动能，使车辆在试验台上再现道路行驶状况。惯性式滚筒制动试验台的滚筒，可由电动机或车辆的驱动轮驱动，并能进行高速试验，因而测试结果与实际工况更为接近。

该种试验台的主要检测参数是各轮的制动距离，同时还可测得制动时间或制动减速度。如果采用运算电路，则可测得整车制动距离或制动减速度。

① 单轴惯性式滚筒制动试验台。该种制动试验台的结构如图 3-18 所示。它有两对滚筒可同时检测一根轴上的两个车轮。图中电动机 1 通过联轴器 2、5 与滚筒 4、7 相连。滚筒 4、7 又通过链传动与滚筒 11、13 相连，因而 4 只滚筒可获得相同的制动初速度。在滚筒 7 的外端安装有平衡飞轮 8，用以平衡滚筒 4 外端的电动机转子和联轴器的惯性力矩。在滚筒 11 和 13 的外端也各安装一个飞轮，这样左、右每对滚筒的惯性力矩是一致的。滚筒 11 和 13 的内端还安装有测速传感器 12。

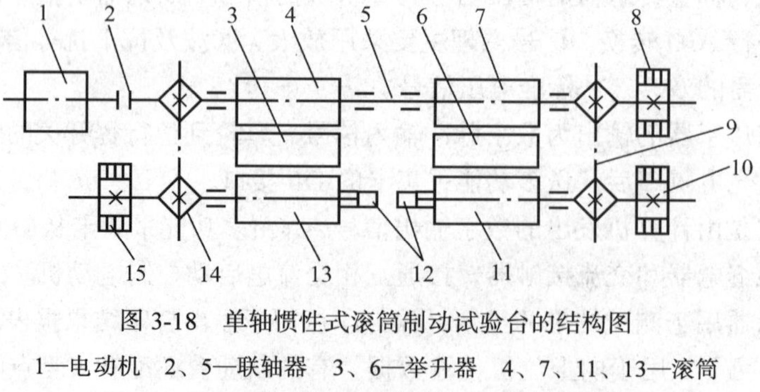

图 3-18 单轴惯性式滚筒制动试验台的结构图

1—电动机 2、5—联轴器 3、6—举升器 4、7、11、13—滚筒
8、10、15—飞轮 9、14—链传动 12—测速传感器

检测时，车辆驶上单轴惯性式滚筒制动试验台，被测车轮置于两滚筒之间，发动机熄火，变速杆置于空挡位置。然后启动电动机，通过滚筒的转动使车轮达到制动初速度。制动前要先关掉电动机电源，并断开联轴器 5，再按规定的踏板力或制动气压踩下制动踏板。当车轮制动后，滚筒及飞轮（包括电动机转子和联轴器 2）在惯性力矩作用下继续转动，其转动的圈数与滚筒周长的乘积即相当于车轮的制动距离。在规定的制动初速度下，制动距离的大小取决于被测车轮制动器和整个制动系的技术状况。滚筒的制动初速度、制动减速度和依靠惯性力矩转动的圈数，由测速传感器 12 发出电信号，用计数器记录。

② 双轴惯性式滚筒制动试验台。该种制动试验台结构图如图 3-19 所示，它可以同时检测双轴车辆所有车轮的制动距离。被测车辆开上双轴惯性式滚筒制动试验台以后，前、后滚筒组之间的距离可用推拉液压缸 14 调节，以使前滚筒组在导轨 12 上位移。调节好以后用夹紧液压缸 9 夹紧定位。左、右主动滚筒用半轴与差速器 11 相连，再经差速器与变速器 10、花键轴 8 相接。后滚筒组上装有第三滚筒 3，以防止汽车制动时向后跳出。

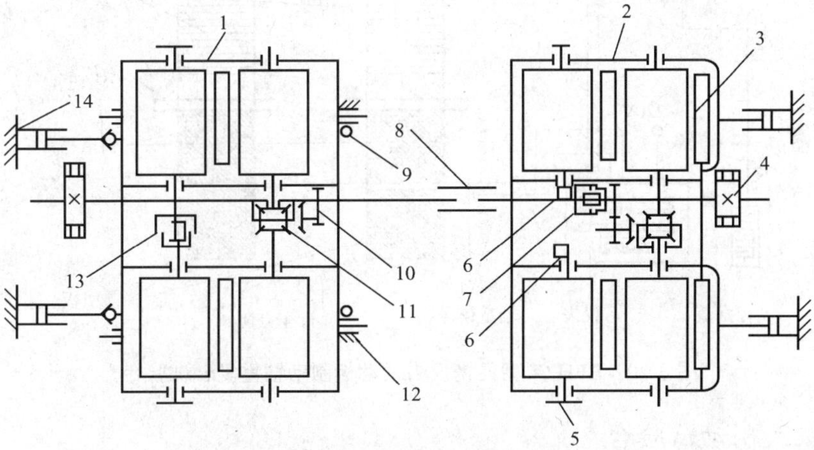

图 3-19　双轴惯性式滚筒制动试验台结构图

1—前滚筒组　2—后滚筒组　3—第三滚筒　4—飞轮　5—光电传感器　6—测速发电机　7、13—电磁离合器　8—花键轴　9—夹紧液压缸　10—变速器　11—差速器　12—导轨　14—推拉液压缸

检测时，由被测车辆的驱动轮驱动后滚筒旋转，并经过电磁离合器 7、花键轴 8、变速器 10 和差速器 11 带动前滚筒及汽车前轮一起旋转。此时，按被测车辆行驶时的惯性等效质量配置的飞轮 4 也一起旋转。当车轮制动后，滚筒及飞轮在惯性力矩作用下继续转动，滚筒转动圈数与其周长的乘积相当于车轮的制动距离。在规定制动初速度下，滚筒继续转动的圈数决定于车轮制动器和整个制动系的技术状况。滚筒转动圈数由装在滚筒端部的光电传感器 5 转变为电信号，送入计数器记录。在滚筒的端部还装有测速发电机 6，能把试验车速转变为电信号。

为了便于车辆驶入和驶出，不管是单轴式还是双轴式滚筒制动试验台，在两滚筒之间均装有举升器。

惯性式滚筒制动试验台，由于采用高速模拟试验，比较接近道路行驶条件，因而试验方法更为先进些。而且，这种试验台可发展为能进行加速、滑行、测功、测油耗等试验的多功能台架，以便对整车的技术状况进行综合性检验。但是，由于试验台旋转部分要具有被测车辆各轴的转动惯量，因此该设备具有结构复杂、电动机功率大、占地大和不适应多车型检测等缺点，在使用上受到限制。

（2）动板式制动试验台

该试验台由左、右两块动板组成，动板上表面铣有等间距的齿槽，以增加托动力。检测时，将被测车辆开上动板，动板在液压系统的驱动下运动，带动车轮转动。车轮制动时，动板便将车轮制动力传至传感器，从而检测出车轮制动力。

目前，使用最多的动板式制动试验台是 BFHZZ 型便携反力式动板制动轴重复合试验台，其结构如图 3-20 所示。

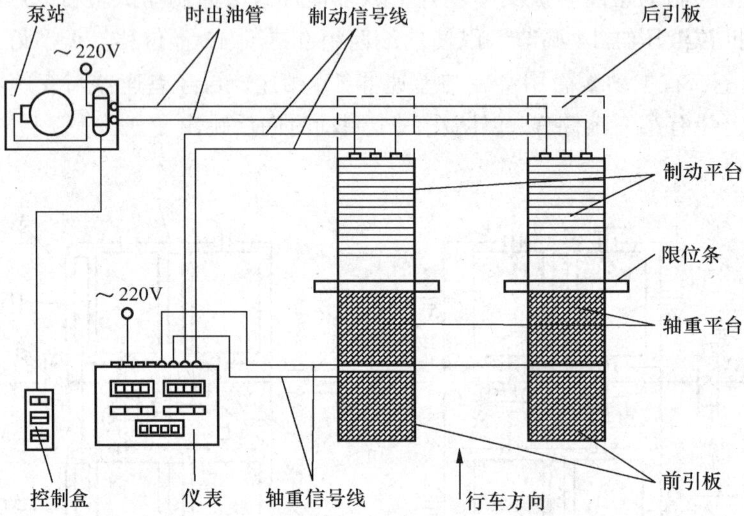

图 3-20　BFHZZ 型便携反力式动板制动轴重复合试验台

（3）平板式制动试验台

该试验台由测试平板、测量显示系统和踏板力计组成，一般分为两条的测试平板共 4 块，且相互独立。平板式制动试验台的结构如图 3-21 所示。

测试平板由面板、底板、钢球和力传感器等组成。底板作为底座固定在混凝土地面上，面板通过压力传感器和钢球支撑在底板上，其纵向通过拉力传感器与底板相连。压力传感器用于测量作用于面板上的垂直力；拉力传感器则用于测量沿汽车行驶方向时，轮胎作用于面板上的水平力。水平力和垂直力的大小变化分别对应于拉力传感器和压力传感器所输出的电信号的变化。拉力传感器和压力传感器输出的电信号由计算机采集、处理后，换算成制动力和轮荷的大小，并分别在测量显示系统上显示出来。如果装用无线式踏板压力计，平板式制动试验台不仅可测出最大制动力，还可提供制动力随时间变化的曲线、制动协调时间等信息，根据垂直力在制动过程中的波动情况，可检测悬架减震器的性能。

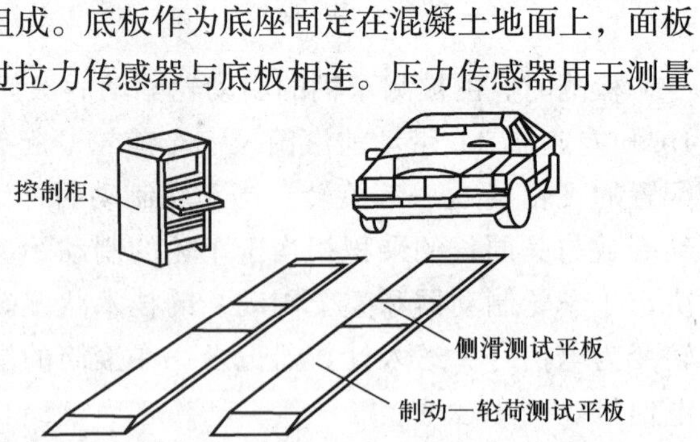

图 3-21　平板式制动试验台示意图

汽车在平板式制动试验台上的制动试验过程与汽车在道路上行驶时的制动过程较为接近。但平板式制动试验台存在测试重复性差且重复试验较麻烦、占地面积大、需要助跑车道、不利于流水作业和不安全等缺点，因此其应用不如反力式滚筒制动试验台广泛。

4. 制动试验台的使用与维护

（1）滚筒反力式制动试验台

滚筒反力式制动试验台的滚筒表面应干燥，没有松散物质及油污，滚筒表面当量附着系数不应小于 0.75。驾驶员将机动车驶上滚筒，位置摆正，置变速器于空挡。启动滚筒，在 2s 后测取车轮阻滞力；使用制动，测取制动力增长全过程中的左、右轮制动力差和各轮制动力的最大值，并记录左、右车轮是否抱死。

在测量制动时，为了获得足够的附着力，允许在机动车上增加足够的附加质量或施加相当于附加质量的作用力（附加质量或作用力不计入轴荷）。

在测量制动时，为了防止车轮后移脱离前滚筒，造成制动力测试不准确，可采用以下方法。

① 增加防止汽车后移的辅助设置，如采取牵引措施或在非测试车轮后方垫三角木。

② 在汽车上增加适当的附加质量或相当于附加质量的作用力（轴荷计算时，不应计入）。

③ 在滚筒反力式制动检验台前后 8m 处，将地面进行粗糙处理。

④ 为了避免测试时车轮爬出后滚筒，同时为增大后滚筒对车轮的反力，可将后滚筒抬高 30mm ~ 40mm。

当采取上述方法之后，若仍出现车轮抱死并在滚筒上打滑或整车随滚筒向后移出的现象，而制动力仍未达到合格要求时，应按照国家标准使用其他方法（如路试或平板制动试验台）进行检验。

滚筒反力式制动试验台的维护。

① 定期检查扭力箱油量。如油量不足，应加以补充。

② 每季度清洗一次套筒棍子链及链轮，清洗后加注机油。

③ 如果测试的制动力过小，停机过早，则是第三滚筒速度传感器失效，应调整其位置并加以紧固。

④ 每周视情况用钢刷等工具清除滚筒表面的污物。

⑤ 定期检查各部分连接电缆，其接头应无氧化现象，线缆应无破损。否则，应予以更换。

⑥ 电动机工作异常或不转动，应立即切断所有电源，检查强电箱中各接线端子是否松动，强电电源是否正常，各熔断丝是否熔断。

⑦ 在检测过程中如果车轮被抱死而电机未及时停机或车轮与滚筒明显太滑，或车轮被向后拖走时，应及时松开制动器，以保护轮胎及设备。

⑧ 如遇第三滚筒不能及时复位或复位弹力过小，应及时更换弹簧。

⑨ 踩制动时应注意慢踩，以 3s 左右为宜。

（2）平板式制动试验台

平板式制动试验台表面应干燥，没有松散物质及油污，平板表面附着系数不应小于 0.75。

驾驶员将机动车对正平板制动试验台，以 5km/h ~ 10km/h 的速度（或制动试验台制造厂家推荐的速度）行驶，置变速器于空挡（自动变速的车辆可置变速器于 D 挡），急踩制动，使机动车停止，测取制动参数值。

在使用平板式制动试验台时需特别注意以下几点。

- 轴重大于制动台允许重量的汽车，不能开上检验台。
- 车辆驶上制动台时，轮胎不得夹有泥、砂等杂物；不得让油水、泥砂等进入试验台内。
- 空载检验时：对于气压制动系统，气压表的指示气压≤600kPa；对于液压制动系统，踏板力，乘用车≤400N，其他机动车≤450N。
- 不要在制动台上进行车辆维修作业。

（四）汽车制动力道路试验与设备

汽车制动性能除通过制动试验台检测制动力进行评价外，还可以通过道路试验检测制动距离和制动减速度进行评价。

路试法检测制动性能的特点在于能够直观、简便，真实地反映汽车实际行驶过程中汽车动态的制动性能，如轴荷转移的影响；能综合反映汽车其他系统的结构性能对汽车制动性能的影响，如转向机构、悬架系统结构和型式对制动方向稳定性的影响，且不需要大型设备与厂房。

在国标 GB 18565《营运车辆综合性能要求和检验方法》中，采用了国标 GB 7258 的规定，对路试制动性能检测提出具体要求。

1．路试制动性能检测项目

（1）行车制动性能检测

1）用制动距离检测行车制动性能

① 制动距离。

② 制动稳定性。

2）用充分发出的平均减速度检测行车制动性能

① 平均减速度（MFDD）。

② 制动协调时间。

（2）应急制动性能检测

（3）驻车制动性能检测

2．路试制动性能检测仪器

检测不同的参数需要使用不同的仪器。根据路试检测制动性能有关要求，路试主要使用五轮仪（或非接触速度计）和制动减速度仪。

（1）五轮仪

五轮仪是用来在车辆进行路试时测量行程、速度和时间等参数的常规仪器，其结构原理及使用方法已在项目一中做了详细介绍。

（2）制动减速度仪

制动减速度也是检验制动性能的重要仪器之一。制动减速度按测试取值和计算方法的不同，可分为制动稳定减速度、平均减速度和充分发出的平均减速度 3 种。

制动减速度仪（以下简称为减速度仪）也称为制动仪，以检测制动稳定减速度和制动时间为主，用于整车道路试验。该种仪器小巧轻便，便于携带，不用五轮作传感器并且对制动初速度和路面不平度要求也不高，因而使用较为方便。

① 制动减速仪的结构。制动减速度仪由显示仪和传感器两部分组成。以检测制动减速度和制动时间为主。传感器有滑块式和摆锤式两种，常见的滑块式传感器结构如图 3-22 所示，由弹簧滑块结构和光电转换机构组成。光电转换结构由发光二极管、光敏晶体管、定光栅和动光栅组成，它将滑块移动量变成电脉冲信号送入显示仪。

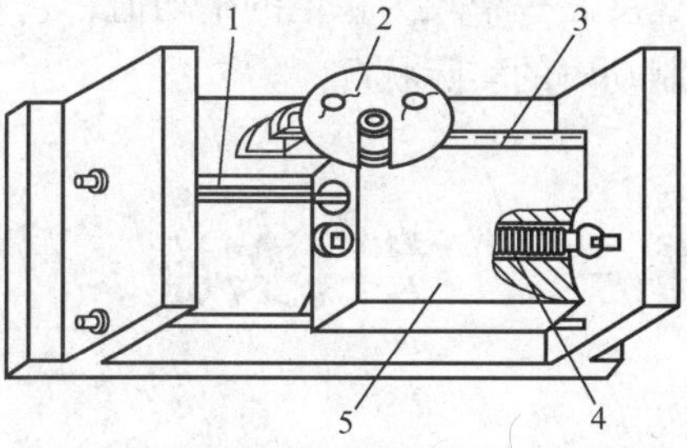

图 3-22 滑块式传感器

1—阻尼杆 2—光电转换机构 3—齿条 4—弹簧 5—滑块结构

当汽车检测时，传感器放置在驾驶室或车厢地板上，正面朝上，其前端对准汽车前进方向，并紧靠固定部位。汽车制动时，在惯性力的作用下滑块克服弹簧的拉力产生位移，位移量与汽车减速度成正比。为尽量减少弹簧与滑块组合产生的简谐振动，由阻尼杆产生适当阻尼。显示部分接到脚踏开关信号后，对传感器送来的信号进行整形、放大分析、处理，最后显示制动减速度和制动时间。

② 制动减速度仪的使用方法。

a. 如果制动减速度仪自备电源，使用前应按仪器使用说明书的要求充电至规定电压。

b. 汽车应运行至正常热状态。

c. 将制动减速度仪或分体式的传感器部分放置在驾驶室或车厢地板上，正面朝上，调整支腿使保持水平状态，其前端对准汽车前进方向，并紧靠固定部位，严禁放置在软性座椅上。

d. 脚踏开关一端通过导线插接在制动减速度仪上或分体式的传感器上，另一端套在制动踏板上。分体式制动减速度仪还应当用信号线把传感器部分与仪器部分连接起来。

e. 打开制动减速度仪电源开关，按仪器使用说明书的要求检查与自校。如要求预热，应预热至规定时间。

f. 如需车型选择，应按被测车辆的座位数或吨位数按下相应选择键。

g. 检测制动减速度前应预选设置好（按下对应的键或键入选择的值）制动初速度。制动减速度检测应在符合要求的道路条件和气候条件下，汽车空载或满载加速行驶至预选制动初速度时用力踩下制动踏板直至车辆停止。制动时的踏板力（可安装踏板力计）或制动气压应符合规定要求。

h. 读取并打印检测结果。制动过程结束后，可读取并打印制动减速度、制动距离、制动系反应时间、制动全过程时间和制动系协调时间等检测结果。

i. 按下“复位”键，显示器清零，制动减速度仪进入下一次测量的初始状态。制动性能检测应在同一路段正反两个方向上进行，制动减速度及其他参数取平均值。

检测结束后，关闭制动减速度仪电源，拆卸脚踏开关等。

③ 需要说明的问题。用制动减速度仪检测制动稳定减速度，来评价汽车的制动性能，我国在 1997 年以前曾经采用过，目前国外仍有些国家继续采用。但是，当使用滑块式或摆锤式制动减速度仪检测制动稳定减速度时，存在以下问题：汽车制动时，车头下沉，车身前倾，使制动减速度仪的测量精度受到影响，特别是紧急制动、空载制动时，影响尤其明显。

鉴于这一原因，修订后的《机动车运行安全技术条件》，对于路试检验制动性能不再使用制动稳定减速度，而是采用充分发出的平均减速度（MFDD）这一评价指标。充分发出的平均减速度是一个较为稳定的平均值，它不受车辆制动时车身倾角的影响，因而能较准确的反映汽车制动时的实际状况。

三、项目实施

（一）检测仪器与实施要求

1. 检测器材

① 台架检测汽车制动性的制动检测台。

② 路试所需的五轮仪。

③ 制动减速度仪、风速风向仪、干湿温度计、大气压力计。

2. 实施要求

① 了解滚筒反力式制动试验台的结构，熟悉该试验台的使用方法。

② 掌握五轮仪、减速度仪测的使用方法。

③ 掌握汽车台试制动性检测的方法及其检测标准。

④ 熟悉行车制动性能检测、应急制动检测与驻车制动检测的方法及国家标准。

⑤ 判断结果并分析制动不合格的的可能原因。

（二）检测实施步骤

1. 台架检测测试汽车制动性能

（1）测试准备

① 检查轮胎气压，应符合规定值。

② 检查轮胎表面，应洁净。若黏有油污、水渍或轮胎花纹间嵌有小石子等，都要清除、擦净，否则会降低轮胎与滚筒的附着系数，影响检测精度。

（2）测试过程

① 接通制动试验台总电源。

② 开动滚筒间的举升器。

③ 将被测车辆驶入两滚筒间。

④ 降下滚筒间的举升器，并保证举升器托板与车轮完全脱开。

⑤ 接通制动试验台驱动滚筒电动机的电源，使滚筒转动。

⑥ 踩下制动踏板，读取仪表上指示的最大制动力值。

⑦ 前、后轴车轮依次进行检测，检测完毕后，切断驱动电动机电源。

⑧ 升起举升器，将汽车驶出制动试验台。

⑨ 检测结束，切断制动试验台总电源。

（3）测试结果分析

在反力式制动试验台上检测汽车制动性能时，制动系统常见的故障形式有制动力不足，同轴左、右轮制动力差值过大，制动协调时间过长和车轮阻滞力过大等。

① 液压制动系统。

- 各车轮制动力均偏低的主要原因是制动踏板自由行程太大，制动液中有空气或变质，制动主缸故障，增压器或助力器效能不佳或失效。
- 个别车轮制动力偏小的主要原因是该车轮制动器故障。若同一制动回路两车轮制动力均偏小，则应检查该制动回路中有无空气或不密封处。
- 同轴左右轮制动力最大值差值过大故障的原因同②。若在制动力上升阶段左、右轮差值过大，应检查制动间隙是否适当，若在制动释放阶段左右轮差值过大，则应检查制动轮缸及制动蹄回位弹簧。
- 各车轮制动协调时间过长，应主要检查制动踏板自由行程是否过大；若个别车轮制动协调时间过长，则主要检查该车轮制动间隙是否过大；若同一制动回路两车轮制动协调时间过长，则可能是该制动回路中有空气。
- 各车轮阻滞力都超限的主要原因是制动主缸故障或制动踏板无自由行程。若个别车轮阻滞力超限则主要是因为该车轮制动间隙过小、制动轮缸故障、制动蹄回位弹簧故障或轮毂轴承松旷。

② 气压制动系统。

- 各车轮制动力均偏低的主要原因是制动踏板自由行程太大，储气筒气压太低或制动阀故障。
- 个别车轮制动力偏低的主要原因是该车轮制动间隙过大或制动器故障。若同一制动回路两车轮制动力偏低，主要原因是制动管路漏气或某一制动气室膜片破裂。
- 同轴左、右轮制动力最大值差值过大故障原因同②。若在制动力上升阶段左、右轮差值过大，应检查制动间隙是否适当；若在制动释放阶段左、右轮差值过大，则可能是制动蹄或制动气室回位弹簧故障。
- 各车轮制动协调时间过长，应主要检查制动踏板自由行程是否过大；若个别车轮制动协调时间过长，则应主要检查该车轮制动间隙是否过大。
- 各车轮阻滞力均超限，主要原因是制动踏板无自由行程或制动控制阀故障；若个别车轮阻滞力超限，则主要是因为该车轮制动间隙过小、制动蹄回位弹簧故障或轮毂轴承松旷。

（4）注意事项

试验台测得的车轮制动力实际等于轮胎与试验台滚筒之间的附着力。这种测量结果往往小于车轮制动器制动力，因而无法测得车轮制动器制动力的最大值。附着力大小是轮胎与滚筒之间的正压力及附着系数有关，正压力与轴荷大小车轮在试验台上与滚筒之间的安置角有关，在实际检测时该轴荷多半是车辆空载状态。为排除这种检测的不确切性，在GB7258-1997内规定可通过增加相应车轴上的附加质量或作用力来获得足够附着力。另外，在检测制动力时，经常出现车轮抱死，车轮抱死后滚筒将车轮推出试验台外，此时所得的制动力也小于车轮制动器的制动力。为测量真实的制动力必须增大试验台前后滚筒表面的附着系数或在另一车轴轮胎下放置三角挡块。

2. 道路试验检测制动性能

（1）试验环境及条件

① 试验车辆

- 试验时应按规定调整好轮胎气压，胎压偏差不超过±10kPa；花纹深度不少于原深度的20%。

● 按规定要求装载，满载测量时，所装货物应均匀布置于车厢内，不能超高、超宽、超长、超重，不应因装置影响汽车的质心位置。试验中货物不能移动，重量不能有损失。

● 制动气压或制动踏板力要符合 GB 7258 的规定。

● 试验车辆其他技术条件均应符合 GB 7258 的规定。

② 试验环境。国家标准 GB 7258—1997《机动车运行安全技术条件》中 6.14 规定“机动车路试应在平坦、硬实、干燥和清洁且轮胎与路面间的附着系数不小于 0.7 的水泥或沥青路面上进行，路试检验制动时发动机应脱开。

试验应在晴天或阴天，风速不大于 5m/s 的条件下进行，其他环境及条件要求均应符合 GB 7258—1997 的规定。

（2）行车制动性能检测

路试路面应为平坦（坡度不超过 1%）、干燥和清洁的水泥或沥青路面。轮胎与路面之间的附着系数不小于 0.7，风速不大于 5m/s。在试验路面上应画出标准中规定的与制动稳定性要求相应的试车宽度道边线。

被测车辆沿着试验车道的中线行驶至高于规定的初速度后，置变速器于空挡。当滑行到规定的初速度时急踩制动，使车辆停住。

（3）驻车制动性能检测

国标规定，试验用坡道表面附着系数大于 0.7，在空载时，总质量为整备质量 1.2 倍以下的车辆，其驻车制动应保持在 15%的坡道，其他车辆驻车制动性能应保持在 20%坡道上，固定不动的时间为 5min，而且正反两方向均应满足此要求。

试验时，行车制动系统不能起作用。为了满足驻车制动检测的需要，至少应有坡度为 15%、20%的两个坡道。

（4）应急制动性能检测

车辆在空载和满载状态下，按表 3-4 所示的初速度进行应急制动性能检验，测量从应急制动操纵始点至车辆停住时的制动距离（或平均减速度），应符合表 3-5 的要求。

表 3-4　应急制动性能要求

车辆类型	制动初速度（km/h）	制动距离（m）	充分发出的平均减速度（m/s^2）	允许操纵力不大于（N）	
				手操纵	脚操纵
座位数≤9 的载客汽车	50	≤38	≥2.9	400	500
其他载客汽车	30	≤18	≥2.5	600	700
其他汽车	30	≤20	≥2.2	600	700

四、拓展知识

（一）自动防抱死制动技术

汽车装用防抱死制动系统（ABS）的目的，就是要达到自动调节制动器的制动力，使车轮滑移率保持在 20%左右的最佳状况，以充分利用峰值制动力，提高汽车的制动效能，并使汽车还具有较好的转向和抵抗侧向干扰力的作用，从而提高汽车制动时的方向稳定性。

1978 年，电控 ABS 技术第一次被应用在轿车上，取得了令人非常满意的效果，从此 ABS 技术迅速发展，在各类汽车上被广泛采用，目前已成为汽车的标准装备，代表着汽车制动控制技术的发展方向。

ABS 是在汽车原有的液压或气压制动系统中加装上轮速传感器、电控单元和自动压力调节器而形成的。轮速传感器的作用是测出车轮的转速，并把速度信号送到电控单元。电控单元实际就是微计算机，它工作时不断地从传感器获取轮速信息，通过计算和比较来检查不正常的滑移率条件，据此作出电磁阀需要操作的决定，以调节制动压力，阻止制动器抱死或使其解除控制。自动压力调节器用来控制和调节制动系统的制动压力，使制动车轮的滑移率保持在 20%左右，防止车轮抱死滑移。

根据汽车的车型和所采用的制动系统的不同，ABS 所使用的调节器是不同的。目前 ABS 使用的调节器主要有液压式、空气式、真空式等形式。其中，液压式调节器是用电磁阀和液压泵产生的压力控制制动压力的。每个车轮或每个系统内部都有电磁阀，通过电磁阀直接或间接地控制制动压力。

ABS 技术发展到现在，已成为保障汽车行驶安全的不可缺少的技术装备。在 ABS 的基础上扩展开发出了驱动力控制装置等一系列附加功能的装置，由此可看出它在汽车现代控制系统中占有基础性的重要地位。

（二）驱动力控制系统技术

汽车采用驱动力控制系统（TCS）后可防止汽车在加速过程中打滑，特别是防止汽车在非对称路面或在转弯时驱动轮的空转，以保持汽车行驶的方向稳定性、维持汽车的最佳驱动力和提高汽车的平顺性。从控制车轮和路面之间的滑移率来看，ABS 和 TCS 系统采用了相同的技术，但两者所控制的车轮滑移方向是相反的。可见 ABS 与 TCS 系统密切相关，可以认为 TCS 是 ABS 系统的功能的扩展。在汽车中常将它们结合在一起使用，构成更加完善的行驶安全系统。这样，它们可共用许多电子元件和可用共同的系统部件来控制车轮的运动。

TCS 主要由电控单元、制动压力调节器、车轮速度传感器、差速制动阀、发动机控制阀及发动机控制缸组成。其中，电控单元、车轮速度传感器和制动压力调节器是与 ABS 系统共用的，而差速制动阀、发动机控制阀和控制缸是 TCS 专有的。因此，具有 ABS 的汽车，要追加 TCS 时只要加上后三种装置就可以了。在汽车驱动力控制系统中，防止驱动轮打滑并使其保持在最佳滑移率范围内的方式有以下几种。

1. 发动机扭矩调节方式

合理控制发动机的输出扭矩可以使汽车通过路面时获得最大的驱动力。发动机输出扭矩的控制手段有供油量调节、点火参数调整、节气门位置调整。汽油机可根据燃料喷射量、点火时间、节气门开度来调整发动机的输出扭矩。在这些调节方法中，从加速圆滑和燃烧完全的角度来看，调节节气门最好，但调节节气门反应速度较慢。调整点火时间和燃料喷射量反应速度较快，能补偿调整节气门的不足。柴油机只控制喷油量就可得到理想的反应速度。

2. 驱动轮制动控制方式

制动驱动轮是防止驱动轮打滑最迅速的一种控制方式，但是出于舒适性的考虑，制动力不能太大。这种控制方法可作为只用节气门调整发动机输出扭矩方式的补充。这种控制方法可获得最好的操纵性和稳定性，以及最短的反应时间。TCS 控制制动力的功能是由 ABS 的元件来实现的。

3. 差速器锁止控制方式

电控差速器锁止控制在差速器向车轮的输出端装设离合器，并用电子控制器控制电磁阀来调节多片离合器油压的大小，以控制离合器的锁止程度，并由压力传感器和驱动轮轮速传感器反馈给电控单元实现反馈控制，以使左右驱动轮或前后驱动桥的滑移率之差在允许的范围之内，从而达到有效防止驱动轮打滑和合理按需要分配驱动力的目的。LSD 可明显提高汽车的越野通过性。TCS 的上述控制方法可以单独使用，也可以配合使用，配合使用可达到更好的控制效果。由于 TCS 可大幅度地提高汽车的通过性，因此它对军用汽车具有重大的使用价值， 是未来军用汽车非常有发展前途的技术。

小结

1. 汽车的制动性是指汽车在行驶中能强制地降低行驶速度以至停车，或在下坡时维持一定速度的能力，以及制动时保持汽车方向稳定性的能力。其评价有 3 方面：制动效能，即制动距离与制动减速度；制动效能的恒定性，即抗热衰退性能；制动时汽车的方向稳定性，即制动时汽车不发生跑偏、侧滑以及失去转向能力的性能。

2. 影响汽车地面制动力的主要因素有：地面制动力、制动器制动力、地面附着力和硬路面上的附着系数等。

3. 制动性能的检测可以采取台试检测，也可以用路试检测。一般情况下，用台试检测制动性能，但台试检测结果有争议时，可以用路试检测进行复检，并以满载状态路试的结果为准，以保证对其制动性能判断的准确性。

习题

1. 汽车的综合评价指标是什么？各有什么含义？
2. 汽车的地面制动力是如何产生的？地面制动力、制动器制动力与附着力之间有何关系？
3. 影响汽车制动性的主要因素有哪些？
4. 目前最常用的制动试验台有哪几种主要形式？
5. 简述反力式制动试验台的基本组成、测试原理与使用注意事项。
6. 对于台架检测制动性能，国标对行车制动、应急制动、驻车制动性能有哪些具体要求？
7. 简述台架检测与道路试验测试制动性能的特点。
8. 路试检测制动性能的主要项目有哪些？环境条件与道路条件有哪些？
9. 制动性路试检测项目有哪些？制动性台架检测项目有哪些？它们的技术要求是什么？

项目四

汽车转向系统性能检测与评价

一、项目要求

在汽车行驶过程中，驾驶员会根据道路及交通情况时而直线行驶，时而沿曲线行驶，当出现意外情况时，驾驶员还要做出紧急转向操作，以避免事故。此外，地面的不平和侧风等外界因素也会对汽车的行驶造成很大干扰，影响驾驶员对车辆的控制，严重时可能发生侧滑、倾翻事故。为确保车辆按驾驶员的意志操纵行驶，或抵抗力图改变汽车行驶方向的外界干扰，汽车必须具有良好的操纵稳定性，保证汽车的行车安全。

通过本项目内容的学习，读者应该掌握汽车转向系性统能的内容和评价指标；掌握汽车转向盘转角转矩的检测、最小转弯半径的检测方法；掌握汽车车轮定位与转向轮侧滑的内容；了解汽车车轮定位仪的结构、原理与检测方法，了解转向轮的侧滑检测方法。

二、相关知识

（一）汽车转向系统性能评价指标

1. 操纵性与稳定性

汽车在行驶过程中，会碰到各种复杂的情况，有时直线行驶，有时曲线行驶。此外，汽车还要经受来自地面不平、坡道、大风等各种外部因素的干扰。一辆操纵性能良好的汽车必须具备以下能力。

- 根据道路、地形和交通情况的限制，汽车能正确地遵循驾驶员通过操纵机构所给定的方向行驶的能力——汽车的操纵性。
- 汽车在行驶过程中具有抵抗力图改变其行驶方向的各种干扰，并保持稳定行驶的能力——汽车的稳定性。

车辆的操纵性和稳定性紧密相关。操纵性差，汽车的稳定性就被破坏了；稳定性差，汽车则会失去操纵性，因此，通常将操纵性和稳定性统称为车辆的操纵稳定性。

影响操纵稳定性的因素很多，有车辆结构方面的因素，也有使用方面的因素。车辆结构方面的因素主要有转向系统的主要性能参数（转向系统的传动比、转向系统的效率、转向器的啮合特性、转向系的刚度、转向盘转动的总圈数等）；车辆的重心位置、轴距、轮距、质量分配、轮胎的型式和气压以及悬挂的导向装置。车辆使用方面的因素对车辆的操纵稳定性，特别是对车辆运行中的稳定性的影响是很大的，比如，道路状况（地面不平、纵向和横向的坡度等）；气候条件（侧向风力、下雨下雪对地面附着状态的改变等）；左右车轮的附着情况不相同、车辆转弯行驶时的离心力等。对于影响车辆操纵稳定性的结构方面的因素是在设计车辆时需要特别注意的问题，而当车辆已定型及投入营运以后，影响操纵稳定性的使用因素是至关重要的。

2. 转向操纵轻便性

转向操纵轻便性是指驾驶员操纵转向盘的容易程度。转向沉重容易使驾驶员疲劳或使车辆操纵失控而导致交通事故的发生。有的汽车采用转向助力装置，这从结构上保证了转向的轻便性。在机动车使用期间，转向装置会由于装配时调整不当或使用中有关零部件变形等原因引起转向沉重。为了保证机动车转向操纵轻便性，在 GB 7258—1997 中 5.8 条规定机动车在平坦、硬实、干燥和清洁的道路上行驶，以 10 km/h 的速度在 5 s 之内沿螺旋线从直线行驶过渡到直径为 24 m 的圆周行驶时，施加于转向盘外缘的最大切向力不得大于 245 N。

3. 最小转弯直径

车辆的最小转弯直径的大小会直接影响车辆的机动性。车辆的机动性就是指车辆在最小面积内活动的能力，它决定了驾驶员为装卸货物而移动车辆，或者在停车场地及维修车间内调动车辆时所需要场地的面积、车道宽度以及驾驶员的劳动强度，机动性还影响着车辆能够通过狭窄弯曲地带或绕开不可越过的障碍物的能力。

4. 转向车轮的稳定效应

由于车辆行驶条件复杂，道路对车辆的冲击或对左右轮不均匀的冲击等情况经常发生，使车轮偶然受到外力作用。当车轮在偶然受外力作用或转向盘稍微转动而偏离直线行驶时，转向车轮应有自动回正恢复直线行驶的能力。当转向车轮摆转一定的角度后，在放松转向盘时，转向车轮应有迅速回正恢复直线行驶的能力。转向车轮具有的保持自动返回直线行驶位置的能力，称为转向车轮的稳定效应。转向车轮愈稳定，汽车向前直线行驶的性能愈好，操纵愈轻便。车辆只有在转向车轮稳定时，才能降低燃料消耗，减少轮胎和零件的磨损。同时，转向车轮具有稳定效应，可以减轻驾驶员的紧张程度。

转向车轮的稳定效应是通过转向车轮的定位角来实现的；同时，转向车轮的稳定效应也与轮胎的横向弹性有关。如果转向车轮同时又是驱动车轮时，转向车轮将受着驱动时前进推力的影响而趋稳定。

5. 汽车转向轮的震动

汽车在行驶过程中，有时出现转向轮的左右摆动和上下跳动。转向轮的震动降低了汽车操纵性与方向稳定性，使轮胎磨损急剧增加，并增加了转向机构的动载荷，降低零件使用寿命，同时也严重影响行驶安全。

转向轮的摆动与车辆悬架系统的技术状况、车辆定位、车轮平衡等有密切关系。

汽车的转向轮通过悬架及转向机构与车架相连，这些互相联系的机件，组成了弹性震动系统。一是前轴绕纵轴的角震动，另一是前轮绕主销的角震动。直线行驶的汽车，当车轮越过单个凸起或凹坑时，前轮产生绕汽车纵轴的角震动。前轮将绕主销偏转，如果左轮升高，车轮将向右偏转；如果左轮下降，车轮将向左偏转，即激发了前轮绕主销的角震动。同时，由于陀螺效应，车轮绕主销的角震动，会反过来加剧前轴绕纵轴的角震动，严重地破坏了汽车直线行驶的稳定性。为了避免这种现象，要求减小悬架下前轴系统的转动惯量，提高角震动的固有频率；改善公路状况，提高路面平整度；适当降低轮胎气压，增加轮胎吸震能力。

转向轮定位若不合理，则会导致转向轮侧滑过大，转向轮侧滑过大必然导致车轮高速行驶时摆震，为此，GB 7258 中规定转向轮的侧滑量不得大于 5m/km。

车轮若不平衡，高速行驶时车轮必然跳动；当左右车轮都不平衡，且不平衡质量处于对称位置时，震动会更为严重。为了避免因车轮不平衡引起的震动，要求无论是新轮胎或经翻修过的轮胎，在装用之前，都要进行动平衡试验，消除不平衡因素。高速行驶的车辆对车轮的不平衡度要求更高。

（二）转向系统技术状况检测标准及仪器

1. 转向盘技术状况检测的国家标准及仪器

转向系统的性能好坏直接影响汽车的行车安全，其技术状况常用转向盘自由行程、转向角和转向力作为诊断参数进行检测诊断。

（1）转向盘自由行程及其检测

转向盘自由行程指汽车转向轮位于直线行驶状态时，转向盘可自由转动的转角。若转向盘自由行程过大，说明从转向盘至转向轮运动传递链中的若干配合副因磨损过度而出现松旷现象。因此，转向盘自由行程为一综合诊断参数。

GB 7258—2004《机动车运行安全技术条件》有关转向盘自由转动量的要求是，机动车转向盘的最大自由转动量不允许大于：

- 最高设计车速不小于 100km/h 的机动车 20°；
- 三轮汽车 45°；
- 其他机动车 30°。

简易转向盘自由行程检测仪由刻度盘和指针两部分组成。刻度盘通过磁座吸附在仪表板或转向柱管上，指针固定于转向盘外缘，亦可相反。检测时，汽车处于直线行驶位置，把转向盘转至空行程极限位置后，调整指针使之指向刻度盘零度；而后把转向盘转至另一侧极限位置，其自由行程即为指针所指刻度。

转向盘自由行程也可用转向参数测量仪或转向测力仪检测。

（2）转向盘转向角和转向力检测

操纵稳定性优良的汽车，应有适度的转向轻便性。转向沉重，则易使驾驶员疲劳或转向不正确、不及时而影响行车安全；转向太轻，则驾驶员路感太弱、方向飘移而不利于安全行车。

转向轻便性可用转向角和转向力作为参数诊断。在动态或静态情况下，用转向参数测量仪或转向测力仪等仪器，就可测得转向力和对应转角的大小。

转向轻便性的检测一般可采用原地转向力检测、低速大转角（8 字行驶）转向力检测和弯道转向力检测，可按有关国家标准的规定进行。

国家标准 GB 7258—2004《机动车运行安全技术条件》中有关转向力的要求是：机动车在平坦、硬实、干燥和清洁的水泥或沥青道路上行驶，以 10 km/h 的速度在 5s 之内沿螺旋线从直线行驶过渡到直径为 24m 的圆周行驶时，施加于转向盘外缘的最大切向力不应大于 245N。

转向盘转动阻力可以用测力计拉动转向盘的轮缘进行测量，也可以用汽车转向盘转向力-角仪进行检测。转向盘转向力-角仪一般由操纵盘、检测仪主机、连接装置等部分组成。图 4-1 所示为 ZC—2 型转向盘转向力-角仪的结构示意图。操纵盘与力矩传感器相连，通过连接装置与被测转向盘相连接。检测仪主机包括微机板、接口板、力矩传感器等。测量时，把检测仪对准被测转向盘中心，调整连接装置与转向盘连接并固定好。转动操纵盘，转向力通过力矩传感器传递到被测转向盘上，进而使转向盘转动以实现汽车转向。此时，力矩传感器将转向力矩转变成电信号，由检测仪主机完成数据采集、分析和显示。

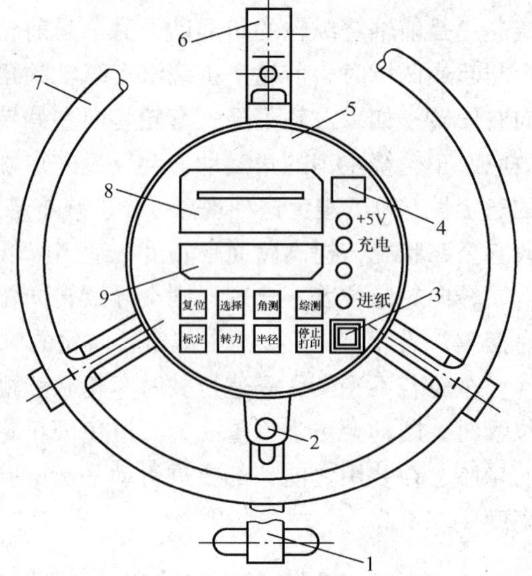

图 4-1　ZC—2 型转向盘转向力-角仪

1—定位杆　2—固定螺栓　3—电源开关　4—电压表　5—检测仪主机　6—连接装置　7—操纵盘　8—打印机　9—显示器

2. 最小转弯直径及技术状况标准

(1) 最小转弯直径

汽车的最小转弯直径和通道圆是汽车的机动性参数，其大小影响汽车的通过性，如图 4-2 所示。

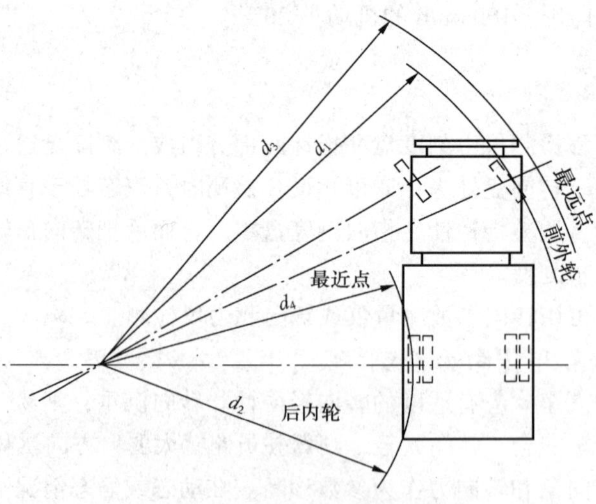

图 4-2　汽车最小转弯直径示意图

汽车前轮处于最大转角状态行驶时，汽车前轴离转向中心最远车轮胎面中心在地面上形成的轨迹圆直径（d_1），叫前外轮最小转弯直径。

汽车前轮处于最大转角状态行驶时，汽车后轴离转向中心最近车轮胎面中心在地面上形成的轨迹圆直径（d_2），叫后内轮最小转弯直径。

汽车前轮处于最大转角状态行驶时，车体离转向中心最远点形成的轨迹圆直径（d_3），叫最远点最小转弯直径。

汽车前轮处于最大转角状态行驶时，车体离转向中心最近点形成的轨迹圆直径（d_4），叫最近点最小转弯直径。

汽车最远点最小转弯直径与最近点最小转弯直径之差的 1/2，叫最大通道宽度（B）。

$$B = \frac{d_3 - d_4}{2}$$

（2）最小转弯直径技术标准

中华人民共和国国家标准 GB 17675-1999《汽车转向系基本要求》规定：当汽车前行向左或向右转弯时，转向盘的回转角和回转力不得有显著差异。

中华人民共和国国家标准 GB 7258-1997《机动车运行安全技术条件》中 5.10 条规定：机动车的最小转弯直径，以前外轮轨迹中心线为基线测量其值，不得大于 24m。当转弯直径为 24m 时，前转向轴和末轴的内轮差（以两内轮轨迹中心线计）不得大于 3.5 m。

（三）汽车车轮定位与检测设备

1. 汽车车轮定位

为使转向车轮操纵轻便、行驶稳定可靠和减少轮胎的偏磨损，在转向车轮上设计有主销后倾角（γ）、主销内倾角（β）、车轮外倾角（α）、前轮前束等参数，称为“转向轴车轮定位”。由于汽车转向轴一般在前轮，故习惯上称为“前轮定位”。而把后轮外倾角和后轮前束称为“后轮定位”。转向轴车轮定位的作用是使前后轮胎的行驶轨迹重合，以减少高速时前后轮胎的横向侧滑量和轮胎的偏磨损。前轮定位和后轮定位合称为四轮定位。

（1）主销后倾角

主销后倾角（Caster Angle）是指在汽车纵向平面内，主销上部向后倾斜而与车轮中心的垂线形成的角度γ，如图 4-3 所示。设置主销后倾角后，主销中心线的接地点与车轮中心的地面投影点之间产生距离，使车轮的接地点位于转向节主销延长线的后端，车轮就靠行驶中的滚动阻力被向后拉，使车轮的方向自然朝向行驶方向。但主销后倾角过大，会使转向盘沉重，而且由于路面干扰而加剧车轮的前后颠簸。

（2）主销内倾角

主销内倾角（Steering Axis Inclination，SAI）是指在汽车横向平面内，主销上部向内倾斜而与垂线形成的角度β，如图 4-4 所示。当车轮以主销为中心回转时，车轮的最低点将陷入路面以下，但实际上车轮下边缘不可能陷入路面以下，而是将转向车轮连同整个汽车前部向上抬起一个相应的高度，这样汽车本身的重力有使转向车轮回复到原来中间位置的效应，因而转向盘复位容易。此外，主销内倾角还使得主销轴线与路面交点到车轮中心平面与地面交线的距离减小，从而减小转向时驾驶员加在转向盘上的力，使转向操纵轻便，同时也可减少从转向轮传到转向盘上的冲击力。但主销内倾角过大会加速轮胎的磨损。

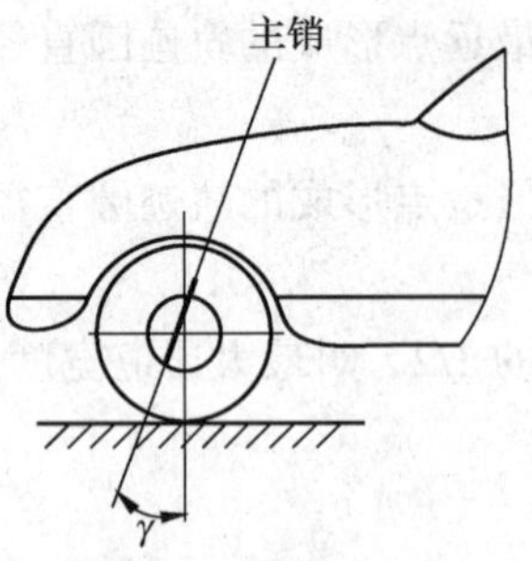

图 4-3 主销后倾角

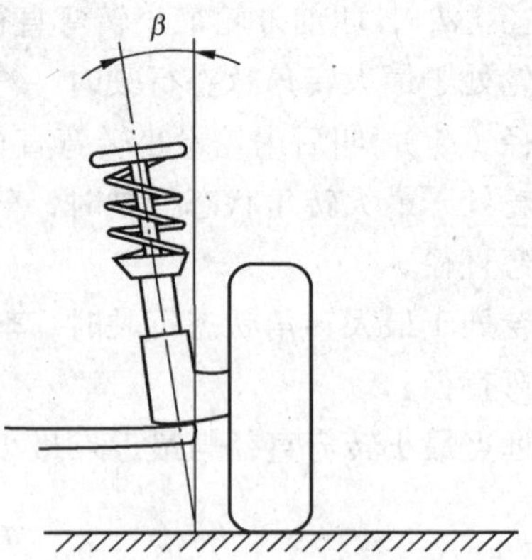

图 4-4 主销内倾角

（3）车轮外倾角

除主销后倾和内倾两个角度用于保证汽车直线行驶外，车轮中心平面也不是垂直于地面的，而是向外倾斜一个角度 α，称为车轮外倾角（Camber Angle），如图 4-5 所示。现在一般将车轮外倾角设计得很小，接近垂直。汽车装用扁平子午线轮胎不断普及，由于子午线轮胎花纹刚性大、外胎面宽，若设定大外倾角会使轮胎磨偏，降低轮胎摩擦力。转向助力机构的不断使用，也使外倾角不断缩小。

（4）前轮前束

前轮左、右车轮的旋转平面不平行，车轮前端胎面中心线间的距离 B 小于车轮后端胎面中心线间的距离 A，称为前轮前束（Wheel Toe），如图 4-6 所示。采用这种结构的目的是修正上述车轮外倾角引起的车轮向外侧转动的趋势。一方面，由于有车轮外倾角，转向轻便；另一方面，由于车轮倾斜，左右车轮分别向外侧转动，为了修正这个问题，使左右车轮有一定的前束值而向内侧转动，向外侧转动和向内侧转动的作用相互抵消，左右两轮应保持直线行进，以减少轮胎磨损。

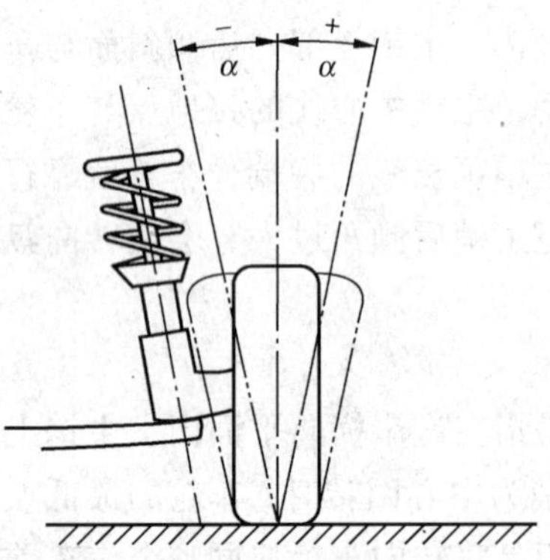

图 4-5 车轮外倾

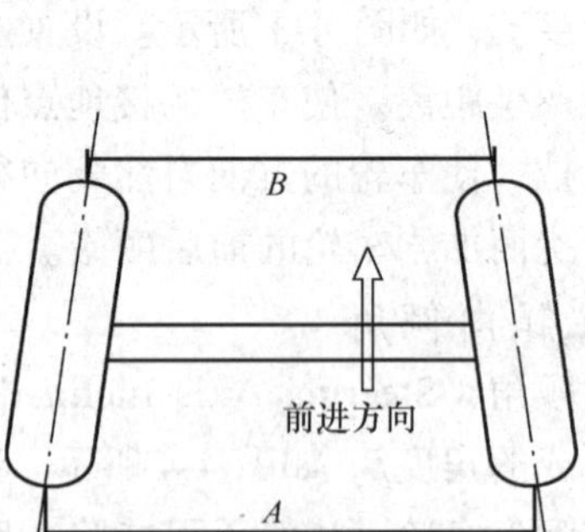

图 4-6 前轮前束值

对于每个车轮来说，前端偏向汽车中心纵轴线为正前束，前端偏离汽车中心纵轴线为负前束（又称前张）。总前束（Total Toe）是左轮前束和右轮前束之和。

前轮前束可通过改变横拉杆的长度来调整。调整时，可根据个厂家规定的测量位置，使两轮前后距离差（$A-B$）符合所规定的前束值。一般前束值都小于 8mm ~ 12mm。

各种车型的转向轮定位值，各汽车制造厂均有规定。

（5）包容角

主销内倾角和车轮外倾角的和叫包容角（Included Angle），在悬架系统没有损坏的情况下，内倾角和外倾角会有变化，但是包容角不变。其变化关系如表 4-1 所示。

表 4-1　　外倾角、内倾角与包容角的变化关系

外　倾　角	主销内倾角	包　容　角
2°	7°	9°
2°	8°	9°
0°	9°	9°
-1°	10°	9°
-2°	11°	9°

主销内倾角虽然一般都不能调整，但是主销内倾角、车轮外倾角和包容角的变化（如图 4-7 所示），能帮助我们判断悬架系统的主要构件是否完好。

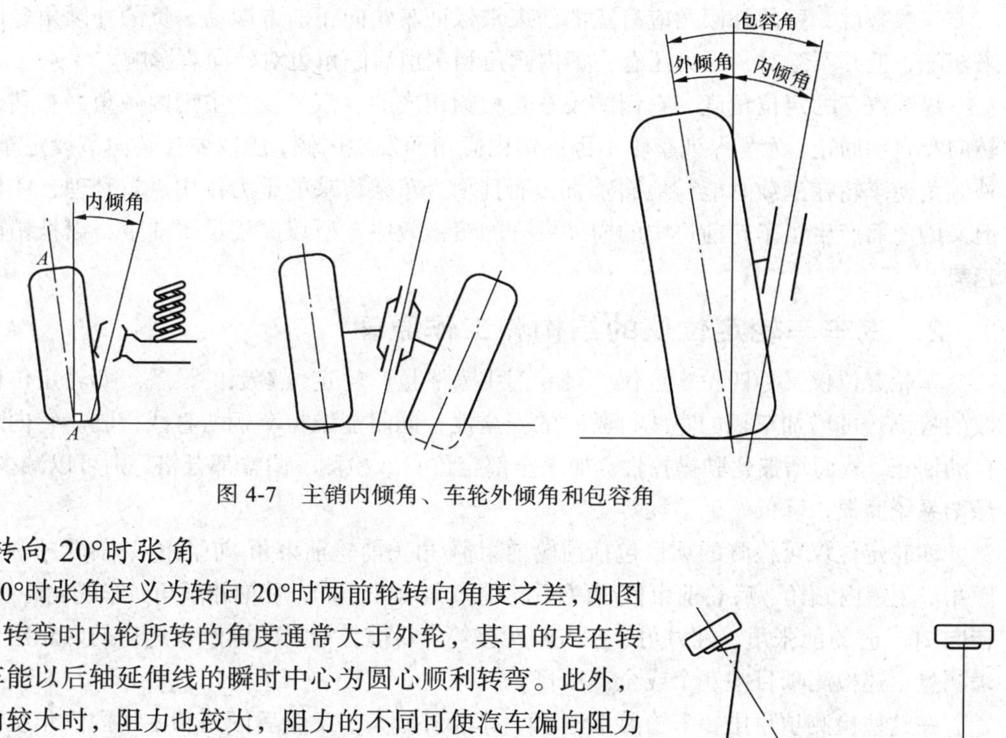

图 4-7　主销内倾角、车轮外倾角和包容角

（6）转向 20°时张角

转向 20°时张角定义为转向 20°时两前轮转向角度之差，如图 4-8 所示。转弯时内轮所转的角度通常大于外轮，其目的是在转弯时使汽车能以后轴延伸线的瞬时中心为圆心顺利转弯。此外，当内轮转角较大时，阻力也较大，阻力的不同可使汽车偏向阻力大的一方，使转向容易。

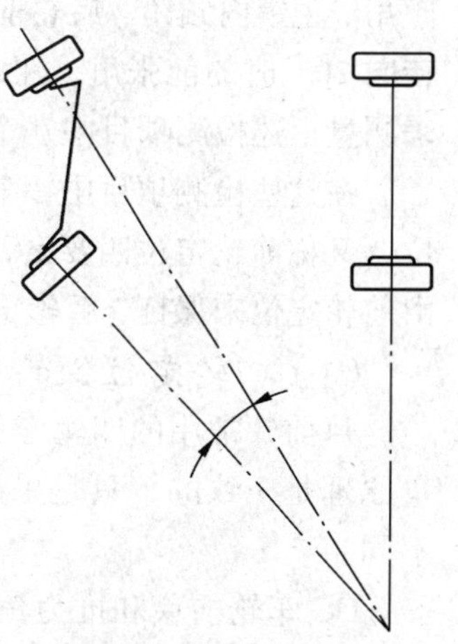

图 4-8　转向 20℃时张角

（7）推进角

推进角（Thrust Angle）是指汽车后轮总前束的夹角平分线（推力线）与汽车几何中心线所成的角度，如图 4-9 所示。一般规定推力线朝左为正值，朝右为负值。如果推进角不为 0，则汽车存在侧向运动的趋势。

（8）轴距差

两前轮中心的连线与两后轮中心的连线之间的夹角称为汽车

的轴距差，如图 4-10 所示。当右侧车轮的距离比左侧车轮的距离大时，规定轴距差为正值；反之，当右侧车轮的距离比左侧车轮的距离小时，规定轴距差为负值。如果汽车的前后轮距已经知道，则轴距差可以用角度值来表示。

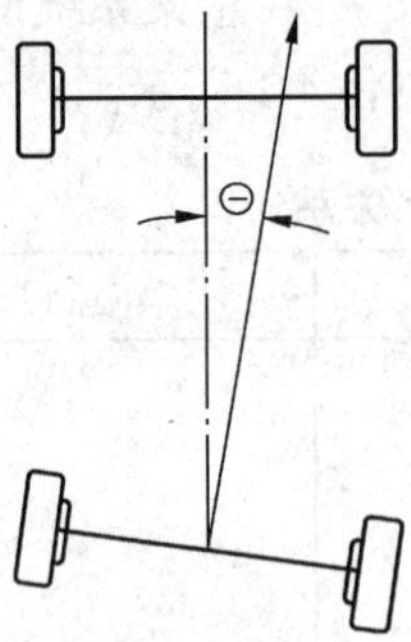

图 4-9　推进角

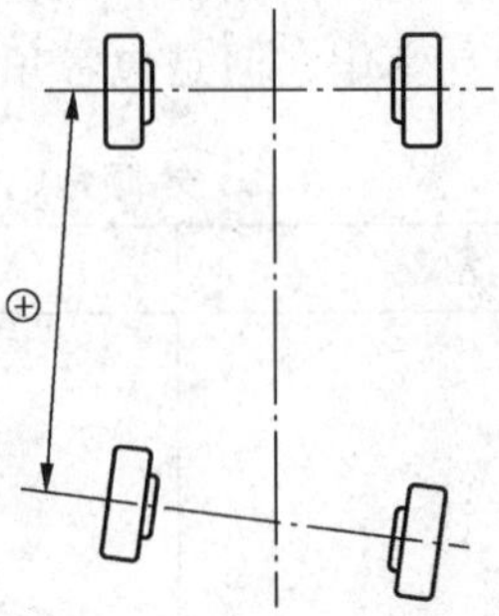

图 4-10　轴距差

（9）定位参数间的关系

一般来说，正的外倾角应有正的前束来保证车轮向正前方滚动，负的外倾角多由负的前束来匹配，但并不绝对，因为还有主销内倾角和主销后倾角也对转向有影响。

纵观汽车的定位角度，它们的关系是相辅相成的。汽车设立主销内倾角，有利于转向后的转向盘自动回正。为了保证车轮不因主销内倾角而发生内倾，所以要在转向节设定车轮外倾角。外倾角使车轮在满载时能与地面垂直，而且承受车架传来的重力作用点较合理，使负荷均衡，但又因此而产生了车轮前进中的向外展开的滚锥效应，所以又要设置前束，以抵销前轮的外展趋势。

2. 汽车车轮定位仪的结构和工作原理

车轮定位仪又称四轮定位仪，是专门用来测量车轮定位参数的设备。四轮定位仪对定位参数的检测，可增加车辆的直线行驶时的安全性，同时能维持车辆的直线行驶。转向后方向盘能自动回正，从而增加驾驶操控性。如果全部定位参数检测、调整都合格，则可以减少轮胎磨损、悬架系统磨损，降低燃油消耗等。

四轮定位仪可检测的项目包括前轮前束值/角（前轮前束角/前张角）、前轮外倾角、主销后倾角、主销内倾角、后轮前束值/角（后轮前束角/前张角）、后轮外倾角、车辆轮距、车辆轴距、转向 20° 时的前张角、推力角、左右轴距差等。目前，常见的国产或进口的四轮定位仪可以用来测量上述检测项目中几个或全部项目。

在这些检测项目中，车轮前束值/角、车轮外倾角、主销后倾角和主销内倾角统称为前轮定位，又称前轮定位四要素，各种前轮定位仪都能完成其检测任务。但汽车的操纵稳定性不仅仅由前轮定位来保证，后轮定位也起着至关重要的作用，所以，最好使用四轮定位仪检测和调整。

（1）四轮定位仪的测量原理

目前，常用的四轮定位仪有拉线式、光学式、电脑拉线式和电脑激光式 4 种，它们的测量原理是一致的，只是采用的测量方法（或使用的传感器的类型）及数据记录与传输的方式不同。

① 车轮前束和推力角的测量原理在测量前束时。必须保证车体摆正且方向盘位于中间位置，为了提高车轮前束值（或前束角）的测量精度，无论是拉线式、光学式还是电脑式的四轮

定位仪，在检测车轮前束之前，都要通过拉线或光线照射或反射的方式形成一封闭的直角四边形。将待检车辆置于此四边形中，通过安装在车轮上的光学镜面或传感器不仅可以检测前轮前束、后轮前束，还可以检测出左右车轮的同轴度（即同一车轴上的左右车轮的同轴度）及推力角等，如图 4-11 所示。

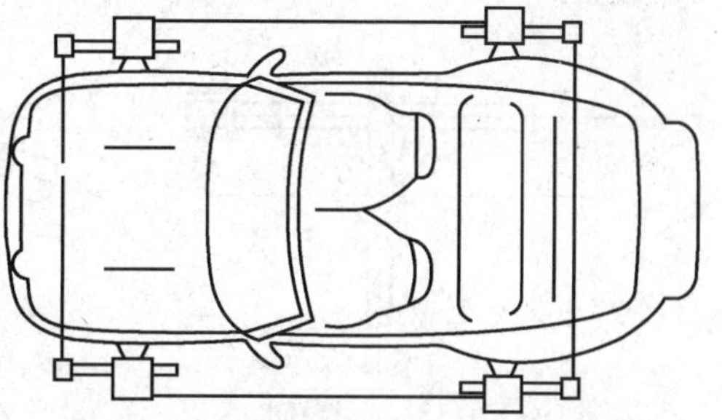

图 4-11　8 束光线形成封闭的四边形

因为四轮定位仪系统采用的传感器不同，其测量方法亦有所不同，这里仅就光敏三极管式传感器来说明一下车轮前束的测量原理。光敏三极管为近红外线接收管，是一种光电变换器件。

其工作状态为：不加电压，利用 P-N 结在受光照射时产生正向电压的原理，把它作为微型光电池。在光敏三极管后面接一些用于接收信号的元件，可及时对光敏三极管上所获得的信号进行分析处理。

安装在两前轮和两后轮上的光敏三极管式传感器均有光线的接收和发射（或反射）功能，通过它们间的发射和接收刚好能形成如上所述的四边形。在传感器的受光平面上等距离地将光敏三极管排成一排，在不同位置上光敏三极管接收到光线照射时，该光敏管产生的电信号就代表了前束角或推力角的大小。

当前束为零时，在同一轴左、右车轮上的传感器发射（或反射）出的光束应重合。当检测出上述两条光束互相平行但不重合时，说明此时左右两车轮不同轴（即车轮发生了错位），可以依据此时光敏管输出偏移量的信息，测量出左右轮的轴距差。

当左右车轮存在前束时，在左轮传感器上接收到的光束位置会相对于原来的零点位置有一偏差值（注意正负号），这一偏差值即表示右侧车轮的前束值（或前束角）；同理，在右传感器上接收到的光束位置相对于原来零点位置的偏差值则表示左侧车轮的前束值（或前束角）。

依据上述检测原理，同时可以检测出位于该四边形内的待检车辆前后轴的平行度（即推力角的大小和方向），通过安装在后轮上的传感器，可以测出后轮前束值（后轮前束角）的大小和方向。

② 主销后倾角和主销内倾角的测量原理。车轮外倾角、主销后倾角和主销内倾角这 3 个测量参数的测量都是关于角度的测量，除了光学式四轮定位仪测量车轮外倾角和车轮前束时，采用的不是测量角度的传感器以外，其余各种类型的四轮定位仪均是采用测量角度的传感器，包括车轮前束角都可以用角度传感器直接或间接测量。主销后倾角和主销内倾角不能直接测出，只能采用建立在几何关系上的间接测量，再由测得的角度推导出主销后倾角及主销内倾角。其测量原理如图 4-12 和图 4-13 所示。

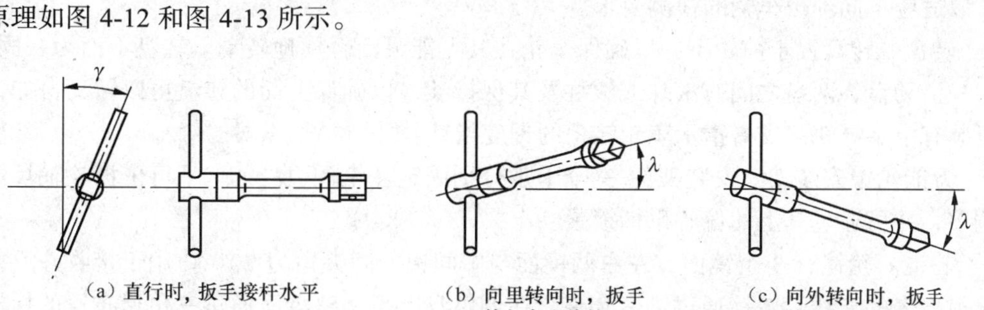

（a）直行时，扳手接杆水平　（b）向里转向时，扳手接杆向上偏转　（c）向外转向时，扳手接杆向下偏转

图 4-12　主销后倾角的测量原理

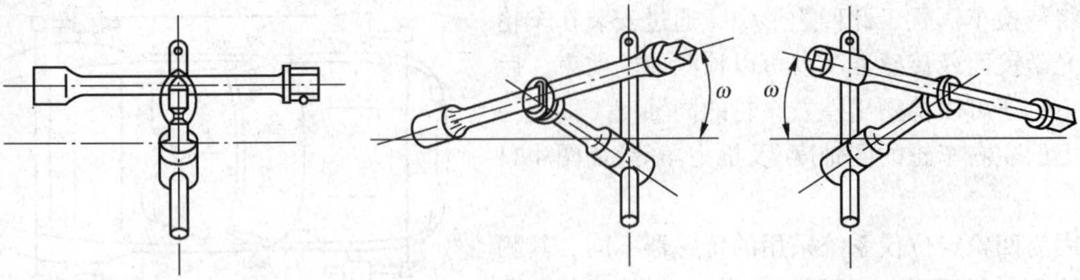

(a) 直行时，长接杆水平　(b) 向左转时，长接杆沿逆时针偏转　(c) 向右转时，长接杆沿顺时针偏转

图 4-13　主销内倾角的测量原理

③ 转向 20° 时前张角的测量原理。汽车使用时，前轮的碰撞冲击、长期在凹凸不平的路面上行驶和经常采用紧急制动等对车辆的冲击作用都可能会引起转向梯形的变形。因此会造成汽车在转向行驶过程中前轮异常磨损，操纵性变差并间接影响汽车的动力性和燃料的经济性。

为检测汽车的转向梯形臂与各连杆是否发生变形，在四轮定位仪中均设置了转向 20° 时前张角的检测项目。其测量方法为让被测车辆前轮停在转盘中心处，当右轮沿直线行驶方向向右转动 20° 时进行测量；左轮沿直线行驶方向向左转动 20° 时进行测量（该转向角可直接从转盘上的刻度读出）。具体作法如下：右前轮向右转 20°，读取左前轮下的转盘上的刻度值 X，则 20° $-X$ 即为所要检测的转向 20° 时的前张角。一般汽车在出厂时都给出 20° 前张角的合格范围，将测量值与出厂标准进行比较即可检测出车轮的转向梯形臂与各连杆是否发生了变形，如果超出标准值或左、右转向前张角不一致，则说明该车的转向梯形臂和各连杆已发生了变形，需要进行校正、调整或更换梯形臂和各连杆。

（2）四轮定位仪的结构

不同的四轮定位仪其结构相差很大。

① 光学式四轮定位仪。图 4-14 所示为光学式四轮定位仪传感器安装示意图。

光学式四轮定位仪主要由以下部件组成。

- 测试投影仪。其功能是投射十字刻度线和作为屏幕接收从轮镜上反射回来的十字刻度线，根据基准线与十字刻度线相交的刻度可读出车轮前束角、外倾角、主销后倾角等。
- 导轨。其功用是支撑测试投影仪。位于后轮处的导轨较长，保证投影仪能在其上来回滑动，以适应不同轴距车辆的检测要求。
- 转盘。转盘置于前轮下，以确保车轮在其上能灵活轻便地转动。转盘下面为一固定盘，上面为一活动盘，两盘之间有滚珠或滚柱及其保持架，以确保上面的转盘可以转动自如，在下转盘里装有十字导轨以支撑指示车轮转角的刻度指针。
- 万能轮镜安装架。安装架的 3 个卡爪分别固定在轮辋边沿，卡爪可依据轮辋尺寸大小进行调节，并可通过其上的偏心手柄锁紧。
- 轮镜。轮镜有 3 个镜面，左右两镜面与中间镜面间夹角为 20°，用于接收并反射由投影仪投射出来的光线。轮镜通过锁紧套夹紧在调整盘上，调整盘又通过三角形布置的螺栓固定在万能轮镜安装架上。

● 定位测量卷尺。定位测量卷尺包括一把卷尺和一个磁性座，其功能是测量汽车的摆正情况。

● 后轮摆正滑板。后轮摆正滑板置于后轮下面，可以左右摆正汽车。

● 主销内倾角测试仪。它安装在轮镜调整盘上，是专门用来测试主销内倾角的。

② 电脑式四轮定位仪。电脑式四轮定位仪由主机、前后车轮检测传感器、传感器支架、转盘、制动锁、转向盘锁、导线等零部件构成。图 4-15 所示为电脑式四轮定位仪主机外形图。

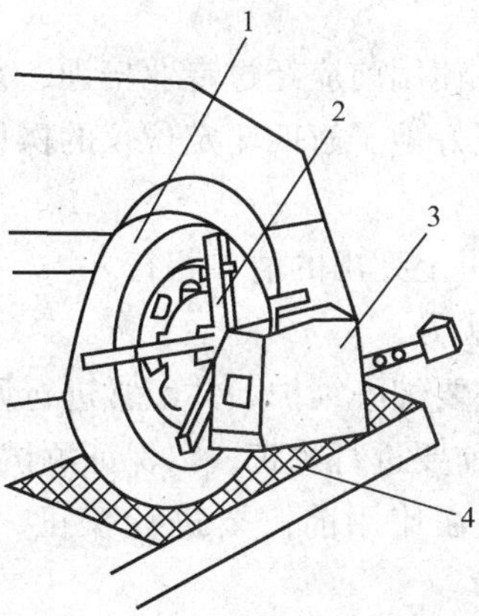

图 4-14 光学式四轮定位仪传感器安装示意图

1—车轮 2—固定爪 3—CCD 电荷耦合传感器 4—举升器

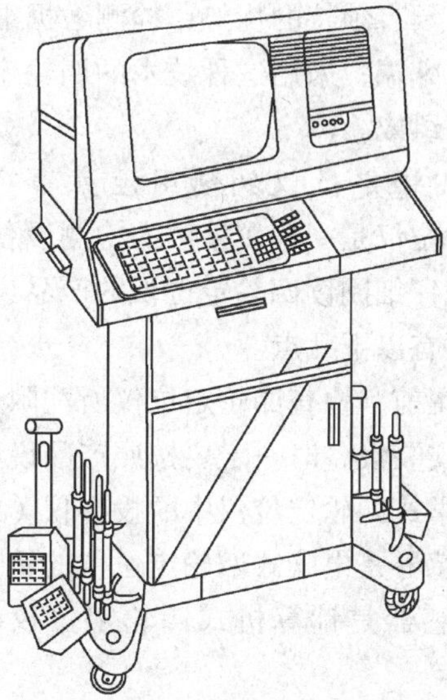

图 4-15 电脑式四轮定位仪主机外形图

电脑式四轮定位仪的主要检测机件为 4 个光学机头。每个机头里都有一套红外线发射和接收的电子光学系统。每个机头里还都有一个外倾角传感器和一个内倾角传感器，这两个传感器把采集到的前束和倾斜度的信号通过电缆传给主机进行处理。机头里的两个上倾斜度传感器成 90º放置，分别测量机头在互相垂直的两个平面内的倾斜度。这种电子倾斜角度传感器的主要元件是两个光测器和一个扭矩计，扭矩计像一个钟摆，在摆转时会发出脉冲。在通常垂直的情况下，它的臂处于两个光测器中间，没有电流输出，当机头倾斜时，光测器随机头倾斜而产生高度差，扭矩计臂像钟摆一样，机头转过一定角度，但它仍保持垂直。机头倾斜度越大，扭矩计臂摆转的角度也越大。它每偏转一度，就会输出 0.5V 电压。这样，两个倾斜度传感器就能分别测出外倾角和主销内倾的角度。

每个机头里都有一个发光二极管印刷电路板。它们能发出一组圆柱形的红外线光束，在它们的前面有一个瞄准镜头，它可以把圆柱形光束转换成箭头状，变成一个个扇形光，经过聚焦后射出。在检测时，由对应的机头的接收镜头收到，就能进行前束角度的测量了。

每个机头都装着接收红外线的光电管，光电管接收器捕捉到对面机头发出的红外线信号并将其放大。每个机头接收器的集成电路板就像一个放大器，它在把信号送到前束集成电路之前增大信号噪声比，以最大限度地降低器械音振幅。在前束集成电路板上，这个信号被射入高通滤波器进行放大，又送入峰值探测器，然后再反馈回增器和钳压电路，再转到计算机中央处理器，这样前束值就被计算出来了。机头的安装是非常重要的，机头上的孔往夹板上的轴销插套时一定要到位，以便寻正，保证机头与夹板垂直：注意要锁紧螺栓，不能松，避免机头倾斜，机头稍微有些倾斜就会造成外倾角和内倾角数据失准。因为机头壳是塑料制品，所以锁紧时不能过度用力，以免使机壳上螺孔出现裂缝，测不出准确数据；机头要轻拿轻放，千万不能摔在地上，否则仪器也将失去其准确性。

③ 运用 CCD 技术的四轮定位仪。运用 CCD 技术的四轮定位仪可通过 4 只 CCD 电荷耦合传感器对车辆的前、后 4 个车轮一次测定其定位角。独立悬架机构的车轮定位检测（单个车轮的定位值）具有独特的优势：检测数据准确，且没有普通侧滑试验台只能检测左、右车轮综合作用效果的弊端；采用这种技术的四轮定位仪精度更高它主要由专用举升器、传感器、电脑和操纵机构等组成。

（3）四轮定位仪的使用注意事项

四轮定位仪是一种较精密的检测设备，操作人员在使用前应经过专业培训，并且在使用定位仪前应先仔细阅读四轮定位仪的产品说明书，以便更好地了解四轮定位仪的操作过程。其一般注意事项有以下几点。

① 使用前，检查四轮定位仪所配附件是否与说明书上列出的清单相符。

② 在安装设备时一定要按照产品说明书上的要求去做。

③ 光学式四轮定位仪中的投影仪（或投光器），需要细心维护，并经常进行调整。

④ 传感器是电脑式四轮定位仪的重要元件，使用前要进行校正，以保证测试精度。

⑤ 传感器是计算机式四轮定位仪的核心元件，在使用前需要进行校正，以保证测试精度。

⑥ 传感器在卡盘轴上安装要妥当，在不用时应妥善保存，避免受到损害。电测类传感器在通电前应该接线安装完毕，不要带电接线，以避免电子震荡，冲击损坏器件。

⑦ 四轮定位仪需要移动时，注意不要使其受到震动，否则可能会损坏传感器及计算机等部件。

⑧ 四轮定位仪应按期检验标定，标定工作应在专用标定器具上进行（在购买四轮定位仪时应带专用标定器具和标定程序）。

⑨ 在用四轮定位仪检测车轮定位角之前，一定要进行车轮传感器安装夹具偏摆补偿操作，否则会引起相当大的测量误差。

⑩ 在四轮定位仪的安装地点，应在墙上或其他的地方安装一个带保险丝的开关盒，同时要求开关盒内配带有四轮定位仪的过载保护装置。

3. 车轮定位参数变化故障原因分析

（1）常见定位故障及其调整

① 主销后倾角的故障与调整。主销后倾角失准后，将出现两种类型的故障：一是转向沉重，其原因是主销后倾角过大；二是汽车行驶不稳定，路面稍有冲击就会使汽车向一侧倾斜，驾驶员必须要时刻用方向盘校正方向，才能维持直线行驶，这主要是由于主销后倾角过小，车轮自动回正力矩不足所致。主销后倾角的调整，需通过改变悬架系统来实现。因为对于非独立悬架结构而言，车轴左右两端的转向节主销孔并不存在后倾角度，而主销后倾角是在悬架安装后由

结构尺寸所保证的。因此，当主销后倾角不符合规定时，可以在钢板弹簧下部与主轴的接触面之间垫不同厚度的楔型铁片来调整。当楔型铁片由后向前插入时，车轴整体将向后转动一定角度，使车轴左右两端的转向节主销后倾角加大；当楔型铁片由前向后插入时，与上述情况相反，主销后倾角将减小。

② 主销内倾角的故障和调整。主销内倾角失准后，如主销内倾角过小，会使汽车行驶稳定性变差，不易保持直线行驶，方向盘操纵频繁，而且转向沉重。

主销内倾角的保证，对于不同的悬架其方式不同。非独立悬架的车轴左、右两端的转向节主销孔有固定的内倾角度值，因此，内倾角不符合规定时，须对前轴进行校正。对于独立悬架的汽车，主销内倾角与车轮外倾角可通过调整摆臂长度来实现。调整主销后倾角，可通过转动上摆臂轴来实现；而车轮外倾角则由加在上摆臂轴与固定支架之间的垫片来调整。独立悬架的主销内倾角和车轮外倾角是由转向节的结构确定的，因此，调整过车轮外倾角后，主销内倾角也就随之确定下来，毋需另作调整。

③ 车轮外倾角的故障和调整。车轮外倾角过大或过小，都会加剧轮胎的偏磨损。外倾角过大，轮胎外侧偏磨损严重，外倾角过小，轮胎内侧偏磨损增加。另外，车轮外倾角过小，还会引起转向沉重。

当车轮外倾角不符合规定时，须检查轮毂轴承是否松旷、转向节铜套是否磨损和转向节轴是否变形等，并根据故障情况予以修复或更换。

④ 车轮前束的故障与调整。车轮前束过大或过小都将引起轮胎偏磨损，影响轮胎使用寿命。前束过大，车轮外侧磨损严重；前束过小，车轮内侧磨损加快。

车轮前束值的大小，可通过改变转向梯形机构的横拉杆长度来实现。调整时，须先松开横拉杆长度锁紧螺母，然后用管钳转动调整螺母套管，该套管左右两端螺旋线方向相反，转动时可使横拉杆向两端伸长或缩短，依此来调节横拉杆的长度。

（2）转向系统常见故障原因分析

机动车辆的转向桥和转向系的常见故障有前轮轮胎磨损不正常、转向沉重、自动跑偏和前轮摆头等。

① 前轮轮胎磨损不正常。

现象：前轮轮胎磨损速度加快，胎面形状出现异常。

原因：

- 转向轮定位不正确，其中尤其是外倾角和前束不正确；
- 轮毂轴承松旷；
- 转向节衬套与主销松旷；
- 前轮偏摇或偏震；
- 前梁弯、扭变形；
- 轮胎气压不符合要求；
- 轮胎长期未换位。

② 转向沉重。

现象：汽车行驶时驾驶员向左、右转动方向盘时，感到沉重吃力，无回正感；当汽车以极低的车速转弯行驶或调头时，转动方向盘非常吃力，甚至打不动。

原因：

- 转向器内主动部分（螺杆或蜗杆）的轴承预紧力太大；
- 转向器内主动部分与从动部分的啮合调整太紧；
- 转向器垂臂轴与衬套配合太紧；
- 转向器转向轴弯曲或其套管凹陷造成刮碰；
- 转向节止推轴承中缺油或损坏；
- 转向节衬套与主销配合过紧；
- 纵、横拉杆球头节调整过紧或缺油；
- 转向轮内倾角、后倾角变大或前束不符合要求；
- 车架、前梁变形造成前轮定位失准；
- 轮胎气压不足。

③ 自动跑偏。

现象：汽车行驶中会自动跑向一边，必须用力把住方向盘才能保证直线行驶。

原因：

- 两前轮轮胎气压不等、直径不一致或车厢装载不均；
- 左、右两架前钢板弹簧挠度不等或弹力不一样；
- 前梁、后桥轴管或车架发生水平面内的弯曲；
- 车架两边的轴距不等；
- 两前轮轮毂轴承或轮毂油封的松紧度不一样；
- 前、后桥两边的车轮有单边制动或单边拖滞现象；
- 两前轮外倾角、主销后倾角或主销内倾角不等；
- 前束太小或负前束。

④ 前轮摆头。

现象：汽车在低速范围内或某高速范围内行驶时，有时会出现两前轮各自围绕主销进行角震动的现象，这种现象被称为前轮摆头。汽车高速摆头时，两前轮左、右摆震严重，握方向盘的手感觉强烈，有麻木感，甚至在驾驶室内都可看到整个车头晃动。

原因：

- 转向器内主、从动部分啮合间隙或轴承间隙太大；
- 转向器垂臂与垂臂轴配合松旷；
- 纵、横拉杆球头关节配合松旷；
- 转向节衬套与主销配合松旷或转向节与前梁拳形部沿主销轴线方向配合松旷；
- 前轮轮毂轴承松旷；
- 转向器在车架上的连接松动；
- 前轮钢板弹簧骑马螺栓松动或钢板销与其衬套配合松旷；
- 左、右两架前钢板弹簧的厚度、片数、弧高、长度或新旧程度不同；
- 前轮不圆或端面偏摆太大；
- 前轮旋转质量的不平衡度太大。

另外前轮使用翻新轮胎，前梁或车架弯扭变形，前轮外倾、前束或主销内倾、主销后倾失准，转向系或前悬挂的运动互相干涉，转向系刚度太低，道路不平度太大等也会 造成前轮摆动。

（四）转向轮侧滑原理与检测设备

1．转向轮侧滑及国家检验标准

当车轮前束与车轮外倾角配合不当时，在汽车行驶过程中，车轮与地面之间产生一种相互作用力，这种作用力垂直于汽车行驶方向，导致车轮在直线行驶过程中不再是纯直线滚动，使轮胎处于向前直线滚动的同时，产生侧向滑移现象。当这种滑移现象便是我们所说的转向轮侧滑。当这种现象过于严重时，将破坏车轮的附着条件，使汽车丧失定向行驶能力，引发交通事故并导致轮胎的异常磨损。转向轮侧滑的大小用车轮单位直线行驶距离内侧向滑移的累加量，即侧滑量来衡量。侧向滑移量的大小与方向可用汽车车轮侧滑检验台来检测。

GB 7258—2004《机动车运行安全技术条件》规定：汽车的车轮定位应符合该车有关技术条件。

车轮定位值应在产品使用说明书中标明。

对前轴采用非独立悬架的汽车，其转向轮的横向滑移量，用侧滑检验台检测时侧滑量值应在±5m/km之间。它规定侧滑量方向为外正内负。

2．侧滑检测台的结构

侧滑检测台是使汽车在滑动板上驶过时，用测量滑动板左右移动量的方法来测量前轮侧滑量的大小和方向的一种检测设备。其外形如图4-16所示。

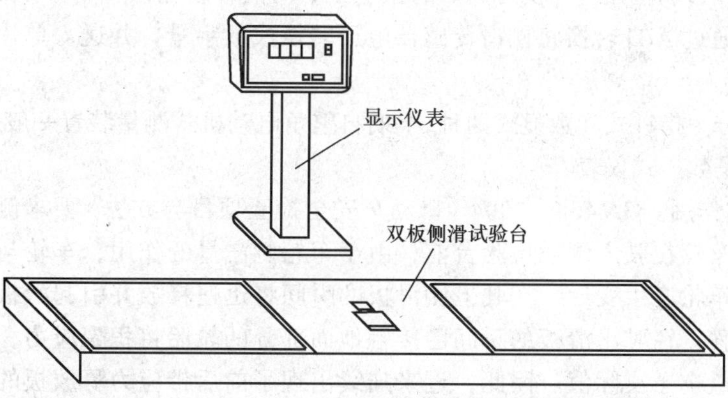

图4-16　侧滑检验台外形

（1）机械部分

如图4-17所示左、右两块滑板分别支撑在各自的4个滚轮上，每块滑板与其连接的导向轴承在轨道内滚动，保证了滑板只能沿左、右方向滑动而限制其纵向的运动。两块滑板通过中间的联动机构连接起来，从而保证两块滑板做同时向内或同时向外的运动。相应的位移量通过位移传感器转变成电信号送入仪表。回零机构保证汽车前轮通过后滑板能够自动回零。限位装置是限制滑板过分移动而超过传感器的允许范围，起保护传感器的作用。锁零机构能在设备空闲或设备运输时保护传感器。润滑机构能够保证滑板轻便自如地移动。

（2）电气部分

电气部分按传感器的种类不同而有所区别。早期的侧滑检验台有用自整角电动机的，现在很少采用。目前，常用的位移传感器有电位计式和差动变压器式两种。

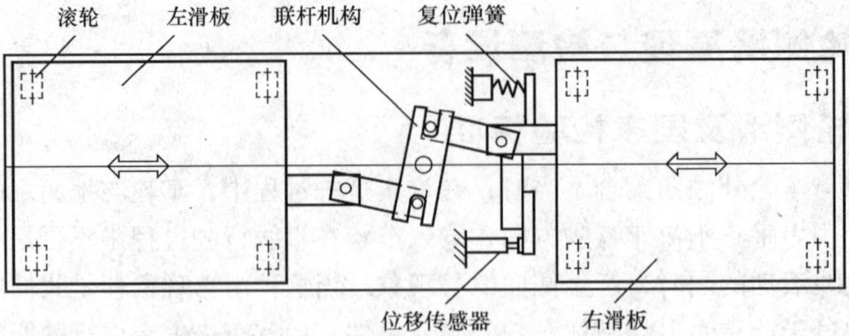

图 4-17　侧滑检验台机械部分结构

① 电位计式测量装置。电位计式传感器的测量原理非常简单，将一个可调电阻安装在侧滑检验台底座上，其活动触点通过传动机构与滑板相连，电位计两端输入一个固定电压（如 5V），中间触点随着滑板的内外移动也发生变化，输出电压也随之在 0V ~ 5V 之间变化，把 2.5V 左右的位置作为侧滑检验台的零点，如果滑板向外移动，输出电压大于 2.5V，达到外侧极限位置输出电压为 5V。滑板向内移动，输出电压小于 2.5V，达到内侧极限输出电压为 0V。这样仪表就可以通过 A/D 转换将侧滑传感器电压转换成数字量，并送入单片机处理，得出侧滑量的大小。

② 差动变压器式测量装置。差动变压器式传感器的测量原理与电位计式类似，只是电位计式输出一个正电压信号，而差动变压器式输出的是正负两种信号。把电压为 0 时的位置作为零点，滑板向外移动输出一个大于 0V 的正电压，向内移动输出一个小于 0V 的负电压。同样，仪表就可以通过 A/D 转换将侧滑传感器电压转换成数字量，并送入单片机处理，得出侧滑量的大小。

指示仪表可分为指针式和数显式两种，早期自整角电动机式测量装置一般采用指针式仪表，目前普遍使用的是数显式仪表。

③ 释放板的作用。GA 468—2004《机动车安全检验项目与方法》要求侧滑检验台带车轮应力释放功能。车轮在驶入侧滑检验台前，由于车轮侧滑量的作用，车轮与地面间接触产生的横向应力迫使车轮产生变形，在驶上侧滑板的瞬间将迅速释放并引起滑板移动量大于实际侧滑量引起的位移；在驶出滑板的瞬间已接触地面部分的轮胎将积聚应力，阻碍滑板移动，从而使滑板位移量小于实际值。因此，近来陆续出现了前后带应力释放板的侧滑检验台，以保证车轮通过中间滑板（带侧滑量检测传感器）时能得以准确测量。因进车时的应力释放对侧滑测量造成的影响比出车时大得多，考虑到成本因素，目前在进车方向带释放板的侧滑检验台较多。

目前，测量车轮侧滑量的最常用设备是滑板式侧滑试验台，按其结构可分为单滑板式侧滑试验台和双滑板式侧滑试验台。

3. 侧滑检测台的工作原理

（1）双板联动侧滑检验台的测量原理

① 侧滑板仅受到车轮外倾角的作用。以右前轮为例，先讨论只存在车轮外倾角（前束值为零）的情况。具有外倾角的车轮，其中心线的延长线必定与地面在一定距离处有一个交点 O，此时的车轮相当于圆锥体的一部分如图 4-18 所示，在车轮向前或向后运动时，其运动形式均类似于滚锥。

从图 4-18 中可以看出，具有外倾角的车轮在滑动板上滚动时，车轮有向外侧滚动的趋势，由于受到车桥的约束，车轮不可能向外移动，而是通过车轮与滑动板间的附着作用带动滑动板向内运动，运动方向如图 4-18 所示。此时滑动板向内移动的位移量记为 S_a（即由外倾角所引起的侧滑分量）。按照约定，具有外倾角的车轮，由于其类似于滚锥的运动情况，因而无论其前进还是后退时所引起的侧滑分量均为负。反之，内倾车轮引起的侧滑分量均为正。

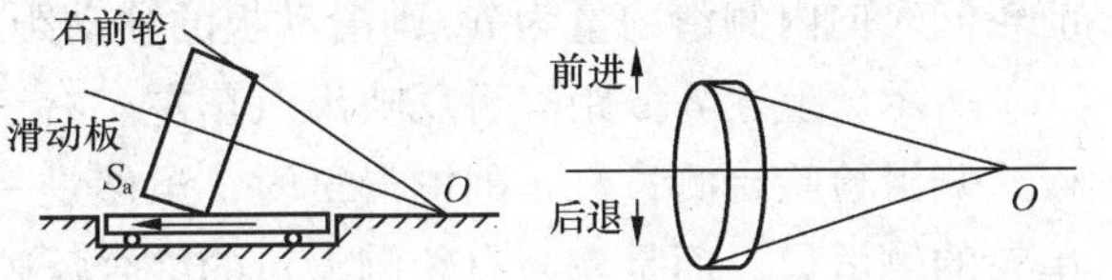

图 4-18　具有外倾角的车轮在滑板上滚动的情况（右轮）

② 滑动板仅受到车轮前束的作用。这里仅讨论车轮只存在前束值，而外倾角为零时的情况。前束是为了消除具有外倾角的车轮类似于滚锥运动所带来的不良后果而设计的。

如图 4-19 所示，具有前束的车轮在前进时，由于车轮有向内滚动的趋势，但因受到车桥的约束作用，在实际前进驶过侧滑检验台时，车轮不可能向内侧滚动，而会通过车轮与滑动板间的附着作用带动滑动板向外侧运动。此时，车轮在滑动板上做纯滚动，滑动板相对于地面有侧向移动，其运动方向如图 4-19 所示，此时测得的滑动板的横向位移量为 S_t（即由前束所引起的侧滑分量）。前进时，由车轮前束引起的侧滑分量 S_t 大于或等于零。反之，仅具有前张角的车轮在前进时，由车轮前张（负前束）引起的侧滑分量 S_t 小于或等于零。

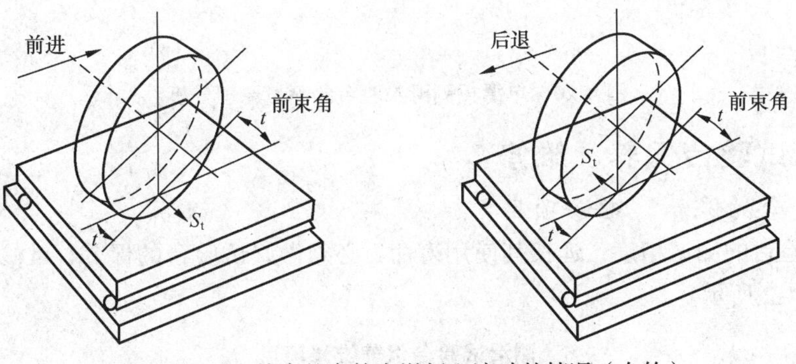

图 4-19　具有前束的车轮在滑板上滚动的情况（右轮）

当具有前束的车轮后退时，若在无任何约束的情况下，车轮必定向外侧滚动，但因受到车桥的约束作用，虽然其存在着向外滚动的趋势，但不可能向外侧滚动，从而会通过其与滑动板间的附着作用带动滑动板向内侧移动，其运动方向如图 4-19 所示。此时，测得滑动板向内的位移为 S_t，仅具有前束角的车轮在后退时，通过侧滑检验台所引起的侧滑分量 S_t 小于或等于零。反之，仅具有前张角的车轮在后退时，通过侧滑检验台所引起的侧滑分量 S_t 大于或等于零。

综上可知，仅具有前束值的车轮，在前进时驶过侧滑检验台时所引起的侧滑量为正值，在后退时驶过侧滑检验台所引起侧滑量分量为负值。反之，仅具有前张的车轮，在前进时驶过侧滑检验台时所引起的侧滑分量为负值，在后退时驶过侧滑检验台所引起的侧滑分量为正值。

③ 滑动板受到车轮外倾角和前束值的同时作用。汽车转向轮同时具有外倾角和前束值，在前进时由外倾所引起的侧滑分量 S_a 与由前束所引起的侧滑分量 S_t 的方向相反，因而两者相互抵消。在后退时两者方向相同，两分量相互叠加。

（2）单滑板侧滑检验台的测量原理

单滑板侧滑检验台仅用一块滑板，如图 4-20 所示。汽车左前轮从单滑动板上通过，右前轮从地面上行驶。若右前轮正直行驶无侧滑即侧滑角β为零，而左前轮具有侧滑角α向内侧滑时，如图 4-20（a）所示，通过车轮与滑动板间的附着作用带动滑动板向左移动距离 b。若右前轮也具有侧滑角β，同样右前轮相对左前轮也会向内侧滑，此时，滑动板向左移动距离 c，并由于左前轮同时向内侧滑的量为 b，则滑动板的移动距离为两前轮向内侧滑量之和，即 $b+c$，如图 4-20（b）所示。上述 $b+c$ 距离可反映出汽车左、右车轮总的侧滑量及侧滑方向。也就是说，采用单板式侧滑检验台测量汽车的侧滑量时，虽然是一侧车轮从滑动板上通过，但测量的结果并非是单轮的侧滑量，而是左、右轮侧滑量的综合反映。根据这一侧滑量可以计算出每一边车轮的侧滑量，即单轮的侧滑量为 $(b+c)/2$。

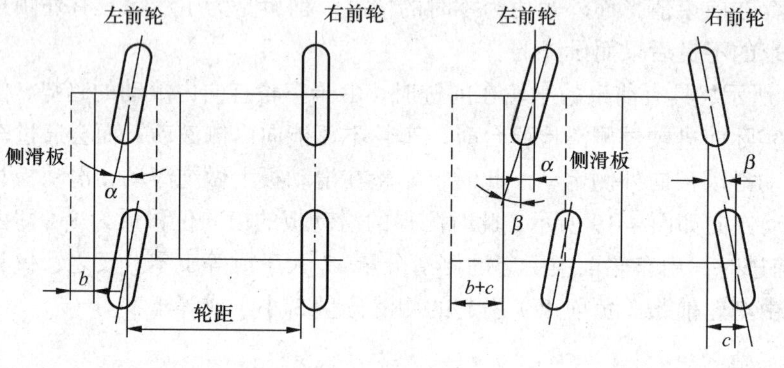

（a）　　　　（b）

图 4-20　单滑板侧滑检验台的测量原理分析

4. 侧滑试验台保养、维修

（1）试验台的保养、维修项目

为保证试验台的测试精度，延长其使用寿命，必须做好试验台的保养、维修工作，其保养、维修项目如表 4-2 所示。

表 4-2　　侧滑试验台保养维修项目

使用周期	保修部位	保修要领	备注
使用前	指示仪表	在不接通电源时，检查仪表指针是否指在机械零点上；接通电源，把滑板左右推动几下，待滑板停止后，检查指针是否回到零点	指针失准时，可用零点调整螺钉将仪表指针调至零点；指针如不回零，可用零点调整螺钉调整指针游丝长度，将指针校正到零点
	试验台及周围场地	检查有无油渍、泥污和石子等杂物	清除杂物，保持清洁、干燥
	各种导线	检查导线有无损伤或连接部分有松动	紧固松动部位，更换不良导线
1 个月	报警及定性显示装置	检查警告信号能否报警（蜂鸣器、信号灯）	蜂鸣器、灯泡、限位开关不良时，应予更换
3 个月	杠杆及回位装置	检查各机构动作情况和侧滑板回位情况	机构动作不灵活，需清洗、润滑；回位不良须调整回位弹簧
	指示装置	检查指针及联动杆件工作情况	动作不灵活，需清洗润滑
	滚轮、导轨及侧滑板	检查有无脏污、变形、磨损或锈蚀	对必要部位需进行清洁、紧固、润滑作业，损坏零件予以更换
1 年	必须由计量部门进行检定、校验		

（2）试验台维护注意事项

① 严格禁止将超过试验台允许载荷的汽车开到试验台上，以防压坏侧滑板或引起承重件的变形。

② 汽车不准在试验台上制动、转向。

③ 试验台在不使用时，要用锁止销锁住。

④ 保持试验台清洁、防止泥水渗入侧滑板。

5. 侧滑量过大时的调整

若检测结果表明，滑板向外侧滑，且其侧滑量超过《机动车安全运行技术条件》的规定值 5 m/km，则表明转向轮前束值太大（或负外倾角太大）；若转向轮向内侧滑，且其侧滑量超过《机动车安全运行技术条件》的规定值 5 m/km，则表明转向轮负前束值太大（或外倾角太大），必须进行调整。

当车轮外倾角一定时，改变前束值会使侧向力及侧滑量成正比的变化。因此当侧滑量超标时，一般情况下调整前束就能使侧滑量合格。但也有特殊情况，当汽车前部因碰撞变形时，会导致左右轴距不相等或使前轮定位角发生较大的变化，这时会出现这样的现象：汽车侧滑不合格时，驾驶员感觉转向盘还能掌握；当采用调整前束的方法使侧滑合格以后，反而觉得汽车的转向盘掌握不了，汽车无法驾驶。遇到这种情况，应首先测量前束值，看是否在原厂规定的范围内，如超出原厂规定的范围较多，应将其调回原厂规定的范围内，再检查左右两侧轴距是否一致、前轮定位的其他 3 个参数是否符合要求。

另外，汽车轮毂轴承间隙过大，左右松紧度不一致；轮胎气压不等，花纹不一致，胎面磨损过甚以至严重偏磨；横、直拉杆球头松旷，左右悬架性能不等，前后轴不平行，等都会使转向轮侧滑过大，因此侧滑不合格不能一味用改变前束的办法去调整。在检验侧滑以前，应首先消除这些因素，使它符合技术条件的要求。

三、项目实施

（一）检测仪器与实施要求

1. 检测器材

① 汽车转向盘转向力角仪。

② 最小转弯半径的检测场地、钢尺和行驶轨迹显示装备。

③ 汽车车轮定位的四轮定位仪。

④ 汽车转向轮侧滑的侧滑检测设备。

2. 实施要求

① 了解汽车车轮侧滑检验台、四轮定位仪的结构与工作原理。

② 掌握汽车车轮侧滑检验台、四轮定位仪的使用方法和检测方法。

③ 掌握转向盘转向力角仪的结构和使用方法。

④ 掌握转向盘转动力矩、最大自由转动量、最小转弯半径的检测方法。

（二）检测实施步骤

1. 转向盘转角转矩检测

（1）转向盘自由行程检测

刻度盘通过磁座吸附在仪表板或转向柱管上，指针固定于转向盘外缘，亦可相反。

检测时，汽车处于直线行驶位置，把转向盘转至空行程极限位置后，调整指针使之指向刻度盘零度。然后把转向盘转至另一侧极限位置，其自由行程即为指针所指刻度。

（2）转向盘转向力检测

把转向盘转向力角仪对准被测转向盘中心，调整好 3 只伸缩爪的长度，使之与转向盘牢固连接。

机动车在平坦、硬实、干燥和清洁的水泥或沥青道路上行驶，以 10km/h 的速度在 5s 之内沿螺旋线从直线行驶过渡到直径为 24m 的圆周行驶，使转向轮偏转实现汽车转向。

由转向盘转向力角仪自动完成数据采集、转角编码、运算、分析、存储、显示并打印出所测最大切向力结果。

2. 最小转弯直径检测

（1）试验条件要求

① 试验场地为平坦、硬实、干燥、清洁的混凝土或沥青地面，其大小应能允许汽车作全圆周行驶。

② 汽车的前轮最大转角应符合该车的技术条件规定。

③ 汽车应装载均匀且为满载情况，同时要保证全轮着地。

④ 试验仪器：行驶轨迹显示装置，钢卷尺。

（2）检测步骤

① 在前外轮和后内轮胎面中心的上方，在车体离转向中心最远点和最近点垂直地面方向，分别装行驶轨迹显示装置（一般用喷水针，针头与地面的距离小于 50mm）。

② 汽车以低速行驶，方向盘转到极限位置，保持不动，待车速稳定后启动显示装置（用喷水针对地面喷水），当各测点分别在地面上显示出封闭的运动轨迹之后，将车开出轨迹外。

③ 用钢卷尺测量各测点在地面上形成的轨迹圆直径，应在互相垂直的两个方向测量，取算术平均值作为试验结果。

④ 汽车向左转和向右转各测定 1 次。

用同样的方法测出汽车最内点及最外点的转弯直径，即为内外通道宽度。

3. 汽车车轮定位检测的一般程序

不同的四轮定位仪，它们的使用方法也有很大差异，在使用前必须详细地阅读使用说明书。

为便于检测和调整，被测汽车需放在地沟上或举升平台上，地沟或举升平台应处于水平状态，四轮定位仪则安装在地沟两旁或举升平台上，图 4-21 所示为四轮定位仪安装在举升平台上的情况。

① 用锁紧销锁紧转角盘，将汽车驶到举升机或定位平台上，使前轮位于转盘中心。

② 车停稳后，使转向盘居中，将转向盘固定架放在驾驶员座椅上，压下手把使之顶住转向盘，以锁定转向盘。松开手制动，用木楔固定车轮，确保汽车不移动和人员安全，并将汽车举升到车轮定位固定高度。

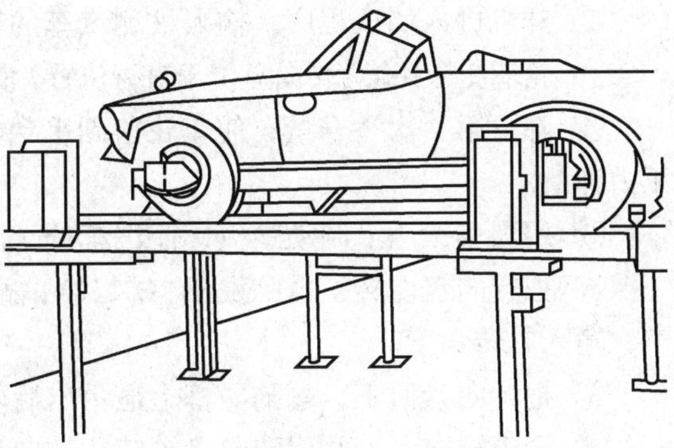
图 4-21　四轮定位仪安装在举升平台上

③ 将轮夹和标靶的合成体安装在 4 个车轮上，并旋转手柄，以锁紧轮夹。根据实际情况将卡爪固定在轮辋外圈或内圈，卡爪深浅应一致，并尽量避免卡在变形比较大的区域。装上保险带，将轮夹固定妥当，以免意外坠落。

④ 打开电脑，运行车轮定位程序，输入被测车辆的信息，设置检测方式、检测项目等内容。

⑤ 根据操作提示，进行车轮定位检测，仪器将按照设置的检测项目及检测方式进行检测。

⑥ 检测完成后，可以查看检测结果，打印检测报告。

⑦ 检测完毕后，退出车轮定位检测程序，关闭主机。

4. 电脑式四轮定位仪检测车轮定位

（1）对被测车辆的基本要求

在检测汽车的前轮定位时，被测车辆应满足以下要求。

① 前后轮胎气压及胎面磨损基本一致。

② 前后悬架系统的零部件完好、不松旷。

③ 转向系统调整适当，不松旷。

④ 前后避震器性能良好，不漏油。

⑤ 汽车前后高度与标准值的差不大于 5mm。

⑥ 制动系统正常。

（2）检测前准备

① 把汽车开上举升平台，托起 4 个车轮，把汽车举升 0.5m（第 1 次举升）。

② 托起车身适当部位，把汽车举升至车轮能够自由转动（第 2 次举升）。

③ 拆下各车轮，检查轮胎磨损情况。

④ 检查轮胎气压，不符合标准时应充气或放气。

⑤ 作车轮的动平衡，动平衡完成后，把车轮装好。

⑥ 检查车身高度，检查车身 4 个角的高度和避震器技术状况。如车身不平，应先调平。同时检查转向系统和悬架是否松旷，如松旷则应先紧固或更换零件。

（3）检测步骤

① 把传感器支架安装在轮辋上，再把传感器（定位校正头）安装到支架上，并按使用说明书的规定调整。

② 开机进入测试程序，输入被测汽车的车型和生产年份。

③ 轮辋变形补偿。转向盘位于直行位置，使每个车轮旋转一周，即可把轮辋变形误差输入电脑。

④ 降下第 2 次举升量，使车轮落到平台上，把汽车前部和后部向下压动 4 ~ 5 次，使其作压力弹跳。

⑤ 用刹车锁压下制动踏板，使汽车处于制动状态。

⑥ 把转向盘左转至电脑发出“OK”声，输入左转角度；然后把转向盘右转至电脑发出“OK”声，输入右转角度。

⑦ 把转向盘回正，电脑屏幕上显示出后轮的前束及外倾角数值。

⑧ 调正转向盘，并用转向盘锁锁住转向盘，使之不能转动。

⑨ 把安装在 4 个车轮上的定位校正头的水平仪调到水平线上，此时电脑屏幕上显示出转向轮的主销后倾角、主销内倾角、转向轮外倾角和前束的数值。

⑩ 调整主销后倾角、车轮外倾角及前束，调整方法可按电脑屏幕提示进行。若调整后仍不能解决问题，则应更换有关零部件。

检测完毕，拆下定位校正头和支架，进行路试，检查四轮定位检测调整效果。

5. 光学式四轮定位仪检测车轮定位

（1）测量前的准备

① 安装测试投影仪。安装投影仪时必须注意：投影仪上标有“L”的，必须安装在待检车辆行进方向的左边导轨上；标有“R”的则放在右边导轨上。

将左、右两侧的投影仪的光学中心校准在同一轴线，以便测量汽车左、右轮的同轴度，即调整时必须保证两侧投影仪屏幕上的十字刻度线在同一水平面上。

② 调整投影仪上投光镜的高度。测量被检车辆车轮毂中心距离地面高度，将测量值减去 30 mm 所得的值作为投光镜的高度值。有偏差的可通过手柄来调整。

③ 车辆的准备。检测前，被检车辆车轴的状况必须良好，车轮的所有轴承间隙、转向间隙和主销间隙均须检查并经过调整，轮胎气压要符合出厂要求。

（2）检测步骤

① 车辆就位。将车辆开到定位仪上，定位仪可安装在地沟两旁或举升平台上。

被测车辆后轮停在可以横向移动车辆的后轮滑板中心处，在滑板的下面有滚筒支撑。轮毂中心位置与投影仪等高。

② 安装轮镜。首先根据轮辋直径调整 3 个卡爪之间的距离，然后将万能轮镜安装架紧固在轮辋边沿上，再将带有调整盘的轮镜安装在该架上，支起车轮并轻轻转动一周，若轮镜中心偏离车轴中心超过 1cm，应移动轮镜至车轮中心并紧固。

③ 轮镜安装基准调整（车轮夹具安装补偿）。由于轮镜的变形和轮镜安装架的装夹误差，会使装夹在车轮上的镜面不垂直于车轮轴心线，造成测量误差。因此，需要进行轮镜安装基准调整（即补偿调整）。首先支起车轮，打开投影仪开关，轮镜将刻度线的像反射到投影仪屏幕上，慢慢转动车轮，观察屏幕上的十字刻度线，若十字刻度线摆动量超过 5°（即屏幕上一个刻度值）时，则需要使用三角形布置的调整旋钮螺丝调整，直至十字刻度线不摆动为止，并锁紧。

对于电脑式四轮定位仪而言，只需将车轮支起，每次转动 90°，记录下由传感器此时测出的外倾角值，当转动一周后，共记录下 4 个外倾角值，进行平均值计算后即可完成车轮夹具安装补偿过程。

补偿过程结束后，将转盘置于前车轮下面，落下车辆，后车轮置于滑板上，按压车身前部，给汽车悬架施加上下交替的力，使悬架系统处在正常的受力状态，并将前轮向左和向右转动几次，以消除转向间隙，最后让转向盘位于中间位置，前轮位于"正前方"位置。然后拉紧手制动。

④ 将车辆摆正定位。将定位测量卷尺置于待检车辆的左前侧，用卷尺的磁性座与投影仪的底座相连，垂直于车轮中心线量出至轮辋最低位置间的距离 A（注意将卷尺水平拉直进行测量），运用同样的方法，测出右前侧的垂直于车轮中心线至轮辋最低位置间的距离 C，左右调整直至 $A=C$ 为止。

再运用上述同样的方法测量、调整左侧后轮和右侧后轮。

上述过程就相当于定出了该测量系统的光学矩形，这样就消除了前后轮距不等所造成的影响。此时被测车辆刚好位于光学矩形的中心位置，为防止车身移动应将摆正滑板锁住。

（3）定位参数的测量

在检测四轮定位参数时，请先查阅厂家关于定位参数的出厂标准。

各定位参数的测量值可直接从屏幕上和转盘上读出或从投影仪底座的刻度尺上（测量左、右车轮不同轴度时）读出。

① 数据的读取。

- 胎压。在车轮定位检测之前，使用轮胎气压表测出胎压并记录。
- 前束角。投影仪屏上十字线的铅垂线与投影十字刻度线影像中水平刻度的交点表示所测车轮的前束角。
- 车轮外倾角。投影仪屏幕上的十字线中的水平线与投影十字刻度线影像上的垂直刻度的交点表示车轮外倾角。
- 主销后倾角。投影在屏幕上的主销后倾角刻度垂线影像与事先设置在投影仪屏幕上指针的交点表示主销后倾角。
- 主销内倾角。在安装了主销内倾角测试仪进行主销内倾角测试时，可直接在主销内倾角测试仪的刻度盘上读出。
- 转向 20° 时的前张角。一侧车轮转向 20° 后，在另一侧车轮下转盘上直接读取，再按 $20°-X$ 的公式计算后填入记录表。
- 左右车轮的同轴度（即错位偏移量）通过安装在导轨上的毫米刻度尺直接读取。

② 测量步骤。

a. 后轮前束角及后轮外倾角的测量。直接从右后轮处的投影仪屏上读取右后轮的前束角和外倾角，并分别记录；再从左后轮处的投影仪屏上读取左后轮前束角和外倾角，并分别记录。将右后轮的前束角加上左后轮前束角的值作为后轮总的前束角并记录。

b. 前轮前束角与外倾角的测量。转动前轮，将左前轮前束角调整到零点，然后直接从投影仪屏幕上读取左前轮外倾角并记录。并从有前轮处投影仪屏幕上读取前束角即两前轮的总前束角将其值记录。

转动前轮，将右前轮前束角调整到零点（方法同上），然后在右侧投影仪屏幕上读取有前轮外倾角，并将其记录。

转动前轮呈直线行驶状态，从左前轮旁的投影仪屏幕上读左前轮前束角，并将其值记录。

同时从右前轮旁的投影仪屏幕上读右前轮前束角将其值记录。

在加载测试中需转动前轮，使左轮前束角为零，在两前轮的前边或后边（视车型而定）安装车轮张紧装置，并依据出厂标准加载，此时在右前轮旁的投影仪屏幕上读取前束角并记录，此值即为张紧并承载后前轮总的前束角。

c. 转向 20° 的前张角及主销后倾角的测量。将左前轮向左转向 20° （即轮镜左侧镜面刚好与投影仪的投光镜对正），使左前轮旁投影仪屏幕上的十字刻度线指示“0”前束角，将屏幕上的指针移到主销后倾角“0”度处。

在右前轮旁的投影仪屏幕上读取在前束刻度线上的示值，即左转向 20° 时的前张角并将该值记录。

将前轮向右转向大约 40° 时，微调前轮，使得右前轮旁投影仪屏幕上的十字刻度线指示“0”前束角，也将屏幕上的指针移到主销后倾角“0”处。

在左投影仪屏幕上读取前束值，即为向右转动 20° 时前轮的前张角，并将该值记录。

再将前轮继续向右转向，当左轮投影仪屏上指示“0”前束角时，读取左轮主销后倾角（在屏上主销后倾角刻度线上读取）并将该值（连同正负号）记录。再向左转向大约 40° 并微调，待右投影仪屏上指示“0”前束角时，读取右前轮主销后倾角的大小及方向并将其值记录。

d. 主销内倾角的测量。在测主销内倾角前应先测主销后倾角，并要在制动踏板上安装刹车杆，以保证车轮转向时车轮不滚动。在轮镜架上安装主销内倾角测试仪。

将前轮向右转向 20° ，使左投影仪屏幕上的十字刻度线指示“0”前束角。将左前轮上的主销内倾角测试仪上的水准气泡调整为零，并使游标刻度尺置于“0”刻度。

将车轮向左转向 20° （即转到轮镜的左侧镜面正好与投影仪的投光镜对正），调整车轮使左投影仪屏幕上的十字刻度线指示“0”前束角，再将主销内倾角测试仪上的水准仪调零，此时可在主销内倾角测试仪的游标刻度盘上读取主销内倾角的大小及方向并将该值记录。

运用类似的方法，将主销内倾角测试仪安装在右前轮上，然后向右转向 40° ，整个测试调整方法同上，最后从屏幕的刻度上读取内倾角的大小及方向，并将该值记录，此值为右前轮的主销内倾角（注意记录正负号）。

e. 左、右轮不同轴度的测量（轴距左右差测量）。在测量本项目前须检测完其他的所有项目，且已将车轮前束角或外倾角调整完毕。

本项目可测量左右车轮的不同轴度，也可用来检查车轮前轴的安装位置及判定悬架可能出现的磨损情况。

在测量前应先将毫米刻度尺固定在测试投影仪的导轨上。在轮镜架上安装指示车轮轴心的测试盘，并保证其上面的线铅垂向下，移动两投影仪直到投影十字刻度线上“0”前束角线与左右轮上测试盘上的线重合为止。此时从在左右两侧投影仪下的毫米尺上读出的差值即为左、右轮的不同轴度（左、右轮心的偏移量）。

测量完所有的定位参数，将数据记录完毕后，从车轮上拆下安装架，让已测车辆驶离。

6. 转向轮侧滑检测

尽管各种侧滑试验台的结构与工作原理大致相同，但是不同型号、规格的侧滑试验台的使用方法不尽相同，在使用前一定要仔细阅读使用说明书。

（1）测量前的准备工作

① 打开锁止装置，拨动滑板并释放，将仪表清零。

② 对被测车辆进行检查，检查轮胎气压、花纹深度符合标准规定，以防左右轮胎气压不等造成汽车跑偏，影响测量。对轮胎表面，剔出花纹内的石子、脏物，以保持胎面干燥，防止轮胎在侧滑板上滑动。

（2）测量步骤

① 拔掉侧滑板锁止销，接通电源。

② 车辆正直居中驶近侧滑检验台，并使转向轮处于正中位置。

③ 从 3km/h ~ 5km/h 车速平稳通过侧滑检验台。

④ 待被测车轮从试验台完全通过时，读取指示仪表最大示值（注意侧滑方向，“IN”为车轮向外侧滑，“OUT”为向内侧滑）。

⑤ 测试完毕后，切断电源，插上侧滑板锁止销。

（3）注意事项

① 车辆通过侧滑检验台时，不得转动转向盘。

② 不得在侧滑检验台上制动或停车。

③ 不得将轴荷超过试验台允许载荷的汽车驶到试验台上，以防压坏机件或压弯滑动板。

④ 不要在试验台上进行车辆修理保养工作。

⑤ 清洁时，不要让水或泥土带入试验台。应保持侧滑检验台滑板下部清洁，防止锈蚀或阻滞。

7. 车轮前束检测

可用简单实用的检测工具如前束尺进行测量。

当检测点在胎冠中心线位置时，其前束可用图 4-22 所示的指针式前束尺来检测，该前束尺由一根带套管的尺杆和指针等组成，它可以伸缩以适应不同间距的测试。

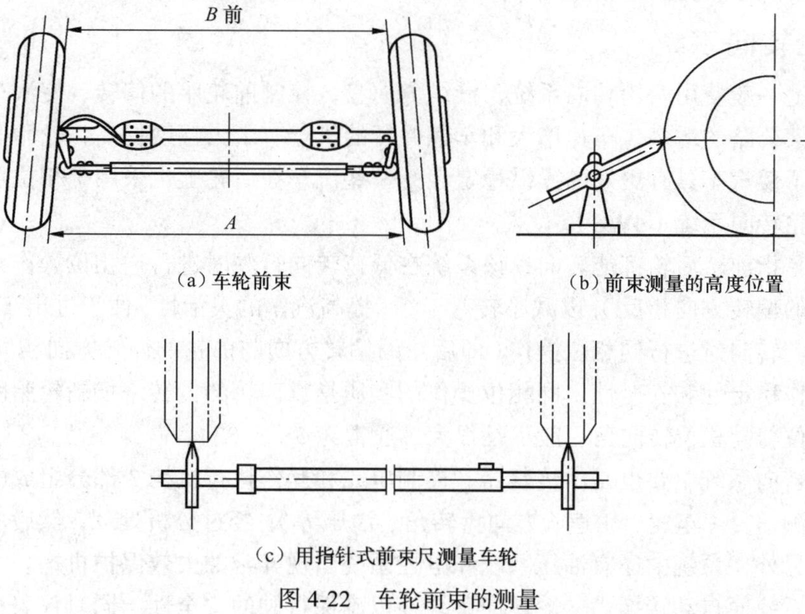

（a）车轮前束　（b）前束测量的高度位置

（c）用指针式前束尺测量车轮

图 4-22　车轮前束的测量

其检测方法如下。

① 将汽车停放在水平坚硬的场地上，并用举升器顶起汽车前桥，使车轮能够自由转动。

② 用手平稳地转动车轮并在轮胎胎冠中心处画出一条中心线。

③ 将举升器下降使车轮落地，并将汽车向前推动少许，使汽车处于直行状态。

④ 调整前束尺的两个指针，使之分别指向左、右转向轮前方的胎冠中心线且指针尖端距地面高度应等于被测车轮的半径；再调整前束尺的长度，使两指针分别指向转向车轮后方胎冠中心线，此时前束尺上的刻度读数（注意正负）即为被测车轮的前束值。

四、拓展知识

汽车操纵稳定性技术的发展方向

1. 电控助力转向系统

动力转向系统可以有效地降低驾驶者的疲劳，使汽车的操纵性得到改善，以前多用于大型、重型汽车。随着发动机前置前轮驱动汽车的增加，助力转向已成为轿车的标准装备，而且对其性能的要求不再单纯是为了减轻操作力，而是能够根据车速和行驶条件的变化产生相应的合适的转向作用力。理想的动力转向系统应在停车状态时提供足够的助力，使原地转向容易；当车速增加时助力逐渐减小，进入高速状态时则应无助力，以使操纵者有一定的路感。

随着电子技术在汽车上的推广应用，电控助力转向系统（EAS）在现代汽车上逐步得到应用和推广，它能够以较简单的控制方式，可靠而精确地实现理想控制。电控助力转向系统主要由传感器、控制单元和助力电动机 3 部分组成。控制单元接受传感器所测信号（车速、转矩、转向状态、侧向加速度等），经过分析处理，然后由助力电动机实现操作。根据汽车的运行状态，随时按照驾驶者的意图提供转向助力，从而提高汽车（特别在高速行驶时）的稳定性。

2. 四轮转向系统

普通轿车上一般使用两轮转向系统，操纵方向盘，控制前轮胎的偏转，使汽车转向。随着高速公路和高架公路的增多，车速增大和车辆并行的机会有了大幅度提高，轮胎侧偏角的影响愈显突出。为了使汽车具有更好的操纵稳定性，一些汽车在后轮上也采用了相位可变（转向）系统，形成四轮转向系统（4WS）。

四轮转向是指前、后轮都能转向，该系统在低速转向行驶时进行逆相位操作（即后轮的偏转方向与前轮的偏转方向相反），以减小转弯半径，提高汽车的灵活性，便于进出车库和停车场；而在中高速行驶转向时进行同相位操作（即后轮的偏转方向与前轮的偏转方向相同），以提高车辆转弯时的操作稳定性和安全性。同相位操作的实质是靠车轮的偏转来抵销轮胎的侧偏角。后轮的最大逆相位与同相位转向角一般不是很大，通常为 5° ~ 8° 。

电控四轮转向系统主要也是由传感器、控制单元和操作执行机构 3 部分组成的。控制单元接受传感器所测信号（车速、轮速、方向盘转角、油压等），经过分析处理，然后由执行机构实现后轮转向。另外，系统中还有油压系统和电控系统出现异常的失效保护机构。一旦有故障出现，四轮转向系统便自动转换为二轮转向系统，以确保行驶的安全性。同时仪表板上的故障灯会点亮报警，异常情况被存储在控制单元内，以便于维修时检码。

3. 稳定性控制系统

防抱死制动系统（ABS）和驱动防滑系统（ASR）都是提高汽车操纵稳定性的电子控制装置。汽车稳定性控制系统（SCS）也是在 ABS 基础上发展而成的，它包含 ABS 和 ASR 等多个控制系统。SCS 主要由传感器、控制单元和控制执行机构 3 部分组成，控制单元接受传感器所测信号（轮速、横摆角速度、侧向和纵向加速度、转向角、制动油压、节气门开度等信号），经过控制单元分析处理，将指令传给执行机构，而对车轮进行制动或控制节气门开度，使汽车的操纵稳定性得到进一步改善。

稳定性控制系统主要在大侧向加速度、大侧偏角的极限工况下工作，利用左、右两侧制动力之差产生的横摆力偶矩来防止汽车出现难以控制的前、后轴侧滑现象。当前轴要侧滑而使汽车驶离弯道时，SCS 对汽车施加适当大小向内侧的横摆力偶矩；当后轴要侧滑发生激转时，SCS 对汽车施加向外侧的横摆力偶矩，防止汽车失去转向能力或严重甩尾，使汽车在任何行驶状况时都更加稳定、灵活和安全。

至此我们可总结出：ASR 在大驱动力附近的极限区域起作用的；ABS 是在大制动力附近的极限区域起作用的；SCS 则是在大侧向力附近的极限区域起作用的。此外，近几年在轿车上应用渐多的电子制动力分配系统（EBD）和主动车身控制系统（ABC）都会使汽车的操纵稳定性得到更大程度的提高。

4. 巡航控制系统

随着高速公路的发展和汽车运行速度的大幅度提高，控制油门踏板的腿部肌肉疲劳加大，长时间的疲劳驾驶，对汽车的制动和操纵都不利。对此，现代轿车许多装配了巡航控制系统（CCS），当系统工作时，汽车可按驾驶者选定的速度恒速行驶，无需再控制加速踏板，从而减轻了疲劳，提高了汽车的行驶安全控制。

电子巡航控制系统主要由主控开关、车速传感器、巡航控制单元和执行器 4 部分组成。主控开关实现车速设定、车速调节和巡航取消；车速传感器将车速信号送入控制单元；控制单元对指令车速和实际车速进行此较后，对执行器发出控制信号；执行器调节节气门开度，使其处于最佳状态，实现设定车速的保持与稳定。

小 结

1. 车辆的最大侧倾稳定角与其轮距和重心高度有关。它将影响到车辆运行的横向稳定性。

2. 转向系统的性能好坏直接影响汽车的行车安全，其技术状况常用转向盘自由行程、转向角和转向力作为诊断参数进行评价。转向盘转动阻力过大，会使转向沉重，增加驾驶员的劳动强度，容易造成行车事故。转向盘自由行程的大小则直接影响转向桥的技术状况。转向系统检测方法有转向盘转角转矩检测、最小转弯半径检测。

3. 在设计汽车时，为使转向轮具有转向轻便、准确和行驶稳定的性能，在转向车轮上设计有主销后倾角、主销内倾角、车轮外倾角和车轮前束等，这些参数统称为车轮定位参数，它是评价机动车的操纵性和直线行驶稳定性的重要参数。如果前轮定位不正常，不仅会引起转向沉重，增加驾驶员的劳动强度，使汽车的行驶不稳定，不能保持直线行驶、车轮失去自动回正作用，而造成汽车难以操纵，有导致事故的危险，而且还会加剧转向机构和转向轮胎的磨损、燃油消耗量增加、动力性能下降等。

4. 若转向轮定位不当，则会产生转向轮侧滑，汽车前轮侧滑量过大会使汽车的行驶阻力增加，对动力性、燃料经济性及制动性能均有不利影响；汽车的直线行驶性下降，胎磨损加剧，并且对汽车操纵稳定性的影响，表现为高速时方向发抖、发飘。

5. 转向轮定位参数的检测方法，一般可分为静态检测法和动态检测法。静态检测时可采用车轮定位仪，动态检测时采用侧滑试验台。

习 题

1. 为确保正常的安全运行，对汽车的操纵性能有哪些要求？
2. 国家标准对汽车最小转变直径有何要求？
3. 四轮定位仪可以检测哪些参数？用四轮定位仪对车轮前束进行检测的原理是什么？
4. 车轮定位检测时对被测汽车有哪些基本要求？四轮定位仪使用注意事项是什么？
5. 常见转向系统故障有哪些？具体现象是怎样的？各是什么原因造成的？
6. 什么是转向侧滑？国家标准对汽车转向轮侧滑量提出了什么要求？
7. 汽车轮侧滑量过大会带来哪些危害？
8. 简述侧滑检测台的主要结构与使用方法？

项目五

汽车行驶系统性能检测与评价

一、项目要求

汽车在行驶过程中，路面的不平度和车速产生的加速度经过轮胎、悬架、座椅等弹性、阻尼元件，通过悬挂、非悬挂质量合成力的传递，传至人体或货物，引起人体或货物对震动的不同反应，这种反应不仅影响到司机、乘员的疲劳强度、舒适性及货物安全可靠的运输，而且还会影响汽车的平均车速、运输效率、燃料经济性，影响到汽车零件的磨损、车轮与路面的附着效果，进而影响汽车操纵稳定性及通过性能。

通过本部分内容的学习，读者应掌握汽车平顺性的概念和汽车行驶平顺性的影响因素；掌握车轮不平衡的主要原因，了解车轮平衡机的构造、工作原理和使用方法，掌握车轮平衡机的平衡重；掌握汽车悬架装置的技术要求，了解汽车悬架和转向系统间隙检查仪的组成、检测方法，了解悬架装置检测台的结构、检测方法。

二、相关知识

（一）汽车平顺性评价指标及其影响因素

汽车行驶平顺性，是指汽车在一般行驶速度范围内行驶时，避免因汽车在行驶过程中所产生的震动和冲击，使人感到不舒服、疲劳，甚至损害健康，或者使货物损坏的性能。行驶平顺性主要是根据乘员的舒适程度来评价，所以又称为乘坐舒适性。

汽车是一个复杂的多质量震动系统，其车身通过悬架的弹性元件与车桥连接，而车桥又通过弹性轮胎与道路接触，其他如发动机、驾驶室等，也是以橡皮垫固定于车架。在激振力的作用下，如道路不平而引起的冲击和加速、减速时的惯性力，以及发动机与传动轴震动等，系统将发生复杂的震动，对乘员的生理反应和所运货物的完整性，均会产生不利的影响。在坏路上，汽车的允许行驶速度受动力性的影响不大，主要取决于行驶平顺性，由于被迫降低行车速度，因此汽车的平均技术速度减低，运输生产率下降。其次，震动产生的动载荷，加速了零件的磨损，乃至引起损坏，降低了汽车使用寿命。此外，震动还引起能量的消耗，使燃料经济性变坏。因此，减少汽车本身的震动，不仅关系到乘坐的舒适和所运货物的完整，而且关系到汽车的运输生产率、燃料经济性、使用寿命和工作可靠性等。

1. 汽车行驶平顺性的评价指标

汽车行驶平顺性的评价方法，通常是根据人体对震动的生理反应，及对保持货物完整性的影响制定的，并用震动的物理量，如频率、振幅、加速度等作为行驶平顺性的评价指标。

目前，常用汽车车身震动的固有频率和震动加速度均方根值评价汽车的行驶平顺性。试验表明，为了使汽车具有良好的行驶平顺性，车身震动的固有频率应为人体所习惯的步行时，身体上、下运动的频率，它约为 60 ~ 80 次/min（1 Hz ~ 1.6 Hz），震动加速度的极限值为 0.2 g ~ 0.3 g。为了保证运输货物的完整性，车身震动加速度也不宜过大。如果车身加速度达到 1 g，未经固定的货物，就有可能离开车厢底板，所以，车身震动加速度的极限值应低于 0.6 g ~ 0.7 g。

ISO2631—1978E《人体承受全身震动的评价指南》用加速度的均方根值给出了在 1 Hz ~ 80 Hz 震动频率范围内，人体对震动反应的 3 个不同的感觉界限。它们分别是暴露极限、疲劳—降低工作效率界限和舒适降低界限。

（1）暴露极限

当人体承受的震动强度在这个极限之内，将保持健康或安全。通常把此极限作为人体可以承受震动量的上限。

（2）疲劳—降低工作效率界限

这个界限与保持工作效率有关。当驾驶员承受的震动在此界限内时，能保持正常地进行驾驶。

（3）舒适降低界限

此界限与保持舒适有关，它影响人在车上进行吃、读、写等动作。

这 3 个界限只是容许的震动加速度值不同，暴露极限的值为疲劳—降低工作效率界限的 2 倍，舒适降低界限为疲劳—降低工作效率界限的 1/3.15。各界限容许加速度值，随频率的变化趋势完全一样。

图 5-1 所示为垂直和水平方向震动时，对人体影响的疲劳—降低工作效率界限。由图可以看出，随着暴露时间（承受震动的时间）的加长，感觉界限容许的加速度值下降。图上注明的暴露时间，是指常年累月每天重复在震动环境中持续的时间，对于偶尔乘车的人，加速度的容许值可以高很多。

由图 5-1 还可以看出，人最敏感的频率范围，对于垂直震动是 4 Hz ~ 8 Hz，对于水平震动是 2 Hz 以下。而且在 2.8 Hz 以下，同样的暴露时间，水平震动容许的加速度值低于垂直震动；在 2.8 Hz 以上则相反。

2. 影响汽车行驶平顺性的因素

汽车是由多质量组成的复杂震动系统。为了便于分析，需要进行简化。在研究震动时，常将汽车视为由彼此相联系的悬挂质量与非悬挂质量所组成的。

汽车的悬挂质量由车身、车架及其上的总成所构成。该质量由减震器、悬架弹簧与车轴、车轮相连。车轮、车轴构成非悬挂质量，车轮再经过具有一定弹性和阻尼的轮胎支撑在路面上。

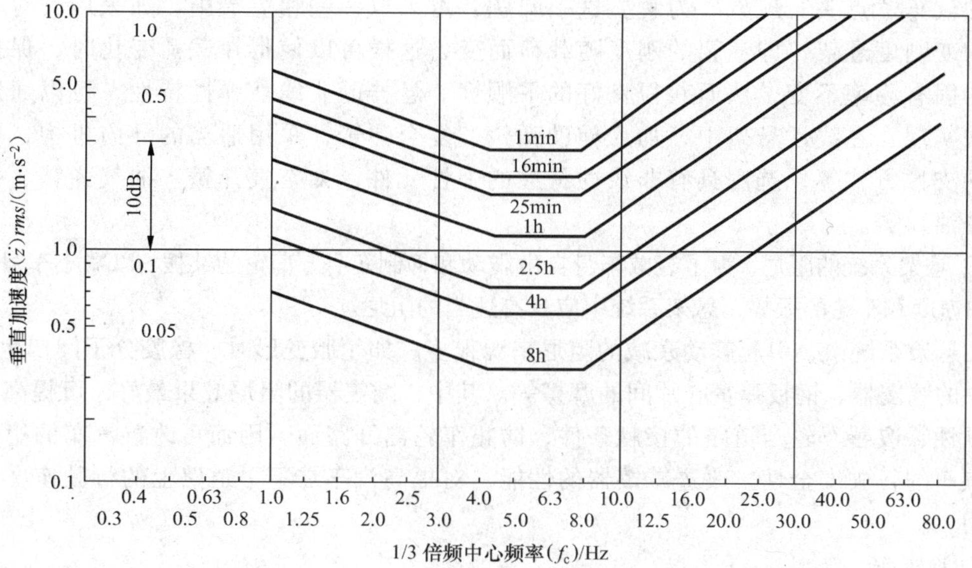

(a) 垂直方向

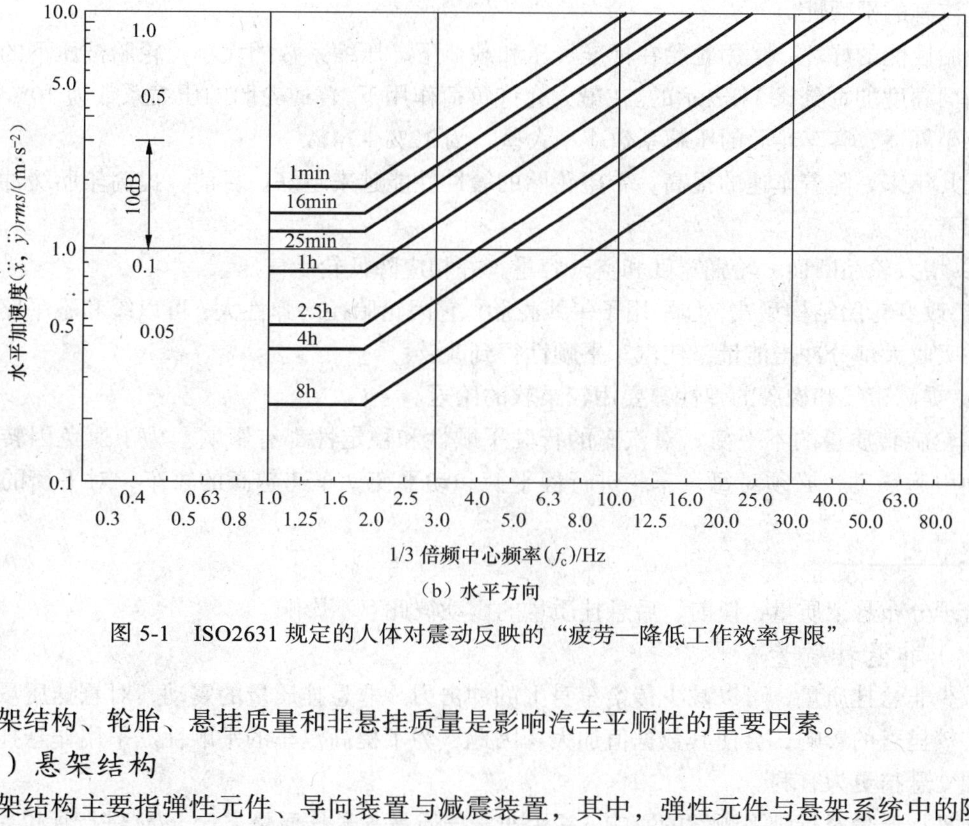

(b) 水平方向

图 5-1 ISO2631 规定的人体对震动反映的“疲劳—降低工作效率界限”

悬架结构、轮胎、悬挂质量和非悬挂质量是影响汽车平顺性的重要因素。

(1) 悬架结构

悬架结构主要指弹性元件、导向装置与减震装置，其中，弹性元件与悬架系统中的阻尼对平顺性影响较大。

① 弹性元件。将汽车车身看成一个在弹性悬架上作单自由度震动的质量时，减少悬架刚度，可降低车身的固有频率，提高汽车行驶的平顺性。但是，如果增加高频的非悬

挂质量的震动位移，大幅度的车轮震动有时会使车轮离开地面，在紧急制动时，会产生严重的汽车“点头”现象。为解决这一问题，可采取一些相应措施，如采用具有非线性特性的变刚度悬架，即悬架的刚度随载荷而变，这样可以使得在载荷变化时，保持车身震动的固有频率不变，从而获得良好的平顺性。悬挂的非线性弹性特性，可以通过下述办法来实现：在线性悬架中，加入辅助弹簧、复合弹簧，采用适当的导向机构，以及与车架的支撑方式等；选用具有非线性特性的弹性元件，如空气弹簧、油气弹簧、橡胶弹簧和硅油弹簧。

② 悬架系统的阻尼。为了衰减车身自由震动和抑制车身、车轮的共振，以减小车身的垂直震动加速度和车轮的振幅，悬架系统中应具有适当的阻尼。

在悬架系统中，引起震动衰减的阻尼来源很多。如轮胎变形时，橡胶分子间产生摩擦，系统中的减震器、钢板弹簧叶片间的摩擦等。其中，减震器的阻尼效果最好，可提高汽车行驶平顺性，改善车轮与道路的接触条件，防止车轮离开路面，因而可改善汽车的稳定性，提高汽车的行驶安全性。改进减震器的性能，对提高汽车在不平道路上的行驶速度有很大的作用。

（2）轮胎

轮胎由于本身的弹性，在很大程度上吸收了因路面不平所产生的震动，因此它和悬挂共同保证了汽车的平顺性。

轮胎性能的好坏，是用轮胎在标准气压和载荷下，压缩系数的大小（轮胎被压下的高度与充气断面高度的百分比）来表示的。在最大允许负荷作用下，普通轮胎的压缩系数为 10% ~ 12%；为了乘坐舒适，客车轮胎的压缩系数应稍大些，为 12% ~ 14%。

近几年来，随着车速的提高，希望轮胎的缓冲性能越来越好。目前，提高轮胎缓冲性能的方法如下。

① 增大轮胎断面、轮辋宽度和空气容量，并相应降低轮胎气压。

② 改变轮胎结构型式，如采用子午线轮胎。它因轮胎径向弹性大，可以缓和不平路面的冲击，并吸收大部分冲击能量，使汽车平顺性得到改善。

③ 提高帘线和橡胶的弹性，要用较柔软的胎冠。

车轮旋转质量的不平衡，对汽车的行驶平顺性和稳定性都有影响。为了避免因转向轮不平衡而引起震动，必须对每一车轮进行静平衡和动平衡。车速越高的轿车，对平衡的要求就越高。

（3）悬挂质量

合理分布悬架质量，使前、后悬挂质量的震动彼此互不影响。

（4）非悬挂质量

减少非悬挂质量，可以减少传给车身上的冲击力。非悬挂质量的震动，对悬挂质量震动加速度有较显著的影响，会使其数据值加大。因此，为了提高汽车的平顺性，采用非悬挂质量较小的独立悬挂更为有利。

非悬挂质量对行驶平顺性的影响，常用非悬挂质量与悬挂质量之比 m/M 进行评价。比质量越小，则行驶平顺性越好。

总之，影响行驶平顺性的结构参数很多，并且彼此间的关系较复杂，必须对这些参数进行综合分析，以便正确地选择参数，提高汽车行驶的平顺性。

（二）车轮不平衡及检测设备

随着高速公路和城市道路立交系统的兴建，过去被道路因素所制约的汽车高速能力得到了充分发挥，但在运输效率和交通秩序得到相应改善的同时，长期掩盖在低速行驶工况下的一些机构装置的隐患也逐渐暴露出来。在众多的弊病中，车轮不平衡的危害当属突出现象之一。

由于车轮的不平衡，其不平衡质量在高速旋转时引起车轮的上下震动和左右摆动，不仅影响汽车的行驶平顺性，还使驾驶员难以控制汽车行驶方向，并降低零部件的使用寿命，甚至会酿成重大交通事故。因此，车轮的平衡问题，随着汽车行驶速度的不断提高，日益为人们所重视。

车轮平衡问题越来越重要的另一原因是车辆维修的经济问题，由于汽车运输费用的提高，促使人们寻求一种延长汽车部件的额定寿命、降低汽车运输成本的途径，而车轮上的不平衡质量，会在车辆的转向部件上产生比它本身重量大 2 ~ 300 倍作用力，这样会大大降低转向部件的寿命；另外，车轮是汽车重要组成部分，在汽车运输总成本中占 10% ~ 30%。车轮长年累月裸露在外面，不仅经受日晒、风吹、雨淋，而且与粗糙不平的路面接触，极易磨损。随着汽车行驶速度的不断提高，车轮轮胎磨损量也会越来越大，如水泥路面上车速为 100 km/h 时磨损率是车速为 40 km/h 时的 4 倍，而车轮由于位置不正或失调（如不平衡）严重时，其磨损率是正常使用车轮的 10 倍，缩短了车轮的使用寿命，因此解决车轮平衡问题不仅是交通工具发展的需要，而且出于经济运输和安全可靠考虑也是势在必行的。

1. 车轮不平衡的主要原因

引起车轮不平衡的主要原因如下。

① 前轮定位不当，尤其是前束和主销倾角，不仅影响汽车的操纵性和行驶稳定性，而且会造成胎偏磨，这种胎冠的不均匀磨损与轮胎不平衡形成恶性循环，因而使用中出现车轮不平衡，也可能是车轮定位角失准的信号。

② 轮胎和轮辋以及挡圈等因几何形状失准或密度不均匀而先天形成的重心偏离。

③ 因轮毂和轮辋定位误差使安装中心与旋转中心难以重合。

④ 维修过程的拆装破坏了原有的整体综合重心。

⑤ 轮辋直径过小，运行中轮胎相对于轮辋在圆周方面滑移，从而发生波状态不均匀磨损。

⑥ 车轮碰撞造成的变形引起的质心位移。

⑦ 轮胎翻新中因定全精度不高而造成新胎冠厚度不均匀而使重心改变。

⑧ 高速行驶中制动抱死而引起的纵向和横向滑移，会造成局部的不均匀磨损。

2. 车轮静平衡与动平衡

（1）车轮静平衡

车轮静平衡是指车轮质心与其旋转中心重合。简单的检验方法是，支起轮轴，调整好轮毂轴承的松紧度，用手轻转车轮，使其旋转至自然停转，此时在车轮离地最低点做一个记号。重复上述试验多次，如果每次离地最低点相同，说明车轮存在静不平衡。若上述试验每次自然停转位置各不相同，则说明车轮是静平衡的。

对于静平衡的车轮，其重心与旋转中心重合；对于静不平衡的车轮，其重心与旋转中心不重合，在旋转时产生离心力，如图 5-2 所示。离心力 $F=mr\omega^2$，其中 m 为不平衡点质量；ω 为车轮旋转角速度（$\omega=2\pi n$，n 为车轮转速）；r 为不平衡点质量离车轮旋转中心的距离。

从式中可以看出，车轮转速 n 越高，不平衡点质量 m 越大，不平衡点质量离车轮旋转中心的距离 r 越远，则离心力越大。

离心力 F 可分解为水平分力 F_x 和垂直分力 F_y。在车轮旋转一周中，垂直分力 F_y 有两次落在通过车轮中心的垂线上，一次在 a 点，一次在 b 点，方向相反，均达到最大值，使车轮上下跳动，并由于陀螺效应引起前轮摆震。水平分力 F_x 有两次落在通过车轮中心的水平线上，一次在 c 点，一次在 d 点，方向相反，均达到最大值，使车轮前后窜动，并形成绕主销来回摆动的转矩，造成前轮摆震。当左、右轮的不平衡质量相互处于 180　位置时，前轮摆震最为严重。

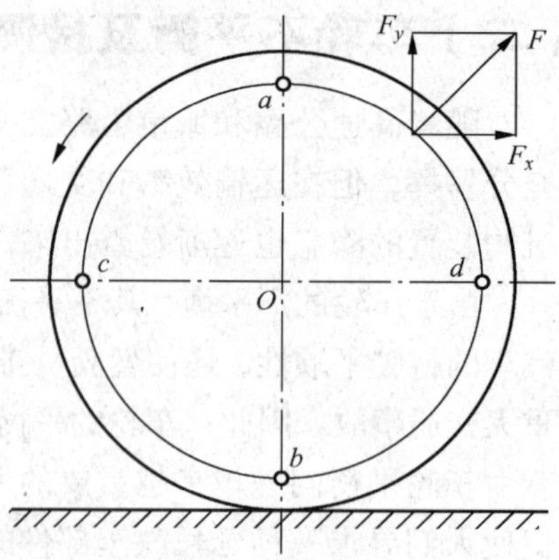

图 5-2　车轮离心力

（2）车轮动平衡

静平衡的车轮在高速旋转时可能产生不平衡转矩，出现动不平衡，使车轮产生摆震，如图 5-3（a）所示。在车轮的两平面内，有作用半径相同，质量相等，但相位相反的两质点 m_1、m_2 该车轮是静平衡的。但是在车轮旋转时，两质点产生的离心力形成力偶，使车轮处于动不平衡状态，如图 5-3（b）所示。如果该车轮是转向轮，在力偶的作用下转向轮就会绕主销左右摆动。如果在 m_1、m_2 同一作用半径的相反方向上配置相同质量的 $m_1' = m_1$、$m_2' = m_2$，则车轮处于动平衡，如图 5-3（c）所示。由此可见，静平衡的车轮不一定是动平衡的，但动平衡的车轮一定是静平衡的。因此，对车轮一般应进行动平衡检验。

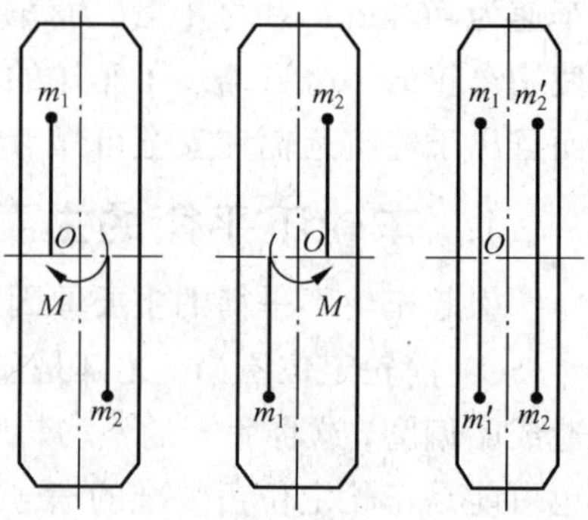

（a）静平衡　（b）静平衡但动不平衡　（c）动平衡

图 5-3　静平衡车轮的动不平衡

（3）静平衡与动平衡的关系

不平衡的车轮究竟需要静平衡还是动平衡，一般按下列原则考虑。

① 当车轮外径（D）与轮宽（L）满足 $D/L \geqslant 5$，不论其工作转速高低，都需要进行静平衡。

② 当 $L \geqslant D$ 时，只要工作转速大于 1 000 r/min 时，都要进行动平衡。

以上只是一般原则，对于车轮来讲，在大多数情况下既具有静不平衡，又具有动不平衡。也就是说，在汽车行驶中，车轮既有上下跳动，又有横向摆动，同时还会产生本身摇摆。即使静平衡的车轮，也可能是动不平衡的，而动平衡车轮，则肯定是静平衡的。因此，对于车轮平衡状况的检查，大多是采用动平衡仪进行动平衡，只有当车轮外径和轮宽之比≥5 时，才进行静平衡检测。

3. 车轮平衡机

（1）车轮平衡机的种类

检测车轮不平衡量的设备称为车轮平衡机。按检测方式区分，车轮平衡机可分为离车式检测和就车式检测两种。按测量平衡原理分，又可分为静平衡机和动平衡机两种。

离车式检测是把车轮从车上拆下，然后在平衡仪上检查它的平衡状态，即将车轮与汽车行驶机构分离，使其两者在无联系的条件下进行检测。与此相反，就车式检测时车轮仍装在车上，使车轮在不拆卸的状况下对它的平衡状态进行检测，因此它更接近于车轮的实际工作状况，它能检测车轮的不平衡（精）度及车轮转动部分的好坏，但在车轮下安装就车式平衡机时不方便，测试时操作繁琐，且精度不易保证。

离车式车轮平衡机有静平衡机和动平衡机两类。动平衡机又分为软式和硬式两种。软式又称为震动检测式，安装车轮的转轴由弹性元件支撑，旋转时与车轮一起震动，测定该震动即可求出车轮的不平衡量。这是因为在（旋）转速一定时，振幅的大小与不平衡重点质量成正比。如果在垂直于轮轴的两个平面内存在两个相位差为 180° 的质量，则旋转时就会产生使主轴偏斜的力偶。为了检测不平衡重点质量及相位，软式动平衡机设置有平衡锤和两组杠杆，测试时用一组杠杆调整平衡锤的相位，使之与车轮不平衡力偶相抵消，主轴不再震动，则两组杠杆的移动位置，分别表明车轮不平衡质量的相位和大小。硬式动平衡机又称为离心力检测式，其转轴由刚性元件支撑，车轮旋转时，转轴不会产生震动，它是通过直接测量车轮旋转时其不平衡重点质量所产生的离心力来确定不平衡重点的质量和相位的大小的。

在软式或硬式离车式车轮平衡机上进行车轮平衡作业时，可以测出车轮左、右两侧的不平衡量及其相位，因此又称为二面测定式平衡机。目前，用的最多的是硬式二面测定动平衡机。

（2）车轮平衡机的工作原理

① 静不平衡检测原理。对于直径和厚度相比厚度比较小的轮胎，通常只需要进行静平衡检测。静平衡就是把车轮总成安装在平衡器的主轴上（或将车轮装在平衡心轴上），使车轮自由旋转，若半径在任何角度上都能达到静止状态，则称车轮为静平衡；若车轮不平衡，则只有车轮在不平衡质量处于最低位置时，才能保持静止状态。其平衡方法有如下几种。

a. 重心平衡法。使车轮顺时针轻轻转动到自然停止，做出记号“1”，然后让车轮反转到某一角度后自然停止，做出记号“2”，再使车轮顺时针转动到另一角度后自然停止，做出记号“3”，然后找出 1、3 连线中点为“4”，再作“4”与“2”连线找中点“5”，则重心必在“5”与中心 O 的连线上（如图 5-4 所示）。找到重心之后，在重心相反的方向，半径为 R 的轮辋铜圈上紧固重量为 G 的平衡块，使之能在任何位置都静止。若需平衡质量较大，用一只平衡块难以满足要求

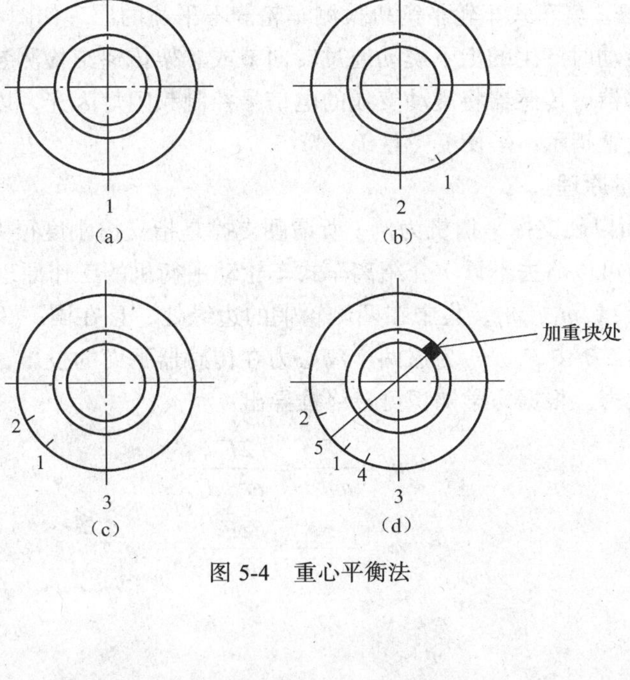

图 5-4　重心平衡法

时，必须加另外两只（或两只以上）的平衡块 n_2、n_3，使它们对称于平衡块 n_1 布置，并沿圆周移动平衡块 n_2、n_3，使车轮在任何位置都静止。

b. 三点平衡法。将重量相等，3 只平衡块 n_1、n_2、n_3 彼此相隔 120° 均匀地固定在轮辋钢圈的圆周上，如图 5-5 所示。当平衡块 n_1 处于垂线上方时，若车轮重心与回转中心重合或在同一条垂线上时，车轮将静止不动；若车轮顺时针旋转，说明重心在右边某一位置，需将平衡块 n_1 向左移动 e_1 的距离，使车轮处于暂时平衡。

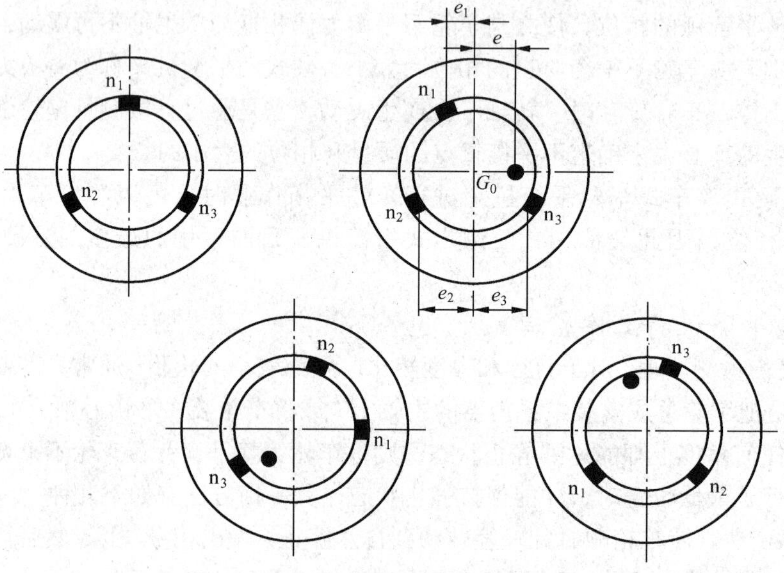

图 5-5　三点平衡法

将车轮转过 120° 使平衡块 n_2 转至垂线上方，车轮又可能处于不平衡状态，需将平衡块 n_2 向左或向右移动，使车轮再次平衡；最后将 n_3 转至垂线上方，用同样的方法调整 n_3 的位置，使齿轮平衡。如此反复，使车轮转至任何角度时，均能趋于静止。

c. 就车式测量法。就车式车轮平衡机检测车轮静不平衡的原理如图 5-6 所示。支离地面的车轮如果不平衡，转动时产生的上下震动通过转向节或悬架传递给检测装置的传感磁头、可调支架和底座内的传感器。传感器将震动变成的电信号控制频闪灯闪光，以指示车轮不平衡点位置，并由输入指示装置指示不平衡度（量）。

② 动不平衡测量原理。

a. 离车式。下面以硬支撑平衡机为例（所谓硬支撑是指支撑刚度很大，车轮支撑系统震动很小，车轮的惯性力可以略去不计）介绍离车式车轮动平衡机的工作原理，如图 5-7 所示。

假设有不平衡质量 m_1、m_2，集中在两侧轮辋的边缘处，且在同一（角度）方向。车轮旋转时产生离心力，图 5-7 中 F_1、F_2 为这两个离心力在传感器平面的投影，N_1、N_2 为平衡机主轴左右支撑测得的动反力。根据力学知识可最终推导出：

$$m_1 = \frac{F_1}{\omega^2 \cdot r} = \frac{2F_1}{\omega^2 \cdot d} \tag{5-1}$$

$$m_2 = \frac{F_2}{\omega^2 \cdot r} = \frac{2F_2}{\omega^2 \cdot d} \tag{5-2}$$

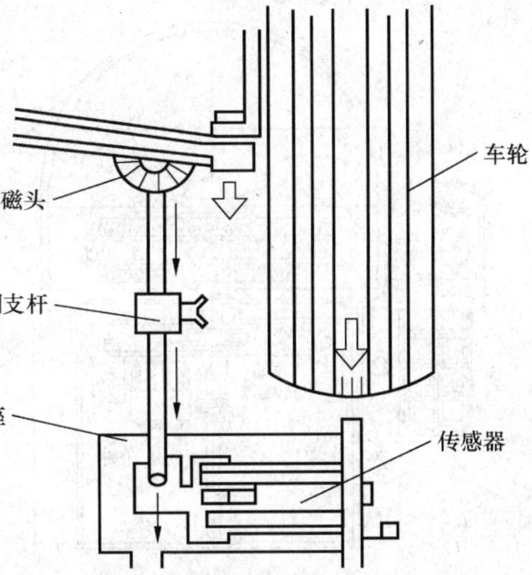

图 5-6　就车式车轮平衡机静不平衡检验

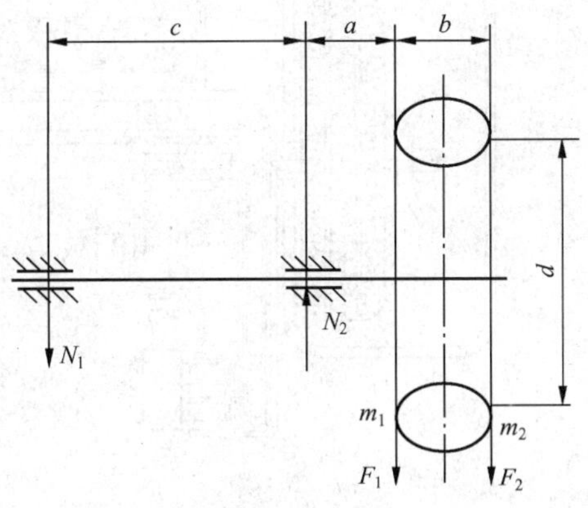

图 5-7　硬支撑车轮动平衡机的工作原理

式中：ω——车轮平衡时平衡机主轴的转动角速度；

r——不平衡质量（平衡块）到车轮旋转中心的距离，一般平衡块安装在轮辋边缘，所以$r=d/2$，d是被测车轮轮辋直径，可根据轮胎代号读取。

b. 就车式。其检测原理与图 5-7 所示静不平衡检测原理相同。传感器磁头固定在制动板上，检测的是横向震动。横向震动通过传感磁头、可调支杆传至底座内的传感器，传感器将震动转变成的电信号，控制频闪灯闪光，以指示车轮不平衡点位置，并将指示车轮不平衡度（量）输入到指示装置。

（3）车轮平衡机的结构

① 离车式车轮动平衡机的结构。离车式车轮平衡机按动平衡原理工作，既可以检测不平衡力，也可用于测定不平衡矩。车轮拆离车桥，被装于平衡机主轴上，结构和安装基准都已确定，无须自标定过程，因此平衡机的构造和电测系统都较简单，平衡操作时只要将被测车轮的轮辋直径和轮胎宽度以及安装尺寸输入检测电路即可完成平衡作业，平衡机仪表即会自动显示轮胎两侧的不平衡质量m_1、m_2及其相位。

离车式车轮平衡机的主轴为卧式布置的被称为卧式车轮平衡机，如图 5-8（a）所示；主轴为垂直布置的被称为立式车轮平衡机如图 5-8（b）所示。卧式车轮平衡机最大的优点是被测车轮装卸方便，机械结构和传感装置也较简单，造价也较低廉，因此深受修理厂家欢迎，同时也是制造厂家的首选机型。但因车轮在悬臂较长的主轴上形成很大的静态力矩，影响传感系统的初始设定状态，尤其是垂直传感器的预紧状态，长时间使用后精度难以保证，零漂也较大。但其平衡精度仍然能满足一般营运车辆的要求，其灵敏度能达到 10 g。

立式车轮平衡机虽然装卸车轮不如卧式平衡机方便，但其车轮重量直压在主轴中心线上，不但不形成静态力矩，垂直传感器受到的静载反而比车轮重量还小。应变件是一块与工作台面同大的方形应变板，水平传感器设计成左右各一个，比卧式平衡的单个水平传感器的力学结构要稳定得多，方形应变板上开有多个空槽以减小应变板的刚性，从而大大地提高了传感系统的灵敏度。因此立式车轮平衡机的精度极高，灵敏度可达到 3g，且具有良好的重复性和稳定性。

离车式车轮平衡机的参数显示和操作系统采用 CRT 显示，或用发光二极管显示，其外形结

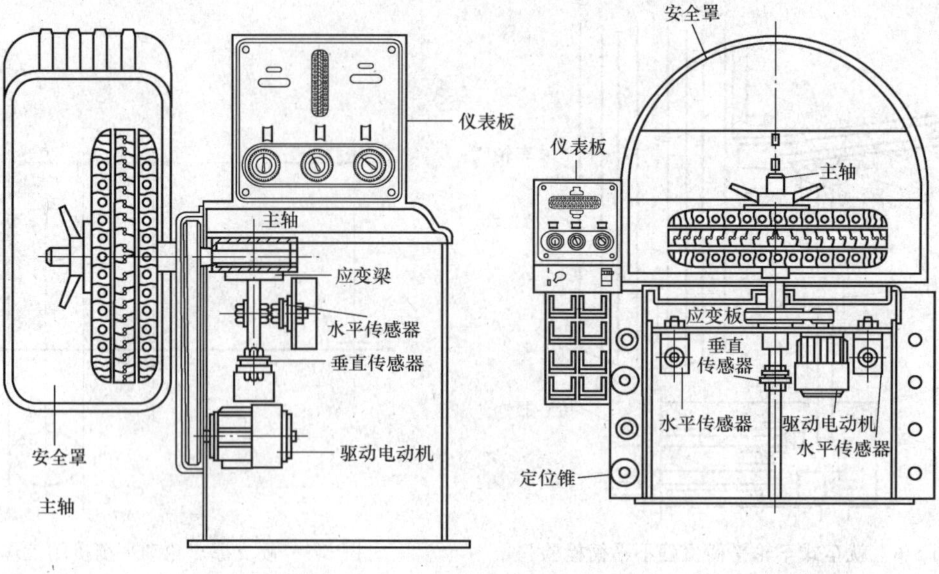

（a）卧式车轮平衡机　　（b）立式车轮平衡机

图 5-8　车轮平衡机

构差异很大，但其基本操作内容则大体相同。前者显示形象美观，并有屏幕提示，便于操作，但造价较高；后者结构简单，工作可靠，参数调整方便且成本低廉。图 5-9 所示为最典型的一种操作面板，旋钮 8 设定轮胎宽度 B，旋钮 7 设定轮辋直径 D，旋钮 6 则设定安装尺寸 C。对于立式车轮平衡机是胎面至顶面安全罩的距离（安全罩转下处于工作状态），对于卧式车轮平衡机 C 值是胎面至平衡机箱体的距离。C 值是一当量值。

车轮由专用的定位锥和紧固件安装就绪后即可启动电动机实施平衡，待转数周期累积足够时，上下（或左右）不平衡值 m_1 和 m_2 即有数字显示，即可停车。待车轮完全停止后即可用手转动车轮，这时发光二极管即会随转动而左右（或上下）跳闪，如将上排光点调至中点，这时就可在车轮的轮辋上平面正对外缘（操作者方向）外加装 m_1，显示的平衡重如图 5-10 所示，

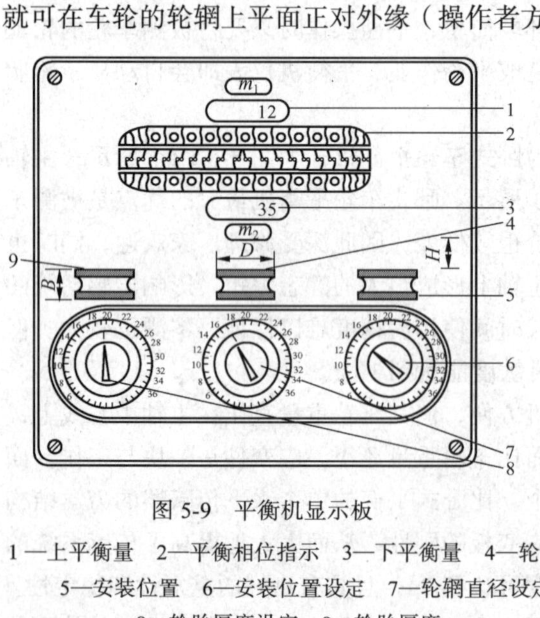

图 5-9　平衡机显示板

1—上平衡量　2—平衡相位指示　3—下平衡量　4—轮辋直径
5—安装位置　6—安装位置设定　7—轮辋直径设定
8—轮胎厚度设定　9—轮胎厚度

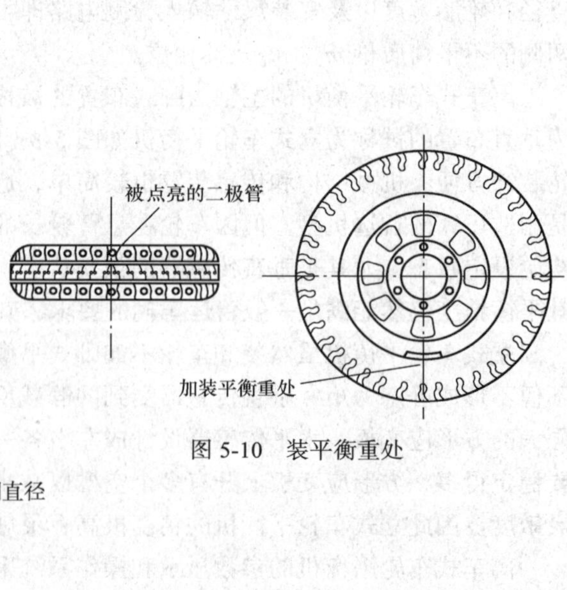

图 5-10　装平衡重处

用同样的方法加装 m_2 平衡重。加装完毕后进行第 2 次实验观察剩余不平衡量是否满足法规要求。具体的操作步骤各机型略有差异，使用者应按所用机型的使用说明书进行操作。

车轮在平衡机主轴上的定位至关重要，为了确保不同形式和不同规格的车轮的中心都能与主轴中心严格重合，所有离车式车轮平衡机均配有数个大小不等的定位锥体，如图 5-11 所示。锥体内孔与主轴高精度配套，外锥面与轮辋中心孔紧密接合，并由专用快递盘形压紧螺母紧压于主轴定位平台上。注意车轮的外侧向下（立式车轮平衡机）或向内（卧式车轮平衡机）。

为了方便用户，离车式平衡机都随机配备一个专用卡尺，如图 5-12 所示，以供用户测量轮辋直径（D）和轮胎宽度（B），因为轮胎宽度用直尺是难以测量的。为了适应不同计量制式和国家使用，平衡机上的所有标尺一般都同时标有英制和公制刻度。

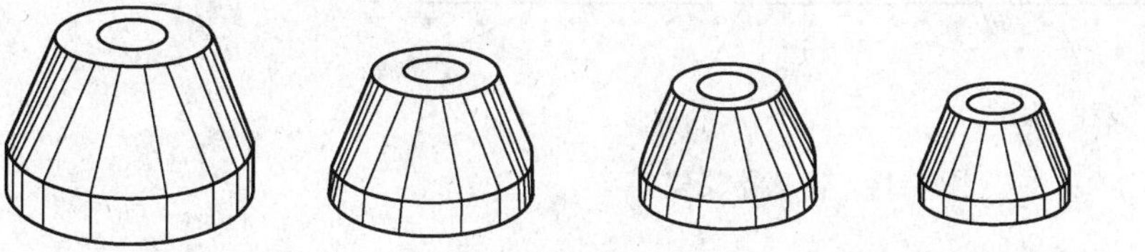
图 5-11　定位锥体

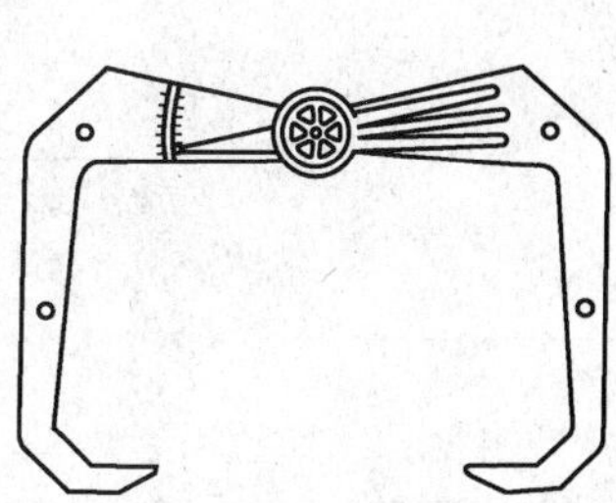
图 5-12　专用卡尺

② 就车式车轮平衡机的结构。除力传感器外，其他如电测系统和光电相位装置以及显示仪表板和摩擦轮驱动电动机等均装在一个驱动小车内。车桥支架是一个复杂的力传感器，它有两种形式，一种供轻型小客车使用（如图 5-13 所示），另一种为中型车设计（如图 5-14 所示）。支架高度可由顶杆和销钉来调整，以适应不同车型的要求。支架在车桥下就位，车桥压下后，脚轮弹簧即被压下缩入，底板直接接触地面，以增加支架的承载能力，车体质量和不平衡震动力的主要部分由应变梁通过支柱和底板传向地面，小部分力由传感感知，达到不平衡力采样的目的。应变梁不仅应具有减小传感器受力，避免压损的能力，更重要的是应能够正比地将不平衡力传递给传感器。因此，应变梁应由应变线性良好的材料制成，使用中应严格避免锤击和加热，因为任何改变应变梁弹性模数的操作都将危及应变梁的线性，从而完全破坏电测系统软件所预设的标定系数。

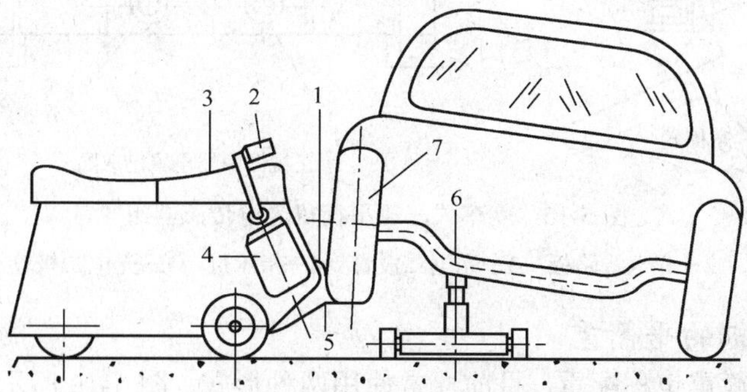

图 5-13　就车式平衡机作业图

1—光电传感器　2—手柄　3—仪表板　4—驱动电动机　5—摩擦轮　6—传感器支架　7—被测车轮

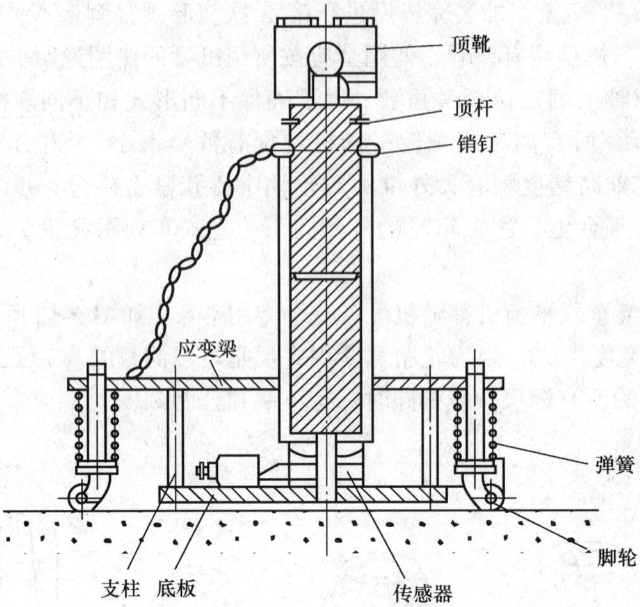

图 5-14　传感器支架

传感器支架的安装位置随被测车型和操作人员的习惯及现场条件而定，完全是随机的，因此就车式车轮平衡机电测系统的计算机软件必须具有自标定功能。这一功能是智能化的，它能够根据事先设定的已知不平衡量值（一般为 30 g）反算出支架支点与车轮的悬臂和轮毂直径等参数，这是就车式车轮平衡机的一大特点。

驱动小车前下部靠近被测轮胎处有一光电传感器组，它包括一个强光源 4 和两个光电二极管 3 和 5，如图 5-15 所示。强光用以照射轮胎上的反光标志，为光电二极管提供相位信号以供计算机识别，计算机同时根据两个光电二极管接受反光信号的前后来判断车轮的旋转方向。

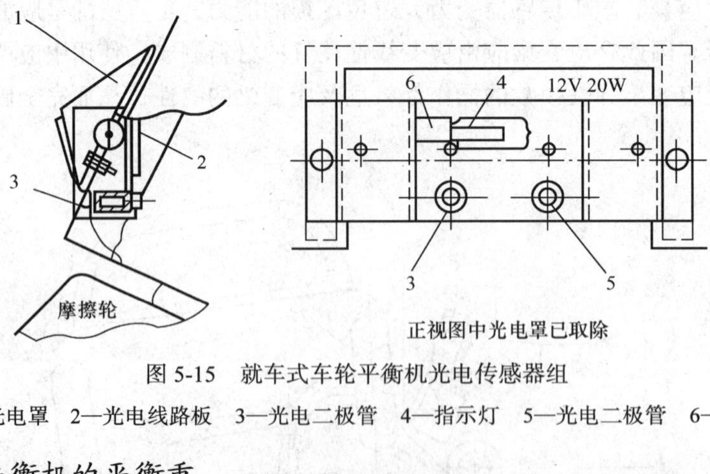

图 5-15　就车式车轮平衡机光电传感器组

1—光电罩　2—光电线路板　3—光电二极管　4—指示灯　5—光电二极管　6—灯座

（4）车轮平衡机的平衡重

车轮平衡机的平衡重也称配重。目前通常使用两种形式，图 5-16 所示为卡夹式配重，它用于大多数轮辋有卷边的车轮，对于铝镁合金轮辋，因无卷边可夹，则使用如图 5-17 所示的粘贴式配重，其外弯面有不干胶粘贴于轮辋内表面。

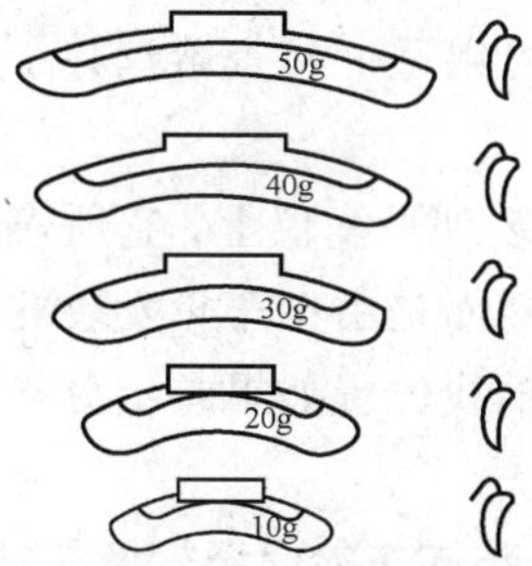

图 5-16　卡夹式配重

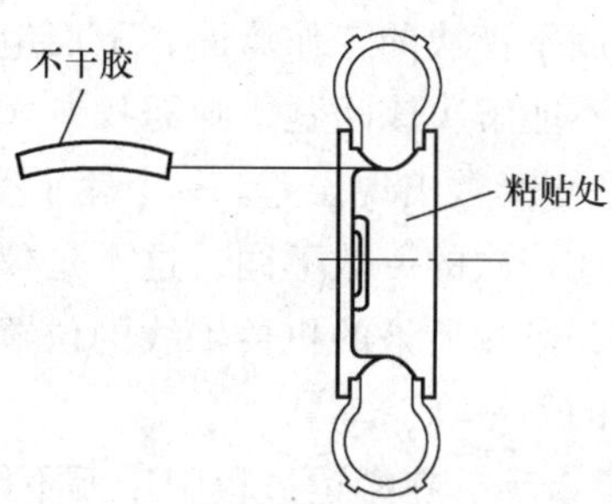

图 5-17　粘贴式配重

标准的配重有两种系列：一种系列以昂斯(OZ)为基础单位，分 9 挡，最小为 14.2 g(0.5OZ)，最大为 170.1 g (6OZ)，间隔为 14.2 g (0.5OZ)；另一种以克 (g) 为基础单位，分 14 挡，最小为 5 g，最大为 80 g，60 g 以上以 10 g 分为一挡。

（5）车轮平衡机的使用注意事项

① 离车式车轮平衡机的主轴固定装置和就车式车轮平衡机的支架上都装有精密的位移传感器和易碎裂的压电晶体传感器，因此严禁冲击和敲打主轴或传感器支架。

② 在检修平衡机时，传感器的固定螺栓不得任意松动。因为这一螺栓不是一般的紧固件，它向传感晶体提供必要的预紧力，当这一预紧力发生变化时，电算过程将完全失准。

③ 商业系统供给的配重最小间隔为 5 g，因此过分苛求车轮平衡机的精度和灵敏度并无太大的实际意义。特殊情况下，如高速小客车和赛车，则可使用特制的平衡重块。

④ 必须明确车轮平衡机的机械系统和电算电路都是针对正常车轮使用条件下平衡失准或轻微受损但仍能使用的车轮而设计的，对因交通事故而严重变形的轮辋或胎面大面积剥离的车轮是不能上机进行平衡作业的。不平衡量过大的车轮旋转时的离心力可能会损伤车轮平衡机的传感系统，而且超值的不平衡力可能会溢出电算范围而使设备自动拒绝工作。

⑤ 当不平衡量超过最大配重时可用两个以上配重并列使用，但这时要注意因多个配重占用较大的扇面会使其有效质量低于实际质量，因扇面的边缘的质量所处半径 R_2 小于计算半径 R_1。如图 5-18 所示，这种情况不仅影响该面的平衡力，而且还波及左右两面的力矩值(即动平衡量)。因此，在使用多个平衡重时须慎重。

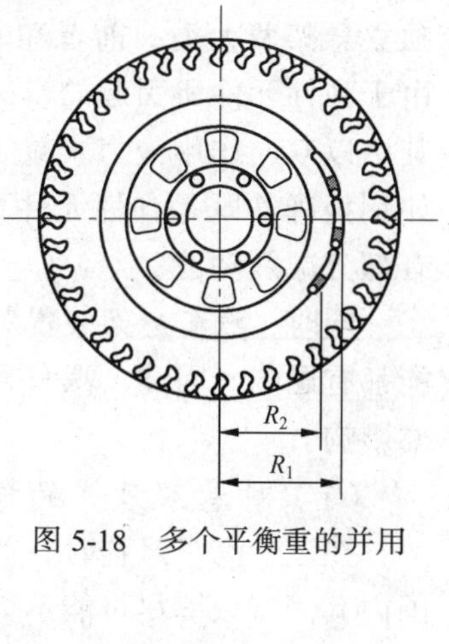

图 5-18　多个平衡重的并用

（6）车轮平衡机的维护与保养

在进行维修和保养之前要先切断车轮平衡机的电源。

①调节皮带的张力。

a. 取下保护罩。

b. 放松固定电动机的螺母、移动电动机，以此来调整传动带的张力。

c. 拧紧螺母，安装好防护罩。

注意

传动带过紧，可能不平衡数据指示不规则；传动带过松，在启动和制动时可能产生噪声或制动不良。

② 更换熔丝。在正常使用时，如出现不显示状态，可能是供电部分熔丝断了。此时应小心打开可以存放平衡块的工作罩面，下面电源板上有熔丝盒，可以逐一检查熔丝并予以更换。更换熔丝后还不能解决该问题，则需找专人维修。

③ 不平衡读数出现误差。一个轮平衡之后，如果再将它装到平衡仪上，它所表示的不平衡读数可能与前一次的读数不同，这不是仪器使用不当造成的，而是由于车轮安装的不合格。在两次安装中，车轮所处的机器轴线的位置不可能完全相同，轴线位置如果差十分之几毫米，就会导致明显的不平衡。

④ 注意事项。在搬运过程中千万不能搬动轴部与机头，装卸车轮时要轻拿轻放。

（三）汽车悬架装置技术状况及检测设备

1. 汽车悬架装置检测的必要性

汽车悬架装置是保证汽车平顺性的一个重要总成，它是将车身和车轴弹性连接的部件。汽车悬架装置通常由弹性元件、导向装置和减震器 3 个部分组成。路面作用于车轮上的垂直反力（支撑力）、纵向反力（牵引力和制动力）和侧向反力以及这些反力所造成的力矩都要通过悬架装置传递到车架（或承载式车身）上，以保证汽车的正常行驶。汽车悬架装置的主要功能如下。

① 缓和由于路面不平所引起的冲击载荷，保证汽车良好的平顺性。

② 传递汽车车架（或车身）和车桥（或车轮）的震动。

③ 迅速衰减车架（或车身）和车桥（或车轮）的震动。

④ 保证汽车行驶时必要的稳定性和操纵性。

弹性元件主要用来传递垂直力和满足①的要求，它主要包括钢板弹簧悬架、螺旋弹簧悬架、扭杆悬架、空气悬架、液力悬架、橡胶悬架和综合悬架等。导向装置用来决定车轮相对于车架（或车身）的运动特性，以满足①和④的要求，其结构形式分为非独立悬架和独立悬架两大类，前者和非断开式桥连用，后者和断开式桥连用。减震装置用来迅速衰减由于弹性元件所引起的车架（或车身）和车桥（或车轮）的震动，有机械式和液力式两种，其中以双向作用液力式减震器应用最广。有的悬架具有上述 3 种装置的两种或三种作用，如钢板弹簧既是弹性元件又有导向功能，还可以靠钢板之间的摩擦阻尼吸收部分震动，具有部分减震功能。

同时，汽车悬架装置对汽车的安全性、操纵稳定性、通过性、汽车燃油经济性等诸多性能都有影响。因此，汽车悬架装置的各元件品质和匹配后的性能，对汽车行驶性能都有着重要影响。

（1）对悬架装置的技术要求

在设计汽车悬挂时，首先应保证汽车具有良好的平顺性，对轿车和大客车在所有载荷范围内其固有频率尽可能不变，并且能够使车身的震动迅速衰减。其次应保证汽车有良好的行驶平衡性，悬挂导向机构应使汽车具有某种程度的不足转向特性。对于轿车，其载荷质量在侧向力作用下，侧倾应较小，在制动时应有抗“点头”作用，在加速时应有抗“仰头”作用。再次应保证它具有一定的使用寿命，重量轻，安全可靠。另外，在汽车投入营运和使用以后，要求同一车桥上的左、右悬挂高度应保持一致，以防止汽车装载后发生偏斜，影响汽车行驶的稳定性；钢板弹簧不得有裂纹、断片和缺片现象，保证悬挂具有原设计的承载能力、刚度和频率特征；中心螺栓和U形螺栓须紧固，防止在运行中有松动现象出现，保证行驶安全；装设有减震器的车辆，其减震器应能保持正常的工作性能，不得有损坏、缺油等影响其正常工作的故障。

（2）悬架特性的评价方法

目前，谐振式悬架装置检测台都是利用检测车轮与路面接地力的原理来快速评价悬架特性的。将汽车车轮稳态时的负荷定义为车轮和路面的静态接地力；将在受外界激励震动下，汽车车轮在悬架装置检测台上的变化负荷定义为动态负荷。其评价指标为“吸收率”，即悬架装置检测台上被测车辆的车轮在外界激励震动下，共振时的最小动态车轮垂直负荷与静态车轮垂直负荷的百分比值。

欧洲减震器制造商协会（EUSAMA）推荐的评价标准吸收率分为4级：80%～100%表示很好；60%～79%表示好；40%～59%表示不足；0%～39%表示弱、不够。

为了防止因同轴左、右悬架吸收率的差异过大而引起操纵稳定性和制动稳定性恶化，进而造成交通事故，所以需要将同轴左、右轮吸收率之差控制在一定范围内。这种评价方法不仅考虑了悬架装置对汽车平顺性的影响，更主要侧重考虑了对汽车操纵稳定性和行驶安全性的影响。它考察的是汽车在工作条件最差的情况下，即地面激振使悬架达到共振时，车轮与地面的接触状态。这是一个比较直观的评价指标，既能快速检测，又能综合评价汽车悬架装置的弹簧与减震器的匹配性能及品质，所以成为很多国家标准的制定依据。

GB 18565—2001《营运车辆综合性能要求和检验方法》规定，对于最大设计车速大于或等于100 km/h、轴载质量小于或等于1 500 kg的客运汽车应按照标准规定的方法进行悬架特性检测。其评价标准为谐振式悬架装置检测台按规定方法检测时，受检车辆的车轮在受外界激励震动下测得的吸收率应不小于40%，同轴左、右轮吸收率之差不得大于15%；平板式检测台检测汽车悬架特性时，悬架效率应不小于45%，同轴左右轮悬架效率之差不得大于20%。

（3）悬架装置常见故障

汽车悬架装置最易发生故障的元件是减震器，而减震器对汽车行驶平顺性和操纵稳定性的影响都很大。有研究表明，大约有四分之一左右的汽车上至少有一个减震器工作不正常；而有故障的减震器在行驶中会使车轮轮胎有30%的路程接地力减少，甚至不与地面接触。其不良后果是汽车方向发飘，特别是弯道行驶车身晃动加剧，难以控制；制动易发生跑偏或侧滑；轮胎磨损异常，车身长时间的余震影响乘坐舒适性；车轮轴承、轴接头、转向拉杆、稳定器等部件出现过载，磨损速度增快等。

随着道路条件的改善，尤其是高速公路的发展，不仅是轿车，货车和大客车以100 km/h车速行驶的情况也很常见。现代轿车设计的最高车速都已超过150 km/h，有的甚至超过200 km/h。在高速行驶状态下，汽车的操纵稳定性和安全性尤为重要。为保证汽车安全行驶，汽车操纵稳定性能日益受到重视，是现代汽车倍受重视的使用性能之一。影响汽车操纵稳定性的直接因素固然是轮胎特性，但轮胎与车身相连的部件是悬架装置，其性能和品质的好坏直接影响操纵稳定性、平顺性和行驶安全性，所以检测悬架装置的工作性能，尤其是减震器的工作性能，对于保证汽车乘坐舒适性，操纵稳定性和行驶安全性是十分重要的。

汽车悬挂和转向系统各部分的间隙在使用中会逐渐增大，致使汽车行驶中出现跳动增加、横摆加剧、转向盘自由行程加大（引起汽车转向盘抖震）、转向轮摆头、行驶跑偏、轮胎磨损异常、行驶噪声增大和各种冲击增强等现象，严重地影响了汽车的操纵稳定性、行车安全性和使用寿命。

为了保证车辆在高速行驶下的性能，对汽车悬架中的弹性元件、减震器及其组合进行经常性的检测，使它保持良好的工作状态是很重要的。汽车悬挂检测台就是对汽车悬架特性进行快速检查的设备。国内各综合检测站已经开展这项检测。

检查汽车悬架装置的品质和性能，过去修理厂和检测站主要是通过人工检视，目视弹簧是否有裂纹，弹簧和导向装置的连接紧固螺栓是否松动，减震器是否漏油、缺油和损坏，凭经验判断是否需要更换或修理减震器。显然，这种方法主要靠经验，主观因素大，可靠性差。

用汽车悬架装置进行检测主要是测试减震器性能，因为减震器和与之相连的弹性元件等构成了复杂的系统，在评价减震器性能的同时，也就对悬架装置的性能作出了综合的评价。检测汽车悬架装置主要是用悬架装置检测台。

2. 汽车悬架和转向系统间隙检测仪

（1）汽车悬架和转向系统间隙检测原理

汽车悬挂和转向系统间隙过大，可能引起汽车转向盘抖震、行驶跑偏、乘坐性不良、轮胎异常磨损和行驶噪声等故障，这些故障现象只有在汽车行驶中才会出现，汽车停止时检查费时费力，不易察觉。如图 5-19 所示，将汽车车轮置于检测平板上，通过平板前、后、左、右等方向的强制移动，给车轮施加各个方向的作用力，模拟汽车在颠簸路面上运动时车轮的受力，就可充分暴露悬挂和转向系统各零部件的技术状态和各连接处松紧程度，从而可快捷、准确地判断故障部位。

（2）汽车悬架和转向系统间隙检测仪组成

汽车悬挂和转向系统间隙检测仪的组成如图 5-20 所示。该检测仪主要由手电筒开关、电控箱、泵站和测试机构组成。

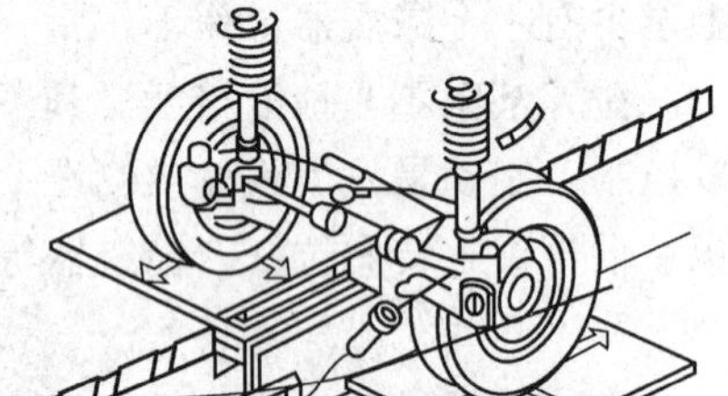

图 5-19　悬挂和转向系统间隙检测原理

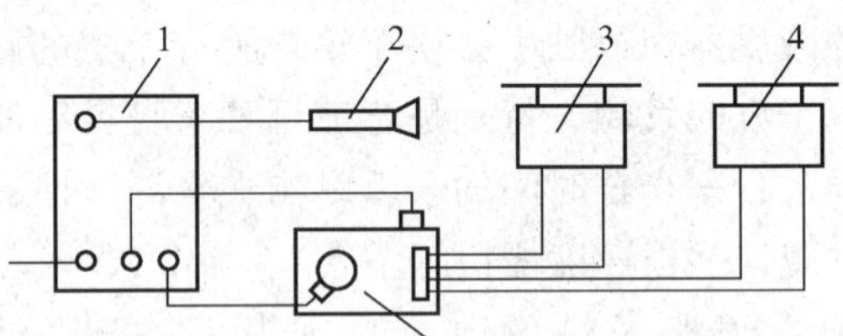

图 5-20　悬挂和转向系统间隙检测仪组成

1—电控箱　2—手电筒开关　3—左测试机构　4—右测试机构　5—泵站

① 手电筒开关。手电筒开关由左、右测试板移动方向控制按键和照明两部分组成。按键用于控制电控箱中各继电器的动作，照明部分可方便检测时对各检查部位的观察。

② 电控箱。电控箱主要由控制电路和保护电路两部分组成。在手电筒按键的控制下，电控

箱中油泵电动机和电磁阀继电器动作，给泵站中油泵电动机和相应的电磁阀供电。保护电路具有油泵电动机过载和电路漏电保护功能。

③ 泵站。泵站由电动机、油泵、电磁阀、滤油器、溢流阀、压力表等组成。电动机带动油泵工作建立一定的油压；电磁阀在电控箱中继电器作用下控制高压油流向相应的油缸，为测试板推动车轮提供动力。

④ 测试机构。测试机构包括左测试台和右测试台。按测试板可移动的方向不同，测试机构可分为前、后双向移动式，前、后、左、右四向移动式和前、后、左、右、左前、左后、右前、右后八向移动式 3 种类型。

可移动的方向数不同，测试机构的复杂程度也不同，图 5-21 所示为前、后双向移动式测试机构的结构。检测时，在手电筒左、右测试台移动方向控制开关作用下，控制电路控制油泵电动机和电磁阀继电器动作。在电动机带动下，油泵产生高压油液。电磁阀在继电器作用下控制高压油液流向对应的油缸，另一油缸处于卸荷状态。在油缸动力作用下，测试台测试板及其上的悬挂与转向系统，按导向杆给定的方向移动。换向后，另一油缸产生动力，前一油缸处于卸荷状态，于是测试台测试板及其上的悬挂与转向系统，按导向杆给定的相反方向移动，实现了前、后双向对悬挂与转向系间隙的检测。

意大利 VAMAG 公司 4PLDT 型测力平板式制动试验台具有悬挂性能检测功能，现将其检测原理作一简介。

汽车是一个复杂的多质量震动系统，为了便于分析，需要进行简化。若汽车在试验台上制动时，没有横向绕纵轴的角震动，只考虑汽车垂直震动和绕横轴的纵向角震动，忽略汽车轮胎的阻尼，并把悬挂质量 M 分解为前轴上的质量 M_1、后轴上的质量 M_2 以及重心 c 上的质量 M_3，则汽车震动系统可简化为图 5-22 所示的平面震动模型。根据震动知识可知，汽车以一定初速度驶上制动测试平板并施以紧急制动时，由于汽车质心惯性力的作用，必然引起汽车前、后轴震动子系统发生震动，从而导致各车轮对测试平板垂直作用力的交替变化，通过测量、分析安置在测试平板面板四角的压力传感器输出的电信号就可了解各轮制动震动情况。

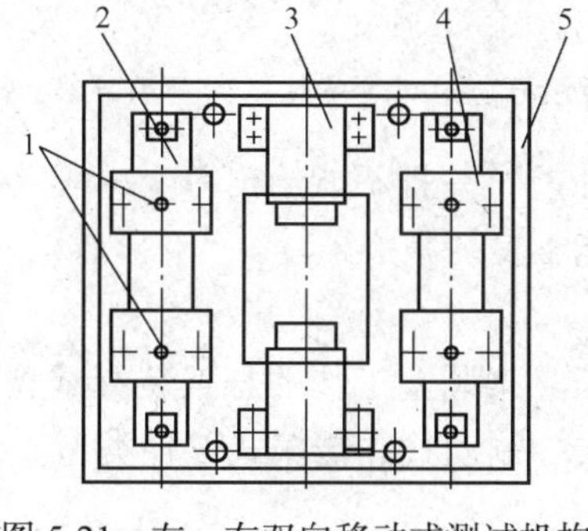

图 5-21　左、右双向移动式测试机构

1—润滑孔　2—导向杆　3—动力油缸　4—轴承座　5—箱体

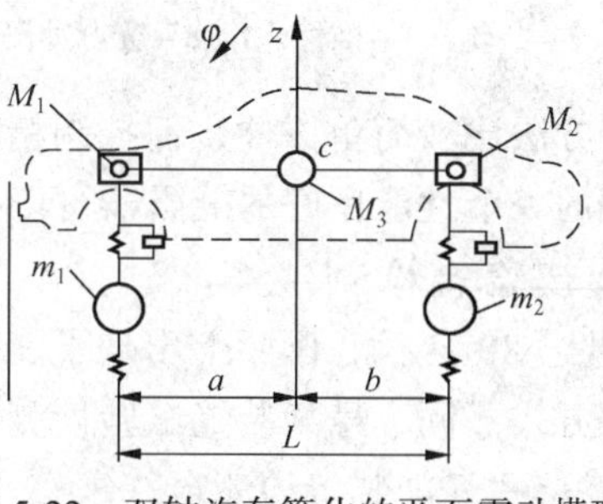

图 5-22　双轴汽车简化的平面震动模型

对各车轮悬挂系统而言，由确定的质量、弹簧和减震器组成的震动系统，在制动惯性力作用下，其震动衰减具有一定的规律性。若悬挂系统中弹簧和减震器性能不良，必然引起震动过程的改变，因此通过对检测制动时各测试平板所受垂直作用力变化过程进行分析、对比，就可确定汽车悬挂系统中悬挂弹簧和减震器的技术状况。

（3）汽车悬挂和转向系统间隙检测仪的维护

① 检测仪不使用时，应保持检查平板及其周围环境的清洁，防止脏物侵入检测仪。

② 每使用 1 个月按厂家规定油品对各润滑点进行润滑；通过液压系统压力表指示最大压力值大小，判断液压系统密封性若最大压力过低应进一步检查液压系统各零部件，若有泄漏应紧固或视情况更换零部件。

③ 每使用 3 个月，除进行第 2 项维护作业外，还应检查液压油的数量和脏污程度。油量不足或液压油过脏应按厂家规定油品进行补充或更换。

3. 汽车悬架装置工作性能的检测方法

汽车悬架装置工作性能的检测方法有经验法、按压车体法和试验台检测法 3 种类型。

（1）经验法

经验法是通过人工外观检视的方法，主要从外部检查悬架装置的弹簧是否裂纹，弹簧和导向装置的连接螺栓是否松动，减震器是否漏油、缺油和损坏等项目。

（2）按压车体法

按压车体法是在经验法的基础上发展起来的，其结构如图 5-23 所示。基本原理是通过检测装置将车身压缩到一定位置时，突然松开，车身回弹做衰减震动，通过光脉冲测量装置记录震动的峰值的变化（衰减）规律，然后按相应的数学模型计算出汽车减震装置的阻尼值，也可与厂家的有关标准曲线对照，从而对减震器的阻尼状况作出评价。

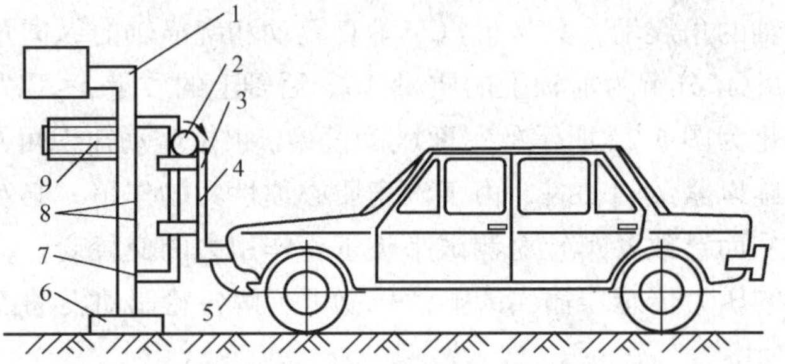

图 5-23 按压车身法示意图

1—支架 2—凸轮 3—推杆 4、8—光脉冲测量装置 5—汽车保险杆 6—水平导轨 7—垂直导轨 9—电动机

这种方法比较简单方便，但控制精度和结果可靠性差，并且不能给出单个减震器的检测结果，同轴的一个性能良好的减震器可以掩盖另一个性能不良的减震器。

（3）试验台检测法

20 世纪 80 年代，国际上出现了能快速检测、诊断悬架装置工作的悬架装置试验检测台。根据激振方式不同，悬架装置试验检测台可分为跌落式、制动式和谐振式 3 种类型。

① 跌落式悬架装置检测台

跌落式悬架装置检测台按施力方式不同可以分为向上起升车身式、向下拉紧车身式和跌落车身式 3 种，如图 5-24 所示。向上起升车身式可分为整体式起升和单轴起升两种。

跌落式悬架装置检测台用力传感器测量车轮施加在台面上的压力，然后对离散的压力进行波形分析，最后将结果与汽车的理想减震性能曲线比较从而作出评价结论。跌落式悬架装置检测台对减震器的评价方法与按压车身法所求的评价标准相同。这种方法也存在性能良好减震器掩盖性能不良减震器的弊端，且施力方式不适于快速检测。

② 制动式悬架装置检测台。平板式制动悬架装置检测台是目前最简便易行的制动式悬架装置检测台，它利用汽车在测试平板上的紧急制动过程，来测定汽车的制动和悬架性能。通过“制动、轴重、悬架”测试平板的压力传感器，可测量被测车轮作用于测试平板上的垂直力。对垂直力随时间的变化曲线进行处理和分析，可获知汽车车身的震动情况，从而判断被测车轮悬架的技术状况。

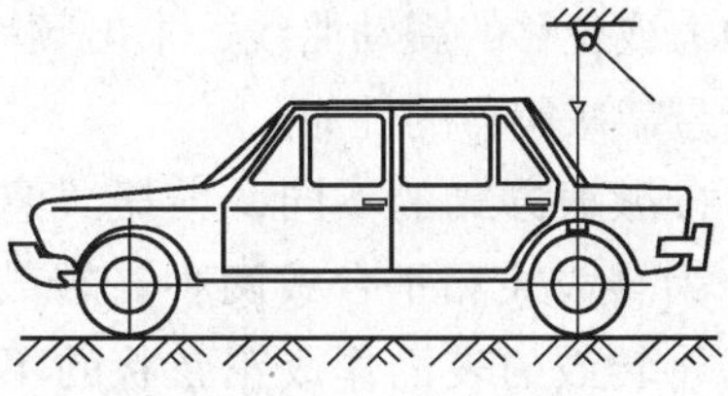
（a）向上起升式

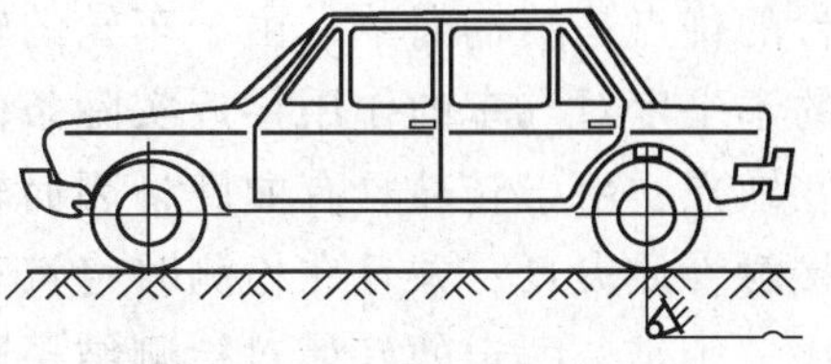
（b）向下拉紧式

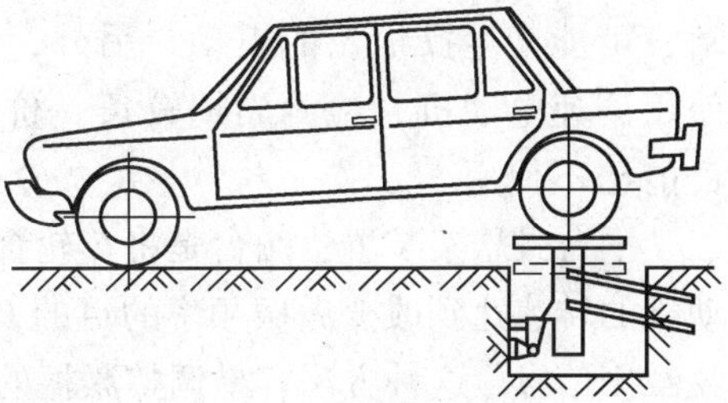
（c）跌落式

图 5-24　跌落式悬架装置检测台的分类

图 5-25 所示为汽车悬架性能的测试结果。

图 5-25 所示为前、后车轮处的负重随时间变化的曲线。车轮处的负重变化主要是由于制动时前、后车轴间的负荷转移及车身通过悬架在车轮上的扳动而引起的。车身加速向下时，车轮处负重增加；车身加速向上时，车轮处负重减少。在图 5-25（a）中，前轮处的负重先从静态负重附近（*O* 点）上升到最大值（*A* 点），再从最大值下降到最小值（*B* 点）。显然，图 5-26（a）所反映的是制动时车身前部先加速向下、再加速回升的“制动点头”现象。图 5-25（b）反映的是车身后部的震动，它与图 5-25（a）反相位，即车身前部向下运动时，车身后部向上抬起（加速度大时后轮离地）；车身前部回升时，车身后部向下运动，该曲线反映了制动引起的前后车身纵向俯仰震动的现象。由于汽车的悬架能够衰减、吸收车身的震动，所以车身的震动经过一段时间后就会逐渐消失，故图 5-25 中曲线的后端逐渐平直并接近 *O* 点的高度（车轮处的静态负重值）。可见，车轮处负重的变化曲线反映了制动引起的车身震动被悬架系统逐步衰减的过程。

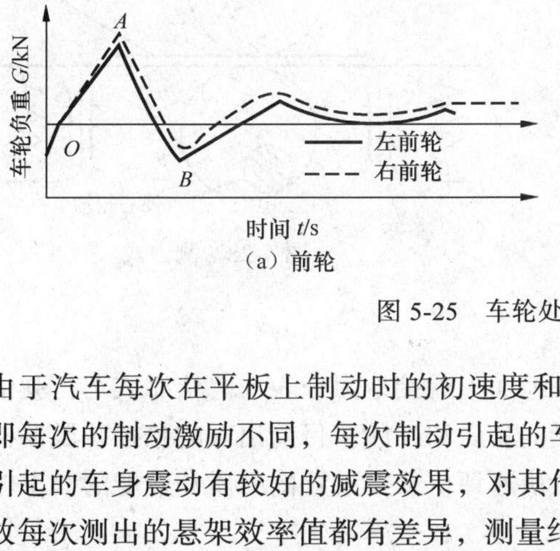

（a）前轮

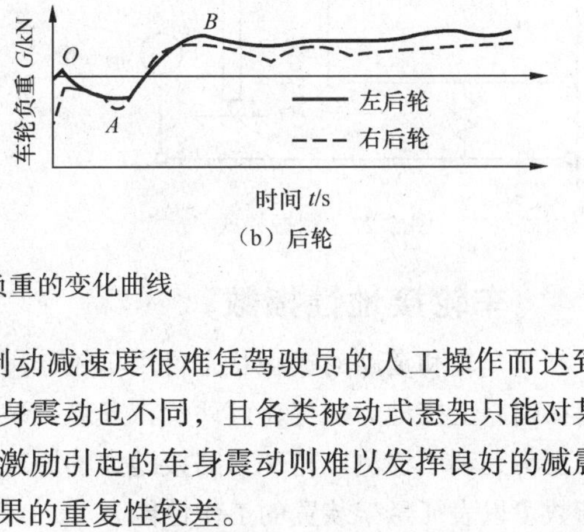

（b）后轮

图 5-25　车轮处负重的变化曲线

由于汽车每次在平板上制动时的初速度和制动减速度很难凭驾驶员的人工操作而达到一致，即每次的制动激励不同，每次制动引起的车身震动也不同，且各类被动式悬架只能对某些激励引起的车身震动有较好的减震效果，对其他激励引起的车身震动则难以发挥良好的减震效果，故每次测出的悬架效率值都有差异，测量结果的重复性较差。

③ 谐振式悬架装置检测台。谐振式悬架装置检测台目前使用较多，它是通过垂直方向的激振，迫使汽车悬架装置产生强迫震动，使汽车发生共振现象，通过检测在共振后的震动衰减过

程中力或位移的震动曲线，求出频率和衰减的特性，判断悬架减震器的性能。

按激振方式的不同，谐振式悬架装置检测台可以分为转鼓式和平台式两种。转鼓式悬架装置检测台是将转鼓的表面作成正弦状的不平度，如图 5-26（a）所示，改变转鼓转速，即改变激振频率。该检测台的优点是结构简单，由于车轮的转动，转鼓表面的不平度对汽车的作用接近实际条件。但也存在一些缺点：由于转鼓具有曲度，因而轮胎与支撑面的接触性质失真；并且在检测时将汽车固定在转鼓上比较困难，固定的好坏对检测结果影响较大；由于轮胎半径的不均匀，可以带来一定程度的随机震动，可能产生操纵轮的震动；另外，这种方法需要使用调速电动机，检测周期较长，价格比较昂贵，目前已不使用。

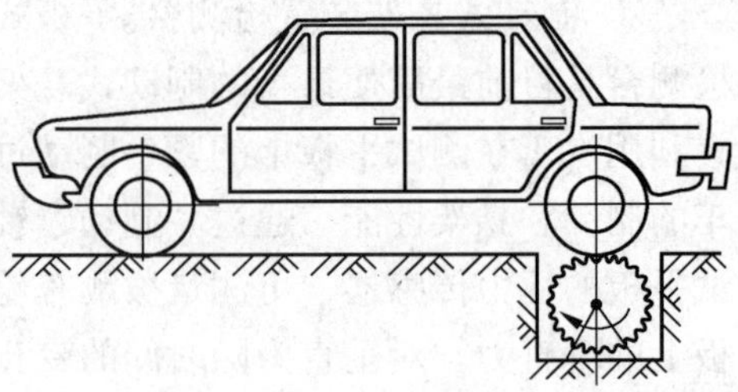

（a）转鼓式

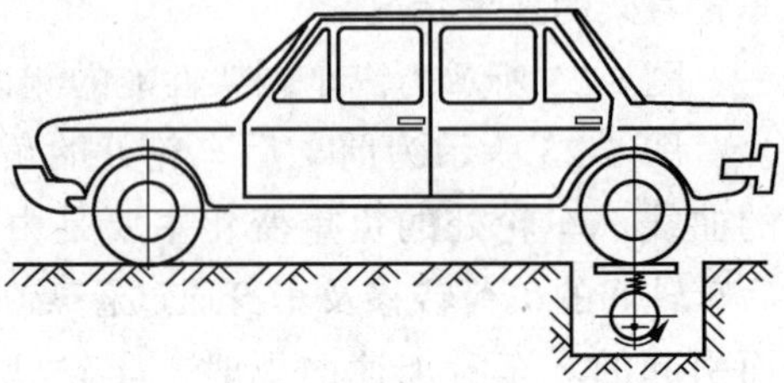

（b）平台式

图 5-26　谐振式悬架装置检测台

平台式悬架装置检测台是将车轮置于根据正弦规律做往复运动的平台上，通过改变调速电动机的转速达到改变激振频率的目的，如图 5-26（b）所示。该检测台多采用偏心结构产生正弦激振信号，这种方法容易调整激振的振幅。

平台式悬架装置检测台目前应用较为广泛。为了降低平台式悬架装置检测台的造价，趋向于增加惯性飞轮，将调速电动机改为普通电动机，同时可以缩短检测时间，使其更适合不解体快速检测。根据测量参数的不同，即应用传感器的不同，平台式悬架装置检测台又可分为测振幅式和测力式两种，如图 5-27 和图 5-28 所示。

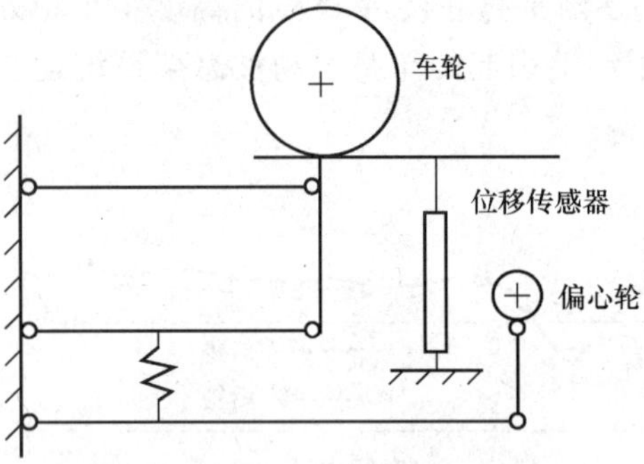

图 5-27　测振幅式

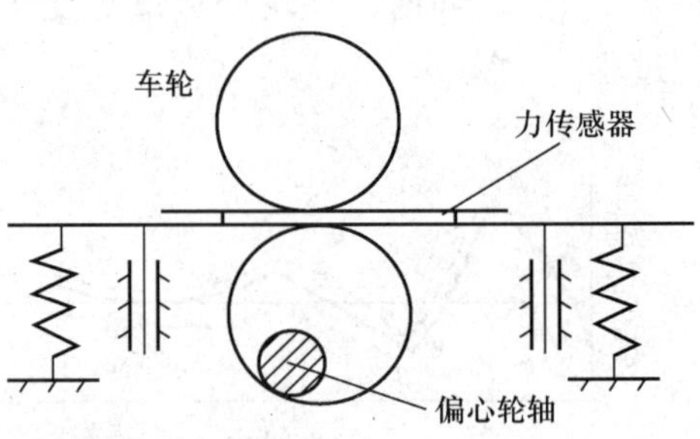

图 5-28　测力式

4. 车轮接地性指数

汽车车轮和道路的接触状态可用车轮作用在地面上的接地力来表征。依靠汽车行驶中车轮作用在道路上接地力的变化可评价汽车悬架装置的品质和性能。目前出现的悬挂减震器检测台基本上都是利用检测车轮和道路接地力的原理来快速评价悬架装置的品质和性能的。车轮接地性指数可以表征悬架装置的工作性能。

（1）车轮接地性指数的概念

车轮接地性指数是指汽车行驶中车轮与路面间最小法向作用力与其法向静载荷的比值，

它代表了车轮与路面间的最小相对动载，用 A 表示，在 0%～100%范围内变化。车轮接地性指数表明了悬架装置在汽车行驶中确保车轮与路面相接触的最小能力。车轮接地性指数是反映汽车行驶安全性的一个重要参数。它不但给出了悬架共振时，车轮接地性优劣的一个直接、可靠的解释；而且据此可以诊断悬架各部件的工作状态，并提供了悬架有缺陷时分析其原因的可能性。

（2）影响接地性指数的因素

悬挂质量与悬架质量的比值对车轮接地性指数有重要的影响，比值越大，车轮接地性越好。悬挂质量与悬架质量比值特别小的微型轿车，应特别注意通过增加乘员和行李来提高车轮接地性指数，从而改善其行驶安全性。

汽车行驶中，所有车轮的接地性指数是不一样的，这是由各轮悬架装置工作性能不一、各轮承受载荷不一、各轮气压不一等原因造成的。如果在检测台上，人为使各轮承受的载荷和轮胎气压一致，那么，车轮接地性指数就主要决定于悬架装置的工作性能。因此，完全可以用车轮接地性指数评价悬架装置的工作性能。

（3）接地性指数的标准限值

在国外，特别是在欧美一些国家，悬架装置检测台已被广泛应用在检测汽车悬架装置工作性能上。在我国，虽然在国家标准 GB/T 17993—1999《汽车综合性能检测站通用技术条件》中，将悬挂特性列入检测项目，但属于选择执行项目，不属于必须执行项目，因此也没有明确的诊断参数和诊断参数标准。欧洲使用的悬架装置检测台主要的生产厂家有德国的 HOFMANN 公司和意大利的 CEMB 公司等。他们生产的悬架装置检测台，也是由驱动电动机、偏心轮、蓄能飞轮、弹簧、台板、力传感器等组成的。检测中，检测台台板连同其上的被测汽车按正弦规律作垂直震动，振幅固定而频率变化。力传感器感应到车轮作用到台板上的垂直作用力，并将力信号存入存储器。当对全车所有车轮悬架装置检测完后，微机将力信号进行分析和处理，便可获得车轮的接地性指数。

悬架装置检测台测得的车轮接地性指数与刚性台面（相对轮胎）的振幅有关。车轮接地性指数是刚性台面振幅的函数，因此，为获得一个好的测量结果可比性，检测台台面的振幅最好保持不变。

欧洲减震器制造协会（EUSAMA）推荐的评价车轮接地性的参考标准如表 5-1 所示，可供我国检测悬架装置工作性能时参考。

表 5-1　　车轮接地性参考标准

车轮接地性指数（%）	车轮接地状态
80～100	很好
60～79	好
40～59	足够
1～39	弱、不够
0	车轮与路面脱离

需要指出的是，表中的车轮接地性指数是在悬架装置检测台台面振幅为 6 mm 时测得的，这也是大部分悬架装置检测台使用的激振振幅。表 5-1 中的参考标准适用于大多数汽车，但非常轻的小轿车和微型车例外，这是因为这一类汽车的其中一个轴（一般为后轴）的两个车轮接

地性指数非常低，而它们的悬架装置是正常的。

评价汽车悬架装置一直是采用平顺性的评价指标，它是以人体所能承受的加速度均方根值来评价的。这种评价方法不适宜用在车的快速检测分析评价上。另外，悬架装置的性能也影响到操纵稳定性，直接影响到汽车的行驶安全。上述介绍的评价方法，不仅考虑了悬架装置对汽车平顺性的影响，更主要的是考虑了对汽车操纵稳定性和行驶安全性的影响。它考查的是汽车在工作条件最差的情况下，即地面激振使悬挂达到共振时，车轮与地面的接触状态。这是一个比较直观的评价指标，既能够快速检测，又能够综合评价汽车悬架装置的弹簧与减震器的匹配性能及品质。

5. 侧倾稳定角检测

车辆的最大侧倾稳定角 α_0 与其轮距和重心高度有关，它将影响车辆的静态横向稳定性，是反映车辆设计和结构布置是否合理的重要方面，也是安全检验的重要内容之一。

（1）国家标准相关规定

根据国家标准 GB 7258—1997《机动车运行安全技术条件》的规定，车辆在空载、静态状态下，向左侧和右侧倾斜的最大侧倾稳定角不得小于：

三轮摩托车、三轮农用运输车 25°；

双层客车 28°；

总质量为车辆整备质量的 1.2 倍以下的车辆 30°；

其他车辆（两轮摩托车及轻便摩托车除外）35°。

对于两轮摩托车和轻便摩托车，GB 7258—1997 规定了驻车稳定角。3.7.2 条规定，“两轮摩托车和轻便摩托车用撑杆支撑时，向左、向右、向前的驻车稳定角应分别不小于 8°、4°、4°，在用停车架支撑时，向左、向右、向前的驻车稳定角应均不小于 7°。”这一规定是为了保障两轮摩托车和轻便摩托车具有一定的驻车稳定性。

卧铺客车和特殊作业的机动车在结构上具有一定的特殊性，需要单独作出规定。在保证安全的前提下，与 GB/T 16887—1997《卧铺客车技术条件》相协调，经有关部门验证，在第一号修改单中对原 3.7.1 条作了补充规定：特殊作业的机动车、卧铺客车的侧倾稳定角不得小于 32°。

（2）侧倾试验台的构造

汽车侧倾试验台是对轮式机动车辆进行侧倾稳定角、质心位置、轮质量、轴质量、总质量和任一侧倾角度下车轮法向载荷等参数进行测量的专用检测设备。其中，侧倾稳定角、质心位置等是影响汽车操纵稳定性、制动性和行驶安全性的重要参数。

侧倾试验台一般由机械装置、液压系统、电气系统、打印机等组成。下面以国产 JT-10 型汽车侧倾试验台为例介绍其结构和工作原理。该试验台综合运用机、电、液等进行工作，由微机完成测试过程控制和数据的采集、处理、显示、打印等功能。

① 机械装置。机械装置用于支撑被测车辆，并将被测车轮的法向载荷按规定的关系传递给测力系统，还用于防止被测车辆在测试状态下的滑移和翻倾。机械装置由托架、称重板、支撑机构、定位机构、锁止机构、防滑防翻机构等组成。侧倾试验台台面划分为 4 个支撑面，分别为 A、B、C、D 支撑面。

② 液压系统。液压系统用于完成机械装置及其上面机动车辆的侧倾、锁止和复位。液压系

统由调压、调试、闭锁、同步、平衡等基本液压回路组成。

③ 电气系统。电气系统用于完成侧倾试验台的测试、显示、控制、打印等功能。电气系统由电源电路、组合转换电路、A/D 转换电路、单片机硬件电路、单片机接口电路、控制电路、调整补偿电路、放大测量电路、角测量电路、显示电路等组成。

将被测车辆开上侧倾试验台台面，对车辆进行必要的约束，在液压系统作用下，侧倾试验台台面将连同其上的被测车辆发生侧倾，由电气系统完成侧倾试验台的控制、测试、显示、打印等功能。

(3) 侧倾试验台的使用方法

国产 JT-10 型汽车侧倾试验台的电控面板上设有“标定”、“称重”、“水平”、“质心”、“倾角”5 大测试功能键和数字参数键。测试功能键有“打印”、“开始”、“参数 1”、“参数 2”、“标定”、“质心”、“称重”、“倾角”、“水平”、“方向”等，数字参数键有 0 ~ 9。

各功能键的功能如下。

“标定”键——测定对应角度下各称重板空载状态的法向载荷。

“称重”键——测定各称重板对应角度下的法向载荷。

“水平”键——测定车辆在水平状态选定方向下的轮质量、轴质量、总质量和质心的平面坐标。

“质心”键——测定车辆在选定方向和选定角度下的质心高度。

“倾角”键——测定车辆在选定方向和选定角度下的侧倾稳定角和最大侧倾稳定角。

试验台液控面板上有“上升”、“锁止”、“下降”、“启动”、“停止”5 个按键和“远控”组合按键，以控制液压系统的工作，并由与之对应的功能指示灯指示液压系统的工作状态，完成侧倾试验台的升降和停位锁止功能。

各按键功能如下。

“启动”键——用于启动液压系统电动机。

“停止”键——用于停止液压系统电动机。

“上升”键——用于控制液压缸的举升。

“下降”键——用于控制液压缸的下降。

“锁止”键——用于控制液压缸的停位。

“远控”键——并行完成液压系统的停止、上升、锁止、下降控制。

上述的“上升”、“锁止”、“下降”和“远控”键用于液压系统的功能转换，不改变电动机的工作状态。

侧倾试验台电控面板上设有角度显示器和数据显示器。当侧倾试验台处于水平位置，开机后按“角度复零”键，角度显示器将显示“0.00° ”，此时角测量系统进入试验台侧倾角度测试状态。

开机后测控系统自动进入待命状态，数据显示器显示“HELLO”。此时进入某一测试功能的方法是在待命状态下按相应的功能键，对应的指示灯亮，系统即进入该功能测试状态。退出某一测试功能的方法是再按一下亮灯对应的功能键，指示灯熄灭，数据显示器又显示“HELLO———”，测控系统回到待命状态。

打印机输出内容有 A 板质量、B 板质量、C 板质量、D 板质量 4 块板总质量，左前轮质量，右前轮质量，第 1 轴质量，左后轮质量，右后轮质量，第 2 轴质量，汽车总质量，质心距第 1 轴的距离，质心偏离车辆纵向对称面的距离（右偏为正，左偏为负），前轴负荷率和质心高度等。

1）测试前准备工作

① 试验台准备。

a. 检查侧倾试验台机械装置、液压系统和电气系统，确保连接可靠，定位正确，密封良好，无异常现象和影响测试的因素存在。

b. 打开电源总开关、电控系统电源开关，启动液压系统电动机，预热 20 min。

② 车辆准备。

a. 检查车辆技术状况，应保证车辆在测试状态下不漏油、不漏水，车辆各部总成、机构连接可靠。

b. 按要求的方向将被测车辆平稳缓慢地驶上侧倾试验台台面（也可选择反方向进入试验台台面），停于正确的测试位置（使汽车纵向轴线尽可能与侧倾试验台纵向轴线重合或平行），严禁在侧倾试验台台面上紧急制动。

c. 根据测试需要，实施车辆防滑、防翻的约束，确保车辆测试安全。

d. 输入测试参数。按“参数 1”和“参数 2”键，输入第 1 轴轮距值、第 2 轴轮距值、轴距值等。

2）测试

① 标定。在每次开机测量时，应先对侧倾试验台进行标定，方法如下：

a. 试验台在空载水平位置，测控系统在待命状态，角度显示器显示“0.00° ”，数据显示器显示“HELLO ———”。

b. 按“标定”键，标定指示灯亮，数据显示器显示“× × × × ×”。启动电动机，按液控面板上的“上升”键，试验台缓慢升起，角度显示器显示“× ×. ×”。测控系统自动采集称重板在各倾角下的空板载荷数据。

c. 在标定过程中，数据显示器显示 4 个称重板的总载荷。当需要观察各称重板对应的载荷时，可通过电控面板上的数字键进行选择。按数字键“1”、“2”、“3”、“4”、“0”时，可分别显示 A、B、C、D 这 4 块称重板的载荷和 4 块称重板的总载荷。

d. 当侧倾试验台台面倾角大于 45° 时，液压系统自动停止上升，数据显示器显示“——END”。

e. 按“标定”键，标定指示灯熄灭。按液控面板上的“下降”键，将试验台台面降至水平位置。系统回到待命状态，标定过程结束。

② 侧倾稳定角的测试

a. 在待命状态下，按“倾角”键，倾角指示灯亮，系统进入倾角侧试状态。

b. 用电控面板上的“方向”键选择汽车进台方向（方向指示灯不亮时表示左前轮在 D 板上，右前轮在 C 板上；灯亮时则表示左前轮在 B 板上，右前轮在 A 板上）。

c. 按“开始”键，数据显示器显示 A 板质量和 D 板质量中较小者。

d. 启动电动机，按液控面板上的“上升”键，试验台台面缓慢升起，倾角测试开始。测试过程中，数据显示器显示 A 板质量和 D 板质量中较小者。当测试到 A 板质量或 D 板质量小于或等于 20kg 时，“单轮”指示灯亮，自动停车，此时的角度为∠1。

e. 按液控面板上的“上升”键，继续测试。当第 2 个车轮载荷小于或等于 20kg 时，“双轮”指示灯亮，自动停车，显示“——END”，此时的角度为∠2。

f. 倾角测试完毕，按“打印”键，打印机打印检测结果。

g. 在测试过程中，若按“打印”键，则自动停车，打印测试结束。再按“开始”键和液控面板上的“上升”键，可继续倾角测试过程；在整个倾角测试过程中，均可按“倾角”键，返回待命状态；测试过程中如出现系统错误，按任意键则系统复位，此前的标定值仍然有效。

三、项目实施

（一）检测仪器与实施要求

1. 检测器材

① 车轮不平衡机、配重、平衡机专用卡尺。
② 转向系统间隙检查仪、悬架装置检测台。
③ 离车式平衡仪，就车式平衡仪。

2. 实施要求

① 了解汽车车轮不平衡的危害。
② 了解车轮动平衡仪的结构与工作原理。
③ 掌握车轮不平衡机的使用方法和车轮平衡配重的方法。
④ 了解悬架和转向系统间隙检查仪、悬架装置检测台的结构和使用方法。
⑤ 掌握悬架和转向系统的间隙检测方法。

（二）检测实施步骤

1. 就车式车轮不平衡量的检测

被测车轮先由举升器举离地面，并将车桥坐落于传感器支架 6 上，如图 5-13 所示。操作人员骑在驱动小车上推动手柄，使摩擦轮紧压于被测车轮 7 上，启动电动机 4 带动摩擦轮拖动车轮以相当于 110 km/h 的车速旋转，这时车轮的不平衡质量产生不平衡力随即被力传感器感知并被转变成电信号，这一电信号由电缆传入驱动小车内的电测系统并被计量和处理。光电传感器拾取车轮的初相位信号和转速信号，经检测电路处理后得到不平衡质量的量值和相位值，显示于仪表板的两组数码管上。测试前需在被测轮胎侧面任意处贴装白色反光标志，为使光电组件正常工作，胎侧距光电二极管不得超过 5 cm，检测程序分 3 次进行。

第 1 次：待摩擦轮与轮胎压紧后按下右按钮（左按钮也可），同时按压第 1 次试验按钮驱动车轮旋转，待转速上升到适当转速时，即分离摩擦轮，同时释放按钮，电路即记录与不平衡力及其相位有关的原始量并存入 CPU，仪表闪烁显示这组未经标定的不平衡数值和相位。

第 2 次：在反光标志处加装计算机预设的标定质量，如有的规定小客车为 30 g，大货车为 300 g，按下第 2 次试验按钮，重复上述操作，即用这已知预设质量对震动系统的刚性和结构参数进行计算。当转速上升到设定值时显示灯即被点亮，微机即将第 1 次所测得的变量自动处理成常量显示于仪表板上；这就是就车式平衡机的自标定功能。这时将显示的质量加装在所显示的相位处，同时除去标定重块。

第 3 次：剩余不平衡量检测，以证实剩余不平衡量是否满足有关法规的要求，如果达不到要求，可进行第二次复试，若仍达不到标准要求，只能拆下轮胎，使用较高精度的离车式车轮平衡机进行平衡。

如果是驱动桥，则可用发动机拖动车轮旋转，其他操作同前所述。对于平衡要求较高的车辆，为了消除阻尼造成的相位误差，平衡时可令车轮左、右各转一次，取两次的平均值为最后测定值。这里必须着重指出，所有平衡机都有最大不平衡量限值，严重失衡的车轮是不能上机平衡的。

2. 离车式车轮不平衡量的检测

① 清除被测车轮上的泥土、石子和旧平衡块。

② 检查轮胎气压，视情况充至规定值。

③ 根据轮辋中心孔的大小选择锥体，仔细地装上车轮，用大螺距螺母上紧。

④ 打开电源，检查控制装置的面板指示是否正确。

⑤ 用卡尺测量轮辋宽度、轮辋直径（也可胎侧读出），用平衡机上的标尺测量轮辋边缘至机箱距离，再用输入或选择器旋钮对准测量值的方法，将以上参数值输入控制装置中去。

⑥ 放下车轮防护罩，按下启动键，车轮旋转，平衡测试开始，微机自动采集数据。

⑦ 车轮自动停止或听到“嘀”声按下停止键并操纵制动装置使车轮停止旋转后，从指示装置读取车轮内、外不平衡量和不平衡位置。

⑧ 抬起车轮防护罩，用手慢慢转动车轮。当指示装置发出指示时停止转动。在轮辋的内侧或外侧上部（12 点位置）加装指示装置显示的该侧平衡块质量。内、外侧要分别进行，平衡块装卡要牢固。

⑨ 安装平衡块后有可能产生新的不平衡，应重新进行平衡试验，直至不平衡量 < 5g，指示装置为“00”或“OK”时才可以。

⑩ 测试结束，关闭电源开关。

3. 悬架和转向系统间隙检测

利用汽车悬架和转向系统间隙检测仪进行测量。

① 接通电控箱上总电源，电控箱上若有空气开关，则打开空气开关。

② 将手电筒上工作开关按下，手电筒中工作灯应亮，电控箱上绿色指示灯应亮，此时电动机应转动，油泵工作。若有异常应检查排除。

③ 按下手电筒上某一测试板的向前或向后键，使系统升压。当检测板移动到一侧极限位置时，检查压力表油压是否正常，否则调节溢流阀旋钮，使其达到要求值。

④ 检查左、右检测板表面是否沾有泥、油、砂等杂物，若有应清除。

⑤ 车辆应运行至正常工作温度。检查轮胎气压是否符合规定，若不符合则应调整到规定值；检查轮胎上是否有泥土和砂子，若有则应清除。

⑥ 将前桥置于左、右检测板上，尽量使车轮在检测板上居中停放。车上引车员踩紧制动并抱住转向盘，车下检验员按动手电筒开关上检测板“前、后移动方向”键，使悬挂作上、下、左、右、前、后复杂运动。对断开式前桥，应注意观察车轮与制动底板（或制动盘），上下摆臂和销与衬套以及上下球头销处运动是否正常；对整体式前桥，应注意观察车轮与制动底板，U

形螺栓，钢板弹簧和前、后吊耳是否正常。

⑦ 车轮保持上述停放状态，按下手电筒开关上检测板“左、右移动方向”键，使悬架受到左、右切向力的作用。对于断开式前桥，注意观察车轮和轴头、减震器和螺旋弹簧、横向稳定杆和摇臂等部位是否正常；对整体式前桥，应注意观察车轮和轴头、减震器及衬套、横直拉杆与球头是否正常。

⑧ 根据所测汽车悬架及转向系统结构特点，选择左、右检测板不同运动方向组合方式，检查相关节点工作情况。

⑨ 前桥检测完毕，将后桥（或中桥）开上检测板，用上述检测方法进行检测。

⑩ 检测完毕，关掉手电筒工作开关，再关掉空气开关及总电源，工作结束。

4. 平板式悬架装置检测悬架效率

① 检验员将车辆以 5 km/h ~ 10 km/h 的速度正直驶上平板，接近平板时置变速器于空挡。

② 当各被测车轮均驶上平板后，急踩制动，使车辆停住。

③ 测量制动时的动态轮荷，记录动态轮荷的衰减曲线。

④ 计算并显示悬架效率和同轴左、右轮悬架效率之差值。

5. 最大侧倾稳定角检测

检测车辆的最大侧倾稳定角可以在侧倾试验台上进行。

（1）检测前准备工作

① 试验台准备。检测前应将侧倾试验台调整到台面处于水平状态。

② 被测车辆应装备齐全，使车辆处于空载状态；汽车门、窗应完全关闭，座椅应调整到标准位置上；轮胎气压充至技术条件中的规定值；采取有效措施，以防止汽车侧倾时燃料、润滑油及冷动液等泄漏；如果被测车辆装用空气弹簧悬架，应将悬架调整到标准技术状态，而后锁死。

③ 对装有空气弹簧的被测车辆，应在高度调节阀不动作的状态下进行试验。

（2）检测过程

① 将被测车辆驶上倾斜试验台，使被测车辆的纵向中心线平行于侧倾试验台转轴的中心线，并将左侧或右侧所有车轴的外轮外侧与试验台上车轮止动楔相接触。

② 将车辆制动住，用绳索在车轴将出现滑移或翻倒的反向上拴牢，但绳索上不应预先施加拉力。开动试验台，使该车侧倾，当不和车轮止动楔相接这一侧的所有车轮与试验台面分离的瞬间，用试验台倾斜角指示盘记下读数，单位用“度（°）”。

③ 该值即为该车的最大侧倾稳定角。

四、拓展知识

主动悬架技术

为了改善悬架系统的性能，要求汽车行驶时所需的阻尼力特性和弹簧刚度应随道路条件和行驶工况而变化。目前，在汽车悬架系统中已逐步采用电控技术，以改善汽车的行驶平顺性。

悬架电控的目的如下：一是降低路面凹凸不平引起的车身急剧跳动对乘员的影响；二是减少汽车行驶时的车身姿态变化（如侧倾、纵摇、点头和仰头等）；三是保证在弯曲路段和高速行驶时的操纵稳定性；四是在乘员数目和载货重量变化时维持车身高度不变，并在高速行驶时降低汽车高度，在粗糙路面行驶时增加汽车高度。主动悬架是指悬架有主动控制的作用，可根据汽车的运动状态和路面状况主动作出反转，以抑制车体的运动，使悬架始终处于最优减震状态。所以，主动悬架的特点就是能根据外界输入或汽车本身状态的变化进行动态的自适应调节。主动悬架一般可分为全主动悬架和半主动悬架两大类。全主动悬架就是根据汽车的运动状态和路面情况，适时调节汽车悬架的刚度和阻尼，使其处于最优减震状态。因此，全主动悬架必然是有源的，而半主动悬架则由无源但可控的阻尼元件组成。

1. 半主动悬架

半主动悬架通常不改变悬架的刚度而只改变悬架的阻尼。由于半主动悬架结构简单，在工作时几乎不消耗汽车的动力，又能获得与全主动悬架相近的性能，故应用较广。半主动悬架系统又分成有级式和无级式两种。

在有级式半主动悬架系统中，通常将阻尼分为两级或三级，可由驾驶员选择，或根据传感器信号自动选择所需要的阻尼。阻尼力的调节一般可用调节电动机带动减震器的阀芯转动，使控制阀孔的通道截面改变，从而产生不同的阻尼值。有级式半主动悬架的发展又将阻尼分为更多级，这样可以扩大选择的范围，提高操纵稳定性和平顺性。有级式半主动悬架的优点是能在坏路条件下或转弯、制动时将阻尼调节到很大，使行驶安全性大幅度提高。

无级式半主动悬架系统要求其阻尼按照行驶状态的动力学要求作无级调节，并在几毫秒内由最小变到最大。无级式半主动悬架系统的特点是不需要外加能量系统，但所需传感器较多，使成本提高。

2. 全主动悬架

目前全主动悬架系统主要有主动空气悬架、主动油气悬架和主动液力悬架 3 种。因为主动液力悬架只使用不可压缩的油液，故其响应灵敏度很高。主动液力悬架系统采用高精度和高灵敏度的伺服阀，并用载荷、非弹簧质量加速度和悬架行程的反馈控制来减小汽车姿态变化，因此可保证汽车有良好的操纵性和行驶稳定性，但其成本很高，目前除在部分高级轿车和一些特殊车辆上使用外，还未被广泛采用。全主动悬架系统的优良性能对越野汽车有重大的应用价值，现在越野汽车使用传统悬架，使越野行驶速度受到很大的制约。若发展出适用于汽车的主动悬架系统，则可以大幅度地提高越野汽车的越野行驶速度，提高战术机动能力。

小 结

1. 影响汽车平顺性的主要因素有悬架结构、悬架质量、轮胎、非悬架结构和座椅。

2. 车轮不平衡会造成车轮的跳动和横向摆动，从而影响汽车的行驶平顺性与操纵稳定性，为高速行驶的汽车带来安全隐患，同时还加剧了车轮的磨损。对车轮进行平衡检测时分离车式检测与就车式检测两种检测方法。

3. 悬架装置是保证汽车平顺性的一个重要总成，它是将车身和车轴弹性联接的部件。汽车悬架装置通常由弹性元件、导向装置和减震器 3 部分组成，其主要功能是缓和由路面不平引起的震动和冲击，以保证汽车具有良好的平顺性；迅速衰减车身和车桥的震动；传递作用在车轮和车身之间的各种力和力矩；保证汽车行驶时必要的安全性和操纵稳定性。对悬架装置的检测用悬架装置检测台。

习 题

1. 什么是汽车的行驶平顺性？其评价指标是什么？
2. 影响汽车平顺性的主要因素有哪些？
3. 车轮不平衡的主要原因有哪些？
4. 简述轮胎平衡机的使用注意事项。
5. 如何使用离车式车轮平衡机进行车轮平衡检测？
6. 车轮不平衡会带来什么影响？
7. 为什么要进行汽车悬架装置的检测？

项目六

汽车传动系统性能检测与评价

一、项目要求

汽车的动力传递由发动机开始，经离合器、变速器、分动器、万向传动装置、主减速器、差速器、半轴，最后到达车轮。传动系统中任何一个环节技术状况的变化，都会直接影响发动机动力的传递效率，从而影响整个汽车的动力性能。因此，要加强对传动系统的检测，及时进行调整，以确保其传动效率。

通过本部分内容的学习，读者应了解传动系统的技术要求；掌握离合器打滑检测和传动系统游动角度检测的方法。

二、相关知识

（一）传动系统性能评价指标与技术要求

汽车传动系统包括离合器、变速器、分动器、万向传动装置、主传动器、差速器、半轴等，传动系统的技术状况的变化将直接影响发动机动力的传递。

1．汽车传动系统的传动效率

汽车传动系统的传动效率如表 6-1 所示。

表 6-1　　汽车传动系统的传动效率

汽 车 类 型		传动效率（η_m）
轿车		0.90 ~ 0.92
载货汽车和公共汽车	单级主减速器	0.90
	多级主减速器	0.84
4×4 越野汽车		0.85
6×6 越野汽车		0.80

2. 传动系统的技术要求

国家标准 GB 7258—2004《机动车运行安全技术条件》对传动系统的技术要求如表 6-2 所示。

表 6-2　　传动系统技术要求

项　目	要　求
离合器	1. 机动车的离合器应接合平稳、分离彻底、不得有异响、抖动和打滑现象 2. 踏板自由行程应符合整车技术条件的有关规定 3. 踏板力不得大于 300 N（运输用拖拉机不得大于 350 N），手握力应不大于 200 N
变速器和分动器	换挡时齿轮啮合灵便，互锁和自锁装置有效，不得有乱挡和自行跳挡现象；运行中无异响；换响时变速杆不得与其他部件干涉
传动轴	传动轴在运转时不得发生振抖和异响，中间轴承和万向节不得有裂纹和松旷现象
驱动桥	驱动桥工作应正常且无异响

传动系统技术状况的优劣，可以用经验法检查，也可用检测仪器进行。利用离合器打滑频闪测定仪和传动系统游动角度检测仪可判断传动系统的技术状况好坏。

（二）离合器打滑检测仪器

离合器打滑会使发动机发动的动力不能有效地传递到驱动车轮上去,并使离合器自身过热、加剧磨损、燃焦甚至损坏。使用离合器打滑频闪测定仪可检测离合器是否有打滑现象。

该仪器主要由透镜、闪光灯、电阻器、电容器、电源、传感器等组成，如图 6-1 所示，电源采用汽车蓄电池。

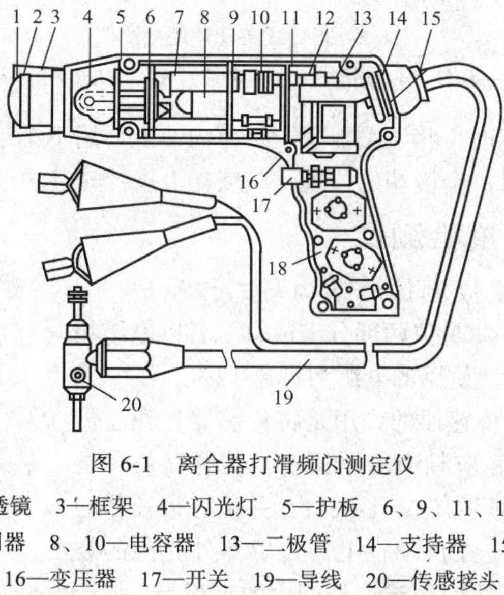

图 6-1　离合器打滑频闪测定仪

1—环　2—透镜　3—框架　4—闪光灯　5—护板　6、9、11、12、18—隔板
7—电阴器　8、10—电容器　13—二极管　14—支持器　15—座套
16—变压器　17—开关　19—导线　20—传感接头

使用该仪器时，需由发动机的火花塞给仪器内高压电极输入电脉冲信号。火花塞每跳火一次，闪光灯就亮一次，且闪光频率与发动机转速成正比。离合器不打滑时，传动轴上设定点会与闪亮点同步动作，传动轴似乎处于不转动状态。否则，轴上设定点转速会滞后于闪亮点动作，

说明离合器存在打滑现象。

（三）传动系统游动角度检测仪器

当传动系统各部分因磨损松旷或由于维护保养不当时，就会发生车辆使用时的震抖和异响。而传动系统机件磨损松旷是由于各部分间隙（离合器、变速器、万向传动装置和驱动桥各总成游动角度之和）超过允许值，因而传动系统游动角度可以作为评价汽车传动系统技术状况的一般性综合诊断参数。利用传动系统游动角度检测仪可以对各传动部分的游动角度进行检测。

传动系统游动角度检验仪有指针式和数字式两种。

1. 指针式游动角度检测仪

该仪器主要由指针、刻度盘和测量扳手组成。指针固定在驱动桥主动轴上，刻度盘则固定在主传动器壳上，如图 6-2（a）所示。测量扳手一端带有 U 形卡嘴，可以卡在十字万向节上。为了适应多种车型，卡嘴上带有可更换的钳口。测量扳手另一端有指针和刻度盘，可指示转动扳手的转矩值，如图 6-2（b）所示。

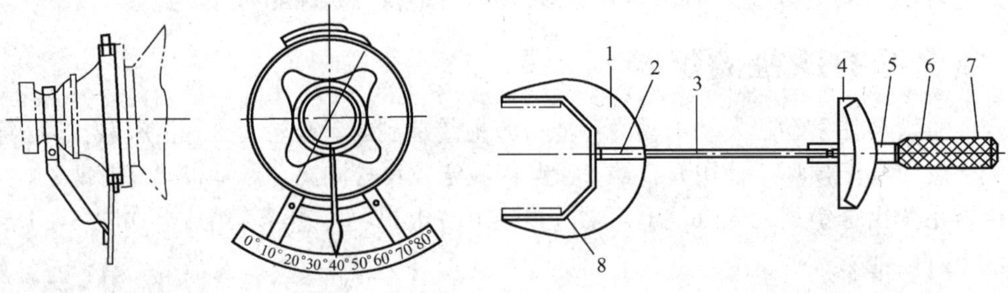

（a）指针与刻度盘的安装　　（b）测量扳手

图 6-2　指针式游动角度检测仪

1—卡嘴　2—指针座　3—指针　4—刻度盘　5—手柄　6—手柄套筒　7—定位销　8—可换钳口

检测传动系统游动角度时，将测量扳手卡在万向节上，用不小于 30N · m 的转矩转动，使之从一个极端位置转动到另一个极端的位置，刻度盘上指针转过的角度即为所测游动角度值。

2. 数字式游动角度检测仪

（1）数字式游动角度检测仪的结构与工作原理

该仪器由倾角传感器和测量仪两部分组成，二者以电缆相连。检测范围为 0° ~ 30° ，使用的电源为直流 12 V。

① 倾角传感器。倾角传感器的作用是将传感器外壳随传动轴游动的倾斜角转换为相应频率的电振荡。传感器外壳是一个长方形的壳体，其上部开有 V 形缺口，并配有带长扣的尼龙带，因而可方便地固定在传动轴上。传感器外壳内的装置如图 6-3 所示，图中弧形线圈固定在外壳中的夹板上，弧形铁氧体磁棒通过摆杆和心轴支撑在夹板的两轴承上，并可绕心轴轴线摆动。在重力作用下，摆杆与重力方向始终保持某一夹角 α_0 当传感器外壳倾斜角度不同时，弧形线圈内弧形磁

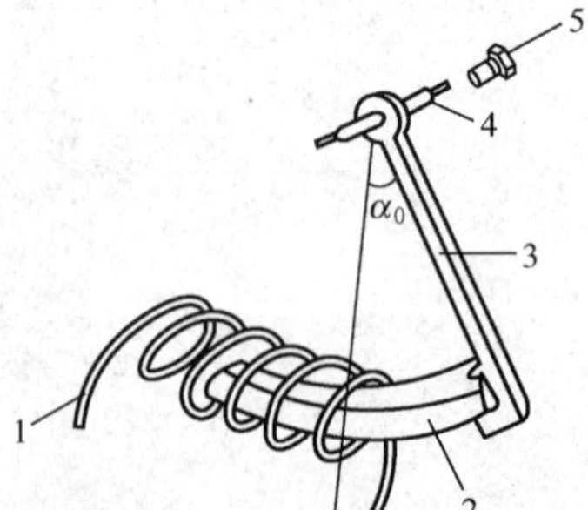

图 6-3　倾角传感器结构示意图

1—弧形线圈　2—弧形铁氧体磁棒

3—摆杆　4—心轴　5—轴承

棒的长度也随之不同，产生的电感量亦不同，因而也就改变了电路的振荡频率。可见，传感器实际上是一个倾角－频率转换器。为使传感器可动部分摆动后能迅速处于平衡状态，传感器外壳内装有变压器油。

② 测量仪。测量仪实际上是一台专用的数字式频率计，由于采用了与传感器特性相应的初始置数的措施，因而能直接显示传感器的倾角。

由倾角传感器和测量仪两部分组成的数字式游动角度检测仪，采用了 PMOS 数字集成电路。其工作原理是由传感器送来的振荡信号经计数门进入主计数器，在置成的补数基础上累计脉冲数。计数结束后，在锁存器接收脉冲作用下，将主计数器的结果送入寄存器，并由萤光数码管将结果显示出来。使用中，读出游动范围内两个极端位置的倾角，其差值即为游动角度。

（2）游动角度检测标准

截止目前，我国尚无具体的游动角度检测标准。据国外资料介绍，中型载货汽车传动系统游动角度及各分段游动角度如表 6-3 所示。

表 6-3　　游动角度参考数据

部　位	游动角度	部　位	游动角度
离合器与变速器	≤（5°～15°）	驱动桥	≤（55°～65°）
万向传动装置	≤（5°～6°）	传动系统	≤（65°～86°）

注：此表所列数据仅供检测时参考。

在测量仪上读取数值时应注意，其显示的角度值在 0°～30° 内有效。出现大于 30° 的情况，可将固定在传动轴上的传感器适当转过一定角度。若其中一极限位置为 0°，另一极限位置超过 30°，则说明该段游动角度已大于 30°，超出了仪器的测量范围。

三、项目实施

（一）检测仪器与实施要求

1. 检测器材

① 汽车底盘测功机（或车速表试验台）。

② 气象仪器、蓄电池、离合器打滑频闪测定仪。

③ 指针式游动角度检测仪或数字式游动角度检测仪。

2. 实施要求

① 掌握离合器打滑频闪测定仪的使用方法。

② 掌握在汽车底盘测功机上对给定车辆进行离合器打滑的检测方法。

③ 掌握指针式游动角度检测仪、数字式游动角度检测仪的使用方法。

④ 熟悉汽车传动系统游动角间隙的检测。

（二）检测实施步骤

1. 离合器打滑的检测

① 首先把被测汽车驶上底盘测功机或车速表试验台上，将驱动车轮停置在两滚筒之间，降下举升装置，让车轮与滚筒接触。

② 在传动轴上作一标记点，将变速器置入选定挡位，松开驻车制动装置，踩下加速踏板，同时，调节底盘测功机制动力矩，对滚筒加载，增加驱动车轮负荷。若无底盘测功机，也可将驱动桥支起，将变速器置入直接挡，踩下加速踏板使汽车原地运转，利用行车制动或驻车制动方式对车轮加载。

③ 将闪光灯发出的闪亮点投射到传动轴上预设的标记点，通过加载改变发动机转速，观察传动轴在不同转速下，轴上标记点的转动是否与闪亮频率同步，从而判断离合器打滑程度。

2. 指针式游动角度检测仪检测传动系统技术状况

传动系统游动角度的检测应分段进行。具体检测方法如下。

（1）检测驱动桥的游动角度

将变速器挂空挡，驻车制动器松开，驱动轮制动时，将测量扳手卡在驱动桥主动轴万向节的从动叉上，即可测得驱动桥的游动角度。

（2）检测万向传动装置的游动角度

与检测驱动桥游动角度的方法基本相同，只是将测量扳手卡在变速器后端万向节的主动叉上。此时获得的游动角度减去驱动桥的游动角度，即为万向传动装置的游动角度。

（3）检测离合器和变速器的游动角度

放松制动器，离合器将处于接合状态，如有必要可支起驱动桥。测量扳手仍卡在变速器后端万向节的主动叉上，依次挂入各挡即可获得不同挡位下从离合器到变速器的游动角度。

对上述 3 段游动角度求和，即可获得传动系统的游动角度。

3. 数字式游动角度检测仪检测传动系统技术状况

将测量仪接好电源，用电缆把测量仪和倾角传感器连接好，先按仪器使用说明书的要求对仪器进行自校，再将转换开关扳到“测量”位置上，就可进行实测了。在汽车传动系统中，最便于固定倾角传感器的部位是传动轴。因此，在整个检测过程中，该传感器一直固定在传动轴上。

各部位游动角度的测量方法如下。

（1）检测万向传动装置的游动角度

把传动轴置于驱动桥游动范围的中间位置或将驱动桥支起，拉紧驻车制动器。左、右旋转传动轴至极端位置时，测量仪便直接显示出固定的传动轴上的传感器的倾斜角度。将两个极端位置的倾斜角度记下，其差值即为万向传动装置的游动角度。此角度不包括传动轴与驱动桥之间的万向节的游动角度。

（2）检测离合器与变速器各挡的游动角度

放松驻车制动器，将变速器挂入选定挡位，离合器处于接合状态，传动轴置于驱动桥游动范围中间位置或将驱动桥支起。左、右旋转传动轴至极端位置时，测量仪便显示出传感器的倾斜角度。求出两极端位置倾斜角度的差值，便可得到一游动角度值。该游动角度减去已测得的万向传动装置的游动角度，即为离合器与变速器在该挡位下的游动角度。按同样方法，依次挂入各挡位，便可测得离合器与变速器各挡位下的游动角度。

（3）检测驱动桥的游动角度

变速器置空挡位置，松开驻车制动器，踩下制动踏板，将驱动轮制动。左、右旋转传动轴至极端位置时，即可测得驱动桥的游动角度。该角度包括传动轴与驱动桥之间万向节的游动角度。

对于多桥驱动的汽车，当需要检测每一段的游动角度时，传感器应分别固定在变速器与分动器之间的传动轴、前桥传动轴、中桥传动轴和后桥传动轴上。

在测量仪上读取数值时应注意，其显示的角度值在 0° ~30° 内有效。出现大于 30° 的情况，可将固定在传动轴上的传感器适当转过一定角度。若其中一极限位置为 0° ，另一极限位置超过 30° ，说明该段游动角度已大于 30° ，超出了仪器的测量范围。

四、拓展知识

电控自动变速器技术

近年快速发展起来的电控液力机械变速器通过改进机械设计和采用电控技术，其性能有了显著的提高。与此同时，电控传动带式自动变速器和机械式自动换挡变速器也得到了快速发展，它们的典型代表分别是 CVT 机械无级自动变速器和电控机械式自动变速器。

1. 电控液力机械变速器

电控液力机械变速器由液力变矩器、行星齿轮变速机构、液压控制系统及电控单元等部分组成。液力变矩器的主从动部分依靠液体传递动力，可在一定范围内实现无级变速。由于液力变矩器的变速范围有限，因此需加行星齿轮变速机构扩大变速范围。液压控制系统和电控单元可实现变速器的自动换挡。在电控自动变速器中，控制单元根据车速信号和油门信号确定何时应当变速，并使液压控制系统的电磁阀动作，控制变速阀的移动，而变速阀又控制通向行星齿轮机构的离合器和制动器的液压通路，从而实现换挡变速。汽车采用自控自动换挡后，由于消除了驾驶员换挡技术的技术差异，提供优良的传动比转换性能，汽车速度变化快而平稳，避免了换挡冲击和降低了动载荷，从而提高了乘坐舒适性。实验表明，在电控自动换挡汽车的传动轴上，扭矩波动的最大峰值仅相当于手动换挡的 20%～40%，发动机的寿命提高了 1.5 倍，变速器的寿命提高了 24 倍，传动系统其他零件的寿命提高 1.5～2.5 倍。另外，自动换挡还可减轻驾驶员的疲劳强度，从而提高汽车行驶的安全性。据统计，安装了自动换挡变速器的汽车可减少 1/4～1/3 的行车事故。目前，世界主要发达国家军队装备的越野汽车几乎都采用了液力机械变速器，并向电控自动换挡方向发展。

2. CVT 机械无级自动变速器

CVT（V 形传动带式）机械无级自动变速器可连续改变传动比，这种变速器允许发动机功率和汽车需求之间自由地协同工作，可使发动机在任何车速时都以最大功率工作，保证了汽车的适应性。CVT 机械无级自动变速器。是近年发展起来的新型变速器，它依靠新技术和新工艺生产的

V 形金属传动带作为结构主体，并结合微电子、液压控制技术，对发动机和传动系统进行最优化控制，金属传动带是动力传递元件，被拉紧在两对锥形轮之间，借助于作用在活动的锥形半轮上的液压作用的轴向力，可改变两个锥形半轮之间的距离，从而改变传动半径，即可改变传动比。CVT 机械无级自动变速器的传动比最大调节范围可达 6：1。CVT 机械无级自动变速器的独特结构使它具有很多优点：操纵简便、加速平稳、响应迅速，并能使发动机始终工作；在最佳状态，获得最佳的燃料经济性或动力性。由于可自动无级改变传动比，发动机动力传递没有换挡跳跃和功率中断，变速的平顺性和乘坐的舒适性都有较大的提高，电控 CVT 使其性能得到更充分的发挥。如能继续提高金属传动带的传递功率，CVT 不仅能被轿车采用，还能被大吨位汽车采用。

3. 电控机械式自动变速器

随着微电子技术在汽车上的广泛应用，利用电控单元和液压技术使齿轮式变速器实现自动换挡，极大地提高了该种变速器的换挡性能和技术含量。电控机械式自动变速器保留了原齿轮变速器效率高、成本低的长处，还具有液力自动变速器因自动换挡所带来的全部优点。电控机械式自动变速器以电控单元代替人的思维，以传感器代替人的感觉神经，用执行机构完成人的手和脚功能，因此其技术含量更高，目前取得了更大的进展，已广泛应用于各型汽车上。启动变速是电控机械式自动变速器控制功能的主要内容。它要求对发动机、离合器和变速器换挡进行联合控制，驾驶员通过加边踏扳手选择器（包括换销范围、换挡规律、巡航控制等）电控单元表达意图。一系列的传感器时刻掌握着汽车的行驶状态，电控单元按存储在其中的最佳控制程序、最佳换挡规律、离合器最佳结合规律、发动机油门的自适应调节规律等，对油门开度、离合器结合以及换挡三者进行控制，以实现最佳匹配，从而获得优良的行驶性能、平稳起步性能和迅速换挡性。

小结

1. 汽车传动系统包括离合器、变速器、分动器、万向传动装置、主减速器、差速器、半轴等，传动系统的技术状况变化将直接影响发动机动力的传递。

2. 汽车的离合器应接合平稳、分离彻底，不得有异响、抖动和打滑现象。踏板自由行程应符合整车技术条件的有关规定。踏板力不得大于 300 N，手握力应不大于 200 N。传动轴在运转时不得发生震抖和异响，中间轴承和万向节不得有裂纹和松旷现象，驱动桥工作应正常且无异响。

3. 检测离合器打滑的仪器是离合器打滑检测仪，检测传动系统游动角度的仪器有指针式和数字式两种。

习题

1. 国家标准对传动系统有何要求？
2. 简述离合器打滑检测仪的工作原理。
3. 传动系统游动角度检测仪有几种？如何进行传动系统游动角度检测？

项目七 汽车排放污染物检测与评价

一、项目要求

汽车给人类生活提供了极大的方便，同时也消耗了大量的石油产品，排出了大量污染人类生存环境的有害气体。这些污染物的最高体积分界线离地面约 1 m 处，恰恰是行人的呼吸带部位，严重影响人类的健康。世界卫生组织最新研究报告表明，汽车尾气致人死亡的数字远远高于交通事故中的遇难者，这也促使人类意识到保护生态环境、减轻环境污染的必要性和紧迫性。因此，检测并有效控制汽车排放污染物，对于保护人类生存环境具有重要意义。

通过本部分内容的学习，读者应掌握汽车排放污染物的种类和危害；了解汽车排放污染物控制的国家和地方标准；掌握汽油车排放污染物的检测设备和检测方法；掌握柴油车排气污染物检测设备和检测方法。

二、相关知识

汽车产生的废气、噪声是世界公认的城市两大公害。改革开放以来，我国汽车保有量持续以年递增 10%以上的速度增长，汽车所造成的环境污染日趋严重。因此，检测并控制汽车排放污染物，对于保护人类生存环境具有重要意义。同时，汽车发动机所排出的污染物成分和浓度与发动机的技术状况密切相关，所以通过对发动机的排气污染物进行检测，可评价发动机的技术状况，特别是燃油供给系统和点火系统的技术状况。

（一）汽车排放污染物的种类与危害

1. 汽车排放污染物的种类

汽车所排放的污染物主要有 CO（一氧化碳）、HC（碳氢化合物）、NO_x（氮氧化物）、微粒（由碳烟、铅氧化物等重金属氧化物和烟灰等组成）和硫化物等。污染物的排放途径为汽车发动机排气管、曲轴箱和燃油供给系统，通过这些途径排出的污染物分别称为排气污染物、曲轴箱污染物和燃油蒸发污染物。

（1）CO

CO 是燃料不完全燃烧的产物。当发动机混合气过浓或燃烧质量不佳时，易生成 CO 而从发动机排气管排出。特别是发动机在怠速工况时，混合气供给偏浓，发动机工作循环中的气体压力和温度不高，燃烧速度减慢，因不完全燃烧所生成的 CO 浓度增高；发动机在加速过程中供给较浓混合气；或因点火过分推迟补燃增多时，均会使 CO 的排放量增加。

（2）HC

废气中的 HC 是发动机未燃尽的燃油分解所产生的气体。汽车排放污染物中，HC 的 20%～25%来自曲轴箱窜气；20%来自化油器和燃油箱中燃油的蒸发；其余则由发动机排气管排出。发动机冷启动或怠速工况下混合气较浓，且燃烧温度过低或化油器雾化不良时，发动机排出的废气中的 HC 含量增加。

（3）NO_x

NO_x 是空气中的 N_2 与 O_2 在高温高压条件下反应而生成的。汽车发动机所排废气中的 NO_x 主要由 NO（一氧化氮）和 NO_2（二氧化氮）构成。汽油机排出的氮氧化物中，NO 占 99%，而柴油机排出的氮氧化物中 NO_2 的比例稍大。发动机的负荷和压缩比越高，发动机的燃烧温度越高，燃烧终了汽缸内的压力越高，生成 NO_x 的条件也越充分。

（4）微粒

汽油机排出的浮游微粒主要有铅化物、硫酸盐、低分子物质。当汽油机使用含铅汽油时，燃烧废气中将会有铅化合物以微粒状从排气管排出。柴油机排出的微粒比汽油机多 30～60 倍，主要为含碳物质（碳烟）和高分子量有机物（润滑油的氧化和裂解产物）。碳烟是柴油发动机燃烧不完全的产物，主要由直径为 0.1 μm～1.0 μm 的多孔性碳粒构成。当汽车启动、加速、上坡时，由于混合气过浓，碳烟排放量会增加；或者柴油喷雾质量不高、雾化不良时，也会增大碳烟的排放量 。

（5）硫化物

发动机排出的硫化物主要为 SO_2（二氧化硫），由所用燃油中含有的硫与空气中的氧反应而生成。

2. 汽车排放污染物的危害

汽车排放污染物对环境的影响主要有两个方面：一是污染环境，二是参与形成光化学烟雾，进一步恶化空气质量。污染物种类不同，对人的健康危害也有所不同。

① CO：CO 能与血液中的血红蛋白结合，形成碳氧血红蛋白 CO—Hb，从而使这部分血红蛋白失去输送氧气的能力，造成血液输氧能力下降，导致人体缺氧。

② HC：HC 可以使人的骨髓功能减弱，血小板减少，刺激眼、鼻、呼吸道，危害植物，同时也是形成光化学烟雾的因素。

③ NO_x：它由 96%～98%的一氧化氮（NO）和 2 %～ 4 %的二氧化氮（NO_2）构成，其中 NO_2 危害眼睛、呼吸道和肺；NO_x 使纤维、塑料、橡胶、电子材料提前老化，并参与形成光化学烟雾。

④ 光化学烟雾：它由臭氧（O_3）、多种过氧化物和多种游离基组成，强烈刺激眼睛、呼吸

道，诱发癌症，危害作物，腐蚀金属、橡胶，降低空气能见度。

⑤ 固体颗粒物：它由碳粒、铅氧化物和多种高分子氧化物构成，其中铅可以损害心、肺、造血系统，造成智力低下；碳烟中的有害物质可致癌，降低空气能见度，附着固体表面，影响美观，腐蚀金属。

⑥ SO_2：SO_2 可形成酸雨，危害环境和作物。

3. 汽油车排放污染物的形成和主要影响因素

（1）汽油车排放污染物的形成

① CO 的形成。在发动机工作过程中，理论上汽油在空燃比（燃烧时供给的空气重量和燃油重量之比）为 14.8、柴油在空燃比为 14.3 时，燃料可以实现完全燃烧，形成无害的二氧化碳和水。汽油机中，化油器实际供给的空燃比通常在 16 ~ 12.5 范围内变动，当空燃比为 < 14.8 时，燃烧空气必然不足，燃料燃烧不完全，会产生 CO；另外，即使氧比较充足，发动机中空气和燃料不可能完全雾化混合均匀，造成局部缺氧，加之发动机中燃烧时间有限，也会形成 CO。

② HC 的形成。汽油是由多种成分的 HC 所组成的，如果完全燃烧将生成二氧化碳和水。但是，汽油的燃烧很复杂，任何发动机都可能发生不完全燃烧，因此在排气中总会有少量 HC 存在。其原因如下。

- 为了提高发动机的最大功率，发动机常在 $\alpha<1$ 的浓混合气情况下工作。在低负荷时，由于汽缸内残余废气较多，为了不使燃烧速度过低，也在 $\alpha<1$ 情况下工作。由于 $\alpha<1$ 时空气量不足，因此会发生不完全燃烧。
- 在汽油机中用电火花点火，由火焰传播把混合气烧掉，但紧靠燃烧室壁面附近的混合气层，由于缸壁的冷却形成激冷层，使火焰传播终止而熄灭，因此激冷层的混合气不能完全氧化燃烧，从而有许多未燃的 HC 也要排出来。
- 从燃烧化学考虑，汽油的氧化燃烧是很复杂的，不是一下子就能反应成二氧化碳和水的。

总之，排气中的 HC 是燃料没有燃烧的 HC 或不完全燃烧，或部分被分解的产物。HC 中含有饱和烃、不饱和烃、芳烃及部分含氧化合物（如醛、酮、酸等），成分复杂，组成变化也很大。有人曾从排气的 HC 中分析出 200 多种不同成分碳氢化合物。

③ NO_x 的形成。与 CO 和 HC 不同的是，NO_x 不是来自燃油的燃烧，而是空气燃烧的产物。在空气完全燃烧的情况下，空气中的氮将完全氧化，形成二氧化氮，空气不完全燃烧将形成一氧化氮，它们都是在氧气过剩的条件下，由于燃烧室内高温而形成的。因此，形成氮氧化物的条件为燃烧室内有过剩的氧气、燃烧过程的高温以及高温持续的时间较长。

影响燃烧过程的因素都将影响汽车的排气污染物，这些因素包括燃料品质、发动机的型式、燃料系统和点火系统及电控系统的技术状况、发动机工况、发动机的温度等。

（2）汽油车排放污染物的主要影响因素

① 混合气浓度。混合气浓度常以空燃比或过量空气系数表示。空燃比大于 14.8 或过量空气系数大于 1，称混合气较稀或过稀；反之，空燃比小于 14.8 或过量空气系数小于 1，则称混合气较浓或过浓。

空燃比与污染物排放量的关系如图 7-1 所示。

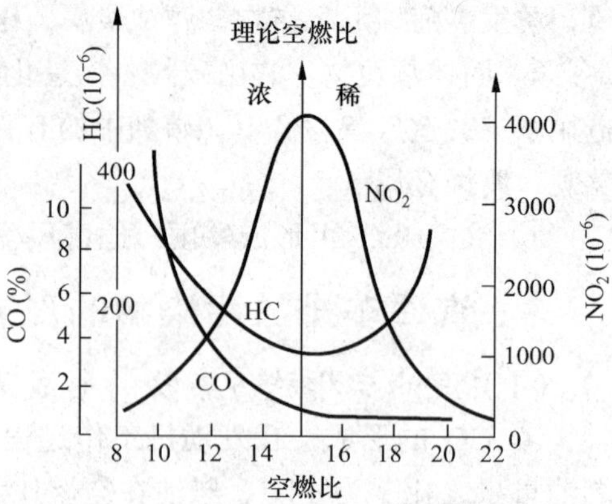

图 7-1 空燃比与有害排放物量的关系

对于 HC，当空燃比大于 18 时，由于混合气过分稀释，易于发生火焰不完全传播以至断火，使未燃 HC 排放量迅速增加。

对于 NO_x，用很浓的混合气时，由于燃烧温度和浓度都较低，所以 NO_x 的生成量也较低。混合气过稀，虽然氧浓度增加，但燃烧温度却有所下降，所以 NO_x 增加不多。

对于 CO，很明显，空燃比越大，空气越充足，易完全燃烧，CO 减少。

② 发动机负荷。发动机负荷一般由不同工况，车辆装载质量决定。

发动机在怠速、减速行驶等低速小负荷运行时，化油器所供给的混合气偏浓。此时，发动机工作循环中的气体压力与温度不高，混合气燃烧速度减慢，引起不完全燃烧，因此 CO 增加；而由于气体温度低，汽缸中激冷面上的燃油不可能燃烧，形成 HC 排出，而 NO_x 排出较少。由于上述原因，在怠速工况排放的污染是较严重的。

发动机在大负荷运行时，化油器节气门接近全开，燃烧速度变快，气体压力和温度升高，HC 的生成量减少，而 NO_x 增多。

经测定，不同汽车在不同工况负荷下，污染物的排出量如表 7-1 所示。一般情况下，CO 在怠速工况时的排出量最多，达 4%～10%；HC 在怠速、减速时多；NO_x 在加速或等速工况最多。

表 7-1 汽车在不同运转工况下有害排放量的比较

汽车类型	运转情况	有害气体的排放量			
		CO (%)	HC (10^{-6})	NO_2（10^{-6}）	SO_2(10^{-6})
汽油车	怠速	4.0～1.0	300～2000	50～1000	0
	加速 0～40（km/h）	0.7～5.0	300～800	1000～4000	
	等速 40（km/h）	0.5～4.0	200～400	1000～3000	
	减速 40～0（km/h）	1.5～4.5	1000～3000	5～50	
液化石油气车	怠速	2.0～5.0	150～1000	40	0
	加速	0.7～25	190～350	1200～2000	
	等速	0.4～1.0	120～200	4500	
	减速	1.5～4.0	2000～4000	60	
柴油车	怠速	0	300～500	50～70	20～100
	加速	0～0.1	200	800～1000	
	等速	0	90～150	200～1000	
	减速	0	300～400	30～50	

③ 发动机转速。发动机转速升高，汽缸内混合气紊流扰动增加，火焰传播速度加快，汽油燃烧比较完善，HC 排放浓度降低。发动机在加速运行时，由于要求发出大的功率，须将汽缸内燃气的温度提高，因此会产生大量的 NO_x；而且由于短时间内，从化油器加速

泵系统中供应的燃油过量，又会引起一部分燃料的不完全燃烧，导致 CO 和 HC 排放量均会增加。

当发动机减速运行时，汽车驾驶员会迅速松开加速踏板，特别是发动机原先高速运行，一旦急速半闭节气门，在进气管内会产生瞬时的高真空度，而吸入过量的燃料，使燃料和空气的混合气成分过浓。与此同时，汽缸内的气体压力却降低了，因此燃烧温度也降低。由于是不完全燃烧，CO 的生成量会增加，而且由于激冷区加大，HC 的生成量也会增多。

在怠速时其转速与排气成分 CO、HC 的浓度也有关系、适当提高怠速转速，对于降低怠速时的这两种成分都有好处。这是由于随着怠速转速的提高进气节流减小，进入汽缸的新气量将增加。于是，残余气体的稀释程度有所减小，使燃烧改善，结果使 CO 和 HC 的排放浓度随之降低。

④ 点火提前时间。点火提前时间由节气门开度、发动机转速和汽油质量等决定。如推迟点火提前时刻，当接近活塞上止点时点火，则由于排气时间延长，排气温度增高，而此时汽缸内容积相应减少，促进了 CO 和 HC 的氧化与激冷面积的减小，因而 HC 的排放量会减少，但 CO 的排放量变化不大。但过于推迟，因 CO 没有时间完全氧化，CO 排放量将增加。

4. 柴油车排放污染物的形成和主要影响因素

（1）碳烟的形成

柴油机排烟可分为白烟、蓝烟（青烟）和黑烟 3 种。不同的烟色形成的原因不同，有研究认为起决定作用的是温度：在 250℃以下形成的烟通常是白色的；从 250℃到着火温度形成蓝烟；黑烟只在着火后才出现。

① 白烟。通常在低温启动不久及怠速工况时发生。此时，汽缸中温度较低，着火不好，未经燃烧的燃料和润滑油呈液滴状态，直径在 1.3 μm 左右，随废气排出而形成白烟。当汽缸磨损加大，窜气、窜油时，白烟增多。

正常的发动机在暖车后，一般就不再形成白烟。改善柴油机的启动性可减少白烟。

② 蓝烟。通常在柴油机尚未完全预热或低负荷运转时发生。此时，燃烧室温度较低，在 600℃以下，燃烧着火性能不好，部分燃料和窜入燃烧室的润滑油未能完全燃烧，其中大部分是已蒸发的油，再凝结而成微粒状态，直径比白烟小，在 0.4 μm 以下，随废气排出而成蓝烟。这种烟的蓝色是由蓝色光折射而形成的。排出蓝烟时，同时有燃烧不完全的中间产物（如甲醛等）排出，因而蓝烟常常带有刺激性臭味。

减少蓝烟方法是提高燃烧室和室内空气温度，减少室内空气运动，以免燃料很快被吹散，形成过稀混合气；减少喷注贯穿力，以免燃料碰到冷的室壁等。但是，上述措施大部分和减少黑烟的措施是矛盾的，因此在新机调试时，要妥善处理。

③ 黑烟。通常在柴油机大负荷时发生，例如，当汽车加速，爬坡及超负荷时排气就冒黑烟。在柴油机发展初期到高速强化的今天，柴油机黑烟的排出，仍然是一个限制功率的突出问题，而且黑烟带有的臭味及烟雾给人以直接的不愉快的厌恶感。因此对黑烟的形成，各国早已作了大量的工作，但对其生成机理说法不一。一般认为，黑烟也是不完全燃烧的产物，是燃料的氢燃烧的中间产物。当柴油机高负荷时，喷入燃烧室的燃料增多，由于柴油机混合气形成不均匀，

即使平均过量空气系数$\alpha>1$，仍不可避免产生局部地区空气不足，此时燃烧室温度又较高，燃料在高温缺氧情况下，由裂解过程释出并经聚合过程形成碳烟。碳烟不是纯粹的碳，而是一种聚合体，其主要成分随柴油机负荷不同稍有改变，一般含 85%～95%C，4%～8%O_2 及少量的 H_2 和灰粉。也有人认为碳烟是石墨结晶，由直径 0.05 μm 左右的微粒附聚成 0.1 μm～10 μm 的多孔性碳粒构成。

柴油机中燃料的高温裂解反应是不可避免的，特别在空间混合燃烧的柴油机中，高温的气体包围着液态的油滴，造成了进行裂解反应最有利的条件。对燃烧过程的高速摄影已证实，在燃烧初期，上止点附近（燃料着火后 5°～10°曲轴转角）都会出现大量黑烟。但是在一般情况下，含碳燃气与空气混合时又在燃烧过程后期完全燃烧，而使排气无烟。如果汽缸中空气不足，混合不佳或由于燃气膨胀而使汽缸内局部温度下降到碳反应温度（约 1 000°C）以下，则碳不能进一步燃烧而保持其固体状态排出汽缸外。因此研究指出：废气中是否出现碳烟，取决于膨胀期间温度过分下降以前燃料是否能足够快地与空气混合和燃烧。

（2）影响柴油机碳烟排放量的因素

① 燃料。燃料的十六烷值较高时，因稳定性差，在燃烧过程中易于裂解，故有较大的冒烟倾向。

② 喷油。提前喷油，可使着火备燃期延长，因此喷油量较多，使循环温度升高，燃烧过程结束较早，排烟可降低。非常迟后喷油时，其喷油发生在最小发火备燃期之后，这时扩散火焰大部分发生在膨胀行程中，火焰温度较低，燃油高温裂解的条件差，所以碳烟减少。

③ 转速。对直喷式柴油机，排烟随转速提高而稍有增加。因为转速提高，易使混合气形成与燃烧来不及，使未燃烧的油和局部混合气浓度增加。

④ 负荷。排烟随负荷增加而增多。负荷增加时，喷油量增加，燃烧温度增加，燃烧温度亦提高，易生成碳烟。

（二）汽车排放污染物的排放标准

目前，我国汽车排放污染物限值实施的国家标准主要有 GB 18285—2005《点燃式发动机汽车排放污染物排放限值及测量方法（双怠速法及简易工况法）》、GB 3847—2005《车用压燃式发动机和压燃式发动机汽车排气烟度排放限值及测量方法》、GB 14763—2005《装用点燃式发动机重型汽车燃油蒸发污染物排放限值》、GB 11340—2005《装用点燃式发动机重型汽车曲轴箱污染物排放限值》、GB 18352—2005《轻型汽车排放污染物排放限值及测量方法（中国Ⅲ、Ⅳ阶段）》和 GB17691-2005《车用压燃式、气体燃料点燃式发动机与汽车排气污染物排放限值及测量方法（中国Ⅲ、Ⅳ、Ⅴ阶段）》。

1. 点燃式发动机汽车排放标准

国家标准 GB 18285—2005 规定了点燃式发动机汽车怠速和高怠速排气污染物的排放限值和测量方法，同时规定了稳态、瞬态和简易瞬态 3 种简易工况测量方法。

（1）双怠速检测法和污染物排放限值

① 新生产汽车排放限值。自 2005 年 7 月 1 日国家标准 GB 18285 实施之日起的新生产汽

车，其排放量应达到 GB 18352.2—2001 和 GB 14762—2002 第二阶段的标准要求，排气污染物排放限值如表 7-2 所示。

表 7-2　　新生产汽车排气污染物排放限值（体积分数）

车　型	类　别			
	怠　速		高 怠 速	
	CO/%	HC/10^{-6}	CO/%	HC/10^{-6}
2005 年 7 月 1 日起新生产的第一类轻型汽车	0.5	100	0.3	100
2005 年 7 月 1 日起新生产的第二类轻型汽车	0.8	150	0.5	150
2005 年 7 月 1 日起新生产的重型汽车	1.0	200	0.7	200

注：1. 轻型汽车指最大总质量不超过 3 500 kg 的 M_1 类、M_2 类和 N_1 类车辆。

2. 重型汽车指最大总质量超过 3 500 kg 的车辆。

3. 第一类轻型汽车指设计乘员数不超过 6 人（包括驾驶员），且最大总质量不大于 2 500 kg 的 M_1 类车。

4. 第二类轻型汽车指除第一类车以外的所有轻型汽车。

5. 怠速与高怠速工况。怠速工况指发动机无负载运转状态，即离合器处于接合位置、变速器处于空挡位置（对于自动变速箱的车应处于“停车”或“P”挡位）；采用化油器供油系统的车，阻风门应处于全开位置；油门踏板处于完全松开位置。高怠速工况指满足上述（除最后一项）条件，用油门踏板将发动机转速稳定控制在 50%额定转速或制造厂技术文件中规定的高怠速转速时的工况。标准中将轻型汽车的高怠速转速规定为（2 500±100）r/min，重型车的高怠速转速规定为（1 800±100）r/min；如有特殊规定的，按照制造厂技术文件中规定的高怠速转速。

② 在用汽车排放限值。按照我国不同阶段实施的新车排放标准，对在用汽车分别制定了两套排放限值。排放符合 GB 14761.1—93 的和装用符合 GB 14761.2—93 发动机的在用汽车，仍保留当时的 GB 14761.5—93 怠速排放限值，但增加了高怠速限值。排放符合 GB 18352.1—2001 或 GB 18352.2—2001 以及装用符合 GB 14762—2002 第二阶段限值发动机的在用汽车，根据北京、上海、广州等城市的实际检测结果，并参照欧共体 92/55/EEC 的部分技术要求，确定双怠速限值，如表 7-3 所示。

表 7-3　　在用汽车排气污染物排放限值（体积分数）

车　型	类　别			
	怠　速		高 怠 速	
	CO/%	HC/10^{-6}	CO/%	HC/10^{-6}
1995 年 7 月 1 日前生产的轻型汽车	4.5	1 200	3.0	900
1995 年 7 月 1 日起生产的轻型汽车	4.5	900	3.0	900
2000 年 7 月 1 日起生产的第一类轻型汽车[1]	0.8	150	0.3	100
2001 年 10 月 1 日起生产的第二类轻型汽车	1.0	200	0.5	150
1995 年 7 月 1 日前生产的重型汽车	5.0	2 000	3.5	1 200
1995 年 7 月 1 日起新生产的重型汽车	4.5	1 200	3.0	900
2004 年 9 月 1 日起新生产的重型汽车	1.5	250	0.7	200

注：[1] 对于 2001 年 5 月 31 日以后生产的 5 座以下（含 5 座）的微型面包车，执行此类在用车排放限值。

③ 过量空气系数的要求。对于使用闭环控制电子燃料喷射系统和三元催化转化器技术的汽车要进行过量空气系数（λ）的测定。发动机转速为高怠速转速时，λ应在 1.00±0.03 或制造厂规定的范围内。进行λ测试前，应按照制造厂使用说明书的规定预热发动机。

增加对λ的监测，监控电喷汽车的空燃比是否正常，主要是为了保证三元催化器对氧化型污染物和还原型污染物都同时能高效净化。如果发动机 ECU 系统没有调整到正确的λ值，最好的催化器也难以通过检测。欧洲的研究表明：对未通过检测的三元催化器车作原因分析时发现，因λ失效使排放超标占全部受检车辆的 45.5%，而因催化器失效使之超标仅为 15.6%。通过对λ的监测，可及时发现和维修车辆故障，达到有效减少排气污染物的目的。

④ 在用汽车的排放监控。标准中规定的 4 种检测方法，双怠速法为当前全国在用汽车排气污染物主要的强制性检测方法。机动车保有量大，且空气污染严重的地区，则可采用标准中所列的简易工况法检测。对于 3 种简易工况法，地方环保部门可根据自身情况进行选择，对已实施简易工况法的车型，环保定期检测时将不再执行双怠速法。

对于实施简易工况法的地区或城市，需制定地方排放限值，经省级人民政府批准后执行，同时报环保总局备案。为使所制定的排放限值科学合理，制定了 HJ/T 240《确定点燃式发动机在用汽车简易工况法排气污染物排放限值的基本原则和方法》，该条例已由国家环保总局 2005 年 12 月 12 日批准发布，于 2006 年 1 月 1 日实施，作为地方制定排放限值的依据。

（2）简易工况检测法和污染物排放限值

① 简易工况检测法。

- 简易工况检测的局限性。怠速法是汽车无道路阻力的检测方法，不能全面反映行驶汽车的真实排放状况。一些达到国 I 或国 II 排放标准的、行驶了 60 000km ~ 150 000km 的车，有负载的工况法检测表明其排放超标，但怠速检测 CO 和 HC 浓度却完全达标。怠速法检测不能反映 NO_x 的排放，对于那些行驶中 NO_x 排放已经很高的车，怠速法却检测不出来。
- 国外在用车检测方法。20 世纪 90 年代后，国外除采用双怠速法外，还开发出较复杂的简易工况检测方法，国际上加强型 I/M 制度通常采用此类检测法。车辆有载荷工况法是指检测时，将被测车辆置于底盘测功机上，车辆按照规定的车速在底盘测功机上“行驶”。底盘测功机会按照试验人员事先的设定向滚筒，最终向车辆驱动轮施加一定的负荷，来模拟汽车在道路上的行驶阻力。车辆按照一定的速度，并克服一定的阻力，走完试验工况曲线，同时测量排气中的污染物浓度。有载荷的检测与新车排放试验方法相比，其检测设备与分析仪器作了简化，完成试验所需的时间也缩短很多，价格也远远低了下来，故称为“简易工况法”。

20 世纪 80 年代中期，美国从多种有载荷方法中开发出针对在用汽车排放测试的有效方法。通过设定不同加载功率、不同行驶工况来模拟车辆道路排放状况，如加速模拟稳态法、瞬态工况法和简易瞬态工况法等。大量检测表明，简易工况法能较准确地判断车辆排放的实际情况，特别是能对 NO_x 有较好的控制作用。简易工况设备较贵，操作维护也远比怠速法复杂。对于多种检测方法的选择，由各州根据空气质量等因素确定。一般是空气污染较重的州采用简易工况法，空气质量一般的州采用双怠速法，空气质量优良的州甚至没有检测要求。

与美国不同，欧洲和日本等国家一直采用怠速测量方法，但随着电喷技术的广泛使用，为满足年检、维修和故障诊断方面的需要，也采用了双怠速法。

② 简易工况法排放限值。地方在用点燃式发动机汽车简易工况法排放标准，按国家有关法律规定，由省级人民政府批准、发布。省级人民政府可委托其环境保护行政主管部门制订地方排放标准。在确定当地在用点燃式发动机汽车简易工况法排放限值时，可参考如表 7-4 所示的排放限值。

表 7-4　　简易工况法排气污染物排放限值

基准质量（RM）/kg	最低限值						最高限值					
	ASM5025			ASM2540			ASM5025			ASM2540		
	HC/10^{-6}	CO/%	NO/10^{-6}	HC/10^{-6}	CO/%	NO/10^{-6}	HC/10^{-6}	CO/%	NO/10^{-6}	HC/10^{-6}	CO/%	NO/10^{-6}
RM≤1 020	230	2.2	4 200	230	2.9	3 900	120	1.3	2 600	110	1.4	2 400
1 020<RM≤1 250	190	1.8	3 400	190	2.4	3 200	100	1.1	2 100	90	1.2	2 000
1 250<RM≤1 470	170	1.6	3 000	170	2.1	2 800	90	1.0	1 900	80	1.1	1 750
1 470<RM≤1 700	160	1.5	2 650	150	1.9	2 500	80	0.9	1 700	80	1.0	1 550
1 700<RM≤1 930	130	1.2	2 200	130	1.6	2 050	70	0.8	1 400	70	0.8	1 300
1 930<RM≤2 150	120	1.1	2 000	120	1.5	1 850	60	0.7	1 300	60	0.8	1 150
2 150<RM≤2 500	110	1.1	1 700	110	1.3	1 600	60	0.6	1 100	50	0.7	1 000
RM≤1 020	230	1.3	1 850	230	1.5	1 700	120	0.6	950	110	0.6	850
1 020<RM≤1 250	190	1.1	1 500	190	1.2	1 350	100	0.5	800	90	0.5	700
1 250<RM≤1 470	170	1.0	1 300	170	1.1	1 200	90	0.5	700	80	0.5	650
1 470<RM≤1 700	160	0.9	1 200	150	1.0	1 100	80	0.4	600	80	0.4	550
1 700<RM≤1 930	130	0.8	1 000	130	0.8	900	70	0.4	500	70	0.4	450
1 930 < RM≤2 150	120	0.7	900	120	0.8	800	60	0.3	450	60	0.3	450
2 150<RM≤2 500	110	0.6	750	110	0.7	700	60	0.3	400	50	0.3	350

表中规定的最低限值为各地方城市开始实施简易工况法检测时的最低要求；最高限值为经过检测与维护制度，该车种应最终达到的限值标准。各地方城市可在最低限值与最高限值之间根据各自情况调整本地区的限值标准，也可根据车辆年度型划分不同限值。

对于 2000 年 7 月 1 日以前生产的第一类轻型汽车和 2001 年 10 月 1 日以前生产的第二类轻型汽车，参考的稳态工况法排放限值如表 7-4 所示。

对于 2000 年 7 月 1 日起生产的第一类轻型汽车和 2001 年 10 月 1 日起生产的第二类轻型汽车，参考的稳态工况法排放限值如表 7-4 所示。

基准质量（RM）指整车整备质量加 100 kg 的质量。

2. 压燃式发动机/汽车排放标准

作为我国对柴油车排气烟度控制的重要技术法规，国家强制性污染物排放标准 GB 3847—2005《车用压燃式发动机和压燃式发动机汽车排气烟度排放限值及测量方法》已于 2005 年 5 月 30 日批准发布，并与 2005 年 7 月 1 日实施。

（1）新生产压燃式发动机、压燃式发动机汽车烟度排放限值

压燃式发动机和压燃式发动机汽车的形式核准、生产一致性检查以及新生产车（制造厂合格入库或出厂的车）检测的各种烟度限值如表 7-5 所示。

表 7-5　　新生产压燃式发动机、压燃式发动机汽车烟度排放限值

机　型	试验类型及限值		
	形 式 核 准	生产一致性检查	新生产汽车检测
发动机	进行“全负荷稳定转速试验”，测量值应不超过表 7-4 规定的限值。进行“自由加速试验”，测光吸收系数并校正，校正值即为该机型的烟度限值	进行“自由加速试验”，限值=机器烟度限值+0.5m^{-1}	
重型汽车	车型申报文件中应包括装有的发动机机型的自由加速的烟度限值	进行“自由加速试验”，限值=装用的发动机机型的烟度限值+0.5m^{-1}	同左
压燃式轻型汽车	进行“自由加速试验”，测光吸收系数，作为该车型的烟度限值	进行“自由加速试验”，限值=车型烟度限值+0.5m^{-1}	同左

表 7-6　　稳定转速试验的烟度排放限值

名义流量（G）/（L/s）	光吸收系数（k）/m^{-1}	名义流量（G）/（L/s）	光吸收系数（k）/m^{-1}
≤42	2.26	135	1.30
45	2.19	140	1.27
50	2.08	145	1.25
55	1.985	150	1.225
60	1.90	155	1.205
65	1.84	160	1.19
70	1.775		
75	1.72	165	1.17
80	1.665	170	1.155
85	1.62	175	1.14
90	1.575	180	1.125
95	1.535	185	1.11
100	1.495	190	1.095
105	1.465	195	1.08
110	1.425	≥200	1.065
115	1.395		
120	1.37		
125	1.345		
130	1.32		

注：虽然以上数值均修约至最接近的 0.01 至 0.005，但这并不意味着测量也需要精确到这种程度。

（2）在用汽车的排气烟度限值

① 对于2005年7月1日标准实施后生产的在用汽车，按GB 3847—2005附录I进行“在用汽车自由加速试验不透光烟度法”进行测试，所测得的排气光吸收系数不应大于车型核准批准的排气烟度限值加0.5m^{-1}。

② 对于2001年10月1日至2005年6月30日期间生产的在用汽车，按标准附录I进行“在用汽车自由加速试验不透光烟度法”进行测试，所测得的排气光吸收系数不应大于2.5m^{-1}（自然吸气式）和3.0m^{-1}（涡轮增压式）。

③ 对于2001年10月1日前生产的在用汽车区分为两种情况。自1995年7月1日起至2001年9月30日期间生产的在用汽车，按标准附录K进行“在用汽车自由加速试验滤纸烟度法”，所测得的烟度值应不大于4.5Rb；1995年6月30日以前生产的在用汽车，测得的烟度值应不大于5.0Rb。

④ 在用汽车的排放监控：自2005年7月1日起，压燃式发动机在用汽车排放监控，采用该标准规定的排气烟度排放限值及测量方法。在机动车保有量大、污染严重的地区，可采用在用汽车加载减速试验-不透光烟度法进行检测。

检验在用汽车排放时，可选择自由加速法或加载减速法中的一种对在用汽车排气污染物排放进行检测。

（3）加载减速法排放限值

加载减速法排放限值范围如表7-7所示。对于新车车型或发动机机型排放达到GB 17691—2005第III阶段排放标准的在用汽车，可参照表7-7中的1.00m^{-1}～1.39m^{-1}限值执行。

表7-7　　加载减速法排放限值范围

车型		光吸收系数（k）/m^{-1}
轻型车	重型车	
2005年7月1日起生产的第一类轻型汽车和2006年7月1日生产的第二类轻型汽车	2004年9月1日起生产的重型车	1.00～1.39
2000年7月1日起生产的第一类轻型汽车和2001年10月1日起生产的第二类轻型汽车	2001年9月1日起生产的重型车	1.39～1.86
2000年7月1日以前生产的第一类轻型汽车和2001年10月1日以前生产的第二类轻型汽车	2001年9月1日以前生产的重型车	1.86～2.13

表7-7规定了根据生产日期划分的不同类型汽车的排气烟度排放限值范围，最低限值为各地方城市开始实施加载减速法时的最低要求；最高限值为经过检测与维护制度，该车型应最终达到的限值标准。各地方城市可在最低限值与最高限值之间根据各自情况调整本地区的限值标准，也可根据车辆年度型划分不同限值。

（三）汽油车排放污染物检测原理与设备

1. 不分光红外线排气分析仪

汽车排气中的CO、HC、NO和CO_2等气体，都具有能吸收一定波长范围红外线的性质，如图7-2所示。红外线被吸收的程度与排气浓度之间有一定的函数关系，CO气体对波长为4.7 μm的红外线吸收能力强；而HC气则吸收波长为3.4 μm的红外线。因此，只要把废气分析装置中红外光源分别取为 4.7 μm 或 3.4 μm 波长，即可测出 CO 或 HC 的含量比例。由此可见，CO、HC 综合测试仪是由两套废气分析装置组成的：一套红外光波长为 4.7 μm，用于测 CO 的浓度；另一套红外光波长为 3.4 μm，用于测 HC 浓度。不分光红外线分析法就是利用这一原理，即根据检测被汽车排气吸收一定波长范围红外线后能量的变化，来检测排气中各种污染物的含量。在各种气体混合情况下，这种检测方法具有测量值不受影响的特点。

利用不分光红外线分析法制成的分析仪，既可以制成单独检测 CO 或单独检测 HC 含量的单项分析仪，也可以制成能测量这两种气体含量的综合分析仪。不论哪种形式的分析仪，在检测 HC 含量时，由于排气中 HC 成分非常复杂，因此要把各种 HC 成分的含量换算成正己烷（n-C_6H_{14}）的含量作为 HC 含量的测量值。

2. 非扩散型红外线废气分析仪

根据排放标准，汽油车在发动机怠速工况下，应检测所排放废气中的 CO 和 HC 含量，使用的检测设备有非扩散型红外线废气分析仪、氢火焰离子型分析仪、化学发光分析仪等。

GB/T 3845《汽油车排气污染物的测量怠速法》规定汽油车排放污染物检测时，应采用非扩散型红外线废气分析仪，并对检测工况和检测程序进行了具体规定。

非扩散型红外线废气分析仪简称红外线式分析仪，它可以分别测定 CO 和 HC 的浓度，由于它是能同时测定 CO、HC 浓度的仪器，因此也称为 CO、HC 综合测试仪，或称 CO、HC 排气分析仪。CO、HC 综合测试仪如图 7-3 所示。

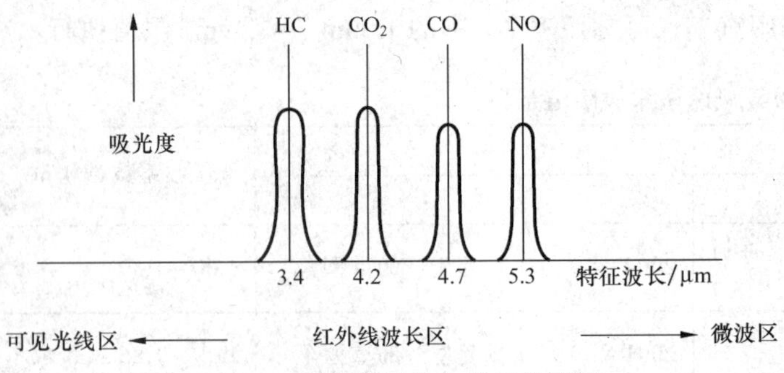

图 7-2　四种气体吸收红外线的情况

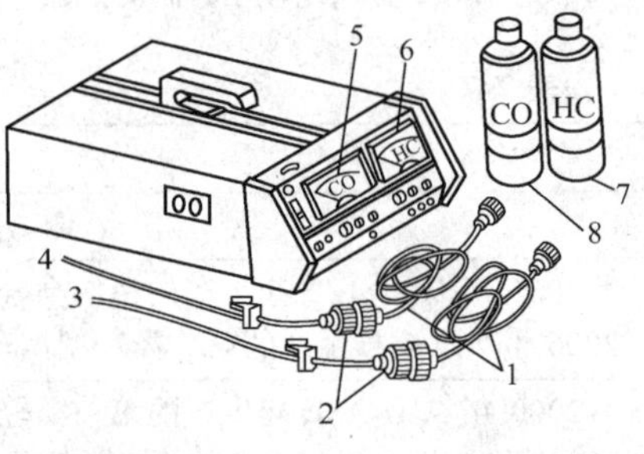

图 7-3　MEXA—324F 型汽车排气分析仪

1—导管　2—滤清器　3—低浓度取样探头　4—高浓度取样探头　5—CO 指示仪表　6—HC 指示仪表　7—标准 CO 气样瓶　8—标准 HC 气样瓶

非扩散型红外线废气分析仪由废气取样装置、废气分析装置、浓度指示装置和校准装置组成。其具体工作过程如下。

（1）废气取样装置

废气取样装置用于获取被测发动机的排气气样，它由取样头、滤清器、导管、水分分离器和气泵等组成。取样头由耐高温和防气体腐蚀的特殊材料制成，在测量时须插入发动机的排气管消音器内部。发动机排出的高温废气经过取样头进入滤清器和水分分离器后，滤掉废气中的灰份和少量的水，再经过导管进入仪器的测量装置。此处所用导管也是由特殊材料所制，管壁不吸附被测气体，也不与被测气体发生化学反应，以保证测量精度。从发动机排气管中吸出废气，需要一定的真空度，因而在取样装置系统内还包括一个吸气泵。

(2)废气分析装置

排气分析装置由红外线光源、气样室、旋转扇轮(截光器)、测量室和传感器等组成。该装置按照不分光红外线分析原理，从来自取样装置的混有多种成分的排气中，分析 CO 和 HC 的含量，并将含量转变成电信号输送给含量指示装置。图 7-4 所示为电容检测器 NDIR 排气分析原理图。

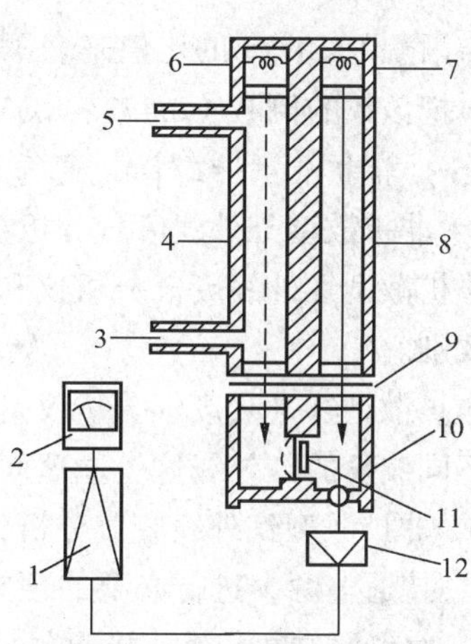

图 7-4 电容检测器 NDIR 排气分析仪原理图
1—主放大器 2—指示仪表 3—废气入口
4—测量气样室 5—排气口 6、7—红外线光源
8—标准气样室 9—旋转扇轮 10—测量室
11—电容微音器 12—前置放大器

从两个红外线光源发出的红外线，分别通过标准气样室和测量气样室后到达测量室。在标准气样室内充有不吸收红外线的 N_2 气，在测量气样室内充有被测量的发动机排气。测量室由两个分室组成，二者之间留有通道，并在通道上装有金属膜片电容微音器作为传感器。为了能够从排气中选择需要测量的成分，需要在测量室的两个分室内，充入适当含量的与被测气体相同的气体，即在测量 CO 浓度的分析装置里的测量室内要充入 CO 气体，在测量 HC 含量的分析装置里的测量室内要充入正己烷气体。

旋转扇轮也称为截光器，能连续地导通、截止红外线光源，从而形成射线脉冲。当红外线通过旋转扇轮断续地到达测量室时，由于通过测量气样室时，被所测气体按浓度大小吸收掉一部分一定波长的红外线，而通过标准气样室的红外线完全没有被吸收，因此在测量室的两个分室内，因红外线能量的差别出现了温度差别，温度差别又导致了测量室内压力差别，致使金属膜片弯曲变形。排气中被测气体含量越大，金属膜片弯曲变形也越大。膜片弯曲变形致使电容微音器输出电压改变，该电压信号经放大器放大后送往含量指示装置。

(3)浓度指示装置

浓度指示装置室按照废气分析装置送来的电信号进行显示，在 CO 测量仪上用 CO 浓度容积的%进行刻度；在 HC 测量仪上用 HC 换算成正己烷浓度容积的 10^{-6} 为单位进行刻度。

仪表指针可用零点调整螺钉调零。根据测量浓度不同，仪表上设有不同量程的换挡旋钮，可以方便的控制。

(4)校准装置

校准装置是为了保持分析仪指示精度，使之能经常显示正确指示值的一种装置。在分析仪上通常设有加入标准气样进行校准的校准装置和机械的简易校准装置。

① 标准气样校准装置。该装置是把标准气样从分析仪单设的一个专用注入口中直接送到废气分析装置，再通过比较标准气样浓度值和仪表指示值的方法来进行校准的装置。

② 简易校准装置。该装置是用遮光板把废气分析装置中通过测量气样室的红外线挡住一部分，用减少一定量红外线的方法进行简单校准的装置。简易校准开关装在仪表板上，并分别设有 CO、HC 校准旋钮。

对于汽油机排气中 CO 的浓度可以直接测量。而 HC 由于成分复杂，因此要把各种 HC 化合物的成分浓度换算成统一的正己烷(C_6H_{14})浓度来作为 HC 的浓度测量值。从而，对于那些正己烷以外的 HC 的相对灵敏度，成了测量仪器的重要性能，在技术标准中，相对灵敏度用正已烷与丙烷（C_3H_8）的比值来表示，并规定：丙烷浓度值/测量仪器指示值=1.73～2.12。在测量仪中，把该数的倒数（0.472～0.578）作为换算系数予以标明。

（5）非扩散型红外线废气分析仪的使用和维护

1）非扩散型红外线废气分析仪的使用

非扩散型红外线废气分析仪和烟度计虽然都是检测汽车排气污染的仪器，但其使用方法也有所区别。

非扩散型红外线废气分析仪是用于检测汽油机排气污染的仪器，它是通过 CO 和 HC 分别吸收不同波长的红外线这一原理而研制的，其使用方法如下。

① 非扩散型红外线废气分析仪使用前的准备。

a. 接通电源，进行必要的预热（30 min 以上）。

b. 对仪器进行校准，接通非扩散型红外线废气分析仪的简易校准开关，用标准调整旋钮把指示仪表指针调到校准刻度线位置。

c. 把取样头和取样管接到检测仪上，检查取样头和取样试管内是否有残留的 CO、HC。如果导管内壁吸附有较多的 CO、HC，仪表指针将大大超过零点，在此情况下，要用压缩空气吹洗管道或用细布条擦拭。

d. 启动发动机进行充分预热。

② CO、HC 测量步骤。

a. 把非扩散型红外线废气分析仪的测量挡位开关旋到最高量程挡位。

b. 把取样头插入排气消音器内 60 cm 左右（无法插入 60 cm 时，需接长排气管或用布套把排气管口罩住，以防外部气体混入）。

c. 边看指示仪表，边用测量挡位开关选择适于排气中 CO、HC 浓度的量程挡位，待指示稳定后，读取仪表显示值。

d. 测量结束后，把取样头从排气管内抽出，再吸入新鲜空气 5 min，待仪表指针回零后，再关掉电源。

2）非扩散型红外线废气分析仪的维护

正确保养、维修是保持仪器测量精度的关键，非扩散型红外线废气分析仪的保养周期与作业项目如表 7-8 所示。

表 7-8　非扩散型红外线废气分析仪保养、维修项目

保养周期	保养部位	保修要领	备注
使用前	仪表	在未接通电源时，指针是否在机械零点上	指针失准，可用零点调整螺钉把它调至与零点重合
	气体流量计	把导管从测量仪上的废气入口处拔下来，用手把废气入口处挡住，检查气体流量计情况	气体流量计如不能正常工作，须请厂家维修
	取样头和导管	检查有无割裂、压坏，堵塞和脏污情况	有污垢，堵塞时，用细布条擦拭或用压缩空气吹洗；有压伤、裂纹时，应予以更换
	滤清器	检查滤清器脏污情况	脏污时，更换滤芯
	水分离器	检查积水量	水分离器内有积水应及时排放，并进行清洁工作

续表

保养周期	保 养 部 位	保 修 要 领	备 注
使用前	校准装置 标准气样校准 简易校准	接通电源，对发动机进行必要的预热，使测量仪吸入新鲜空气，检查仪表指针能否调到零点。关掉泵开关（有“校准、测量”转换开关的测量仪，把开关扳到“校准”一边），把标准气样灌入分析仪，检查指针是否能调到标准位置（仪器校准间隔时间，应按厂家规定进行）。接通简易校准开关，检查分析仪工作状态及仪表指针所指位置是否对准仪表盘上的校准刻度线	因为 HC 分析仪的标准气样是丙烷，所以校准的标准值要按下式计算： 校准的标准值 = 标准气样浓度 ×换算系数 当无法调整时，须请厂家派员修理
	各种导线	检查是否有接触不良及断路部位	紧固接触不良部位，更换不良导线
6 个月	根据使用工作频繁程度，决定标定工作（使用频繁者，最好标定一次）		
1 年	必须接受计量部门检定与校准		

3）非扩散型红外线废气分析仪维护注意事项

① 测量时，发动机不能高速运转，测试完毕，要立刻把取样头从排气管内抽出。

② 不能在有燃油或有机溶剂的环境内测量。

③ 测量时，取样头、导管不可弯折。

④ 对于配有两套取样头及导管的分析仪，使用时不要混用。

⑤ 连续测量时，每测完一次要把取样头从排气管消音器内抽出，待仪表指针回零后，才可继续进行下一次测量。

⑥ 测量仪工作时，要注意室内通风，以防止人员中毒。

⑦ 取样头及导管不用时，不可平放，要垂直悬吊，防止管内积水腐蚀管壁。

⑧ 安装分析仪不可放在潮湿地点，同时要避开温度变化剧烈的环境。

⑨ 标定用标准气样是有毒气体，要稳妥保存、使用、以防人员受害。

⑩ 数显、打印、微机系统如有故障，应请专业人员或厂家修理。

3. 四气体与五气体分析仪

目前实施的怠速工况测定 CO、HC 两气体的排气检测手段已无法有效反映汽车排气中的 NO_x 和 CO_2，因而出现了可满足测量要求的四气体与五气体分析仪。四气体与五气体分析仪的区别在于五气体分析仪可检测氮氧化合物（NO）。

CO、CO_2、HC 的测量采用不分光红外线法（NDIR），O_2 的测量采用电化学电池法，NO 的测量采用电化学法。

氧（O_2）传感器的基本形式是包括一个电解质阳极和一个空气阴极组成的金属 – 空气有限度渗透型电化学电池。氧传感器是一个电流发生器，其所产生的电流正比于氧的消耗率。此电流可通过在输出端子跨接一个电阻以产生一个电压信号。如果通入传感器的氧只是被有限度地渗透，利用上述电压信号可测氧的浓度。

在汽车废气检测中应用的氧电池，使用一种塑料膜作为渗透膜，其渗透量受控于气体分子撞击膜壁上的微孔，如果气体压力增加，分子的渗透率增加。因此，输出的结果直接正比于氧分子的分压且在整个浓度范围内呈线性响应。由氧传感器输出的信号经放大后，被送至仪器数据处理系统的 A/D 输入端，进行数字处理及显示。

NO 传感器是基于 O_2 传感器基础上发展起来的电化学电池式传感器。

NHA—501A 型排气分析仪采用不分光红外吸收法原理测量机动车排放气体中的一氧化碳（CO）、碳氢化合物（HC）和二氧化碳（CO_2）的成分，采用电化学电池原理测量排气中的氮氧化合物（NO）和氧气（O_2）的成分，并可根据测得的 CO、CO_2、HC 和 O_2 的成分计算出过量空气系数（λ）。该分析仪器配置感应式转速测量钳、温度传感器探头和外置微型打印机，可在检测排气的同时监测发动机的转速、润滑油的温度和打印当前检测结果。

如图 7-5 所示，NHA—501A 型排气分析仪主要由仪器本体、短导管、前置过滤器、取样管、取样探头等组成。

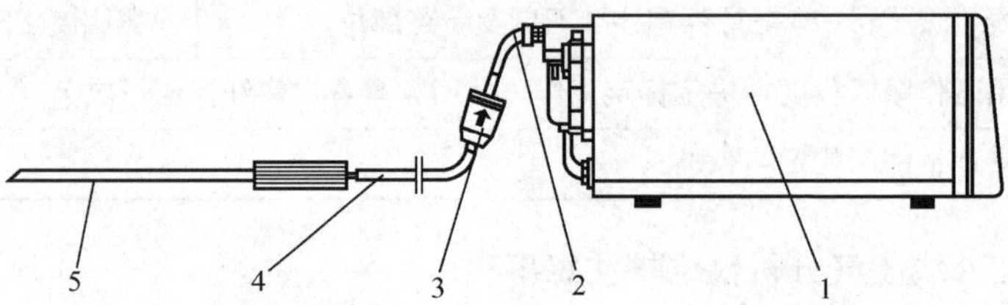

图 7-5　NHA—501A 排气分析仪的组成

1—仪器本体　2—短导管　3—前置过滤器　4—取样管　5—取样探头

NHA—501A 型排气分析仪的使用方法、保养与维护请参考该仪器的使用说明书。

（四）柴油车排放污染物检测原理与设备

柴油车排气污染物的检测设备主要是烟度计，烟度计主要分为滤纸式烟度计和不透光式烟度计。

1. 烟度计的结构和工作原理

（1）滤纸式烟度计

① 基本检测原理。用滤纸式烟度计测试自由加速工况下柴油机烟度时，需从排气管抽取规定容积的废气，并使之通过规定面积的标准洁白滤纸，其滤纸被染黑的程度称之为烟度。烟度用符号 S_F 表示，烟度单位是无量纲的量，用符号 FSN 表示。滤纸染黑的程度不同，则对照射到滤纸表面光线的反射能力不同。据此，烟度 S_F 表示为

$$S_F = 10(1 - R_d / R_c)$$

式中，R_d、R_c 分别为污染滤纸和洁白滤纸的反射因数，R_d / R_c 的值由 0 到 100%，分别对应于全黑滤纸的反射和洁白标准滤纸的反射。

当污染滤纸为全黑时，烟度值为 10；滤纸没有受到污染时，烟度值为 0。

② 滤纸式烟度计的工作原理。滤纸式 BOSCH 烟度计是吸气泵—滤纸—光反射式烟度计。它利用吸气泵在一定时间内吸取一定量的废气，并使这部分废气通过一定面积的滤纸，使废气中的碳烟粒子吸附在滤纸上，滤纸变黑，然后用一定的光线照射滤纸，并用光电池接受反射光，再根据光电池产生的电流使仪表指针偏转，把烟度用污染度（%）的形式显示出来。

③ 滤纸式烟度计的结构。滤纸式烟度计由废气取样装置、污染度测量装置与指示装置和校

准装置等组成，如图 7-6 所示。

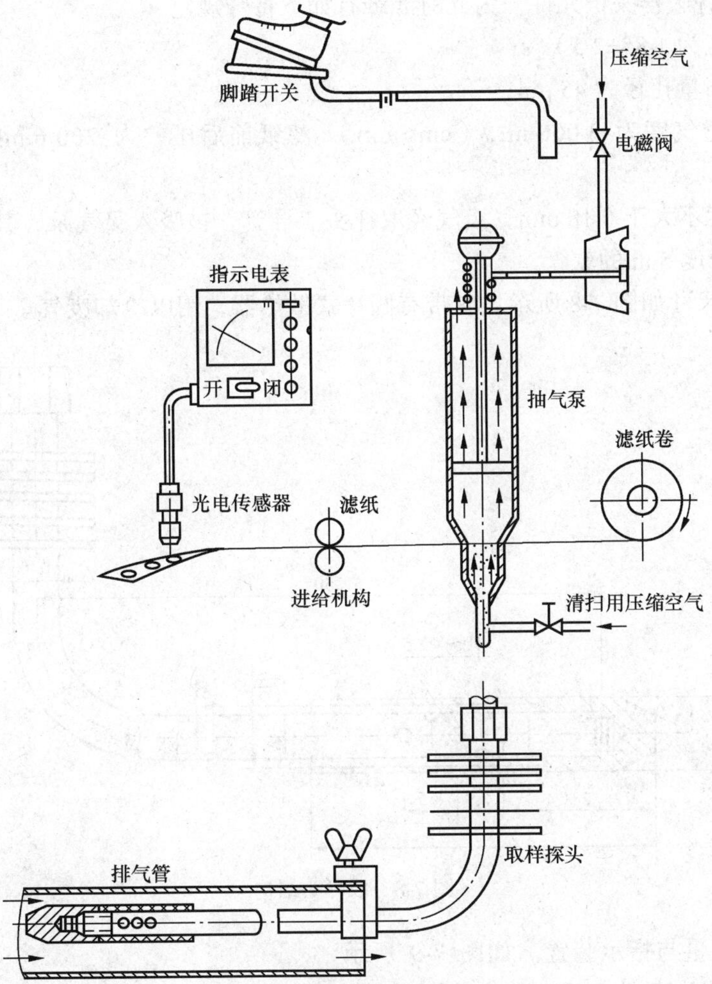

图 7-6 滤纸式烟度计的组成

a. 废气取样装置。废气取样装置由取样头、导管、吸气泵等组成，如图 7-7 所示，由装在油门踏板上的脚踏开关来控制吸气泵取样开始时刻，使它与发动机加速同步。

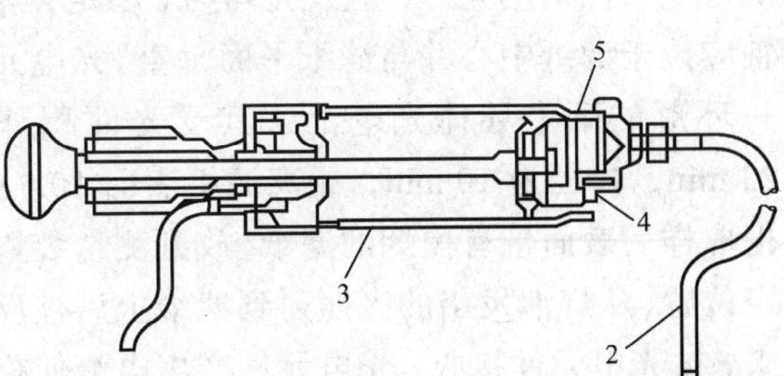

图 7-7 废气取样装置
1—取样头 2—导管 3—气泵
4—滤纸压紧器 5—滤纸插入口

吸气泵要保证每次吸气量相等、速度一致和烟粒吸附面积相同，为此吸气泵规定如下：

- 吸气泵应保证每次定容量吸气（300±15）mL；
- 每次吸气速度应一致，吸气时间为（1.4±0.2）s；
- 在 1 min 内，外界空气渗入量不得大于 15 mL；
- 滤纸有效工作面直径为 32 mm；

- 滤纸夹紧器工作可靠，密封良好。

滤纸是烟度计吸样关键元件，为此对滤纸有如下特殊规定：

- 滤纸白度为（85±2.5）%；
- 滤纸的当量孔径为 45 μm；
- 滤纸的透气度为 3 000 mL/（cm^2·min），滤纸前后压差为 200 mmH_2O ~ 400 mmH_2O（水柱高度）；
- 滤纸厚度不大于 0.18 mm；废气经取样头、导管，被吸入吸气泵，其连接的取样导管，为内径 4 mm，长度 5 m 的软管。

取样头结构尺寸如图 7-8 所示，它带有圆片式散热器，用以冷却废气。

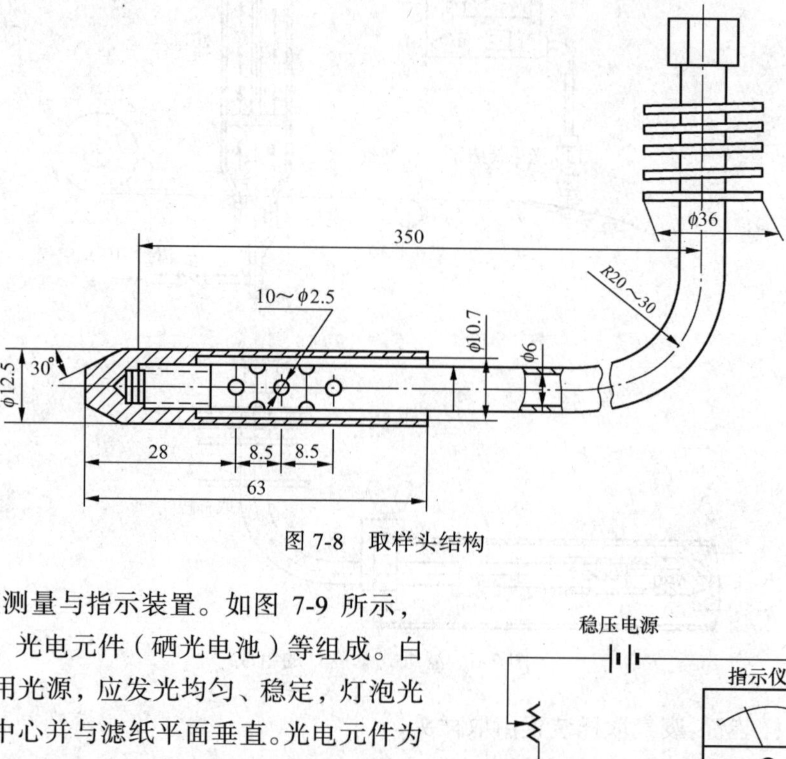

图 7-8　取样头结构

b. 污染度测量与指示装置。如图 7-9 所示，它由白炽灯泡，光电元件（硒光电池）等组成。白炽灯泡为测量用光源，应发光均匀、稳定，灯泡光轴应位于滤纸中心并与滤纸平面垂直。光电元件为一环形的硒半导体光电池，其受光面积外径为 23 mm，内径为 10 mm，距离滤纸表面 10.5 mm。把取样后表面带有黑烟的滤纸，放到测量装置的规定位置，从灯泡发出的光照射到滤纸上后被反射回来，被光电元件接收，光电元件产生电流使检测仪表指针偏转。

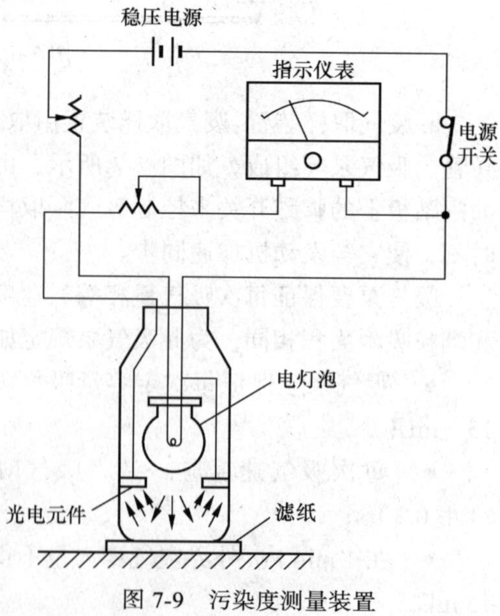

图 7-9　污染度测量装置

测量装置实际上是一只电流表，精度不低于 1.5 级。表盘按污染度（%）进行刻度，它刻有 0% ~ 100%的刻度值。滤纸污染严重时，反射光线少，仪表指针向 100%方向偏转（100%表示全黑）；滤纸污染轻微时，反射光线多，仪表指针向 0%方向偏转（0%表示白色）。实际烟度计表盘刻度以 0 ~ 10 数字用波许单位表示，反射光线少时指针向 10Rb 方向偏转，其最小分度为满刻度的 2%，即在表盘上可以直接读出波许单位烟度值。

c. 校准装置。烟度计在使用过程中，由于电源电压的变化，引起灯光发光强度改变，影响测量精度，因此要随时校准。烟度计附带有 3 张供标定用的标准烟样纸，每张标准烟样纸在光度计上进行检定，精确度为 0.5%。

对烟度计进行标定时，把标准烟样纸放到污染计测量装置的规定位置上，然后开灯照射，再用仪表调整旋钮把仪表指针调到标准烟样纸所代表的污染度数值上。只要保存好标准烟样纸，用这种方法很容易对仪表进行校准，使烟度计保持指示精度，以便得到正确测量值。

除此之外，为保证测量时，不受前一次测量残留在取样导管内得碳烟影响，取样系统还附带有压缩空气吹洗装置。吹洗用压缩空气的压力为 0.3 MPa ~ 0.4 MPa。

（2）不透光式烟度计

GB 18285—2000《在用汽车排气污染物限值及测试方法》规定，用光吸收系数来度量可见污染物的大小；使用不透光度仪测量压燃式发动机和装用压燃式发动机车辆的可见污染物。要求不透光度仪的显示仪表应有两种刻度：一种为绝对光吸收的单位，从 $0m^{-1} \sim 4m^{-1}$；另一种为线性刻度，从 0 ~ 100。两种刻度的范围均以光全通过时为 0，全暗时为满刻度。

① 基本检测原理。不透光烟度计测量排烟污染程度的原理是使光束通过一段给定长度的排烟，通过测量排烟对光的吸收程度来决定排烟对环境的污染程度。

如图 7-10 所示，不透光烟度计测量单元的测量室是一根分为左、右两半部分的圆管，被测排气从中间的进气口进入，分别穿过左圆管和右圆管，从左出口和右出口排出。左、右两侧装有两个透镜，左端装有绿色发光二极管，右端装有光电转换器，发光二极管至左透镜及光电转换器至右透镜的光程都等于透镜的焦距。因此，发光二极管发出的光通过左透镜后就成为一束平行光，再通过右透镜后，汇聚于光电转换器上，并转换成电信号。排气中含烟越多，平行光穿过测量室时光能衰减越大，经光电转换器转换的电信号就越弱。

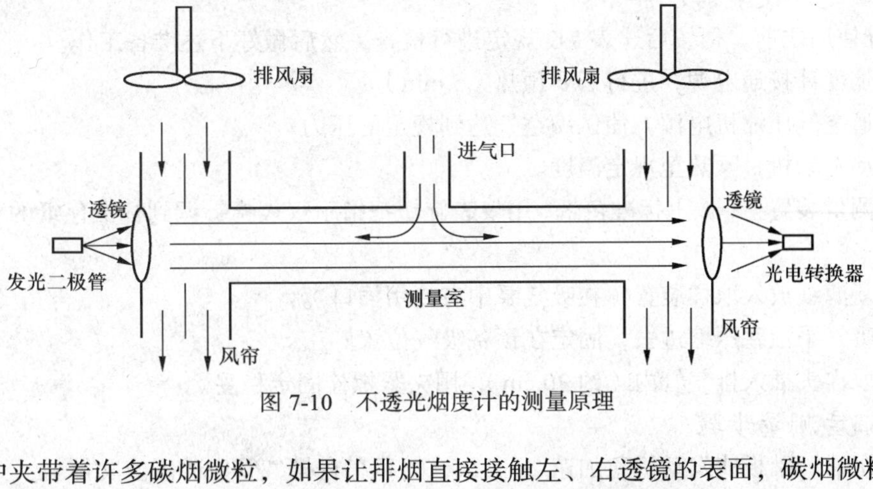

图 7-10　不透光烟度计的测量原理

排气中夹带着许多碳烟微粒，如果让排烟直接接触左、右透镜的表面，碳烟微粒将会沉积在上面，吸收光能，从而影响测量结果。为使光学系统免遭排烟的污染，仪器采用了“空气气幕”保护技术。排风扇将外界的清洁空气吹入左、右透镜与测量室出口之间的通道，使透镜表面形成“风帘”，避免其沾染上碳烟微粒。

排气中含有水分。由于排气管的温度较高，刚进入仪器时，排气中的水分仍保持在气态。如果仪器测量室管壁的温度比排气温度低很多，排气中的水蒸汽就要冷凝成雾，影响测量结果。为了防止冷凝的影响，测量室管壁的温度应始终保持在 70℃以上，为此测量室装有加热及恒温控制装置。

② 基本组成。下面以 NHT—1 型不透光烟度计为例介绍不透光烟度计的组成。

如图 7-11 所示，仪器主要由测量单元、控制单元、取样探头、连接电缆等组成。

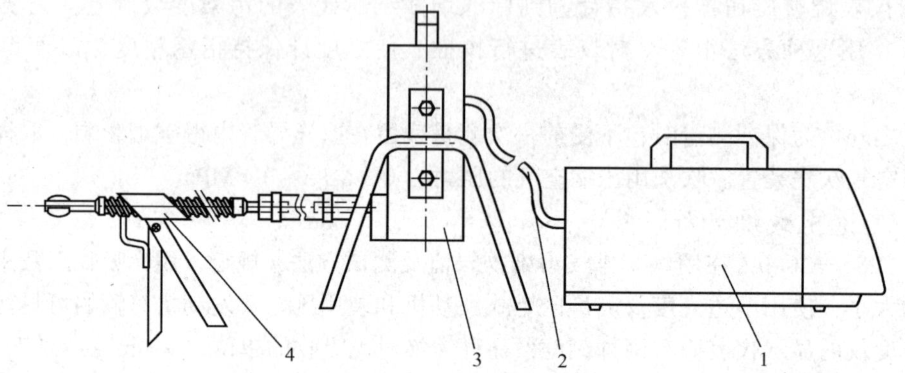

图 7-11 NHT—1 不透光烟度计的组成

1—控制单元 2—连接电缆 3—测量单元 4—取样探头

其主要的功能特点：采用取样式（分流式）测量方式；采用“空气气幕”保护技术，使光学系统免遭排烟的污染；测量室恒温控制，防止排气中水分冷凝，影响测量结果；具有不透光度和光吸收系数两种示值。测量范围为不透光度（N）：0%～99.9%；光吸收系数（k）：0m^{-1}～16.0m^{-1}。

2. 烟度计的使用与维护

柴油机烟度计是检测发动机排气黑烟浓度的仪器，使用中须遵守如下规定。

（1）烟度计使用前准备

烟度计使用之前，须按后述表 7-9 规定进行检查，然后做好下述准备工作。

① 给烟度计接通电源，进行必要预热（5 min）。

② 接通空气压缩机电源，使压缩空气达到规定的压力。

③ 启动发动机，预热至规定温度。

④ 在测量装置上，放上标准色纸，用仪表旋钮把指示仪表指针调到标准色纸的污染度数值刻线上。

⑤ 把新滤纸放入取样装置（在吸气泵中有专用插口）。

⑥ 将吸气泵活塞压缩进去，固定在预备吸气位置。

⑦ 把取样头插入排气管内（约 20 cm），用夹紧螺栓固定稳妥。

（2）烟度测量步骤

① 利用油门踏板使发动机急加速 2～3 次，把积存在排气管内的碳渣吹掉。

② 使发动机怠速运转 5 s～6 s，在此期间，进行如下工作：

a. 用压缩空气吹洗机构对取样头、导管吹洗 3 s～4 s；

b. 把踏板开关装到加速踏板上。

③ 通过踏板开关，把加速踏板一踩到底，并维持 4 s。

④ 松开加速踏板，并维持 11 s，在此期间进行如下操作：

a. 更换新滤纸；

b. 用压缩空气吹洗机构吹洗取样头、导管 3 s～4 s；

c. 把吸气泵活塞压缩到准备吸气位置；

d. 把步骤③、④重复操作 3 次；

e. 将已吸附黑烟的 3 片滤纸，分别放到污染测量台座上，把污染度测量装置对准各片滤纸污染面，读取仪表指示值；

f. 用 3 片滤纸污染度计算平均值，作为实际污染度值。

例如，

$$污染度=（2.8Rb+3.0Rb+2.9Rb）/3=2.9\ Rb$$

（3）烟度计的保养与维修

烟度计保养、维修的周期与项目如表 7-9 所示。

表 7-9　　烟度计保养、维修项目

周期	保修部位	保修要领	备注
使用前	仪表	在未接通电源时，检查仪表指针是否在机械零点。接通电源，充分预热，把测量装置对准在烟度计所附的标准色纸上，检查能否用仪表调整旋钮把指针调到与标准色纸污染度刻线重合	仪表失准，用零点调整螺钉把指针调到与100%刻度重合。无法调准时，可清洁测量装置，并更换灯泡（按测量装置原厂规定的灯泡）
	取样头与导管	检查有无压坏、割裂、堵塞和脏污情况	发现脏污、堵塞可用压缩空气吹洗，或用细布条擦拭；有压坏、割裂情况，应予以更换
	气压调节器	检查控制压力是否合适	调整到原厂规定压力
	吸气泵、踏板开关	检查工作状态是否正常	动作不顺利，需请厂家修理
	空气吹洗机构	检查空气吹清机构工作情况	空气吹洗机构不能动作时，应检查空气压缩机的压力表和测量装置的气压调节器
	滤纸送给机构（无此机构除外）	检查滤纸是否充足及送给机构工作情况	滤纸用完时，要换用原厂规定型号滤纸；送给机构不良，应请厂家修理
	各种导线	检查有无接触不良部位或导线断路情况	紧固接触不良部位，更换损坏导线
1 个月	测量台（无此台除外）	检查有无脏污、变形	脏污时，清洗；变形时，更换
1 年	应接受计量部门检定、校准		

（4）烟度计维护注意事项

① 检测时，切莫忘记把踏板开关安装到加速踏板上。

② 检测污染度时，要使测量装置与滤纸贴紧（最好在已附有碳粒的滤纸下面，垫上十几张

空白滤纸）。

③ 取样头、导管注意不要弯折，测量结束时，抽出取样头，并罩好取样头盖。

④ 测量装置内有灯泡和半导体光电元件，存放时要避免强光照射和防止震动。

⑤ 滤纸和标准色纸要避免阳光曝晒，防止灰尘污染（标准用标准色纸要定期更换）。

⑥ 导管长度规定为 5 m，不得随意更换长度不合适的导管（导管过短，滤纸上的碳粒会增多；导管过长，滤纸上的碳粒会相对减少，过长过短都会影响测量精度）。

⑦ 数显、打印、微机系统如有故障，应由专业人员或厂家修理。

三、项目实施

（一）检测仪器与实施要求

1. 检测器材

① 汽车底盘测功机及惯性模拟装置。

② 汽油车排放污染物检测的非扩散型红外线分析仪、四气体与五气体分析仪。

③ 气体分析仪、转速计、湿度计、温度计、计时器等。

④ 柴油汽车排放污染物检测的烟度计：滤纸式烟度计或不透光式烟度计。

2. 实施要求

① 了解非扩散型红外线分析仪的结构、工作过程和使用方法。

② 熟悉汽油车在双怠速工况下的污染物检测过程。

③ 了解滤纸式烟度计和不透光式烟度计的结构、工作原理和维护方法。

④ 掌握滤纸式烟度计的使用方法。

⑤ 熟悉柴油车在自由加速度工况下的污染物检测过程。

（二）检测实施步骤

1. 汽油车双怠速污染物的检测方法

我国从 2005 年 7 月 1 日实施标准 GB 18285—2005，用双怠速检测取代了怠速检测，采用不分光红外线 CO 和 HC 气体分析仪，按规定程序测量 CO 和 HC 的浓度值。

（1）双怠速检测法测量程序

① 应保证被测车辆处于制造厂规定的正常状态，发动机进气系统应装有空气滤清器，排气系统应装有排气消声器，并不得泄露。

② 应在发动机上安装转速计、点火正时仪、冷却液和润滑油测温计等测量仪器。测量时，发动机冷却液和润滑油温度应不低于 80℃，或者达到汽车使用说明书规定的热车状态。

③ 发动机从怠速状态加速至 70%额定转速，运转 30 s 后降至高怠速状态。将取样探头插入排气管中，深度不少于 400 mm，并固定在排气管上。维持 15 s 后，由具有平均功能的仪器读取 30 s 内的平均值；或者人工读取 30 s 内的最高值和最低值，其平均值即为高怠速污染物测

量结果。对于使用闭环控制电子燃油喷射系统和三元催化转换器技术的汽车，还应同时读取过量空气系数（λ）的数值。

④ 发动机从高怠速降至怠速状态 15 s 后，由具有平均功能的仪器读取 30 s 内的平均值；或者人工读取 30 s 内的最高值和最低值，其平均值即为怠速污染物测量结果。

⑤ 若被测车辆有多排气管时，取各排气管测量结果的算术平均值作为测量结果。

⑥ 若车辆排气管长度小于测量深度时，应使用排气加长管。

对于单一燃料汽车，仅对燃用气体燃料进行排放检测；对于两用燃料汽车，要求对两种燃料分别进行排放检测。

双怠速法仪器测量程序如图 7-12 所示。

（2）检测结果

① 若检测污染物有一项超过排气污染物排放限值的规定，则认为排放不合格。

② 对于使用闭环控制电子燃油喷射系统和三元催化转换器技术的车辆，检测的过量空气系数（λ）如果超出相应要求，则认为排放不合格。

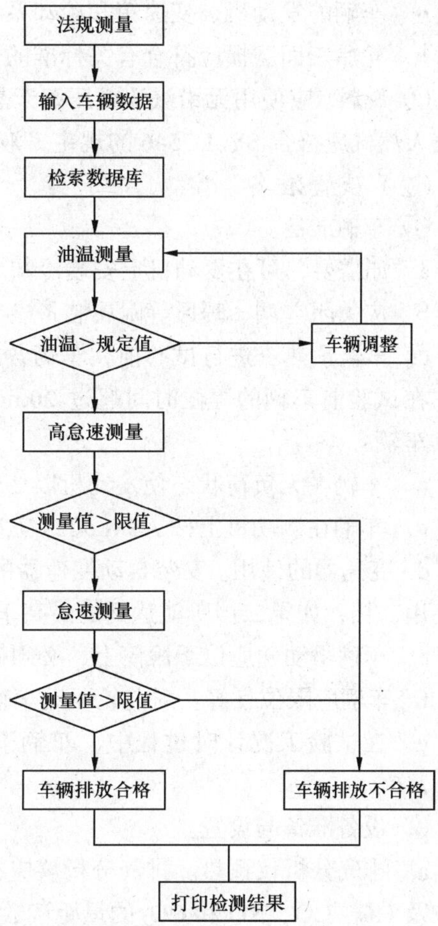

图 7-12 双怠速法仪器测量程序

2. 汽油车稳态工况检测方法

（1）车辆和燃料要求

① 被测车辆。

- 车辆的机械状况应良好，无影响安全或引起试验偏差的机械故障。

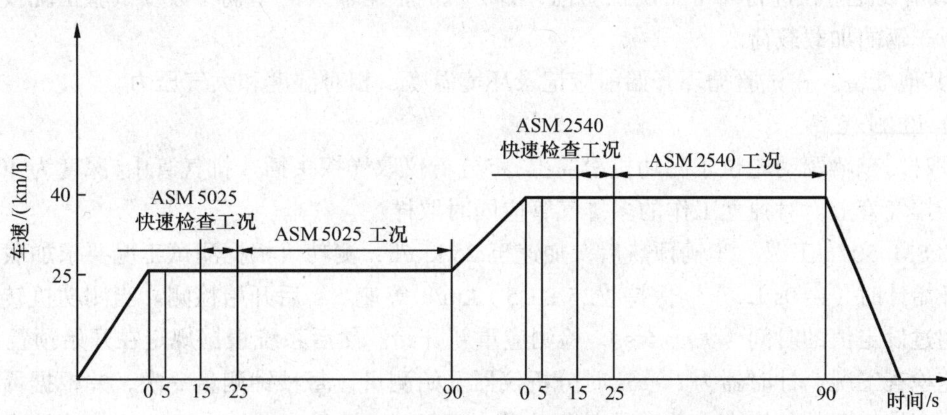

图 7-13 稳态工况法（ASM）试验运转循环

- 车辆进、排气系统不得有任何泄漏。

- 车辆的发动机、变速箱和冷却系统等应无液体渗漏。
- 轮胎表面磨损应符合有关标准的规定。驱动轮轮胎压力应符合生产厂的规定。

② 燃料。应使用无铅汽油或压缩天然气、液化石油气。无铅汽油应符合 GB 17930 的规定；压缩天然气应符合 SY/T 7546 的规定，液化石油气应符合 SY 7548 的规定。

（2）试验准备

① 车辆准备。

a. 如需要，可在发动机上安装冷却水和润滑油测温计等测试仪器。

b. 应关闭空调、暖风等附属装备。装备牵引力控制装置的车辆应关闭牵引力控制装置。

c. 车辆预热：进行试验前，车辆各总成的热状态应符合汽车技术条件的规定，并保持稳定。在试验前车辆的等候时间超过 20 min 或在试验前熄火超过 5 min，应选以下任一种方法预热车辆：

- 车辆在无负荷状态使发动机以 2 500 r/min 转速运转 4 min；
- 车辆在测功机上按 ASM 5025 工况运行 60 s。

d. 变速器的使用。安装自动变速器的车辆应使用前进挡进行试验；安装手动变速器的车辆应使用二挡，如果二挡所能达到的最高车速低于 45 km/h 可使用三挡。

e. 车辆驱动轮应位于滚筒上，必须确保车辆横向稳定。驱动轮胎应干燥防滑。

f. 车辆应限位良好。对前轮驱动车辆，试验前应使驻车制动起作用。

g. 在试验工况计时过程中，车辆不允许制动。如果车辆制动，工况起始计时应重新置零（t=0）。

② 设备准备与设置。

a. 排气分析仪预热。排气分析仪应在通电后 30 min 内达到稳定。在 5 min 内未经调整，零位及 HC、CO、NO 和 CO_2 的量距读数应稳定在误差范围内。

b. 在每次开始试验前 2 min 内，分析仪器应完成自动调整、环境空气测定和 HC 残留量的检查。

c. 测功机预热。测功机停机或转速小于 25 km/h 超过 30 min，应在试验前进行自动预热。

d. 载荷设定。在进行每个工况试验前，测功机应根据输入的车辆参数及试验工况按要求自动设定对车辆的加载载荷。

③ 其他准备。在试验循环开始前应记录环境温度、相对湿度和大气压力。

（3）检测程序

① 取样。车辆驱动轮位于测功机滚筒上，将分析仪取样探头插入排气管中，深度为 400 mm，并固定于排气管上。对独立工作的多排气管应同时取样。

② ASM 5025 工况。车辆预热后，加速至 25 km/h，测功机根据测试工况要求加载，工况计时器开始计时（t=0s），车辆保持（25 ± 1.5）km/h 等速 5 s 后开始检测。当测功机转速和转矩偏差超过设定值的时间（大于 5 s），检测应重新开始。然后系统根据规定在开始预置 10 s 后开始快速检查工况，计时器为 t=15s 时分析仪器开始测量，每秒钟测量一次，并根据稀释修正系数及湿度修正系数计算 10 s 内的排放平均值，运行 10 s（t=25s），ASM5025 快速检查工况结束。车辆运行至 90 s（t=90s）ASM5025 工况结束。

测功机在车速（25.0 ± 1.5）km/h 的允许误差范围内，加载转矩应随车速的变化做相应的调整，保证加载功率不随车速改变；转矩允许误差为该工况设定转矩的 ± 5%。

在测量过程中，任意连续 10 s 内第 1 秒至第 10 秒的车速变化相对于第 1 秒小于 ± 0.5 km/h，测试结果有效。快速检查工况的 10 s 内的排放平均值经修正后如果等于或低于规定限值的 50%，则测试合格，检测结束；否则应继续进行至 90 s 工况。如果所有检测污染物连续 10 s 的平均值低于或等于限值，则该车应判定为 ASM5025 工况合格，继续进行 ASM2540 检测；如任何一种污染物连续 10 s 的平均值超过限值，则测试不合格，检测结束。在检测过程中如任意连续 10 s 内的任何一种污染物 10 次排放值经修正后均高于限值的 500%，则测试不合格，检测结束。

表 7-10　稳态工况法（ASM）试验运转循环表

<table>
<tr><th>工　况</th><th>运 转 次 序</th><th>速度/（km/h）</th><th>操作时间/s</th><th>测试时间/s</th></tr>
<tr><td rowspan="4">ASM5025</td><td>1</td><td>25</td><td>5</td><td rowspan="2">/</td></tr>
<tr><td>2</td><td>25</td><td>15</td></tr>
<tr><td>3</td><td>25</td><td>25</td><td>10</td></tr>
<tr><td>4</td><td>25</td><td>90</td><td>65</td></tr>
<tr><td rowspan="4">ASM2540</td><td>5</td><td>40</td><td>5</td><td rowspan="2">/</td></tr>
<tr><td>6</td><td>40</td><td>15</td></tr>
<tr><td>7</td><td>40</td><td>25</td><td>10</td></tr>
<tr><td>8</td><td>40</td><td>90</td><td>65</td></tr>
</table>

③ ASM2540 工况。车辆从 25 km/h 直接加速至 40 km/h，测功机根据测试工况要求加载，工况计时器开始计时（t =0s），车辆保持（40 ± 1.5）km/h 等速 5 s 后开始检测。当测功机转速和转矩偏差超过设定值的时间（大于 5 s），检测应重新开始。然后系统根据规定在开始预置 10 s 后开始快速检查工况，计时器为 t =15 s 时分析仪器开始测量，每秒钟测量一次，并根据稀释修正系数及湿度修正系数计算 10 s 内的排放平均值，运行 10 s（t =25s）ASM2540 快速检查工况结束。车辆运行至 90 s（t =90s）ASM2540 工况结束。

测功机在车速（40.0 ± 1.5）km/h 的允许误差范围内，加载转矩应随车速的变化做相应的调整，保证加载功率不随车速改变；转矩允许误差为该工况设定转矩的 ± 5%。

在测量过程中，任意连续 10 s 内第 1 秒至第 10 秒的车速变化相对于第 1 秒小于 ± 0.5 km/h，测试结果有效。快速检查工况的 10 s 内的排放平均值经修正后如果等于或低于限值的 50%，则测试合格，检测结束；否则应继续进行至 90 s 工况。如果所有检测污染物连续 10 s 的平均值低于或等于限值，则该车应判定为合格；如任何一种污染物连续 10 s 的平均值超过限值，则测试不合格，检测结束。在检测过程中如任意连续 10 s 内的任何一种污染物 10 次排放值经修正后均高于限值的 500%，则测试不合格，检测结束。

污染物排放值的修正可参阅 GB 18285-2005《点燃式发动机汽车排气污染物排放限值及测量方法》。

④ 复检试验。按照以上试验程序及试验结果判定方法连续进行 ASM5025 和 ASM2540 工况试验，工况时间延长至 145 s（t=145s），总试验时间为 290 s。

如两个工况测试结果经修正后均满足要求，则测试结果合格；否则测试结果不合格。

3. 柴油车自由加速烟度的检测方法

按照 GB/T3846—93 的规定，柴油车自由加速烟度的检测应在自由加速工况下，采用滤纸式烟度检测计按测量规程进行。自由加速工况是指发动机处于怠速工况（离合器处于结合位置，加速踏板位于松开位置，装机械式或半自动变速器时变速杆位于空挡位置，装自动变速器时选择器在停车或空挡位置）时，将加速踏板迅速踩到底，维持数秒后松开的情况。

（1）检测仪器的准备

认真阅读烟度计的使用说明书，在仪器使用前应做好以下准备工作。

① 在未接通电源时，检查指示仪表指针是否在机械零点上。若指针失准，可用零点调整螺钉使指针与“10”的刻度重合。

② 接通电源，进行必要的预热。

③ 用标准烟度卡对仪表指针进行校准，使表头指针指在标准烟度卡所代表的烟度值上。

④ 检查取样装置和控制装置中各部机件的工作性能，特别要注意脚或手控制的抽气泵开关与抽气动作是否同步。

⑤ 检查控制用压缩空气的压力和清洗用压缩空气的压力是否达到 300 kPa ~ 400 kPa。

⑥ 检查滤纸是否合格、洁白无污染，然后将合格的滤纸装到烟度计上。

（2）被检测车辆的准备

① 启动、预热发动机至规定的热状态。

② 检查燃用柴油是否有添加消烟剂，如果有，应予更换。

③ 排气系统不得有泄漏。

④ 排气管应能保证取样头插入深度不小于 300 mm。否则排气管应加接管，并保证接口不漏气。

（3）检测步骤

① 将取样探头逆气流方向固定在排气管内，并使其中心线与排气管轴线平行。

② 将踏板开关引入汽车驾驶室或将手动橡皮球通过远控软管引入汽车驾驶室。

③ 把抽气泵活塞压下锁止。

④ 按图 7-14 所示的测量规程进行自由加速烟度的检测。由怠速工况将加速踏板踩到底，约 4 s 后迅速松开，如此重复 3 次，以便把排气管内碳渣吹掉。

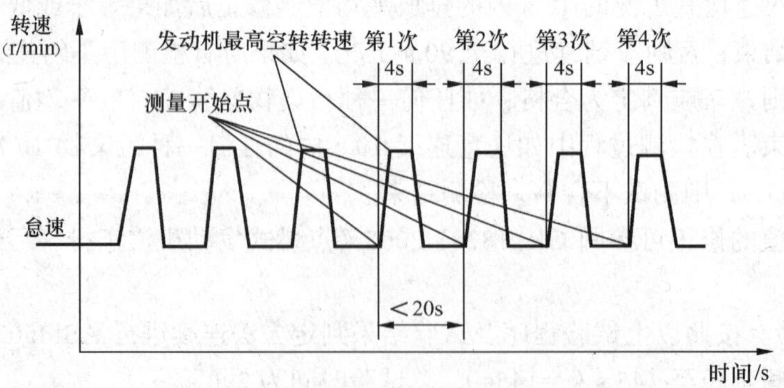

图 7-14 测量烟度时发动机运行工况模式（测量规程）

⑤ 怠速运转约 16 s。在此期间内用压缩空气对取样软管和取样头吹洗 3 s ~ 4 s。

⑥ 将踏板开关固定在加速踏板上或将手动橡皮球拿在手中。

⑦ 将加速踏板与踏板开关一起迅速踏到底，或在踩下加速踏板的同时，急速压缩手动橡皮球，至 4 s 时迅速松开加速踏板和踏板开关。

⑧ 维持 16 s 怠速运转。在此期间，将抽气泵的活塞压下至吸气开始位置。有纸卷的烟度计可完成走纸并可直接由表头读取烟度值。在此期间均要用压缩空气对取样软管及取样探头吹洗 3 s ~ 4 s。

⑨ 再次踩下加速踏板与踏板开关，两次之间的时间间隔为 20 s，如此重复取样 4 次，对第 1 次采样不测量，后三次读数的算术平均值，即为该工况下的排气烟度值。

（4）使用注意事项

① 取样软管的内径和长度不能随意更换。

② 硒光电池不要暴露在强光下，以免缩短其使用寿命。

③ 标准烟度卡和滤纸不要放置在阳光直射下，并注意防潮、防尘。

④ 滤纸式烟度计要避免放置在阳光直射、震动及湿度大的地方。

⑤ 滤纸式烟度计需确保使用精度。

4. 柴油车加载减速工况烟度的检测

柴油车有负载时的检测方法为加载减速工况法，该方法来自香港环保署于 2000 年 6 月颁布的柴油车加载减速排放限值和测量方法。该方法能够将烟度排放严重的柴油车检测出来，有效地克服了自由加速法的弊端。

（1）主要测试设备

加载减速工况法是一种在模拟车辆负载运行时测量压燃式发动机汽车排放可见污染物的方法。该方法在 3 个加载工况点测试烟度。3 个测量点分别是最大功率点，最大功率对应转速的 90%转速点和最大功率对应转速的 80%转速点。

测试设备主要包括底盘测功机、不透光烟度计和发动机转速传感器等，由中央控制系统集中控制。

（2）检测流程

① 车辆预检。待检车辆完成检测登记后，驾驶检测员应将车辆驾驶到底盘测功机前等待检测，并进行车辆的预先检查。预先检查的目的是核实被测车辆是否和行驶证相符，并评价车辆的状况是否能够进行加载减速检测。

在进行预检查时，如果发现被测车辆的车况太差，不适合进行加载减速法检测，必须先进行修理后才能进行检测。

② 检测系统的检查。检测系统检查的目的是判断底盘测功机是否能够满足待检车辆的功率要求，同时检查检测系统的工作状态是否正常。

③ 排气烟度检测。

a. 发动机熄火，变速器置空挡，检查不透光烟度计的零刻度和满刻度。检查完毕后，将采样头插入被测车辆的排气管中。注意连接好不透光烟度计，采样头的插入深度不得低于 400 mm。

b. 启动发动机，变速器置空挡，逐渐增大油门踏板直到开度达到最大，并保持在最大开度状态，记录这时发动机的最大转速，然后松开油门踏板，使发动机回到怠速状态。

c. 使用前进挡驱动被测车辆，选择合适的挡位，使油门踏板处于全开位置，测功机指示的车速最接近 70 km/h，但不能超过 100 km/h。

d. 计算机对获得的上述数据自动进行分析，判断是否可以继续进行检测。在确认机动车可以进行排放检测后，将底盘测功机切换到自动检测状态。

e. 加载减速测试的过程必须完全自动化。在整个检测循环中，由计算机控制系统自动完成对测功机加载减速过程的管理。

f. 检测开始后，检测员始终将油门保持在最大开度状态，直到检测系统通知松开油门为止。检测过程中，检测员应时刻注意被测车辆或检测系统的工作情况。

g. 检测结束后，打印检测报告并存挡。

四、拓展知识

（一）汽油发动机排气的净化

1. 机内净化

（1）采用电控的汽油喷射装置

采用电控的汽油喷射装置是机内净化的主要措施。电控汽油直接喷射有如下优点。

① 进气管道中没有狭窄的喉管，空气流动阻力小，充气性能好，因此输出功率也较大。

② 能使各缸混合气的分配均匀，尤其是多点喷射，可使各缸混合气的浓度得到精确控制；

③ 可根据发动机转速、负荷、冷却水温等参量的变化来改变燃料喷射量，精确控制混合比，确保发动机完全燃烧，也使冷启动与加速性能改善，再配合电控点火系，可大幅度降低排气中的 CO 和 HC。

④ 具有良好的加速等过渡性能。

⑤ 容易实现分层给气的稀薄燃烧，使燃烧室末端处为稀混合气，可提高发动机的抗爆性，降低对燃料辛烷值的要求或提高汽油机的压缩比，提高热效率，改善燃料经济性。

（2）改善燃烧状况

改善燃烧状况是从配气相位、点火时刻、燃烧方式和燃烧室形状等方面考虑的一种机内净化方法。

① 混合气在汽缸内燃烧时，火焰到达燃烧室壁附近，往往由于表面温度低而熄火，引起 HC 排放量增加。显然，减小燃烧室的表面积和容积之比（面容比）可减少 HC 的排放量。面容比按盆形、楔形、碗形、半球形的燃烧室结构逐渐减小。此外，降低压缩比也可降低面容比，同时还可减少 NO_x 的排放量。

② 配气相位特别是气门重叠时间对 NO_x、HC 排放量的影响很大。试验表明：气门重叠时间长时，因排气彻底，进气充足，汽缸内温度低，NO_x 排放量将减少，而 HC 的增加量并不多；当气门重叠时间短时，HC 将减少，而 NO_x 却增加较多。

③ 延迟点火时刻，可降低燃烧最高温度，从而减少 NO_x 的排放量；同时，由于燃烧持续时间较长，促进氧化作用，使 HC 排放量减少。这种方法已普遍用于各种低公害汽车上。但是延迟点火会引起功率下降和过热等问题。为此，必须对点火提前角进行控制：在怠速和减速时减小点火提前角，以减少 CO、HC 的生成量；中、高速时则加大点火提前角，以保证功率；发动机过热时，将点火提前角加到最大值，使转速上升，加强冷却作用直至恢复到正常温度为止。

④ 稀薄燃烧是指能燃用空燃比为 18∶1 或更稀混合气的汽油机。稀薄燃烧按供给方式可分为均质和非均质两种。目前，分层燃烧（作为稀薄燃烧中的非均质燃烧）是实现稀薄燃烧的主要方式。分层进气实现稀燃的原理是在点火瞬间，火花塞电极周围局部区域应具有较浓的可燃混合气，其空燃比在 12～13.5，而在燃烧室的大部分区域具有较稀的混合气。在浓稀之间，有从浓到稀的各种空燃比混合气，以利火焰传播。因为燃烧室中混合气浓度有组织地分成各种层次，所以被称为分层进气（分层燃烧）发动机。

为了使发动机在燃用稀混合气时工作稳定可靠，必须同时做到以下几点：控制燃烧过程，使之实现快速燃烧；改善供给系混合气制备与分配；改进或强化点火系统。

（3）排气再循环（ECR）系统

排气再循环是目前降低 NO_x 排放的一种有效措施。它是将一部分排气引入进气管，与新混合气混合后进入汽缸燃烧，从而实现再循环；并对送入进气系统的排气进行最佳的控制。其基本原理是排气中的主要成分是 CO_2、H_2O 和 N_2 等，这 3 种气体的热容量较高。当新混合气和部分排气混合后，热容量也随之增大。在进行相同发热量的燃烧时，与不混入时相比，可使燃烧温度下降，这样就抑制 NO_x 生成。

2. 机外净化

（1）使用新型燃料

在改进和研制发动机的结构、燃烧状况等以期达到降低油耗和减少污染的同时，也应注意开拓新的能源和代用燃料这一新路。经研究表明，某些新能源和代用燃料其油耗与污染程度远低于现有的燃料。目前，有些国家已把液化石油气、醇燃料和氢气作为汽车的代用燃料。尽管有些技术问题尚待解决，但已获得较满意的使用效果。

液化石油气发动机已是比较成熟的机型，很多国家都有定型产品。液化石油气在常温下是气体，在一定压力下则呈液态存在。它主要是丙烷和丁烷的混合物。在石油开采和炼制过程中，它作为副产品而形成，亦可从天然气或煤中提取。

液化石油气由于在发动机工作温度下呈气态存在，所以燃烧时能和空气均匀混合形成质量良好的混合气，获得完全的燃烧。燃烧后的有害排放物远比汽油少。液化石油气的辛烷值很高，可以提高发动机的压缩比从而可获得较高的动力性能。它的缺点是装液化石油气的气瓶重量大，气瓶更换频繁及具有爆炸的危险性等。因此，目前液化石油气多用于定线行驶的公共汽车上。

使用甲醇或甲醇与汽油的混合燃料，比单纯燃用汽油时，NO_x 的排放量可以减少一些，而 HC 和 CO 的排放量则可明显下降。由于甲醇与汽油的混合燃料抗爆性好，可使发动机的压缩比提高 10%，故提高了发动机的功率。甲醇可从煤中提炼而得，我国又是煤炭资源较丰富的国家，因此甲醇燃料是一种很有发展前景的代用燃料。甲醇与汽油的混合燃料（甲醇重量百分比为 15%～20%）在某些国家已经付诸实用。但甲醇具有毒性，对铸铁和铝合金有腐蚀作用，同时还能溶解塑料。因此，在使用中应采取特殊的防治措施。

氢气是一种不含碳的清洁燃料，燃烧后没有 CO 和 HC 的排放污染。当氢气与空气的混合气其过量空气系数超过 2 时，NO_x 的排放量则很低。氢气与空气的混合气燃烧时，其着火界限很宽：氢气在空气中的含量为 4%～75%时，均可燃烧；另外，氢对点火能量要求较低，且火焰传播速度快，约为普通燃料的 7～9 倍，因此，其动力性能很高。目前，很多国家都在致力于氢发动机的研究，并做了大量的行车试验。但由于氢气的大量制取及储存等问题，还有待于进一步研究解决，因此，氢气发动机汽车尚未能作为正式产品投放市场。

（2）三元催化反应器

催化反应器采用沉积在面容比很大的载体表面上的催化剂作为介质，发动机排出的气体在其通过，使消除未燃 HC 和 CO 的再氧化反应能在较低的温度下更快进行，使排气中 HC、CO 与排气中的余氧结合，生成无害的 CO_2、H_2O，而排气中的 NO_x 经过还原催化反应器，将 NO_x 中的氧转入 HC、CO 中，生成 CO_2、H_2O 和 N_2。三元催化反应器不仅能促使 CO、HC 的氧化反应，也能促使 NO_x 的还原反应，从而使 CO、HC 和 NO_x 这 3 种有害成分都得到净化。

对同一催化剂的氧化与还原反应而言，其催化反应特性与通过的排气中所含的氧含量有关，因此由催化反应所导致的净化效率，也就与发动机所用的空燃比有关。三元催化剂在理论空燃比为中心的某一狭小范围内同时具有氧化、还原反应，使 CO、HC 和 NO_x 净化率都高。因此使用三元催化反应器时，必须装氧传感器和空燃比反馈控制系统，并通常与微机控制系统结合在一起使用。

（3）曲轴箱强制通风装置

从汽缸窜入曲轴箱的气体和箱内润滑油蒸气，若用通风管直接排到大气中去，由于这部分气体中含有高浓度的未燃烃、润滑油蒸汽，不完全燃烧产物以及不同量的废气成分等，会对大气造成污染。因此，现在汽车上广泛采用了将窜气引入汽缸内燃烧掉的曲轴箱强制通风系统（PCV）。PCV 有开式和闭式两种。开式 PCV 系统是在早先曲轴箱通风的基础上，将曲轴箱和空气滤清器下方的进气管连通，并且加装一个 PCV 阀，而将原通风管拆除后形成的。这种结构简单、改装方便，不必维修保养，可基本上消除曲轴箱排放。但自通气孔进入曲轴箱的空气未经滤清，而且当曲轴箱内排放气体大量增加时，有从通气孔倒流到大气中去的可能性。

闭式 PCV 系统将通气孔改接，在空气滤清器已滤清的一边，从而避免了开式 PCV 系统的缺点。新鲜空气先经空气滤清器，然后进入曲轴箱和窜气混合，发动机工作时，利用进气管真空度把 PCV 阀打开，进入汽缸进行燃烧。当发动机在高速全负荷工作时，一旦窜气量过多而不能完全吸尽时，多余的窜气还可以从曲轴箱倒流入滤清器，经进气管吸入汽缸。这种方式既不会使窜气排入大气，又能用新鲜空气进行曲轴箱换气。由于这种装置的双重优点，目前在世界上已被普遍采用。

（4）燃料蒸发净化装置

为防止油箱内的燃油蒸汽对大气的污染，现在大部分车辆采用燃料蒸发控制系统。

该系统由一个重新设计的油箱加油盖、油气分离器和炭罐组成。

① 使用密封式的加油盖，其内部装有压力、真空释放阀，可防止油箱的损坏。当油箱内的压力增大到一定数值时，释放阀就会打开，避免油箱的爆炸；当真空增大时，释放阀也会打开，防止油箱变形。

② 油气分离器的主要功能是防止液态燃油进入活性炭罐。液态燃油进入分离器或油气经过分离器时，会冷凝成燃油，并可通过其中最短一条管路流回油箱。

③ 活性炭罐的功能就是储存燃油蒸发的油气。炭罐本身是个抗油性的尼龙或塑料容器，里面装满了活性炭颗粒。

（二）柴油发动机排气的净化

1. 柴油机碳烟的净化

（1）改进进气系统

柴油机的烟度在很大程度上取决于燃料与空气的比值（FA），混合气 FA 加大，烟度就上升。在功率一定时，改进气系统、提高充量系数等所有增大进气量的措施，都有助于减少碳烟。

（2）改变喷油时间

在直接喷射式柴油机中，当其他参数不变，加大喷油提前角会造成滞燃期增长，使更多的燃料在着火前喷入混合，加快了燃烧速度并较早地结束燃烧过程，所有这些因素可使排气的烟度降低。然而过早喷射会引起更大的燃烧噪声，较大的机械和热应力以及较高的 NO_x 排放。较晚的喷油时间也使烟度下降。这种烟度减少发生在滞燃期最短的喷射时刻之后，其原因之一是生成比率降低及扩散火焰的温度降低，但此时 g_e 很快上升。

当采用柴油机电控喷油，可精确控制喷油量及喷油时间，使 HC 排放降低。

（3）改进供给系统

改进供给系统，使喷油具有较高的初速度，缩短喷油持续时间，对减小排烟是有利的。

改进油嘴和供给系统配合参数，可消除滴漏及过后喷射（二次喷射）的产生。滴漏是喷射终了时，由于针阀落座缓慢，从油嘴中流出雾化不良的粗大油滴与火焰接触，对火焰起激冷作用，此时缸内温度和氧的浓度下降，在这些油滴外围裂解产生碳烟附在液体表面上极难燃尽。过后喷射时，针阀落座关闭后第二次离开阀座升起，此时，喷射压力不足，雾化程度和穿透能力都变差，因而使碳烟增加。

（4）后处理

柴油机碳烟后处理可有以下几种方法：固体碳粒可以经过静电、过饱和水蒸气、超声波等使小粒子聚合成较大的粒子，再通过旋风除尘器净化；也可用各种滤清器过滤出碳粒。

2. 柴油机排气的净化

柴油机的燃烧室形式对排污量的影响很大。试验表明，分隔式燃烧室排污量比直接喷射式低得多。采用分隔式燃烧室时，副燃烧室中的混合气浓度较大，且燃烧温度峰值较低，对 NO_x 的形成不利。而当燃油及燃烧气体喷到主燃烧室进行二次燃烧时，由于大量空气的冷却作用，活塞又已开始下移，燃烧最高温度低，再一次造成了不利于产生 NO_x 的条件，因此分隔式燃烧室柴油机的 NO_x 排放量小。此外，分级燃烧中的燃烧涡流作用，使空气与燃油得到良好的混合，避免了主燃烧室中高温局部缺氧现象，因而产生的 HC 和 CO 较少。在采用分隔式燃烧室的柴油机中，用预燃室的发动机排污量比用涡流室的低，故预燃室式燃烧室的应用目前有增多的趋势。

减小喷油提前角，可降低最高燃烧温度，使 NO_x 排出量减少，这是目前用来降低直接喷射式柴油机的 NO_x 排放量的最有效的措施。但喷油提前角小会引起排烟量上升和功率下降。

采用废气涡轮增压可使过量空气系数提高，进气温度上升，因而 CO、HC 及碳烟的排放量均得以降低，但 NO_x 的排放量会增加。采用废气涡轮增压，则既能全面降低排污，又能提高柴油机性能，因此适用于汽车和工程机械等柴油机，但应装设冒烟限制器，以减少、低速和加速时的排烟。

小 结

1. 汽油发动机的排放物是烃类燃料的燃烧物，主要有 CO_2、H_2O、N_2、CO、HC、NO_x 等。HC 表示末燃烧的烃，其中受汽车排放法规限制的有害成分是 CO、HC 和 NO_x。柴油机废气中的有害排放物主要包括：微粒、氮氧化合物（NO_x）、一氧化碳（CO）以及碳氢化合物（HC）等。与汽油机相比，柴油机废气中的 CO 以及 HC 相对比较少，NO_x 的排放量也较汽油机的低，而微粒的排放则是柴油机所特有的问题。

2. 汽车排放污染物的对人体有很大的危害，国家对汽车排放污染物规定了严格的排放控制标准。

3. 汽油车排放污染物检测使用的仪器主要有 3 种：不分光红外线排气分析仪、非扩散型红外线式分析仪和四气体与五气体分析仪。柴油车排气烟度的检测仪器主要是滤纸式烟度计和不透光式烟度计。

习 题

1. 汽车污染主要包括哪 3 部分？检测汽车的排放有何意义？
2. 汽车排放污染物主要有哪几类？危害现象是什么？
3. 汽油车的主要排气污染物有哪些？柴油车的排气污染物主要有哪些？
4. 国家标准中，汽油车和柴油车排气污染物的限值各是如何规定的？
5. 汽油车主要排气污染物是如何形成的？主要影响因素有哪些？是如何影响的？
6. 非扩散型红外线废气分析仪由哪几部分组成？
7. 简述汽油车双怠速污染物的检测方法。
8. 简述排气污染物检测的注意事项。
9. 柴油车的碳烟是如何形成的？主要影响因素有哪些？是怎样影响的？
10. 简述滤纸式烟度计的结构和工作原理。
11. 简述柴油车自由加速烟度的检测方法。

项目八

汽车噪声性能检测与评价

一、项目要求

噪声对人类和环境的危害非常严重，白天室外噪声达 50 dB（A）、夜间室外噪声达 35 dB（A）~40 dB（A）会使人产生烦躁感；高于 70 dB（A）的噪声使人容易疲劳，产生头晕、头痛、失眠、记忆力下降等各种病症。如长时间在噪声很大的环境中，会使人激动、发怒，甚至失去理智。机动车、特别是重型车辆会产生超过 90 dB（A）的噪声，不仅会影响周围环境，还会影响驾驶员工作效率，使得驾驶员注意力下降、反应时间加长，发生交通事故趋势增加。因此，要进行汽车噪声的质量检测，运用技术措施有效控制汽车噪声，达到人们满意或可以接受的程度。

通过本部分内容的学习，读者应掌握噪声的种类、危害和形成；了解汽车噪声检测设备的结构和工作原理，掌握汽车噪声的检测方法。

二、相关知识

（一）汽车噪声检测评价指标

1. GB 7258–2004《机动车运行安全技术条件》的规定

① 对于发动机最大功率大于或等于 7 kW 的机动车，喇叭声级范围为 90 dB（A）~ 115 dB（A）。

② 汽车（三轮汽车和低速货车除外）驾驶员耳旁噪声声级不应大于 90 dB（A）。

③ 客车以 50 km/h 的速度匀速行驶时，客车车内噪声不应大于 79 dB（A），其检验方法按 GB/T 18697—2002 的规定执行。

2. 汽车定置噪声限值

GB 18565《营运车辆综合性能要求和检验方法》对汽车定置噪声限值进行了详细规定，具体内容如表 8-1 所示。

表 8-1　　汽车定置噪声限值/dB（A）

车辆类型	燃料种类		车辆出厂日期	
			1998 年 1 月 1 日以前	1998 年 1 月 1 日以后
轿车	汽油		87	85
微型客车、货车	汽油		90	88
轻型客车、货车越野车	汽油	$n_r \leq$ 4 300 r/min	94	92
		$n_r >$ 4 300 r/min	97	95
	柴油		100	98
中型客车、货车大型客车	汽油		97	95
	柴油		103	101
重型货车	$P \leq$ 147kW		101	99
	$P >$ 147kW		105	103

注：P——汽车发动机额定功率。

n_r——发动机额定转速。

（二）机动车噪声简介

1. 噪声的概念

使人烦躁的、讨厌的、不需要的声音统称为噪声。即使能给人以愉快感觉的音乐，但如果它妨碍了正思考工作的人，音乐也就变成了噪声。因此，噪声不仅有声学方面的性质，而且还具有生理学、心理学方面的含意，即包括声音产生的不舒适程度和对人体影响程度的内容。噪声是一种声波，具有一切声波运动的特点和性质。

一般声波有 3 种形状，即噪声、纯音和乐音的波形，如图 8-1 所示。在示波器上观察噪声的波形，一般都是不规则的和无调的，不像纯音和乐音那样，简谐而有调。人们希望听到的是乐音或纯音。

噪声震动都是由大量频率不同的简谐振动组成的，其特点是震动形式的非周期性，表现为紊乱、断续或统计上随机的震荡。

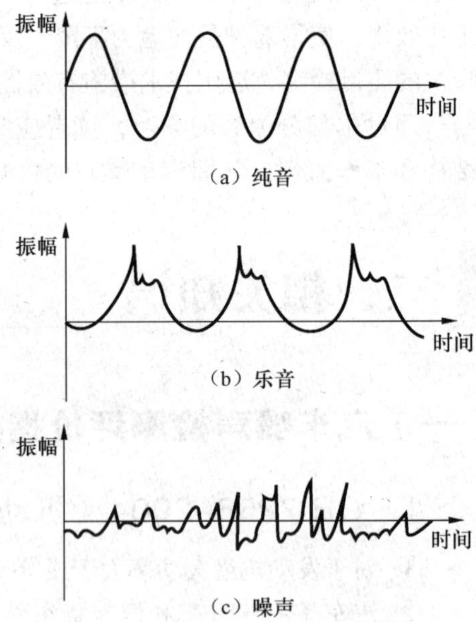

图 8-1　纯音、乐音与噪声波形

2. 汽车噪声及噪声源

汽车噪声分车外噪声和车内噪声两种。车外噪声造成环境公害，车内噪声直接对驾驶员和乘客造成损害。

汽车是由许多零部件或机械总成装配而成的。汽车在运行过程中受到内燃机和机械传动机构的影响以及来自路面的冲击，所有的零部件都会产生震动和噪声，实际上汽车是一个包括各种不同性质噪声的复杂噪声源。图 8-2 所示为汽车主要的噪声源。图 8-3 所示为汽车内部噪声产生机理及其固体和空气传播声的比例。

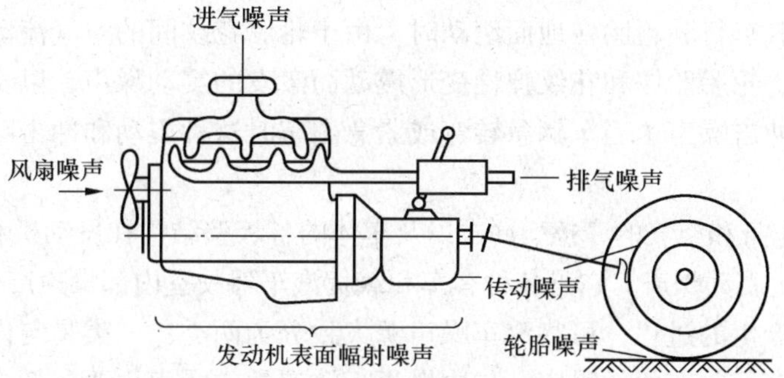

图 8-2　汽车主要的噪声源

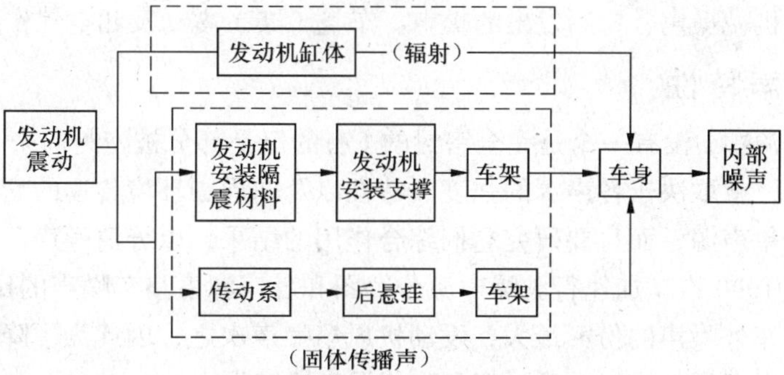

（a）汽车内部噪声产生机理框图

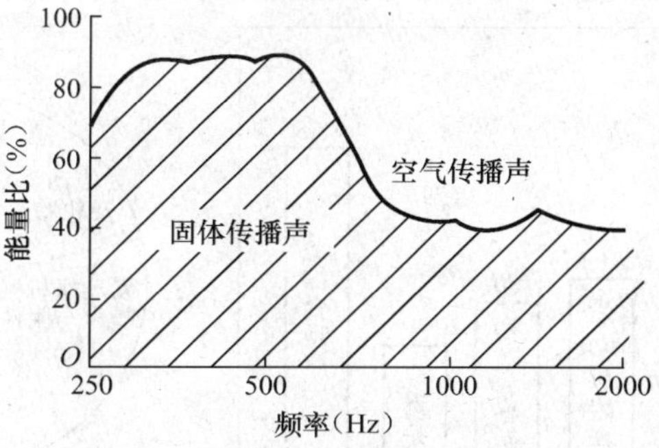

（b）车内固体和空气传播声的比例

图 8-3　汽车内部噪声产生机理、车内固体和空气传播声比例

汽车噪声按其性质大致可分为以下几类。

① 燃烧噪声。

燃烧噪声是指内燃机工作时，由于汽缸内的气体压力周期性变化而产生的噪声。

② 进气和排气噪声。

进气和排气噪声是指内燃机工作时，气体经过进气管和排气管高速流运时所产生的噪声。

③ 风扇运转噪声。

④ 机械噪声。

机械噪声是指汽车行驶时，汽车中的各种机构运动件之间以及运动体和固体件之间，周期性变化的作用力所产生的噪声。

⑤ 轮胎噪声。

轮胎噪声包括汽车行驶轮胎在地面滚动时，由于轮胎花纹间的空气流动和轮胎四周空气扰动形成的空气噪声、轮胎胎体和花纹弹性变形震动而激发的震动噪声，以及由于路面不平造成的轮胎与道路间的冲击噪声（当车辆急转弯或紧急刹车时这种震动和冲击噪声也会显得很大）。

⑥ 车身噪声。

汽车行驶时，车身和空气的摩擦、冲击以及车体的各板壁结构在发动机和路面凹凸不平的震动激励下，也会产生震动噪声。它是各种客车和载货汽车驾驶室内部噪声产生的主要原因之一。

如果按照噪声产生的过程，可将汽车噪声源大致分为两类：一类是与内燃机运转有关的噪声；另一类是与汽车行驶有关的噪声。与内燃机运转有关的噪声主要包括内燃机运转时发出的燃烧噪声、机械噪声、冷却风扇噪声、进气和排气噪声，以及内燃机运转时所带动的各种附件（如压气机、发电机等）发出的噪声。与汽车行驶有关的噪声主要包括传动机构（变速器、传动轴、差速器等）的机械噪声、轮胎发出的噪声、车身（架）震动及和空气作用所产生的噪声。

3. 汽车噪声特性

由于汽车噪声源中，没有一个是完全密封的（有的仅是部分被密封起来），因此，汽车整车所辐射出来的噪声，就取决于各声源的强度、特性以及向周围环境传递的情况。研究汽车噪声源不仅要研究各个单声源，而且要研究它们综合作用的结果，以分清噪声源的主次和性质。图 8-4 所示为东风 EQ1090 汽车加速行驶噪声源分解图和各声源占整车噪声的比例图。从图中可以看出，排气噪声占车外噪声的份额最大，发动机风扇噪声次之，因此为了降低该车的加速行驶车外噪声，应首先考虑降低排气系统噪声和冷却风扇运转噪声。

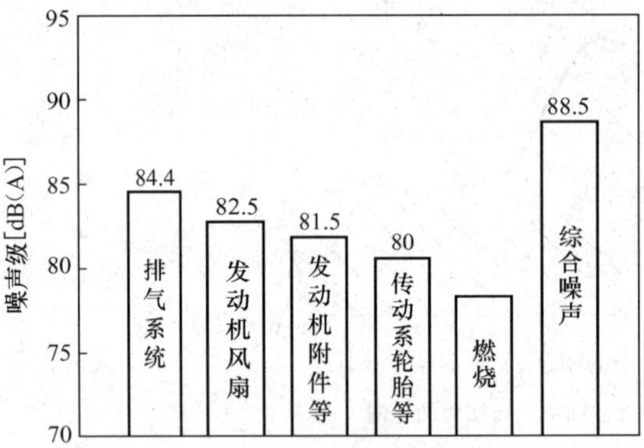

（a）声源分解图

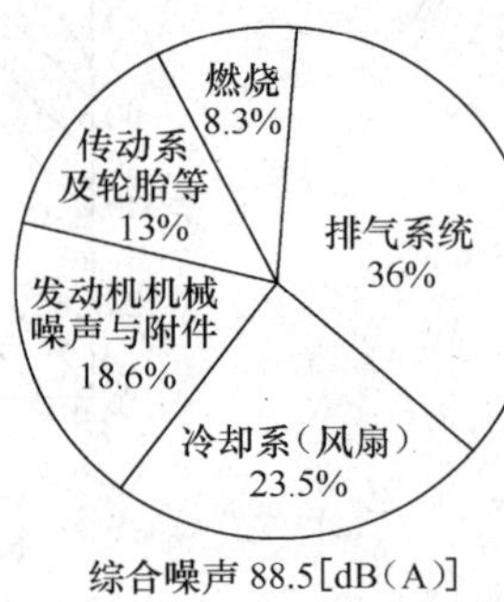

（b）各声源比例图

图 8-4　EQ1090 汽车加速行驶噪声

从整体看，汽车形式、种类、吨位大小和用途不同，整车噪声强度和频率特性会有很大的差别。依据 ISO 推荐的试验方法（加速行驶试验法），通过对不同车型、排量测得的几类汽车噪声频谱而综合得出了各类汽车的 A 声级，如表 8-2 所示。

表 8-2　各类汽车噪声参考值（加速行驶法测量）

汽 车 分 类	声级范围/dB（A）	汽 车 分 类	声级范围/dB（A）
重型载货汽车	88 ~ 92	重型载货汽车	79 ~ 84
轻型载货汽车	79 ~ 87	轻型载货汽车	81 ~ 91

试验证明了以下几点。

① 发动机转速和汽车行驶速度对汽车噪声有明显的影响。随着车速或发动机转速的增加，A 声级几乎是呈直线上升。并且，车速或发动机的转速每增加一倍，其噪声级增加 11 dB（A）左右。

② 载质量对汽车噪声的影响相对较小。

③ 轮胎噪声比发动机噪声低，通常，车速在 50 km/h ~ 70 km/h 时，轮胎噪声在汽车噪声中所占的比例不大；但当车速增加后，轮胎噪声就会相对增加。

由此说明汽车噪声主要取决于发动机转速。

4. 噪声的危害

噪声对人类在生理、心理和社会各方面都有影响。长期在高噪声环境下工作和生活会危害人体的健康，即使噪声级较低也会干扰人们的正常活动。其危害和影响大致有下列几个方面。

（1）引起多种疾病

① 引起听觉器官的损伤。噪声对听力的影响与其声压级、频率及作用时间有关。轻者可引起暂时性听阈偏移，即由强噪声环境到比较安静地方要经过一段时间才能恢复原来的听觉；重者可产生噪声性耳聋。据国际统计，噪声级为 90 dB（A）时，耳聋发病率达 21%；100 dB（A）时则高达 40%。

② 强烈的噪声能引起神经失常，甚至危及生命。噪声还会诱发对神经、心脏、消化系统不良影响，表现为头晕、头痛、失眠、神经过敏、心跳加速、血压升高、冠心病和消化不良、呕吐等。据有关资料调查，人们长期在 95 dB 以上噪声环境中生活，将有 10%的人引起神经衰弱、精神病，并使血压升高。

（2）影响人们正常工作和休息

噪声在 90 dB（A）以上，频率高于 1 000 Hz 时对人们正常工作和休息的影响明显，易引起疲劳、睡眠不良、工作效率下降等危害。试验和调查表明：声压级在 40 dB（A）~ 45 dB（A）时，正常睡眠将受到干扰；声压级达到 71 dB（A）时，则严重影响人们的工作效率；声压级达 75 dB（A）时，在距 0.3 m 远，正常谈话就有困难。

（3）影响交通安全

长期在噪声环境中生活，驾驶员和行人容易产生疲劳和注意力分散，精神不集中、心烦意乱等状况，易诱发交通事故。

（三）声级计

不论是评价汽车噪声水平的高低，还是控制汽车噪声，首先都应确知噪声的状况，而后与允许噪声标准进行比较，确定所需减噪量的数值，并以此为依据，采取一定技术措施来控制噪声。在各项控制措施实施后，还要检验噪声控制的效果。因此噪声的测量是汽车噪声控制与评价的重要组成部分。

噪声的测量需采用一定的仪器设备来完成。在汽车噪声测试中，常用的设备是声级计。

1. 声级计的分类

声级计是一种能够把工业噪声、生活噪声和车辆噪声等，按照人耳听觉特性近似地测定其噪声级的仪器，在噪声测量中使用最为广泛。有的声级计不仅能测量声压级，还能与辅助仪器配合进行频谱分析、记录噪声的时间特性或进行震动测量等。用以测量稳定噪声经过计权的总声压级，若与倍频程或 1/3 倍频程滤波器配合，还可对噪声进行频谱分析，测出各中心频率所代表的各频段的声压级。

根据声级计在标准条件下测量 1 000 Hz 的纯音所表现出的精度，可将声级计分为精密声级计和普通声级计两类，我国就采用这种分法。普通声级计是最简单的一种，其测量传声器要求不太高，通常采用压电式、电容式、动圈式和驻极体式传声器；整机动态响应范围及频率响应平直范围较窄，一般不与带通滤波器联用。精密声级计精度比普通声级计高，能与各种带通滤波器配合使用，其测量传声器一般都是采用频率响应宽、灵敏度高、指向性和稳定性好的电容传声器。精密声级计可以和电平记录仪、磁带记录仪联合使用，能够记录、存储以及显示信号。

有些国家将声级计分为 4 类，即 0 型、Ⅰ型、Ⅱ型和Ⅲ型，它们的精度分别为 ± 0.4 dB、± 0.7 dB、± 1.0 dB 和 ± 1.5 dB。0、Ⅰ型为精密声级计，0 型声级计用作实验室参考标准；Ⅰ型声级计除专供实验室使用外，还可供符合规定的声学环境或需要严加控制的场合使用。Ⅱ、Ⅲ为普通声级计，Ⅱ型适合于一般室外使用，Ⅲ型主要用于室外噪声调查。

脉冲声级计也分普通型和精密型两种。它除了具有同型声级计的测量功能外，还能测定脉冲声的峰值、最大均方根值等参数，具有频响平直范围宽，对瞬变噪声反应快的特点。除此之外，还有积分精密声级计和频谱声级计积分精密声级计能测量在一定时间内的等效连续声，时间间隔可以从几秒到二十几小时内任意调节。频谱声级计是将声级计与频谱分析仪器相组合的仪器，因此在测量噪声的同时又能进行噪声频谱分析。

2. 声级计的结构

声级计主要由传声器、前置放大器、衰减器、输入放大器、计权网络、检波器、指示表头和电源等组成。图 8-5 所示为国产 HY104 型声级计外形图。

声级计内部电路板采用双面印制电路板，元件密集排列，以减少声级计的体积。所有的开关、接口都安装在电路板上。声信号输入单元及其他电路板经电气和机械连接为一整体——机芯，在生产和修理时只要对机芯部分进行调试检查，然后装入外壳即可。声级计结构相当简单，其装配、调试、修理都非常简便。

机芯与外壳的装配采用嵌套式，装卸简便，电池室设计于声级计下方，电池盖板采用抽板式，更换电池非常方便。

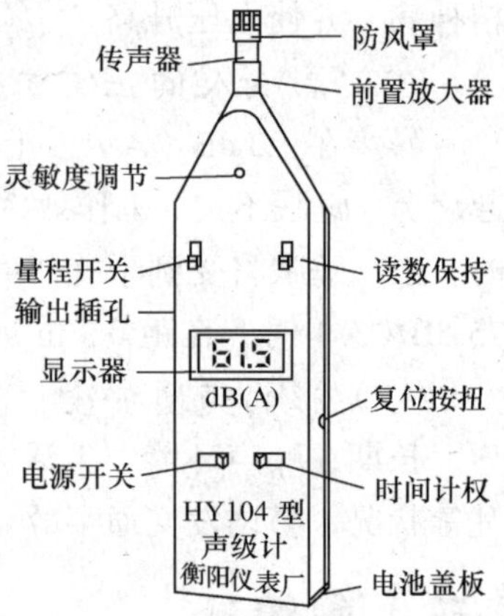

图 8-5 HY104 型声级计外形结构

声级计外形为扁平形，由硅铝合金精密压铸而成，强度高，便于携带。声级计前端设计为圆锥形，从而使声级计本体对声场的影响减至最小限度。声级计下部设置有一个 0.25 in（1 in=2.54 cm）的连接螺孔，用于将声级计支撑于三角架上，这样可使测量者远离测量点，以减小操作者身体对声波的反射。

HY104 上开关等控制元件的作用如下。

- 防尘罩：用于保护传声器不受尘埃的侵害，并有一定的机械防护能力。
- 传声器：传声器也叫话筒，是将声压信号转变为电信号的传感器，是声级计中的关键元件之一。常见的传声器有晶体式、驻极体式、动圈式和电容式数种。其中电容式传声器是噪声测量中常用的一种。

● 前置放大器：由于电容式传声器输出信号很小，输出阻抗很高，因此用于实现阻抗匹配。它应紧接在传声器之后。

● 延伸电缆：仅 HY104B 和 HY104C 型适用，它连接在前置放大器和声级计本体之间，可使传声器远离声级计本体，最长距离为 50 m。

● 电源开关：拨动开关，拨向左边（“off”）时切断电源；对 HY104A 和 HY104C 型，此开关亦为频率计权选择开关，拨至“dB（A）”或“dB（C）”时均接通电源。

● 量程开关：三位拨动开关，用于选择测量范围，有 3 挡：低、中、高。

● 频率计权开关：拨动开关，用于选择 A 计权或 C 计权；对 HY104A 和 HY104C 型，频率计权开关与电源开关为同一开关。

● 最大保持开关：拨动开关，置于“保持”时，声级计可测量一段时间内的最大声级值，置于“正常”时，声级计显示瞬时声级。

● 复位按键：与保持开关配用，当最大值保持开关置于“保持”时，按一下复位按键，则使所显示的最大值释放，同时开始新的保持周期。

● 校准电位器：可调电位器，用于调节声级计的灵敏度以适应不同的传声器。

● 输出插孔：3.5 mm 双声道耳机插孔，提供直流对数信号和交流线性信号。为减小体积，交、直流输出共用一个 3.5 mm 双声道插孔，外接仪器可通过随机所附的 3.5 mm 插头与声级计的输出相连，使用时应根据所需电压的类型正确地连接输出线。

● 外接电源插孔（仅 HY104A 和 HY104C 有）：用于连接外部电源，电源电压为直流 5 V。

● 三角架安装孔：1/4 英寸螺孔（在声级计的背面），用于将声级计安装于三角架上。

● 显示器：31/2 位液晶显示器，分辨力为 0.1 dB，显示的计权声压级的有效值为 0.25s 内的平均值，同时显示电压低落、过载和欠量限标志，如图 8-6 所示。

图 8-6 显示器的字符

3. 声级计的原理

下面以国产 HY104 系列声级计说明其工作原理。其工作原理如图 8-7 所示。

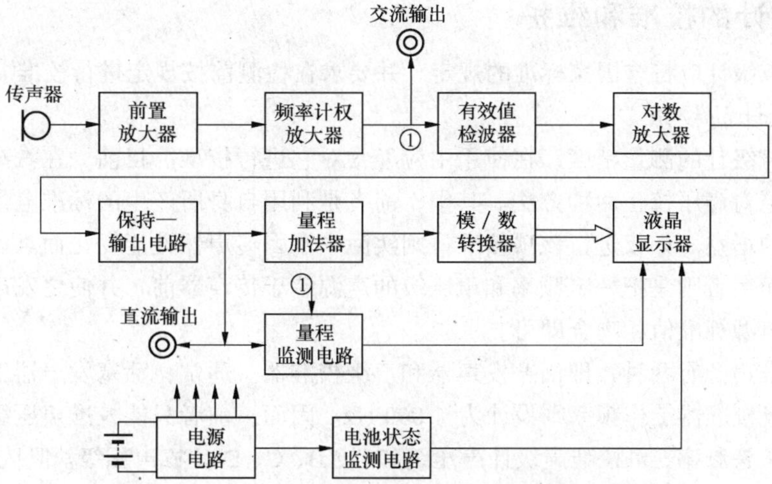

图 8-7 HY104 系列声级计工作原理图

声级计采用背级驻极体电容式测量传声器，即预极化电容传声器，它不需要外加极化电压。传声器是一种声电换能元件，它将被测噪声信号转换为相应的电气输出，经前置放大器（场效应管源极输出器，其输入阻抗非常高）将传声器的高阻输出转换成为后续电路能够接受的低阻信号。信号经过放大，同时进行模拟人耳的频率计权处理（可通过开关选择 A 计权或 C 计权）。在频率计权放大器中有一量程衰减器，它将整个测量范围分为 3 段，过载标志和欠量限标志可帮助操作者选择最佳的测量挡位。有效值检波电路将频率计权后的交流信号转换为比例于噪声声压的直流信号，并作 F 时间计权处理。对数转换器的输出信号与被测信号对数相关，从而使得声级计与人耳对声音的响应特性相吻合。输出电路中的保持电路，通过开关可使声级计处于最大值保持状态，这样便可测量一段时间内的最大声级。在电输出端口，可得到交流线性信号和直流对数信号，将它们送至频率分析仪可作频谱分析，也可送至电平记录仪、磁带录音机进行记录，还可送至统计、分析、计算仪器计进行数据处理。交流输出和直流输出共用一个双声道插孔。

来自输出电路的信号同时送至量程加法器，加法器根据量程开关的挡位，自动地加上量程底数，使显示器直接显示最后的测量结果。

测量结果与量程开关的挡位无关，因而无需对读数进行人工修正。

从量程加法器输出的模拟信号送至模拟/数字转换器，能转换为可直接驱动液晶显示器的数字量。模拟转换电路主要由三相双积分式 DG7126 型 A/D 转换器组成，测量频率为每秒一次。所以测量值为一秒钟内某四分之一秒的平均值。

由于数显仪表在过量限或欠量限时不如指针式仪表那么一目了然，而且声级计的量程分挡不是采用十进位的，所以也不能根据显示器的溢出和欠位来判别。所以，HY104 系列声级计都设置有过载检测指示电路和欠量限检测指示电路。当被测信号超出所选择量限的上限并使声级计过载时，液晶显示器上的右上角将显示过载标志“▲”；当被测信号低于所选择的量程的下限时，液晶显示器右下角将显示欠量限标志“▼”。

HY104 采用电池供电，为了提供内部电路所需的基准电压，设置有±5 V 稳压电源和 2.5 V 基准电源。为了监视电池状态，声级计设有电池状态监测电路，当电池电压低于规定值时，便在显示器的左下方显示出电池低落标志“→”。

4. 声级计的校准和维护

检测用的声级计应符合国家标准的规定，并要求在检测前按规定进行校准。

（1）声级计的校准

为了保证声级计的测量精度，在使用中应经常对它进行校准。目前，在汽车噪声测试中采用电器校正和绝对声压校正两种方法。其中，前者是利用自身所产生的标准电信号来校准放大器等电子线路的增益。如仅进行该项校准，则实际中常因传声器性能变化而难以实现整台仪器校准的目的。而后者则是把一定频率和声压级的声源装于传声器前，并使之发声。检查、调整声级计读数与声源标准值相吻合即可。

常用的标准声源有两种，即活塞发声器和声级校准器。通常，活塞发声器工作频率设计为 250 Hz，而声级校准器工作频率则设计为 1 000 Hz。因而，前者只能校准声压级；后者频率是标准计权网络参考频率，可校准声级计声压级和 A、B、C、D 计权声压级。但从整体精度上看，活塞发声器校准精度比声级校准器要高些。

标准声源的声压级多为 94 dB 或 124 dB。采用 94 dB 标准声压级更接近于一般噪声测量场合，有利于提高校准后声级计的测量准确度，如国产 ND 9 声级校准器和丹麦 BK 4230 声级校准器。采用 124 dB 校准声压级时，由于声压级较高即使在强噪声环境中也能正确校准，如国产 NX 6 和丹麦 BK 4220 活塞发声器。

① 活塞发声器。活塞发声器的工作原理如图 8-8 所示。微型直流电动机驱动一方盘形凸轮恒速转动，推动左、右对称的两个小活塞反向运动，活塞的回位由夹持弹簧推动。因而，活塞作 4 倍（凸轮为方形）于凸轮转速频率的简谐振动，使耦合腔的体积和压力都成正弦规律变化，产生正弦波声音。在一定大气压力下，活塞发声器产生的有效声压是一定的。

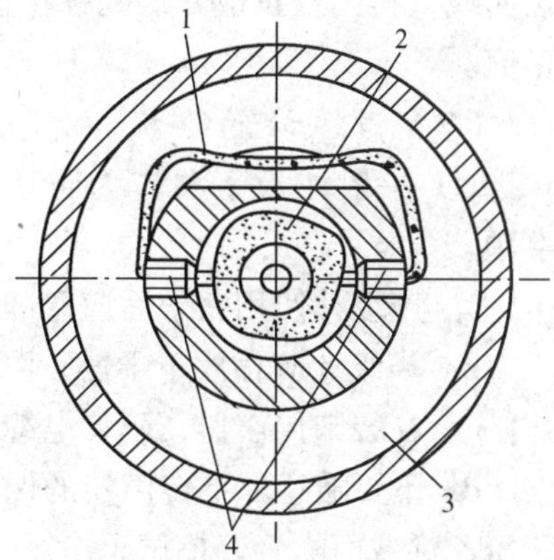

图 8-8 活塞发声器工作原理

1—夹持弹簧 2—凸轮

3—耦合腔 4—活塞

为了得到正弦波声音，凸轮必须按一定规律加工并必须具有较高的精度。凸轮应采用硬质材料制造；凸轮与活塞夹间应加注润滑油，以防止因使用中磨损而造成的非线性失真。弹簧的夹持力也要适当，以保持活塞头与凸轮良好接触而无过剩力为最佳。耦合腔与外界大气用毛细管相连通，以保持腔内静止压力与外界大气压力相等。电机转速一定，并在轴上带有恒速离心开关，保证校准声压频率为 250 Hz。

② 声级校准器。声级校准器实际也是一种由电池供电的校准声源。它由振荡器、压电换能器、电源及壳体等组成。其工作原理是振荡器产生的 1 000 Hz 的振荡信号，传输给压电陶瓷片，使压电陶瓷片产生弯曲变形，并带动与之相连的锥形膜片震动，从而产生一定声压的声音。校准器的压电陶瓷片采用弹簧支撑，其中心与震膜固连，整个系统调谐于 1 000 Hz。在震膜后面设置一个亥姆霍兹共振腔，其谐振频率也为 1 000 Hz，因而校准器工作在 1 000 Hz 共振频率下，输出声压频率稳定。在校准器内部还装有延时电路，当校准按钮按下并马上松开后，该电路可自动保持校准器工作一定时间，以方便校准器的校正操作。

③ 声级计的校准。声级计长时间没使用或使用一段时间后，需对指示表头进行校准，使用"活塞发声器"或"声级校准器"进行。这两种都是标准声级计专用的、由电池供电的标准声源。活塞发声器是适合于精密声级计和其他声级测量仪器的声级校准，而声级校准器则是适合于普通声级计和其他要求不高的声级测量仪器的声级校准。两种声级校准设备的使用方法基本相同。

- 使用活塞发声器进行校准。装好电池，将发生器插入声级计传声筒，接通发声器电源开关，可在声级计微音膜片上产生 124 dB（A）。声级上指针若指示到大于或小于 124 dB（A）时，应用表头指针调零钮进行调节。
- 使用声级校准器进行校准。将声级校准器插入声级计的传声筒，接通电源后，可在声级计微音膜片上产生 94 dB（A）声压级，校正频率为 1 000 Hz。

上述两种声级校准器的精度都能满足便携式精密声级计的精度要求。

④ 注意事项。校准设备产生的声压与其耦合容积关系很大，而每种传声器的等效容积又不一定相同，因而声级校准设备都有特定的校准对象，在使用中一般不能互换使用。当用校准设

备校准直径与接口不同的传声器时，应使用专用转接器，以保证耦合容积不变。传声器安装时要注意与标准设备接口间的密封，减少校准误差。

如果校正环境大气压力不是标准大气压力，或者条件所限必须用不相配的校准器校准传声器时，必须对标准设备的标称声压级进行修正。对于由气压改变带来影响的校正，可直接查校正曲线，得到校正值并加到标称值上；由于仪器不配套带来的耦合容积变化，则按公式计算修正值。

（2）声级计的维护

① 一般注意事项。为防止由于使用和操作不当而致使声级计损坏，要特别注意以下事项。

a. 声级计使用完毕后应立即将电池取出，以免电池漏液而损坏机件。

b. 声级计应存放于干燥、温暖的场所，如有可能，最好置于干燥皿中。

c. 在装卸传声器、延伸电缆、电池或外接电源时，应事先将电源开关置于“关”。

d. 不要随意取下传声器的保护罩，以免损坏膜片。当发现膜片较脏时，可用脱脂棉醮少许三氯乙烯或丙酮轻轻擦试干净。

e. 不要用手触摸输入触头，以防由于人体静电而损坏声级计。

f. 液晶是有机化合物，如果长期暴露于强烈的紫外线辐射下，将发生光化学反应，因此在使用中应尽量避免光直接照射在显示器上。

g. 用于安全和环保领域的声级计属于强制检定的计量器具，按照计量法的规定应定期定点由国家计量行政部门授权机构进行周期检定，检定的有效期为一年。

② 其他说明。

a. HY104 系列声级计的显示值为 0.25s 的平均值，而不是瞬时值或一秒钟内的最大值。这对稳态噪声或起伏不大的噪声来说没有什么太大的差异，但在测量变化激烈的噪声时需注意它们之间的差别。如果读数周期较长，也可将其视为瞬时值。

b. HY104 系列声级计的显示值是前一次采样测量周期的结果，即是一秒钟前的声级，而量程标志则指示当前状态，所以过载标志显示，但显示值并未超出测量范围，这种情况说明：当前发生了过量限（或欠量限），但本次读数仍然是有效的，而下次读数应是无效的。

c. 有时，过载标志或欠量限标志短时间闪烁时，而读数并未超出量限之外，这是因为过（或欠）量限发生在模数转换器的取样周期之外，或者是其 0.25 秒内平均值仍在量限之内。

d. HY104 系列声级计的体积很小，前端设计为扁圆锥形，因而声级计本体对声场的干扰是很小的，但操作者本身的反射可能会引起较大的误差。为减小操作者的影响，可利用声级计背面下部的一个螺孔将其固定在三角架上，操作者应离开声级计一段距离。

e. 采用活塞发生器校准声级计时，频率计权开关应置于“C”，因为活塞发生器产生的信号的频率通常为 250 Hz，而 A 计权曲线在 250 Hz 时有约 8.6 dB 的衰减量，且频率计权曲线的允差较大。

f. 防尘罩套在声级计的传声器上，可阻挡尘埃侵入传声器，同时对传声器有一定的机械防护作用。进行精确测量时，可将防尘罩取下。

g. 风罩为声级计的附件，在室外测量或当风速超过 5.5 m/s 时，应使用风罩，以减少风噪声的影响。风罩由多孔性泡沫塑料制成，使用时，将其套在传声器上即可。同时，风罩还可起到保护传声器的作用，防止其受到尘埃、泥污及雨水的危害，因此在室外或粉尘多的场合应使用风罩。使用风罩时需将防尘罩取下。

三、项目实施

（一）检测仪器与实施要求

1. 检测器材

① 汽车噪声检测的声级计。

② 米尺、车速表、三脚支架。

2. 实施要求

① 了解汽车声级计的结构、工作原理。

② 掌握声级计使用方法。

③ 掌握汽车车外、车内噪声的测量方法。

（二）检测实施步骤

1. 声级计的使用

在检测汽车的喇叭声级和车内、车外噪声时，其测试条件、测点位置和测试方法应严格按照 GB 7258—2004《机动车运行安全技术条件》、GB/T 18565—2001《营运车辆综合性能要求和检验方法》、GB 1495—2002《声学　汽车加速行驶车外噪声限值及测量方法》、GB/T 14365—1993《声学　机动车辆定值噪声测量方法》和其他相关标准的有关规定进行。此外，应按使用说明书的要求用声级计进行检测，一般应注意以下几点。

① 回零和校准。回零即是在未接通电源前，检查仪表指针是否在零点，若不在零点，则应用零点调整螺钉调至零点。校准指每次测量前或使用一段时间后，应按使用说明书要求对仪器的电路和传声器进行校准，若不正常则应调节微调电位器将其调至正常。

② 预热。仪器使用前要预热 5 min ~ 10 min。

③ 选择量程开关。声级计的测量范围有 35 dB ~ 80 dB、60 dB ~ 105 dB 和 85 dB ~ 130 dB 三挡。测量前，应根据被测声音大小将量程开关置于适当位置。如无法估计其大小，应先将量程开关置于最高挡。测量喇叭声级时，应使用 85 dB ~ 130 dB 挡。

④ 选择时间计权开关。根据所测音响的波动情况，选择时间计权开关的位置。测喇叭声级时，应将时间计权开关拨到“F”（快）挡。

⑤ 选择读数/保持开关。一般测量时，将此开关置于“5 s”。测喇叭声级时，为测出喇叭发出的最大声响，可用 “保持”挡。此时按一下复位按钮，仪器即工作在最大值保持状态，显示值为仪器复位以来所测声级的最大值。每按一次复位按钮，即结束前次的保持，并开始新的保持周期。

⑥ 复位。在测量中，改变任何开关位置都必须按一下复位按钮，以消除开关换挡时可能引起的干扰。

⑦ 其他注意事项。

a. 勿使声级计受到冲击、震动。

b. 将其放置于通风、干燥处，并避免阳光直射。

c. 声级计传声器、引线是与原仪器配套的，不要与其他仪器交换使用。

d. 电池式声级计在不使用时，应把干电池取出。

2. 车外噪声检测

（1）测量的基本条件

测量场地应平坦空旷，在测量中心以 50 m 为半径的范围内不应有大的反射物（如建筑物、围墙等）；试验场地跑道应具有 20 m 以上的平直、干燥的沥青或混凝土路面，路面坡度不得超过 0.5%；试验场地的本底噪声（包括风噪声）应比被测车辆的噪声至少低 10 dB，并保证测量不被偶然的其他声源所干扰。测量度应在良好天气中进行，测量时传声器高度的风速不应超过 5 m/s；为避免风噪声干扰，可采用防风罩，但应注意防风罩对声级计灵敏度的影响。声级计附近除测量者外，不应有其他人员，若不可缺少时，则必须在测量者背后。

（2）测量的场地要求

测量的场地如图 8-9 所示。测试时，声级计话筒应位于 20 m 跑道中心点 O 的两侧，各距中心线 7.5 m、距地面高度 1.2 m，用三角架固定话筒平行于地面，其轴线垂直于车辆行驶方向。测试场地应空旷，在测试中心以 25 m 为半径的范围内不应有大的反射物，如建筑物、围墙等。

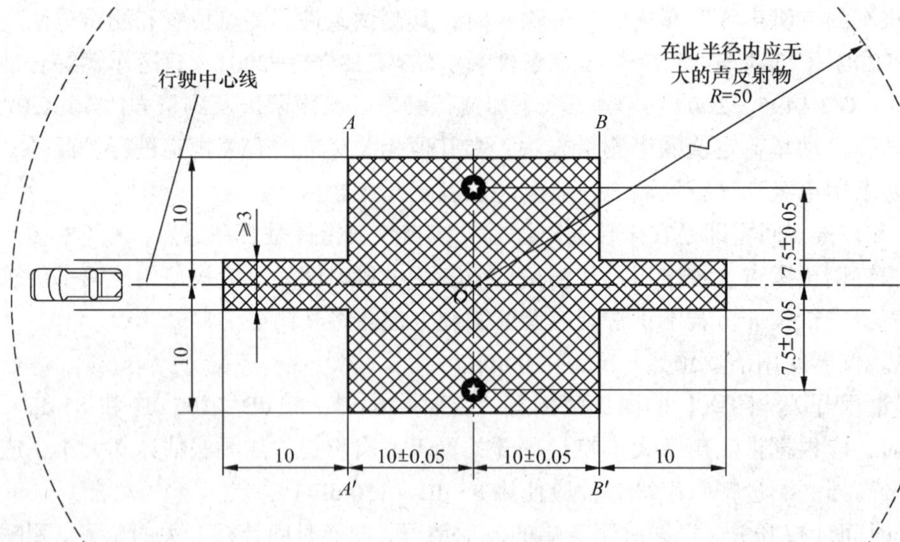

图 8-9 汽车加速行使车外噪声检测场地

▨ — 最小的标准试验路面

● — 传声器（h=1.2±0.02）

（3）加速行驶车外噪声的测量

车辆经走热后，按规定条件：前进挡位为 4 挡以上的车辆用第 3 挡；前进挡位为 4 挡或 4 挡以下的车辆用第 2 挡；对于自动换挡车辆使用在试验区加速最快的挡位。发动机转速为标定转速的 3/4。无转速表时可用该挡转速相应的车速来控制。车辆以 50 km/h 的车速等速驶至始端线。到达始端线开始，立即将加速踏板踩到底，直线加速行驶。当车辆后端到达终端线时，立即停止加速。

测量要求被测车辆在后半区域时发动机达到标定转速。如果达不到此要求，可将测试场地两端线各自再向外延长 7.5 m。如仍达不到要求，车辆使用挡位应降低一挡。如果车辆在后半区域超过标定转速，可适当降低到达始端线速度。

声级计用“A”计权网络“快”挡测量，读取车辆驶过时声级计表头的最大读数。

同样的测量往返进行一次。车辆同侧两次测量结果之差不应大于 2 dB。取每侧两次声级的平均值中的较大者作为被测车辆的最大噪声级。若只用一个声级计测量，同样的测量应进行 4 次，即每侧测量 2 次。

（4）匀速行驶车外噪声测量

被测车辆用常用挡位，节气门开度保持稳定，以 50 km/h 的车速等速驶过测量区域。

声级计的使用、数据的读取及测量结果同加速行驶车外噪声测量。

3. 车内噪声检测

GB/T18697—2002《声学　汽车车内噪声测量方法》对 M 类、N 类汽车的车内噪声的测量方法进行了详细规定，包括以下主要内容。

（1）测量条件

① 试验路段应是硬路面且尽可能平滑，无接缝、凹凸不平或类似的结构；测量道路应为沥青或混凝土结构且表面干燥，不得有雪、污物、石块和树叶等杂物。

② 被测车辆与周边的建筑物、墙壁或汽车外的类似大型物体之间的距离应大于 20 m。

③ 测试现场环境温度为−5℃～+35℃，风速在沿着测量路线约 1.2 m 高度不得超过 5 m/s。

④ 车内本底噪声比被测车辆的车内噪声至少低 10 dB。

（2）测试仪表

① 声级计应符合 GB/T3785 规定的 1 型要求。

② 汽车速度和发动机转速的测量仪器的准确度应为 3%或大于 3%。

（3）传声器安装位置

传声器的安装位置如图 8-10 所示。

① 选择能代表驾驶员和乘客耳旁的车内噪声分布的足够测量点。其中一个必须在驾驶员座位；对于轿车，可在后排座位上增加一个测点；而对于公共汽车，则应在车内中间和后部追加测点，且各测点应沿着汽车的纵向线附近。

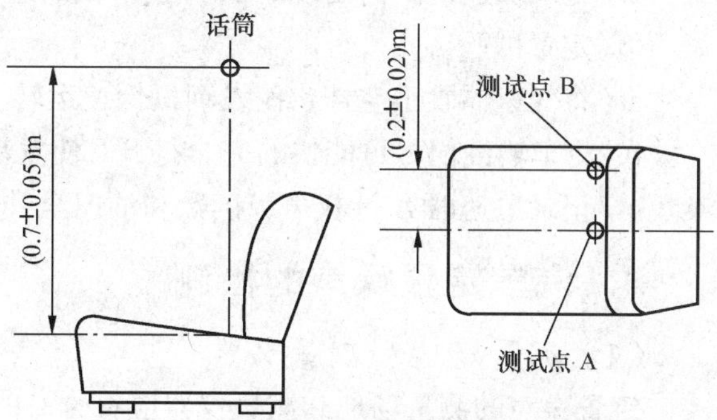

图 8-10　传声器相对于座位的位置
A—未占用的座位　B—驾驶员座位

② 传声器离车厢壁或坐垫的距离必须大于 0.15 m。其安装固定不受汽车震动的影响。传声器的垂直坐标是（无人）座椅的表面与靠背表面的交线以上（0.70 ± 0.05）m 处，水平坐标应在座椅的中心面（或对称面）上。在驾驶员座位上，水平横坐标向右（右置方向盘则向左）到座位中心的距离为

(0.20 ± 0.02) m。对于可调节的座位应调整至水平和垂直中间位置，如果靠背是可调的，则调整至垂直位置。垂直站立处的位置，垂直坐标应在地板以上 (1.60 ± 0.1) m 处；对于汽车或货车的卧铺和救援车的担架等状态，传声器须放在（无人）枕头的中部以上 (0.15 ± 0.02) m 处。

③ 传声器应以最大灵敏度的方向水平指向测量位置坐着或站着的乘客视线方向，否则指向汽车行驶方向。

（4）检测方法

可进行匀速行驶、全油门加速行驶和定置运行 3 种试验的两种，以测取车辆噪声。

① 匀速行驶试验。车辆从 60 km/h 或最高车速的 40%（两者取其小值）到 120 km/h 或最高车速的 80%（两者取其小值）范围内，至少以等间隔的 5 种车速进行 A 声级的测量，测量按下述方法之一进行。

- 车辆以上述规定的车速作慢加速行驶，加速度足够小，以测得与稳定车速行驶时的相同声级，在所选择的车速上读取 A 声级数值。
- 汽车在最高挡，以所选择的车速匀速行驶，读取相应的声级数值，测量时间至少 5 s。

② 全油门加速试验。

a. 将车速或发动机转速调整到所规定的初始工作状态。初始状态应符合下述规定。

- 变速器处于最高挡时，噪声测试应尽可能在不超过 120 km/h 的车速下完成。
- 当发动机转速为额定转速的 90%时，若最高挡的车速超过 120 km/h，则变速器应降低一挡，但对于 4、5 挡汽车不得低于 3 挡，3 挡汽车不得低于 2 挡。否则，必须使用此挡在 60 km/h ~ 120 km/h 的速度范围内来测定汽车的车内噪声。
- 汽车发动机的初始转速不应低于额定转速的 45%，除非在最低允许挡位下，在额定转速的 90%时，车速仍然超过 120 km/h，此时，开始时发动机的转速应对应于 60 km/h 的车速。

b. 当车速达到稳定的初始工作状态时，尽可能快的将油门全开，同时启动记录装置开始记录，直到发动机转速达到（汽车制造厂）规定的额定转速的 90%或达到 120 km/h 车速（取两者较小者）。

c. 记录加速范围内出现的 A 计权声级的最大值。

③ 定置试验。

a. 将变速器置于空挡，使发动机低速运转。

b. 将车辆油门尽可能快的完全打开，使发动机加速到高速空转，并在此位置保持至少 5 s。

c. 记录怠速时 A 计权声级读数和油门全开过程中最大声级读数。

4. 汽车定置噪声的检测

（1）测量场地和测量仪器

定置噪声的测量场地和测量仪器应符合 GB/T 14365—1993《声学　机动车定置噪声测量方法》规定要求。

（2）车辆状态

① 被测车辆应位于测量场地的中央，变速器挂空挡，拉紧手制动、离合器接合。

② 发动机机罩、车窗与车门应关上，车辆的空调器及其他辅助装置应关闭。

③ 测量时，发动机出水温度、油温应符合生产厂的规定。

（3）排气噪声的测量

① 传声器位置。

a. 传声器应与排气口端等高，在任何情况下距地面不得小于 0.2 m。

b. 传声器参考轴应与地面平行，并和通过排气口气流方向且垂直于地面的平面成 45° ± 10° 的夹角。传声器朝向排气口，距排气口端 0.5 m，放在车辆外侧。

c. 车辆装有两个或更多的排气管，且排气管之间的间隔不大于 0.3 m，并连接于一个消声器时，只需取一个测量位置。传声器应位于最靠近车辆外侧的那个排气管；如果两个或两个以上的排气管同时在垂直于地面的直线上，则选择离地面最高的一个排气管。

d. 装有多个排气管，并且各排气管的间隔又大于 0.3 m 的车辆对每一个排气管都要测量，并记录下其最高声级。

e. 排气管垂直向上的车辆，传声器放置高度应与排气管口等高，传声器朝上，其参考轴应垂直地面。传声器应放在离排气管较近的车辆一侧，并距排气口端 0.5 m。

f. 车辆由于设计原因（如备胎、油箱、蓄电池等）不能满足上述放置条件①和②时应画出测点图，并标注传声器选择的位置。传声器应朝向排气口，应放在尽可能满足上述条件，并距最近障碍物大于 0.2 m 地方。

② 发动机运转条件。

a. 发动机测量转速：汽油车取（$3/4n_o \pm 50$）r/min；柴油车取（$3/4n_o \pm 50$）r/min，其中 n_o 指生产厂家规定的额定转速。

b. 测量时，发动机稳定在上述转速后，测量由稳定转速尽快减速到怠速过程的噪声，然后记录下最高升级。

（4）测量数据的确定

每类试验的每个测点重复进行试验，直到连续出现 3 个读数的变化范围在 2 dB（A）之内为止，并取其算术平均值作为测量结果。

5. 汽车喇叭声级的测量

依据 GB 7258—2004《机动车运行安全技术条件》和 GA 468—2004《机动车安全检测项目和方法》中的规定，汽车喇叭声级的检测方法如下。

① 将声级计置于车前 2 m、离地高 1.2 m 处，如图 8-11 所示，且传声器指向被测车辆驾驶员位置。

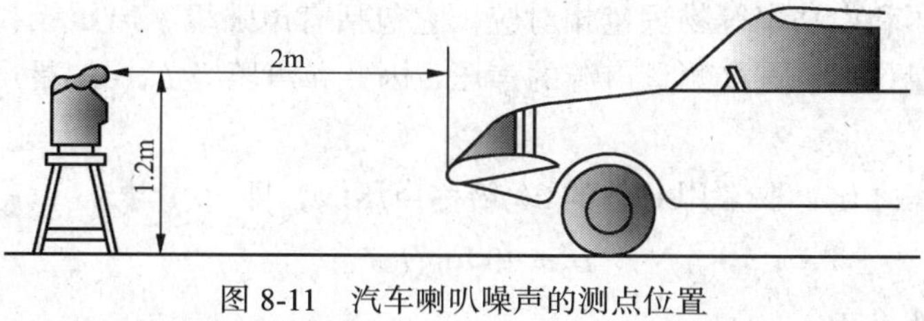

图 8-11 汽车喇叭噪声的测点位置

② 将声级计计权网络开关扳至“dB（A）”和快挡位置。

③ 检测环境噪声应小于 80 dB（A）。

④ 按喇叭连续发声 3 s 以上，读取检测数据。

四、拓展知识

声响的评价指标

1. 声压

当声波在介质中运动时，使介质的压力在稳定压力附近增加或减少，这个压力的变化量，称为声压（它是声波作用在单位面积上的压力值），单位是 Pa。

正常人耳在声波频率为 1 000 Hz 时，能听到最小声压为 2×10^{-5} Pa，称为听阈声压；当声压为 20 Pa 时，使人耳产生疼痛，称为痛阈声压。

声压大小表示声音强弱，声压大，则声音强（响）；声压小，则声音弱（低）。

2. 声功率

声功率（W）表示声源在单位时间内所幅射的声能（声压）大小，即

$$W = P/t(\mathrm{w})$$

3. 声强

声强（I）是单位时间内在与声波方向垂直的单位面积上的能量，即单位面积通过的声功率。

$$I = W/S(\mathrm{w/m^2})$$

式中：S——声波的作用面积（$\mathrm{m^2}$）。

痛阈声压所对应的声强为 1 $\mathrm{w/m^2}$。

4. 声压级

人的听觉器官（耳朵）具有独特的生理机能。人耳从听阈到痛阈声压的绝对值相差达 100 万倍，因此用声压或声强的绝对值来表示声音的强弱是很不方便的。此外，通过韦伯等人的大量试验，人们发现，人耳对声音的感觉（听觉）和客观的物理量（声强，或声压）之间并不是线性关系，而是近似于对数关系，表明人的听觉随着刺激量的增大而逐趋迟钝。在人的听觉中间声范围内，即当声强按 10 倍规律（10，100，1000）变化时，人耳听起来只像是按它们的对数（1，2，3）在变化似的。因此，人们引出了一个成倍比关系的对比量，即声级，也称分贝（dB），用来表示声音的强弱大小。级是指实际量与基准量比值的对数，它是一种作相对比较的无量纲单位。与声强、声压和声功率等物理量相对应，它包括有声强级、声压级和声功率级。

大多数声学测量仪器，直接测量声源的声压，因此，声压级 L_p (dB)是声学中最常用的测量单位。

声压与基准声压之比，取常用对数的 20 倍称声压级，即

$$L_p = 20\log(P/P_0)$$

式中：L_p——声压级（dB）；

P——声压（Pa）；

P_0——基准声压（取 2×10^{-5} Pa）。

也就是说，某点的声压级，是指该点的声压 P 与基准声压（听阈声压，P_0）的比值取常用

对数再乘以 20 的值。

用声压级表示声音的强弱，使得从听阈到痛阈的 100 万倍的变化范围，改为从 0 ~ 120 dB 的变化范围。即声压级高达数百帕的喷气式飞机的强烈噪声，也不过 140 ~ 150 dB。声压每增加 10 倍，声压级 L_p 增加 20 分贝。

听阈的声压级为 0 dB，而痛阈声压级为 120 dB。普通对话声音声压级大致为 60 dB，大街上载货汽车、摩托车声音大致为 80 dB ~ 90 dB，像凿岩机噪声声压级达到 120 dB。

采用声级（dB）表示声音的强弱比直接用声强或声压表示，既避免了大数量级数字的表达，又和人耳的实际感觉相近。

值得注意的是，声压级增减不大，但声压绝对值的变化其实是很大的。

5. 响度和响度级

响度级是声感强度的一种比较性量度，单位为 phon（方）。声音（纯音或噪声）的响度级是标准纯音的声压级，该标准纯音在标准倾听的条件下由正常的观测者判断为等响度。标准纯音是频率为 1 000 Hz 的平面声波，从前方触及观测者的头部。8 phon ~ 10 phon 的差别可以察觉为响度增大一倍或减半。响度级同时考虑了声音频率和声压级对人的听觉的影响，更符合人耳接受声音的实际情况。

被判断为等响度的标准纯音具有一特定的声压级（单位为 dB），此值作为被测试声音的响度级，称为方。由于人对声音的差距能力随频率而变化，虽然被测试声音与标准纯音的方值相同，但前者的 dB 值与后者的 dB 值不同（1 000 Hz 的基准频率除外）如图 8-12 所示。

响度级是相对量，不能直接测量，有时需要化为绝对值，用响度来表示，响度是受声刺激的听觉反应量，用响度单位“宋（sone）”来表达感觉上的声音大小。宋是用来定义主观噪声级的单位。定义宋的出发点是一个特定的声音的感觉水平比一个专门标准高多少或低多少。1 宋相当于对频率 1000 Hz、声压级 40 dB 的纯音（即响度级为 40 phon）的听觉反应量。50 phon 为 2 sone，60 phon 为 4 sone，70 phon 为 8 sone 等，可建立响度的标度。实验证明，响度级每增加 10 phon，响度增加一倍，响度和 1 000 Hz 的声强度的 0.3 次方成正比。

用响度级表示声音的大小，可以直接推算出声响增加或降低的百分数，如某声源经声学处理后，响度级降低 10 phon，则相当于响度降低 50%；响度级降低 20 phon，相当于响度降低 75%；响度级降低 30 phon，相当于响度降低了 87.5%等。显然，用响度级表示声音的变化是很直观的。

6. 等响曲线

在噪声研究中，一般用声压、声压级作为噪声测量的物理参数。人耳接受客观声压和频率后，主观上产生的“响度感觉”，它与客观物理量之间并不完全一致，这是由于人耳作为声音的接受和判别装置，具有许多特殊的生理机能所致。研究噪声特别是降噪问题，必须研究声音客观量和人耳主观感觉量之间统一的问题。

人耳的可听频率范围是 20 Hz ~ 20 000 Hz，且对高频声反应敏感，对低频声反应迟钝。例如，一台空气压气机的高频噪声和一台小轿车的车内噪声（低频）相比，若测量其声压级很可能均为 90 dB 左右，但就人耳的主观感受而言，自然是压气机的高频噪声要强烈与难受得多。

这种主、客观量的差异是由声波频率的不同而引起的。因此在噪声测量时，就存在着一个客观存在的声音物理量与人耳感觉的主观量的统一问题。如果声频发生变化，其相应的听阈、痛阈的数值也应随之而变化。为使在任何频率条件下，主、客观量都能统一起来，就需要把人的听力在各种频率条件下一一进行试验。这种试验得出的曲线就叫等响（度）曲线，如图 8-12 所示。

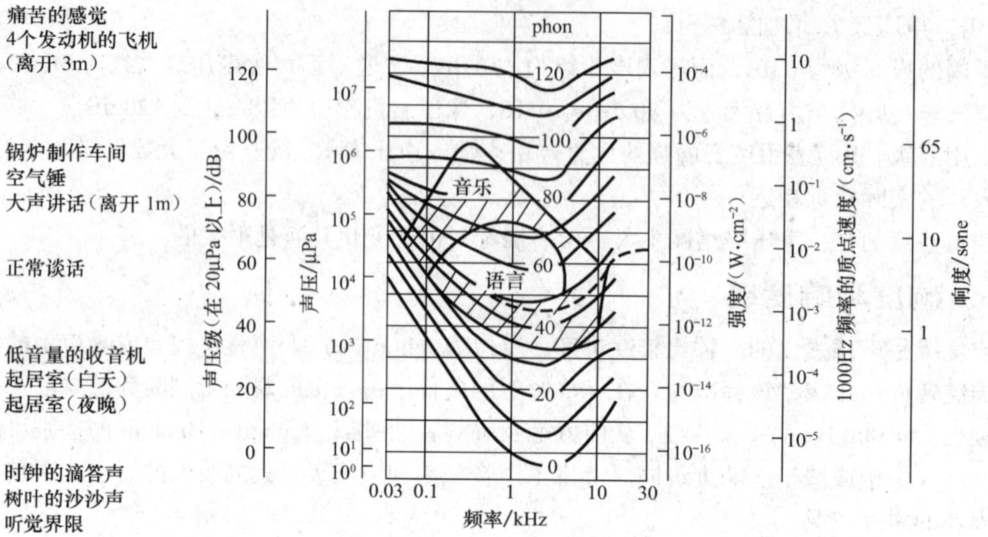

图 8-12　声音的客观与主观标度，等响度级曲线，声级计的加权曲线 A

由上所述，在噪声研究中，主、客观量的统一是极为重要的，否则无法对噪声做出有用的评价。对一台测量噪声的声级计来说，我们希望它的读数反映主观量度，尽量符合人耳的感觉才好，但是仪器的感受部分接收的却是客观物理量（声压），所以不研究等响曲线就无法设计出适用的声级计。

几十年来，美国的弗莱彻和芒森、英国的鲁宾逊和达逊等人在等响曲线的实验研究方面进行了大量的工作。即对许多人群进行各种各样频率纯音的听觉试验，求得与 1 000 Hz 纯音的各分贝值同响度的听觉曲线群，就是 ISO 推荐的等响曲线。图 8-12 中的纵坐标是声压级（dB），横坐标是频率（Hz），二者都是声波客观的物理量。因为频率不同时，人耳的主观感觉不同，所以每个频率都有各自的听阈声压级和痛阈声压级。如果把它们联接起来，就能得到听阈线和痛阈线。两线之间按响度的不同可分为若干个响度级，通常分成 13 个响度级，单位是方，听阈线为零方响度线，痛阈线为 120 phon 响度线。两者之间通常标出 10 phon、20 phon…100 phon、110 phon 响度线。

凡在同一条曲线上的各点，虽然它们代表着不同频率和声压级，但其响度（主观感觉）是相同的，故称等响曲线。每条等响曲线所代表的响度级（方）的大小由该曲线在 1 000 Hz 时的声压级的分贝值而定（就是选取 1 000 Hz 的纯音做为基准声音，其声音听起来与该纯音一样响，该声音的响度级（方值）就等于这个纯音此时的声压级（分贝值）。例如某声音听起来与声压级 80 dB、频率 1 000 Hz 的基准声音一样响，则该声音的响度级就定为 80 phon。

从等响曲线图能得出以下结论。

① 根据声音的声压级和频率（客观物理量）能找到相应的响度级（主观感觉），这样就把声音的主、客观量之间统一起来了。

② 声音的频率对响度级影响很大。在低频范围内，即使声压级具有很高的分贝值，也未必

能达到听阈线。由此可见，人耳对低频声的敏感度很差。所以，在噪声治理中重点应优先解决高频声对人耳的损害；但对诸如收听音乐时也会感到低频乐音不丰富，为此可以通过乐器配置或者通过设计电子线路低频补偿网络来加强低频效果，这种补偿方法叫频率计权。

③ 声音的声压级高达 100 dB 左右时，响度曲线比较平直，说明频率变化对响度级的影响就不那么明显了，即高声压级下频率变化对人耳感觉的影响不明显。

7. 计权网络

声级计是测量声音强弱的仪器，按其工作原理，声级计的“输入”是声音客观存在的物理量（即声压和频率），而它的“输出”不仅要求是满足对数关系的声压级，而且应是符合人耳特性的主观量（响度级）。声压级没有反映出频率的影响，即具有平直的频率响应。为使声级计的输出符合人耳的听觉特性，应通过一套电学的滤波器网络造成对某些频率成分的衰减，使声压级的水平线修正为相对应的等响曲线，这种网络叫计权网络。但是每条等响曲线的频率响应（修正量）各不相同，若想使它们完全符合，则在声级计上至少需要 13 套听觉修正电路，事实上是不可能的。

国际组织规定，一般情况下，声级计设有 3 套修正电路（即 A、B、C 这 3 种计权网络），使它所接受的声音能按不同的程度滤波。

A 计权网络是效仿 40 方等响曲线而设计的，其特点是对低频和中频声有较大的衰减，即测量仪器对高频敏感，对低频不敏感，这正与人耳对声音的感觉比较接近。用 A 网络所测得的噪声值较为接近人耳对声音的感觉，因此，人们就把 A 声级作为评价噪声的主要指标。

B 计权网络是效仿 70 方等响曲线而设计的，被测的声音通过时，低频段有一定的衰减。

C 计权网络是效仿 100 方等响曲线而设计的，任何频率都没有衰减，因为 100 dB 的声压级线和 100 方等响曲线基本上是一条重合的水平线。它对各种频率声音几乎等同对待，不加滤波。C 声级可以代表噪声的客观数值，通常为总声级。

有些声级计为了测量飞机噪声，还设有 D 计权网络。

一般噪声测量结果在表示时，都应注明采用的是哪种计权网络。如 90 dB（A），即代表用 A 计权网络测量出的声级为 90 分贝。

声级计的读数均为分贝（dB）值，但在分别选用这三套计权网络之后，其读数所代表的意义就不相同了。显然选用 C 挡网络测量时，声压级基本上未经任何修正（衰减），其读数还是声压级的分贝值。而 A 挡和 B 挡网络，对声压级已有所修正，故它们的读数不应是声压级，但也不是响度级，因为他们只是分别模仿了 40 方和 70 方这两条特定的等响曲线的频率响应，而不是所有等响曲线的频率响应，所以把 A 和 B 计权网络的读数称声级的分贝值。

在声级计上同时设置了 A、B、C 三种计权网络时，可起到对噪声频率特性的粗略鉴别作用。例如，

当 L_P dB（A）= L_P dB（B）= L_P dB（C）时，表明噪声的高频成分突出；

当 L_P dB（A）= L_P dB（B）> L_P dB（C）时，表明噪声的中频成分较多；

当 L_P dB（A）> L_P dB（B）> L_P dB（C）时，表明噪声是低频特性。

用这种方法，对噪声的频率特性只能作粗略的估计。

为了便于对各种噪声的强弱进行统一比较，在 GB 7258-1997 中规定用“A”计权（也称 A 声级、听觉修正网络）仪器进行测量，用符号 dB（A）表示。

8. 计权声级

噪声的大小，危害程度以及对周围环境的污染，是用噪声级来评定的。通过计权网络测得的声压级，已不再是客观物理量的声压级（叫线性声压级），而是经过听感修正的声压级，叫做计权声级或噪声级。

噪声级的评定方法非常繁多，其相应的噪声级也不一样，经常用到的有以下几种。

① A 声级。用 A 声级来评定噪声，优点如下。

- 与人耳主观感觉比较接近。
- 可以用声级计等仪器直接测量。
- 可以同其他多种评定方法进行换算。

其缺点是不能够准确地反映噪声源的频谱特性，相同的 A 声级，其频谱特性可以有很大差异。

② 等效连续 A 声级。对于幅度随时间变化很大的噪声（例如城市街道的交通噪声），可以用统计分布来描述。对于大部分噪声，其幅值随时间的分布近似于高斯分布。这种噪声的大小可以用等效噪声级来表述，即在声场内的一定位置上，采用能量平均的方法，将某一段时间内间歇暴露的几个不同的 A 声级的噪声，用一个 A 声级来表示该段时间内的噪声大小。这个声级即为等效连续 A 声级。

③ 噪声的频谱。运用频谱分析技术，可清楚地了解到在一定频谱范围内声压级的分布状况，由此可以了解噪声的成分和性质，了解声源的特性。频谱中各对应频率下的声压级是由某种声源所产生的，找到了产生最大声压级的声源，就为控制和降低噪声的对象提供了依据。

④ 响度级和响度。响度级同时考虑了声音频率和声压级对人的听觉感觉的影响，更符合人耳接受声音的实际情况。响度级是相对量；有时需要化为绝对值，用响度来表示，响度是受声刺激的听觉反应量。

⑤ 声功率级和声功率。声功率级和声功率常用于评定一台机器或一个机组产生的噪声能量大小。对于系列产品模型或样机，建议测量声功率级或声功率。对某一固定机器来说，在一定的情况下，其声功率级和声功率是一个常数。

过去人们为寻求最好的噪声评价参数（能定量地表示人对噪声的感觉）进行了大量工作，据此提出不同的评定方法，上面仅是最常用的几种。近年来经研究表明，有些参数基本上是一致的，所有评价参数相差也不大。

各种评价参数虽有出入，但由任何一个参数的值基本上可求出所有其他参数的值。在一般估计中，只有一种评价参数就够了。近年的趋向是用 A 声级，国际标准组织近几年发表的标准都是用 A 声级表示。经验证明，A 声级的峰值较好地反映了噪声对人干扰的程度。

小 结

1. 汽车的噪声主要包括发动机噪声、传动机构噪声、制动噪声、轮胎噪声和车身震动噪声等，长期在高噪声环境下工作和生活会危害人体的健康，可以引起多种疾病、影响人们正常工作和休息、影响交通安全，因此，必须根据国家标准对汽车的噪声进行检测。

2. 汽车噪声的检测仪器是声级计。声级计能把各种噪声按人耳听觉特性近似的测定其噪声级的仪器。声级计一般有 A、B、C 共 3 种计权网络，最常用的是 A 计权。

习　题

1. 汽车噪声的危害是什么？引起原因是什么？
2. 什么是声压级？基准声压是多少？
3. 声级计的主要组成有哪些？简述其使用注意事项。
4. 简述车外噪声的测量方法。
5. 国标对汽车驾驶员耳旁噪声级、机动车喇叭声级有何规定？

项目九

汽车车速表性能检测与评价

一、项目要求

汽车的行驶速度对交通安全和运输生产率影响很大，行车速度越高，运输生产效率也越高，但发生交通事故的几率也越高。为保证汽车的行驶安全性，提高汽车的运输效率，充分发挥汽车的动力性，正确掌握行车速度十分重要。当前，车辆主要是通过车速表来判断车速，车速表的准确性对汽车的实际车速影响很大。为避免车速表误差过大而引起交通事故，必须对汽车车速表进行检测。

通过本部分内容的学习，读者应掌握车速表误差形成的原因、危害及技术要求；了解车速表种类、结构原理；掌握车速表检测的方法及有关标准；了解车速表试验台的工作原理和测试方法；了解车速表故障的调整。

二、相关知识

（一）汽车车速表性能的国家评价标准

GB 7258-2004《机动车运行安全技术条件》中，对汽车车速表的检查作了如下的规定。

1. 车速表的误差范围

车速表指示车速 v_1（单位：km/h）与实际车速 v_2（单位：km/h）之间应符合下列关系式：

$$0 \leqslant v_1 - v_2 \leqslant (v_2/10) + 4 \qquad (9\text{-}1)$$

2. 车速表指示误差的检验方法

① 车速表指示误差的检验宜在滚筒式车速表检验台上进行。对于无法在车速表检验台上检验车速表指示误差的机动车（如全时四轮驱动汽车、具有驱动防滑控制装置的汽车等）可路试检验车速表指示误差。

② 将被测机动车的车轮驶上车速表检验台的滚筒上使之旋转，当该机动车车速表的指示值（v_1）为 40 km/h 时，车速表检验台速度指示仪表的指示值（v_2）为 32.8 km/h ~ 40 km/h 为合格。

当车速表检验台速度指示仪表的指示值（v_2）为 40 km/h 时，读取该机动车车速表的指示值（v_1），当v_1的读数在 40 km/h ~ 48 km/h 范围内时为合格。

从安全角度出发，车速表的读数应不小于实际车速，但考虑到在用车的实际情况，应允许车速表有一个小的下偏差。故将原来车速表的允许误差范围由+15% ~ −10%改为+20% ~ −5%。

车速表校验方法通常有道路试验法和室内台架检测法两种。道路试验法是汽车以不同车速等速通过某一预定长度的试验路段，测定通过该路段的时间，然后计算出实际车速，并与驾驶室内车速表指示值相对照，即可求出不同车速下车速表的指示误差。台架检测是在滚筒式车速表检测台上进行的。

（二）汽车车速表的结构及误差原因

1. 汽车车速表的结构

现代车速表通常与里程表复合在一起，并由同一根轴驱动或使用同一传感器。传感器的形式主要有磁感应式和电子式两种。下面以磁感应式汽车车速里程表的结构原理为例，说明车速表误差形成的原因。

磁感应式车速里程表利用磁感应的作用，使汽车运行时表盘上的指针摆角与汽车行驶车速成正比，而指示出汽车行驶的瞬时速度，其结构如图 9-1 所示。

带刻度的表盘 10 固定在壳体上，指针活动盘 6、指针轴 9 与指针 11 连成一体。游丝 8 的一端与指针轴相连，另一端固定在壳体的支架上。不工作时，指针活动盘在游丝 8 的作用下使指针 11 指向刻度盘的零位。永久磁铁 5 固定在驱动轴 4 的一端，驱动轴的另一端通过软轴与变速器第二轴后端的车速表驱动涡轮连接。

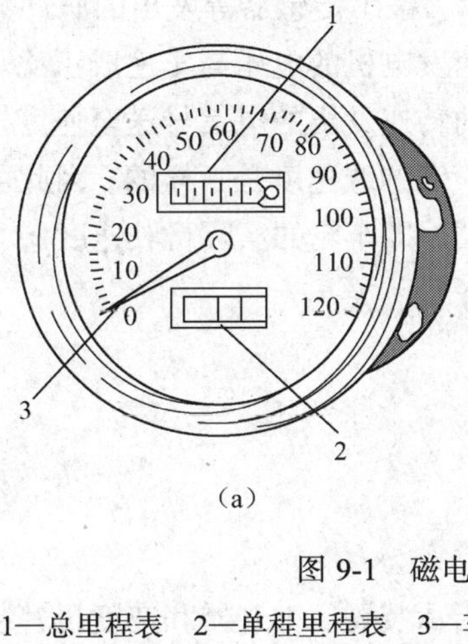

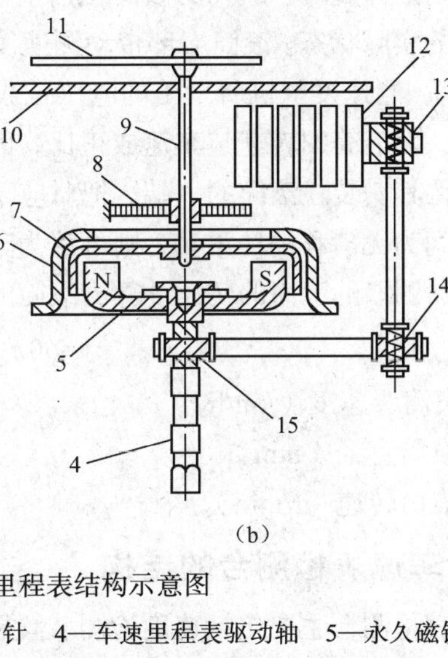

图 9-1　磁电式车速里程表结构示意图

1—总里程表　2—单程里程表　3—车速表指针　4—车速里程表驱动轴　5—永久磁铁
6—指针活动盘　7—磁屏　8—游丝　9—指针轴　10—表盘　11—车速表指针
12—里程表计数轮　13、14、15—蜗轮蜗杆传动副

汽车行驶时，车速表的驱动轴 4 带着永久磁铁 5 旋转，旋转的永久磁铁的磁场在指针活动

盘内产生涡流。涡流的磁场与永久磁铁的磁场相互作用，产生了使指针活动盘顺着永久磁铁旋转方向转动的转矩。指针活动盘连同指针旋转时，与指针轴相连的游丝 8 被旋紧，当游丝作用在指针活动盘上的反力矩与永久磁铁使指针活动盘转动的力矩相平衡时，指针活动盘已转过了一个与车速表驱动轴转速成比例，即与汽车行驶速度成比例的角度。与指针活动盘相连的指针，在车速表的刻度盘上指示出相应的车速。

汽车速度越高，永久磁体旋转速度越快，指针刻度盘内的涡流及产生的转矩也越大，指针则摆过更大的角度，因此车速表也指示出更高的车速。

2. 汽车车速表指示误差形成的原因

由汽车车速里程表结构原理可以看出，磁感应式车速表是通过机械传递、磁电作用使指针摆动来显示汽车行驶速度的。这些零件在使用过程中的自然磨损、磁性元件的性能下降等变化都会造成车速表的指示误差。此外，在变速器输出轴转速不变的情况下，车速表指示值为定值，而汽车的轮胎因磨损、气压变化等使车轮的滚动半径发生变化，因而使车速表指示值与实际值产生误差。

车速表是汽车驾驶员行车判断车速的重要依据，显然，若车速表的指示误差较大，驾驶员就很难准确地掌控车速，因而很容易出现超速行驶，甚至可能导致交通事故的发生。

因此，为了使驾驶员准确控制车速，保障行车安全，必须经常或定期对车速表进行检测校准，使其精度符合规定。

（三）汽车车速表检测台

1. 汽车车速表检测台的工作原理

如图 9-2 所示，试验时汽车驱动轮置于滚筒上，由发动机经传动系统驱动车轮旋转，车轮借助于摩擦力带动滚筒旋转。旋转的滚筒相当于移动的路面，以驱动轮在滚筒上旋转来模拟汽车在路面上行驶时的实际状态。滚筒端部带动测速发电机（即速度传感器，现在用的较多的是光敏管、霍尔传感器等），测速发电机所发出的电压（或光敏管、霍尔传感器等发出的脉冲数）随滚筒转速增高而增加，而滚筒的转速与车速成正比，因此测速发电机的电压与车速成正比。或采用脉冲信号发生器，将其安装在滚筒的一端，把对应于滚筒的转速发出的电信号送至速度指示装置。假设车轮与滚筒间为无滑移的纯滚动，则可认为车轮与滚筒的线速度是一样的。因此可通过滚筒直径和转速传感器测取的滚筒的转速计算出滚筒的线速度，即车轮的实际行驶速度 v：

$$v=60\pi Dn\times 10^{-6} \tag{9-2}$$

式中：v——滚筒线速度（km/h）；

D——滚筒直径（mm）；

n——滚筒转速（r/min）。

2. 汽车车速表检测台的结构

汽车车速表检测台主要包括速度检测装置、速度指示装置、举升器和速度报警装置等（还有一种车速表检测台在滚筒的一端带有驱动电动机，这种检测台是为车速表传感器由从动车轮驱动的汽车设计的，但因这种形式的汽车很少，因此市场上带驱动电动机的汽车车速表检测台很少见）。它的滚筒由被测车辆驱动车轮带动旋转，其外形如图 9-2 所示，测量台结构如图 9-3 所示。

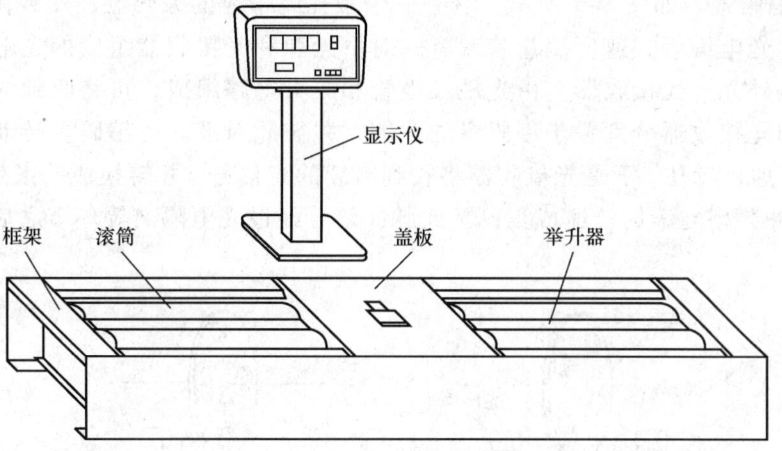

图 9-2　汽车车速表检测台外形图

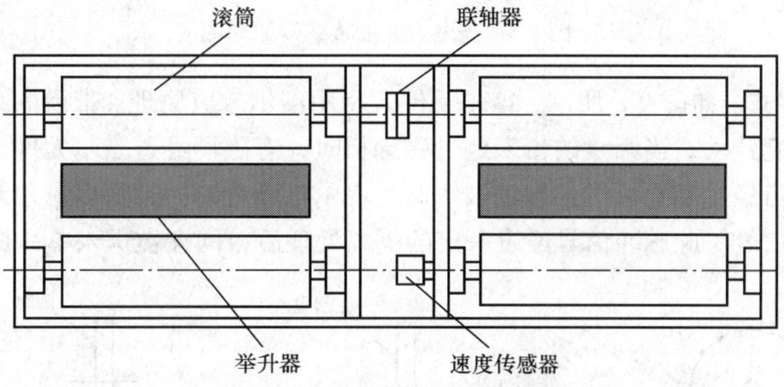

图 9-3　车速表检验台台体结构

（1）速度检测装置

速度检测装置主要由滚筒、速度测量装置、联轴器等组成。

1）滚筒部分

车速表检验台左-右各有两根滚筒，用于支撑汽车的驱动轮。在测试过程中，为防止汽车的差速器起作用而造成左-右驱动轮转速不等，前面的两根滚筒是用联轴器联在一起的。滚筒多为钢制，表面有防滑材料，直径多在 175 mm ~ 370 mm 之间。为了标定时换算方便，滚筒直径多为 176.8 mm，这样滚筒转速为 1 200 r/min 时，正好对应滚筒表面的线速度为 40 km/h。

2）速度测量装置

速度测量装置主要由测量元件（转速传感器）及其安装附件组成。其作用是测量滚筒的转动速度。该装置通过转速传感器将滚筒的速度转变成电信号（模拟信号或脉冲信号），再送到显示仪表。常用的转速传感器有测速发电机式、光电编码器式和霍尔元件式等。

① 测速发电机式。测速发电机是一种永磁发电机，由于制作精密，它能够产生几乎与转速完全成正比的电压信号（如图 9-4 所示，属于模拟信号）。测速发电机安装在滚筒一端，当滚筒转动时，它就可以输出与转速成正比的电压。此信号经放大和 A/D 转换后被送入单片机处理。

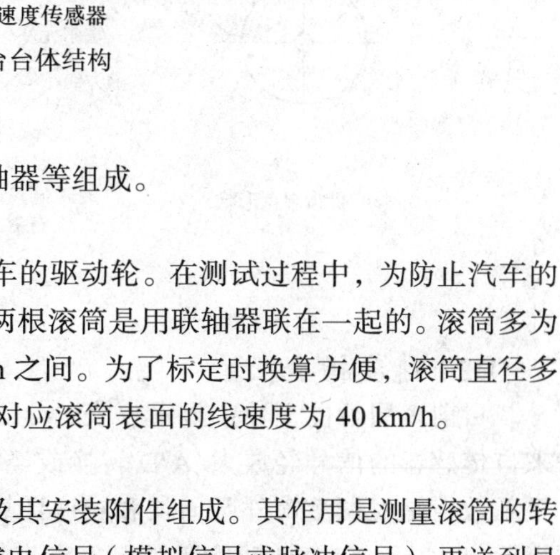

图 9-4　直流永磁测速发电机电路图及特征曲线

② 光电编码式。如图 9-5 所示，它有一个带孔或带齿的编码盘，安装在滚筒的一端并随滚筒转动。光电编码式速度测量装置有一对由光源和光接收器组成的光电开关，其中光源一般发出红外光；光接收器多由光敏三极管和放大电路组成，可将收到的光信号变为电信号。光源和光接收器分别置于编码盘的两侧，并彼此对准。当编码盘转动时，光源发出的光线周期性地被遮住，于是光接收器将收到断续的光信号，并转换成一系列的电脉冲（脉冲信号），脉冲频率与滚筒转速成正比。此脉冲信号经过光电隔离等环节之后，也将被送入单片机处理。

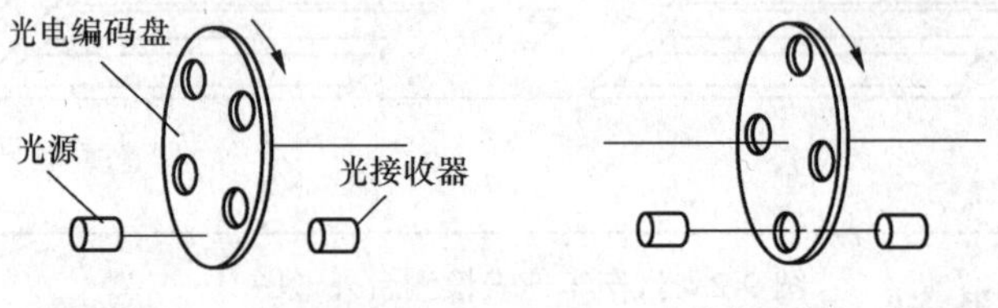

(a) 光线被遮住，接收器无信号　(b) 光线未被遮住，接收器有信号

图 9-5　光电式速度传感器原理图

③ 霍尔元件式。如图 9-6 所示，霍尔元件式利用霍尔效应原理。带齿的圆盘固定在滚筒一端，并随滚筒一起转动，当圆盘的齿未经过磁导板时，有磁场经过霍尔元件，因而感应霍尔电动势，当圆盘的齿经过磁导板时，磁场被短路，霍尔电动势消失，所以霍尔元件可以产生与速度成正比的脉冲信号。此脉冲信号经过一定的隔离处理后，同样被送入单片机。

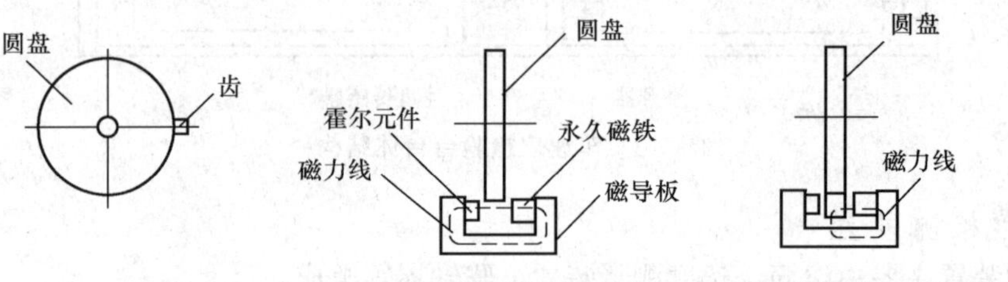

(a) 带齿圆盘形状　(b) 圆盘的齿未经过磁导板，有磁力线经过霍尔元件　(c) 圆盘的齿经过磁导板时，磁力线被短路

图 9-6　霍尔元件式速度传感器原理图

(2) 速度指示装置

目前多用智能型数字显示仪表（或显示器），也就是一个单片机系统作为速度指示装置。来自传感器的信号经放大、A/D 转换或经滤波整形后进入单片机处理，再输出显示测量结果。显示数值是根据滚筒外圆周长和转速计算出的滚筒表面曲线速度，并以 km/h 为单位显示在指示仪表上。在全自动检测线上也有直接把速度传感器信号接到工位机（或主控机）上直接进行处理的。数字显示仪表上设计有许多操作键，用户可根据情况操作不同的按键，以实现车速表检测、检验台标定等功能。国产 CST-10AYB 速度数显仪表按键设置及其主要功能如下。

① 单机/连网键：按单机/连网键可在单机和自动连网两种方式之间切换。在单机状态下，单机指示灯亮，各控制按键有效。在连网状态下，“连网”指示灯亮，除“单机/连网”键和“采集”键有效外，其他操作按健被锁定，不能操作。

② 状态切换键：在单机空闲状态下切换当前数据窗口的显示内容。

③ 选择键：在单机状态下选择测试项目，每按动一次该键则项目选择符向右移动一项。可实现“速度－里程－加速－滑行－速度…”的切换；在参数设置状态时，用来调整参数，使参数增大。

④ 汽缸举降键：在单机状态下控制汽缸举升和下降，每按动一次汽缸举降状态变换一次。在参数设置状态时，用来调整参数，使参数减小。

⑤ 测试键：在单机空闲状态下按此键进入测试；在测试状态无效。在进入参数设置状态后，可设置码盘的孔数，滚筒的直径和仪表的地址码。按住该键打开电源，即可进入参数设置状态。

⑥ 采集键：在车速和里程测试状态下按此键后仪表将当前车速或里程数值采样作为评价指标。

⑦ 退出测试键：在单机测试状态下按此键可强行退出测试状态。

在参数设置状态下，按该键可保存退出参数设置状态，返回速度待机状态。

（3）举升器

举升器置于前后两根滚筒之间，多为气动装置，也有液压驱动和电动机驱动的。测试时，举升器处于下方，以便滚筒支撑车轮，测试前，举升器处于上方，以便汽车驶上车速表检验台；测试后，靠气压（或液压、电动机）升起举升器，顶起车轮，以便汽车驶离车速表检验台。

（4）速度报警装置

速度报警装置是为了能在检测时更快地判断车速表是否合格而设置的。这个装置设有红色报警灯和蜂鸣器。

（5）辅助部分

① 安全装置：车速表检验台滚筒两侧设有挡轮，以免检测时车轮左右滑移损坏轮胎或设备。

② 滚筒抱死装置：汽车测试完毕出车时，如果只依靠举升器，可能造成车轮在前滚筒上打滑。为了防止打滑，增加了滚筒抱死装置。它与举升器同步，举升器升起的同时，抱死滚筒，举升器下降时放开。

③ 举升保护装置：车辆在车速表检验台上运转时，举升器突然上升会导致严重的安全事故，因而车速表检验台设有举升器保护装置（软件或硬件保护），以确保滚筒转速低于设定值后（如5 km/h）才允许举升器上升。

3. 车速表检测台的维护和一般故障排除

（1）车速表检测台的维护

① 每日检查升降台的举升动作是否畅顺；气路是否漏气。

② 经常检查及排放油水分离器内的积水，保持滚筒表面清洁、干燥并无油污。

③ 车辆上线前检查轮胎的纹路内有无石子之类的硬物，以免划伤滚筒。

④ 检查升降台限位架的固定螺栓是否松动，如松动则紧固。

⑤ 检查开关传感器是否松动及其工作情况，如松动则紧固，并调整其作用距离。

⑥ 每月至少检查一次滚筒轴承处的润滑情况，注意轴承的清洁并保持干净，加以润滑油而使之转动灵活。

⑦ 检查两滚筒间的联轴器是否松动，如松动则紧固。

⑧ 检查滚筒轴承座以及减速机支撑轴轴承座处的螺栓是否松动。

⑨ 每季度至少检修一次滚筒刹车片的磨损情况，如磨损严重应予以更换。

⑩ 应按照国家相关标准定期对车速表检测台进行标定。

(2)车速表检测台一般故障排除

车速表检测台是汽车安全检测精密设备，在使用中因机械磨损、传感器性能下降和数据处理单元故障等原因易引起测试数据不准，因此应根据使用实际情况适时和定期进行检修，发现故障及时排查。表 9-1 所示为汽车速度表试验台的常见故障及其检修方法。

表 9-1　汽车速度表试验台故障的及其检修方法

故障现象	解决方法
打开仪表电源开关，显示板不亮，主板上的指示灯不亮	1. 检查 220V 交流电是否正常 2. 检查保险管是否烧毁 3. 检查开关电源输出是否正常（以使用说明书为准） 4. 检查线路板连接线是否松动
测量值偏小	接近开关传感器与测速齿轮距离需要调节，保证传感器输出的脉冲数不丢失（以接近开关指示灯为准）
车辆较重时举升缓慢或举升台单边举升困难	1. 气囊压力不足，应调整限压阀，使工作压力在工作范围内 2. 检查电磁阀和气路是否漏气，是则修理电磁阀或更换气管 3. 清理油水分离器和三联体中过多的水分 4. 检查气路是否堵塞 5. 检查快速排气阀是否漏气，若漏气，则进行清洗或更换
举升台不上升、不下降	1. 检查按键板动作是否正常 2. 首先检查气路气压，如无气，请开气泵 3. 检查继电器是否动作，若有，则检查电磁阀是否断线，并进行相应处理；若无，则更换继电器 4. 检查快速排气阀是否堵塞或不动作，并作相应处理
举升台升起后滚筒不能抱死	调整或更换制动片及制动片弹簧
联轴器出现裂痕或断裂	联轴器所连接的两滚筒不同轴，调滚筒安装轴承以调整同轴度，并更换联轴器
键盘板按键接触不灵或按键完全失灵	拆开按键压帽，如是机械故障则更换整个按键；如果触点锈蚀可刮净；也可整个更换键盘板

三、项目实施

(一)检测仪器与实施要求

1. 检测器材

汽车车速表、车速表检测台。

2. 实施要求

① 了解车速表检测台的结构、工作原理。

② 掌握车速表的结构和车速表检测台的使用方法。

③ 掌握使用车速表检测台对汽车车速进行检测。

④ 对检测不符合标准要求的汽车车速表进行校正。

（二）检测实施步骤

1. 汽车车速表检测步骤

尽管车速表试验台品牌、生产厂家不一，但同一种形式的车速表检测台使用方法基本相同。但为了安全起见，使用车速表检测台应以随机使用说明书为准进行操作。通常使用车速表检测台应按如下步骤进行。

① 检查被测车辆轮胎气压，使其符合汽车制造厂的规定。

② 轮胎台面应清洁、干燥、无污物，轮胎花纹应符合相关国家标准。

③ 车速表检测台接通电源。

④ 打开压缩空气阀，升起前、后滚筒间的举升器托板。

⑤ 将被测车辆驶入车速表检测台（车速表检测台开启电源时间达到使用说明书的要求后，被测车辆方可驶入车速表检测台），让被测车速的车轮，尽可能与滚筒成垂直状态地停放在试验台举升器托板上（对于电驱动型车速表检测台，应结合离合器）。

⑥ 关闭压缩空气阀，降下前、后滚筒间举升器的托板，直到轮胎与举升器的托板完全脱离接触。此时位于车速表检测台上的轮胎由前、后滚筒所支撑。

⑦ 为使汽车在检测时不致从车速表检测台上滑出，用三角挡块抵住前轴车轮前方。

⑧ 启动汽车，变速器由低挡逐级换入最高挡，缓慢地踩下加速踏板，使汽车驱动轮平衡地加速运转。

⑨ 当汽车车速表的指示值达到规定的检测速度值时，读取车速表检测台指示仪表上的读数；或当试验台指示仪表的读数达到测量车速时，读取汽车车速表上的读数。

⑩ 检测完后，轻轻踩下汽车制动踏板，使滚筒停止转动（对于电驱动型车速表检测台，应先切断离合器，再进行此步骤）。

⑪ 打开压缩空气阀，升起举升器，移去车轮前的三角挡块，将被测车辆驶离车速表检测台。

⑫ 关闭压缩空气阀，使举升器下降。

⑬ 切断车速表检测台的电源。

当车速表检测台的速度指示值（$v_{实}$）为 40 km/h 时，读取被测车辆的车速表指示值（$v_{表}$），当$v_{表}$读数在 38 km/h ~ 48 km/h 范围内为合格；或者当被检测车辆的车速表指示值（$v_{表}$）为 40 km/h 时，读取车速表检测台上速度指示仪表指示值（$v_{实}$），当 $v_{实}$在 33.3 km/h ~ 42.1 km/h 范围内为合格。

2. 汽车车速表检测注意事项

① 超过车速表检测台允许轴重的汽车，一律不准上车速表检测台进行检测。

② 对于电动机驱动式车速表检测台，一定要注意滚筒所能驱动的车轮负荷，严禁超载。

③ 对于电动机驱动式车速表检测台，如不用电动机驱动被测车辆车轮时，一定要注意在检测前用离合器将滚筒与电动机脱开。

④ 对于前轮驱动的汽车，一定要用方向盘准确地保持汽车处于直线行驶状态（保持车轮平面与滚筒垂直），然后再加速到检测车速，切忌汽车一驶上车速表检测台就迅速加速。

⑤ 被检测的汽车，如需连续进行高速试验时，为防止轮胎驻波现象的产生，可适当地提高轮胎气压。

⑥ 试验仪表部分应注意避免受潮或受震动。

⑦ 车速表检测台滚筒表面应经常保持清洁、干燥，防止泥、水、油污等进入车速表检测台。

⑧ 车速表检测台不检测时，严禁在检测台上停放车辆和堆积杂物。

四、拓展知识

机动车安全行车距离的界定

1.《道路交通安全法》第四十三条规定

《道路交通安全法》规定："同车道行驶的机动车，后车应当与前车保持足以采取紧急制动措施的安全距离。"但对于保持多长的距离才属于"足以采取紧急制动措施的安全距离"，并没有明确。

《道路交通安全法实施条例》对《道路交通安全法》的上述规定，进一步明确了标准，其第八十条规定："机动车在高速公路上行驶，车速超过每小时 100 公里时，应当与同车道前车保持 100 米以上的距离，车速低于每小时 100 公里时，与同车道前车距离可以适当缩短，但最小距离不得少于 50 米。"

遇有雾、雨、雪、沙尘、冰雹等低能见度或者路面结冰、积雪时，应当遵守下列规定。

① 能见度小于 200 m 时，与同一车道前车保持 100 m 以上的距离；

② 能见度小于 100 m 时，与同一车道前车保持 50 m 以上的距离；

③ 能见度小于 50 m 时，应从最近的出口尽快驶离高速公路。

根据道路交通各类事故形态的分析，目前每年因追尾相撞而造成的事故接近所有机动车道路交通事故的 20%，因此造成的经济损失则高达约 14 亿元人民币据统计资料显示，2005 年全国共发生一次死亡 10 人以上的特大交通事故 47 起，其中追尾碰撞事故就发生了 7 起，占事故总起数的 15%。因此，高速公路上行驶的机动车，保持安全车距更是至关重要。高速公路发生汽车追尾，经常会造成严重人员伤亡和巨额财产损失。所以，机动车在道路上行驶时，与前车保持安全距离，对于及时采取紧急制动措施、防止发生交通事故是十分关键的。

2.《高速公路交通管理办法》第十五条规定

机动车在高速公路正常行驶时，同一车道的后车与前车必须保持足够的行车间距。正常情况下，当车速为 100 km/h 时，行车间距应为 100 m 以上；车速为 70 km/h 时，行车间距应为 70 m 以上，遇大风、雨、雪、雾天或路面结冰时应当减速行驶，保持更大车间距离。

小结

1. 若车速表的指示误差较大，驾驶员就很难准确地掌握车速，因而可能导致交通事故的发生。因此，为了保障行车安全，车速表的指示误差被列为汽车安全检测中的必检项目之一。

2. 车速表的转轴一般通过变速器或分动器输出轴上的蜗杆-蜗轮传动副经软轴驱动。在变速器输出轴转速不变的情况下，车速表指示值为定值，而汽车的实际行驶速度还与车轮的滚动半径有关。汽车轮胎在使用过程中随行驶里程的增加而逐渐磨损，其滚动半径逐渐减小，轮胎气压高低也影响滚动半径的大小。因此车速表指示值与实际车速就会形成误差。

3. 检测车速表指示误差的设备称为车速表检测台。车速表检测台主要有普通型车速表检测台和驱动型车速表检测台两种类型。此外，还有将车速表检测台与制动检测台组合在一起构成多功能复合型检测台。

习　题

1. 简述 GB7528 – 2005 对车速表的要求。
2. 汽车车速表误差形成的原因？
3. 使用车速表检测台检测车速表时，当该车速表的指示值（v_1）是 40 km/h 时，车速表检测台指示仪表的指示值应为多少才符合国标要求？当车速表检测台指示仪表的指示值（v_2）是 40 km/h 时，汽车车速表的指示值（v_1）应为多少才符合国标要求？
4. 简述车速表检测台的工作原理与使用注意事项。
5. 简述汽车车速表检测步骤。

项目十

汽车通过性检测与评价

一、项目要求

汽车主要是在等级以上公路的运输工具，但也有部分汽车，如矿区用车、军用汽车会在松软的土壤、沙漠、雪地、河流、沼泽地等无路地带或者在陡坡、侧坡、台阶、壕沟、洼坑、灌木丛等有地面障碍的路况下行驶，为了通过这些路段，汽车必须具有克服松软地面、各种障碍与不平路面构成的阻力的能力，这不但需要汽车具有足够驱动力和相应的附着力，也要求汽车具有良好的侧向稳定性、平顺性。因此，为满足汽车在特殊地段上行驶所需的特殊能力，必须对汽车的通过性进行检测，以熟知汽车的通过性能。

通过本部分内容的学习，读者能够掌握汽车通过性的概念、几何参数；掌握汽车通过性的影响因素；了解土壤参数的测定方法；了解汽车通过的测试内容。

二、相关知识

汽车的通过性是指汽车在一定载重下，能以足够高的平均车速，通过各种坏路和无路地带（如松软的土壤，沙漠、雪地、沼泽及坎坷不平地段），以及克服各种障碍（陡坡、侧坡、台阶、壕沟等）的能力。

（一）汽车通过性的评价指标

汽车的通过性可分为轮廓通过性和牵引支撑通过性。前者表征车辆通过坎坷不平路段和障碍的能力；后者是指车辆顺利通过松软土壤、沙漠、雪地、冰面、沼泽等地面的能力。山区、矿区、建设工地等使用的车辆和军用车辆，经常行驶在坏路和无路地面上，因此，要求这些汽车应具有良好的通过性。

汽车通过性主要取决于汽车几何参数、支撑与牵引参数，同时，汽车的其他性能结构因素与使用因素对通过性也有很大影响。

1. 轮廓通过性

在越野行驶时，由于汽车与不规则地面的间隙不足，可能出现汽车被托住而无法通过的现象，称为间隙失效。间隙失效主要有顶起失效、触头失效（或托尾失效）两种形式。顶起失效是车辆中间底部的零件碰到地面，而被顶住的间隙失效。触头失效（或托尾失效）是汽车前端（或车尾）触及地面的间隙失效。

汽车通过性的几何参数是与防止间隙失效有关的汽车本身的几何参数。它们主要包括最小离地间隙、接近角、离去角、纵向通过角等，如图 10-1 所示。各类汽车通过性几何参数的数值范围如表 10-1 所示。另外，汽车的最小转弯直径和内轮差、转弯通道圆及车轮半径也是汽车通过性的重要轮廓参数。

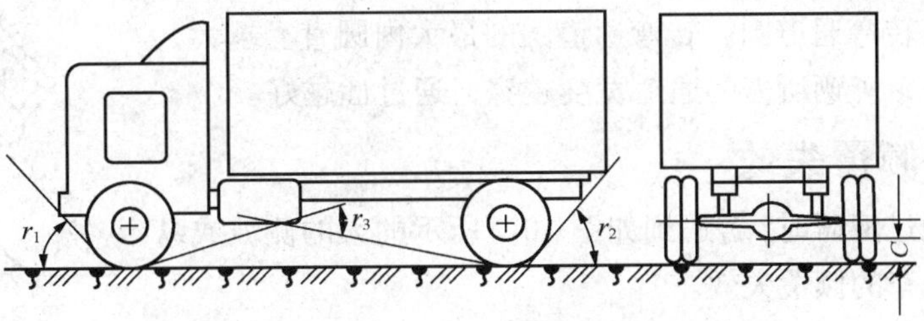

图 10-1　汽车通过性的几何参数

表 10-1　汽车通过性几何参数的数值范围

汽 车 类 型	驱动形式	最小离地间隙（mm）	接近角γ_1（°）	离去角γ_2（°）	最小转弯直径 d_H（m）
轿车	4×2	120 ~ 200	20 ~ 30	15 ~ 22	14 ~ 26
	4×4	210 ~ 370	45 ~ 50	35 ~ 40	20 ~ 30
货车	4×2	250 ~ 300	25 ~ 60	25 ~ 45	16 ~ 28
	4×4、6×6	260 ~ 350	45 ~ 60	35 ~ 45	22 ~ 42
越野车（乘用）	4×4	210 ~ 370	45 ~ 50	35 ~ 40	20 ~ 30
客车	6×4、4×2	220 ~ 370	10 ~ 40	6 ~ 20	28 ~ 44

（1）最小离地间隙

最小离地间隙（C）是汽车除车轮外的最低点与路面间的距离。它表征汽车无碰撞地越过石块、树桩等障碍物的能力。汽车的前桥、飞轮壳、变速器壳、消声器和主减速器外壳等，通常有较小的离地间隙。在设计越野汽车时，应保证有较大的最小离地间隙。

（2）接近角与离去角

接近角（γ_1）和离去角（γ_2）是指自车身前、后突出点，向前、后车轮引切线时，切线与路面之间的夹角。它表征了汽车接近或离开障碍物时，不发生碰撞的能力。接近角和离去角越大，则汽车的通过性越好。

（3）纵向通过角

当分别切于静载车轮前、后轮胎外缘，且垂直于汽车纵向对称平面的两平面，交于车体下部较低部位时，车轮外缘两切面之间所夹的最小锐角，为车辆可以超越的最大角度。它表征汽车可无碰撞地通过小丘、拱桥等障碍物的轮廓尺寸。纵向通过角越大，汽车的通过性越好。

（4）最小转弯直径和最大通道宽度

汽车前轮处于最大转角状态行驶时，汽车前轴离转向中心最远车轮胎面中心，在地面上形成的轨迹圆直径，被称为最小转弯直径，它表征车辆在最小面积内的回转能力和通过狭窄弯曲地带或绕过障碍物的能力。

最大通道宽度是指汽车最远点最小转弯直径与最近点最小转弯直径之差的一半。车辆所需的最大通道宽度越窄，通过性越好。

（5）转弯通道圆

转向盘转至极限位置时，内外车轮运动形成的两圆为车辆转弯通道圆：车辆所有点在车辆支撑平面上的投影均位于圆外的最大内圆和包含车辆所有点在车辆支撑平面上的投影均位于圆内的最小外圆。

车辆有左和右转弯通道圆。转弯通道圆的最大内圆直径越大，最小外圆直径越小，车辆所需的通道宽度越窄，通过性越好。

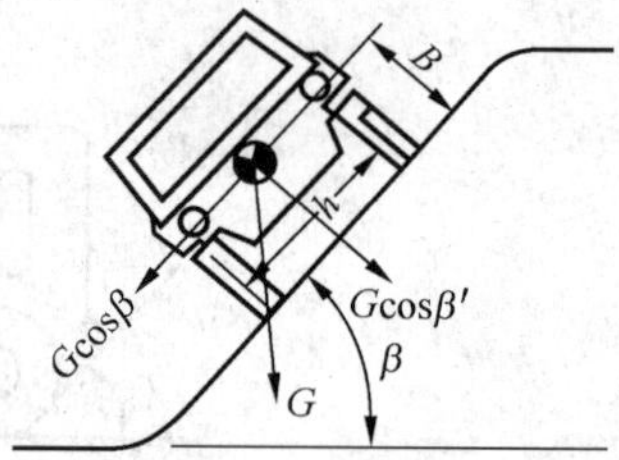

图 10-2　汽车的倾覆

2. 汽车的倾覆失效

越野汽车在通过障碍时，若遇到如图 10-2 所示的大的侧坡或纵坡，则可能导致汽车的倾覆失效。

在侧坡上直线行驶时，当坡度大到重力通过一侧车轮中心，而另一侧车轮的地面法向反作用力等于零时，则车辆将发生侧翻。此时

$$\tan\beta = \frac{B}{2h_g} \tag{10-1}$$

式中：β——汽车不发生侧翻的极限角。

为了防止侧翻，汽车的质心应低，轮距应宽。

在侧坡角度为 β' 的坡道上，也可能发生侧滑，此时

$$\varphi G\cos\beta' = G\sin\beta'$$

$$\tan\beta' = \varphi \tag{10-2}$$

式中：φ——侧向附着系数。

当侧坡角的正切值等于侧向附着系数时，汽车发生整车侧滑。通常认为，与其发生侧翻，不如发生侧滑。即应满足

$$tan\beta > tan\beta'$$

即

$$\frac{B}{2h_g} > \varphi \tag{10-3}$$

同理，可导出纵向倾覆的条件，它也取决于重心高度与重心至前轴或后轴的距离。

根据国家标准 GB 7258—1997《机动车运行安全技术条件》的规定，车辆在空载、静态状态下，向左侧和右侧倾斜最大侧倾稳定角不得小于：

双层客车 28°，总质量为车辆整备质量的 1.2 倍以下的车辆 30°，其他车辆（两轮摩托车及轻便摩托车除外）35°。

由于卧铺客车和特殊作业的机动车在结构上的特殊性，需要单独作出规定，在保证安全的前提下，与 GB/T 16887—1997《卧铺客车技术条件》相协调。经有关部门验证，在第一号修改单中对原 3.7.1 条作了补充规定：特殊作业的机动车、卧铺客车的侧倾稳定角不得小于 32°。

（二）汽车通过性的影响因素

1. 行驶速度

当汽车的行驶速度降低时，土壤的剪切和车轮滑转的倾向减少，因此，用低速行驶克服困难地段，也可改善汽车的通过性，为此，越野汽车传动系统的最大总传动比一般较大。越野汽车最低稳定车速可按表 10-2 选取，其值随汽车总质量而定。

表 10-2　　越野汽车的最低稳定车速

汽车总质量（kN）	< 19.6	< 63.7	< 78.4	< 78.4
最低稳定车速（km/h）	≤5	≤2 ~ 3	≤1.5 ~ 2.5	≤0.5 ~ 1

也可根据下式求得汽车的最低稳定行驶速度

$$u_{amin} = 0.377\frac{n_{emin} r_r}{i_g i_g' i_o} \tag{10-4}$$

式中：n_{emin}——发动机的最低稳定转速（r/min）；

i_g'——分动器的传动比。

2. 汽车车轮

车轮对汽车通过性有着决定性的影响，为了提高汽车的通过性，必须正确选择轮胎的花纹尺寸、结构参数、气压等，使汽车行驶滚动阻力较小，附着能力较大。

（1）轮胎花纹

轮胎花纹对附着系数有很大影响。正确地选择轮胎花纹对提高汽车在一定类型地面上的通过性有很大作用。越野汽车的轮胎具有宽而深的花纹，当汽车在湿路面上行驶时，由于只有花纹的凸起部分与地面接触，使轮胎对地面有较高的单位压力，足以挤出水层；而在松软地面上行驶时，轮胎下陷，嵌入土壤的花纹凸起的数目增加，与地面接触面积且土壤剪切面积都迅速增加，因而，同样能保证有较好的附着性能。

在表面滑溜泥泞而底层坚实的道路上，提高通过性的最简单办法，是在轮胎上套防滑链（或使用带防滑钉的轮胎），它相当于在轮胎上增加了一层高而稀的花纹。这时，防滑链能挤出表面的水层，直接与地面接触，有的还会增加土壤剪切面积，从而提高附着能力。

（2）轮胎直径和宽度

增大轮胎直径和宽度，都能降低轮胎的接地比压。用增加车轮直径的方法来减小接地比压，增加接触面积以减少土壤阻力和减少滑转，要比增加宽度更为有效。但增大轮胎直径会使惯性增大，汽车质心升高，轮胎成本增加，并要采用大传动比的传动系统。因此，大直径轮胎的推广使用受到了限制。

加大轮胎宽度不仅直接降低了轮胎的接地面比压、而且轮胎较宽，允许胎体有较大的变形，而不降低其使用寿命，因而可使轮胎气压取得低些，使汽车在沙漠、雪地、沼泽地面上行驶时，具有良好的通过性。但这种专用于松软地面的特种轮胎，由于花纹较大，气压过低，不应在硬路面上工作，否则将过早损坏和迅速磨损。

（3）轮胎的气压

在松软地面上行驶的汽车，应相应降低轮胎的气压，以增大轮胎与地面的接触面积，降低接地比压，提高土壤推力。轮胎气压降低时，虽然土壤的压实阻力随着减小，但轮胎本身的迟滞损失却逐渐增加。为了提高越野汽车通过松软地面的能力，在硬路面上行驶时又不致引起过大的滚动阻力和影响轮胎寿命，可装用轮胎的中央充气系统，使驾驶员能根据道路情况，随时调节轮胎气压。

（4）前轮距和后轮距

当汽车在松软地面上行驶时，各车轮都需克服形成轮辙的阻力（滚动阻力），如果汽车前轮距与后轮距相等，并有相同的轮胎宽度，则前轮辙与后轮辙重合，后轮就可沿被前轮压实的轮辙行驶，使汽车总滚动阻力减少，提高汽车通过性。所以，多数越野汽车的前轮距与后轮距相等。

（5）前轮与后轮的接地比压

试验证明，前轮距与后轮距相等的汽车行驶于松软地面时，当前轮对地面的单位压力，比后轮的小 20%~30%时，汽车滚动阻力最小。为此，除在设计汽车时，可将负荷按此要求分配于前、后轴，也可以使前、后轮的轮胎气压不同，以产生不同的接地比压。

3. 差速器

为了保证各驱动车轮能以不同的角度旋转，在传动系统装有差速器。但普通的齿轮差速器，由于它有使驱动车轴之间转矩平均分配的特性，当某一驱动车轮陷入泥泞或冰雪路面上时，得到较小的附着力，则与之对应的另一驱动车轮，也只能以同样小的附着力限制其驱动力。为了避免这种情况的发生，某些越野汽车上装有差速锁，以便必要时能锁止差速器。

差速器的内摩擦，能使左右车轮传递的转矩不等。设传给差速器的转矩为 M，差速器的内摩擦力矩为 M，则旋转较慢和旋转较快的驱动轮上的转矩分别为

$$M_1=0.5(M+M_r) \qquad M_2=0.5(M-M_r)$$

可见，由于差速器的内摩擦，使汽车的驱动力增加了。但是，一般齿轮式差速器的内摩擦不大，为了增加差速器的内摩擦，越野汽车常采用高摩擦式差速器，以提高汽车通过性。

4. 驾驶方法

驾驶方法对提高汽车通过性有很大影响。在通过沙地、泥泞、雪地等松软地面时，应该用低速挡，以保证车辆有较大的驱动力和较低的行驶速度。在行驶中应避免换挡和加速，并保持直线行驶，因为转弯时将引起前后轮辙不重合，增加滚动阻力。

后轮是双胎的汽车，常会在两胎间夹杂泥石，或使车轮表面黏附一层很厚的泥，使附着系数降低，增加车轮滑转趋势。遇到这种情况，驾驶员可适当提高车速，将车轮上的泥甩掉。当汽车传动系统装有差速锁时，驾驶员应该在估计有可能使车轮滑转的地区前，就将差速器锁住。因为车轮一旦滑移后，土壤表面就会被破坏，附着系数下降，再锁住差速锁不会起显著作用。

此外，为了提高越野汽车的涉水能力，应注意发动机的分电器总成、火花塞、曲轴箱通气口等的密封问题，并提高空气滤清器的位置，不得浸入水中。普通汽车一般能通过深度为 0.5 m~0.6 m 的硬低浅水滩。

（三）汽车通过性检测种类与条件

1. 通过性检测的种类

汽车通过性检测又称汽车通过性试验。由于我国对汽车通过性，特别是对汽车与相接触的

道路、土壤等介质之间的关系的研究目前尚处于理论分析研究阶段，所以对地面通过性尚没有规范化的评价指标，目前主要是采用比较试验方法。

所谓比较试验，就是根据被测车辆的特点，选用一辆车作比较车，将被测车辆与它进行比较。在一般情况下比较车多选用现生产车或市场上有竞争能力的新车。

汽车通过性试验通常包括汽车通过性几何参数测量（与通过性有关的几何参数有接近角、离去角、离地间隙、横向通过半径，纵向通过半径，轮胎印迹面积、最大转弯半径、转向通道宽度等，具体测量方法参考有关章节），汽车最大拖钩牵引力和行驶阻力的测量，沙地通过性试验，泥泞地通过性试验，冰雪路通过性试验，凸凹不平路通过性试验，连续高速行驶试验，涉水性能试验，地形通过性试验等。

2. 一般的试验条件

试验前应对被测车辆进行检查、保养，使被测车辆完成符合技术条件或使用说明书的要求。按规定选用轮胎，最好采用全新轮胎，如果采用旧轮胎，其花纹磨损量不得低于原始花纹高度的 20%，被测车辆同比较车装用轮胎的新旧程度应大体相同，花纹一样。轮胎花纹中黏结的泥土应清除干净。试验时，风速不大于 5 m/s，晴天或阴天。

三、项目实施

（一）检测仪器与实施要求

1. 检测条件

① 具备检测汽车通过性的国家标准典型障碍路况、无路地带。

② 牵引力记录仪、发动机转速表。

③ 加速度传感器、车轮转数传感器。

④ 秒表、米尺、角度仪。

2. 实施要求

① 能正确测量各种地形的数据。

② 能演示汽车在各种典型坏路上的挂钩牵引性能试验。

③ 能进行汽车通过陡坡、侧坡、台阶、壕沟、洼坑、路沟、弹坑、灌木丛、河流等典型障碍路况的通过能力试验，并判断汽车的通过能力。

（二）检测实施步骤

1. 汽车最大拖钩牵引力检测

（1）检测条件

由于路面对通过性影响非常大，所以选择试验场地要特别注意，场地应平整、土壤湿度适宜，坚实度、抗剪强度及疏松层应大体均匀。场地大小要保证完成同类路面的试验项目，不允许在两地完成同一个试验项目。

测定汽车最大拖钩牵引力的场地不能太坏，应保证被测车辆能拖动负荷拖车，在未加负荷状态下行驶。如果被测车辆本身行驶已经困难，则很难测出拖钩牵引力。试验时，变速器和分动器置于低挡，全轮驱动汽车应全轮驱动，主减速器可变速时，置于低挡，自锁差速器应锁住。

（2）检测过程

试验时被测车辆牵引负荷拖车缓慢起步行驶，并逐渐加速，直至加速踏板踩到底。当到达测试路段时，发动机转速应达到额定转速的80%以上。此时，用负荷拖车平稳、均匀地给被测车辆加载，直至被测车辆驱动轮开始滑转或发动机熄火。

试验时用牵引力记录仪和发动机转速表记录最大拖钩牵引力和发动机转速，最后绘制最大拖钩牵引力与发动机转速关系曲线。

（3）注意事项

牵引负荷拖车的牵引杆两端距地面高度应保持一致，而且中心线应和被测车辆的纵向中心线平行。试验无须往返进行，在一个方向进行即可，但试验次数应不少于2次，必要时还可以增加次数，直至试验数据可靠为止。每次试验时，汽车车轮通过的路面应是未变形路面，应该错开车辙行驶（离车辙1 m～2 m远）。

该项试验应在同一场地完成，以避免场地不同难于分析试验结果；另外，要抓紧时间连续进行试验，因为场地长时间受日光曝晒，水分蒸发，表面湿度改变很大，而地面的表面条件，特别是湿度，对汽车通过性能影响很大，试验时应特别注意。

如果汽车装用中央充放气系统的超低压轮胎，则上述试验还应在不同轮胎气压下进行。一般采用5种轮胎气压（标准气压、标准气压的75%、标准气压的50%、标准气压的25%和最低允许气压）进行试验，并绘制牵引力与轮胎气压的关系曲线。

2. 沙地通过性检测

（1）检测条件

由于沙地土质松软，汽车在上面行驶时阻力大，附着系数小，车轮易滑转，因而引起汽车上下震动和颠簸。因为沙地土质松软程度对通过性和试验结果有较大影响，所以选择试验沙地非常重要。如果有专门的沙地试验场最为理想，此时，可以根据预估的汽车通过能力，将底层沙压实，表面铺上100 mm～300 mm的软沙，表面平坦，长度不小于50 m，宽度不小于10 m。如果没有专门沙地试验场，可以找一个能满足试验要求的天然沙地作为试验沙地。

试验前在被测车辆驱动轮上装上车轮转数传感器，在驾驶室底板和车箱前、中、后的车辆纵向中线处安装加速度传感器。

（2）检测方法

试验时，汽车以直线前进方向停放在试验路段的起点，然后从最低挡位起分别挂能起步行驶的各个挡位（包括倒挡），并且发动机分别以怠速转速、最大扭矩转速和最大功率转速起步行驶，直至发动机熄火或驱动轮严重滑转，车轮不能前进为止，与此同时，测定从汽车起步到停车为止的行驶时间、行驶距离、车轮转速及车辆上下震动加速度随时间变化的曲线。试验时用发动机转速表监视发动转速。

根据测得的数据，用下列公式计算平均行驶速度和车轮打滑率；并记录车辆震动加速度。

$$v=\frac{3.6S}{t} \tag{10-5}$$

式中：V——平均行驶速度（km/h）；

S——行驶距离（m）；

t——行驶时间（s）。

$$\eta = \frac{2\pi r_k n - S}{2\pi r_k n} \times 100\% \tag{10-6}$$

式中：η——车轮滑转率；

r_k——驱动轮滚动半径（m）；

n——车轮转数。

由于选择的天然沙地表面状况不可能完全相同（即使是专用的沙地试验场，也很难保证表面状况的一致性），对试验结果很难做出定量评价，因此，通常都是做比较试验。试验时，被测车辆和比较车由同一名经验丰富的驾驶员驾驶，在同一试验条件下进行试验。

3. 泥泞地通过性检测

（1）检测条件

由于泥泞地表面存有大量泥水，其附着系数较小，车轮很容易滑转，因此泥泞地表面状况对汽车通过性试验结果影响非常大。泥泞地通过性试验选择试验场地非常重要，一般要求试验场地表面有 100 mm 厚的泥泞层，长度不小于 100 m，宽度不小于 7 m。试验场地选择好后，要抓紧时间连续进行试验，避免场地因长时间受日光暴晒，使水分蒸发，表面状况改变，而影响试验结果的准确性。

（2）检测方法

试验时，在试验路段的两端做出标记，被测车辆以规定的发动机转速（一般为怠速）和变速器挡位（一般为一挡或二挡）驶入试验路段。从进入试验路段起点开始，驾驶员可根据其经验，以最想理的驾驶操作进行驾驶，直至驶出测量路段。

试验时用秒表记录从测量路段始点至终点（或中间因车辆无法行驶而停车时）的行驶时间、行驶距离及车轮转数，并计算平均车速和车轮滑转率。

进行该试验时，可同时测定最大拖钩牵引力和行驶阻力。

该项试验因选择的泥泞地面状态的差异很大，所以也和沙地试验一样，需做比较试验。

4. 冰雪路通过性检测

（1）检测条件

冰雪路通过性试验用以考核汽车在冰雪路面上的行驶能力，是个综合性的试验。它主要考核起步加速稳定性、减速稳定性、转向操纵性、直线行驶稳定性、制动效能及制动方向稳定性等性能。

做该项试验时，雪地的选择是非常重要的。雪地应宽阔、平坦、长度不小于 200 m，宽度不小于 20 m；其中至少要有长 30 m，其宽度不少于 30 m 的一段平场。试验前应根据试验目的和要求，对雪地进行压实、冻结和融化处理。

（2）检测方法

试验时，汽车停放在试验场地一端，起步后，换挡、加速（加速度 2 m/s^2 左右）行驶至速度为 30 km/h ~ 50 km/h（根据场地情况确定其速度），再在路面较宽处转弯行驶，最后减速行驶（不踏制动踏板）至车速 10 km/h 左右停车。试验应反复进行数次，评价起步及加速稳定性（是否有甩尾现象）、直线行驶稳定性、减速行驶稳定性及转向盘操纵性（是否按转向盘转角转弯行驶或甩尾）。

在车速 20 km/h、30 km/h 时用五轮仪和减速度仪测定制动距离、制动减速度及甩尾跑偏状况。

因为冰雪路面表面状况差别很大，对试验结果只能做相对比较，所以只能进行比较试验。

对装防滑装置的汽车，应在装防滑装置和不装防滑装置两种状态下分别进行试验。

5. 涉水性能检测

（1）检测条件

涉水性能试验主要是为了考核汽车的涉水能力。该项试验最好在专用的涉水槽路进行，其水深可以调整。对于大中型载货汽车，涉水槽路水深为 300 mm ~ 400 mm，其长度不小于 30 m，宽度不小于 4 m。如果没有专用的涉水槽路，也可选择一般自然河道，但应注意，河道一定是硬底，以免车轮陷住。试验前要测量水深并标记好车辆行驶路线。

（2）检测方法

试验时，变速器用一挡或二挡，以 5 km/h ~ 10 km/h 的速度驶入水中，至水中央时停车熄火。5 min 后重新启动发动机，考核发动机是否可以启动，启动后是否工作正常。如果工作正常，继续行驶至出水，然后再反方向进行一次。

行驶中应注意观察、判断发动机工作是否正常，有无异音，动力性是否下降，风扇皮带是否打滑及排气系统是否有故障等。停车后应检查发动机进气系统是否进水，风扇是否损坏，发动机、变速器、驱动桥及燃油箱内是否有水，离合器、制动系统是否进水，货箱、驾驶室是否进水，电气系统是否被溅水，是否影响发动机正常工作。如果一切都正常，涉水深度加深后继续进行试验，直至出现不正常状况为止，以考核能够涉水的最大深度。

6. 凸凹不平道路通过性检测

凸凹不平道路通过性试验应在汽车试验场可靠性道路上进行。当条件不具备时，也可选择公路或自然道路，但路面必须包括鱼鳞坑路、搓板路及扭曲路等。

凸凹不平道路的通过性不仅和汽车的几何参数、动力性能及转向性能等有关，也和汽车的平顺性有关。因此，试验时应在驾驶员能够忍受的程度和保证安全的条件下，尽量以高速行驶，测定一定行驶距离的行驶时间，计算平均车速。

该项试验也是做比较试验。

7. 连续高速行驶检测

（1）检测条件

连续高速行驶试验实际是温度适应性试验，也就是汽车连续高速行驶时，测定轮胎温度、发动机进、出水温度，各大总成润滑油温度及发动机辅助装置温度等，而后根据测得的温度，评价汽车是否适应连续高速行驶。

此项试验一定要使用全新轮胎，磨合行驶 300 km 后，在轮胎外侧沿圆周方向相距 300 mm 左右钻两个直径 1.0 mm ~ 1.5 mm 的孔，其深度应接近帘布层，但不能破坏帘布层。

试验应在高速跑道或高速公路上进行。

（2）检测方法

试验时汽车应挂最高挡，大型车用 100 km/h（最高车速达不到 100 km/h 的汽车，用其最高车速）的车速，小型车用 120 km/h 或 140 km/h 的车速等速行驶。每行驶 15 min 停车一次，将点温计的传感器插入事先钻好的孔中（一定一插到底），测量轮胎的温度，同时测定大气温度。

之后尽快再继续行驶，直至轮胎温度平衡或达到轮胎厂限定的轮胎使用温度。根据测得的数据，按下述公式进行校正。

$$t = t_1 + (35 - t_2) \tag{10-7}$$

式中：t——校正后的轮胎温度（℃），是指在 35℃的大气温度使用条件下的轮胎温度（如果规定在 40℃条件使用时，则将公式中的数字 35 换成 40 即可，此温度不得超过轮胎厂推荐的使用温度）；

t_1——实测的轮胎平衡温度（℃）；

t_2——试验时大气温度（℃）。

根据校正后的温度，绘制温度随时间变化的关系曲线。图 10-3 所示为 CA141 载货汽车轮胎温度与时间的关系曲线。

试验时，如果轮胎温度已经达到轮胎厂推荐的使用温度还不能平衡，则应测定达到轮胎厂推荐的使用温度的时间，这个时间就是在规定使用条件下由轮胎限制的最长行驶时间。

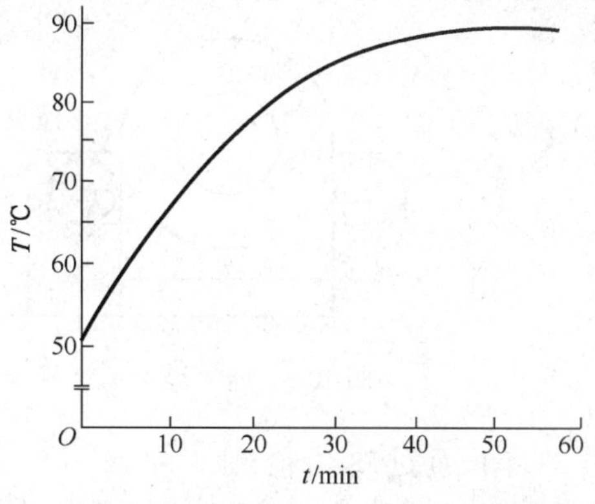

图 10-3　CA141 汽车轮胎温度与时间关系曲线

8. 越野汽车地形通过性检测

地形通过性是指汽车对某些特殊地形（例如垂直障碍物、凸岭、水平壕沟、路沟等）的通过性能。一般情况下，只有越野汽车需做该项试验。

（1）通过垂直障碍物检测

① 检测条件。如图 10-4 所示，选择 3 种不同高度垂直障碍物，$h = (\frac{2}{3} \sim \frac{4}{3})r_k$（$r_k$ 为车轮滚动半径），宽度不小于 4 m，长度 L 不小于被测车辆的轴距。试验也可按各试验场的固定设施进行。

② 检测方法。试验时，汽车全轮驱动、变速器和分动器都置于低挡，汽车驶近垂直障碍物。当前轮靠近障碍物时，将加速踏板踏到底，爬越障碍物时不得猛冲，以免损坏传动系统部件。试验时，从最低障碍物爬越，然后根据通过情况，改变垂直障碍物的高度，直至汽车不能爬越为止，并将汽车不能爬越的前一次所测值定为能超越的最大高度。试验时，如果有条件最好用录相机摄下该试验全过程，观察并记录在该过程中汽车运动状况以及部件和障碍物有无碰撞、接触等干涉情况，以及爬越后地面破坏情况，同时记录爬越高度或不能爬越的原因。

（2）通过凸岭能力试验

如图 10-5 所示，选择凸岭尺寸 $L = 6$ m、h 分别为 0.6 m、1.3 m、2.0 m。按（1）所述挡位，从坡度小的凸岭开始，低速驶过凸岭，并参照（1）所述项目进行观察和记录，测定汽车爬越凸岭的最大高度。

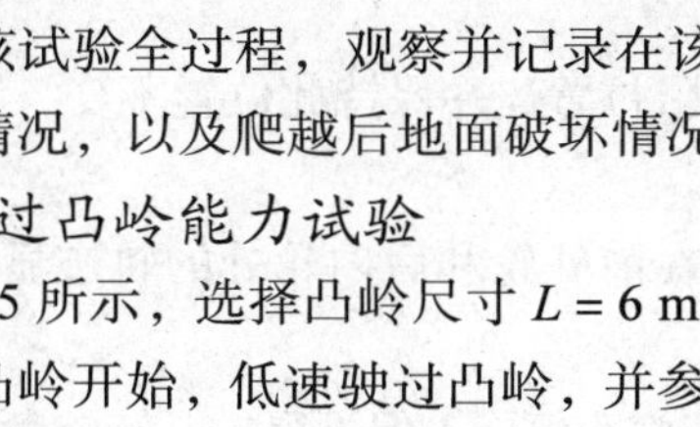

图 10-4　垂直障碍物示意图

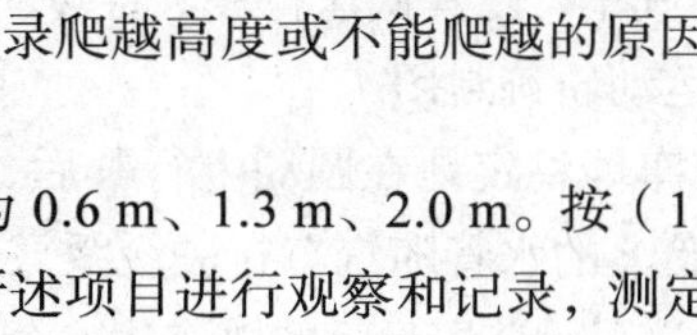

图 10-5　凸岭示意图

（3）测定通过水平壕沟的最大宽度

如图 10-6 所示，选择水平壕沟不同宽度 $B = (1 \sim 4/3)r_d$，一般取 3 个不同宽度，长度不小于 3 m，深度比 r_k 稍大，沟的前、后均为平整地面。该试验也可按各试验场的固定设施进行。

试验时，对照（1）所述方法，首先通过最窄的壕沟，根据试验情况逐次加宽，直至不能通过为止。测定汽车通过水平壕沟的最大宽度，并参照（1）所述项目进行观察和记录。

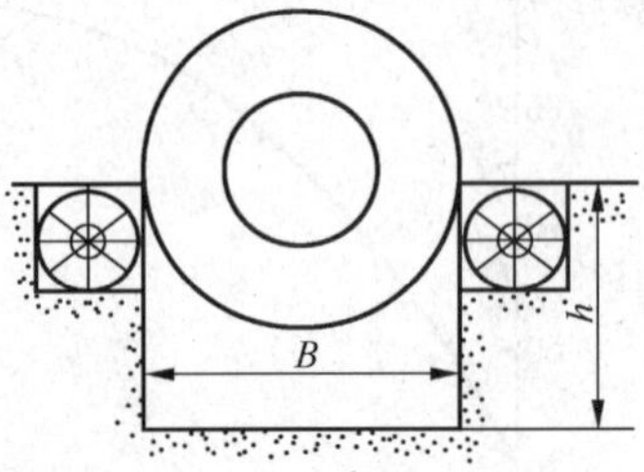

图 10-6　水平壕沟示意图

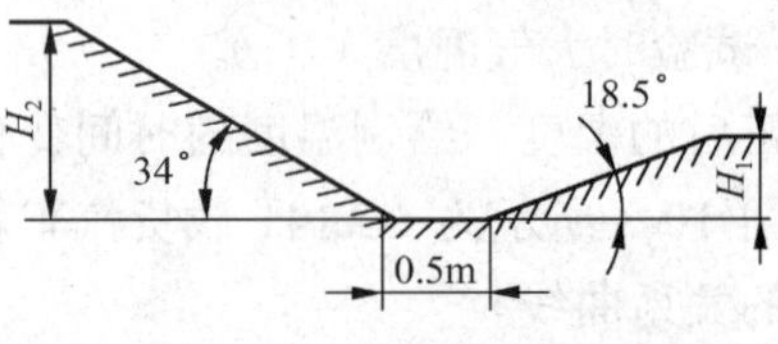

图 10-7　路沟示意图

（4）通过路沟检测

如图 10-7 所示，选择路沟的深度：$H_1 = 0.30$ m、0.50 m、0.75 m；$H_2 = 1.0$ m、1.5 m、2.0 m。参照（1）所用挡位低速行驶，通过路沟时，由浅至深直至汽车不能通过为止，通过时从与路沟成 45° 和 90° 角两个方向进行。测定通过路沟最大深度，并参照（1）所述项目进行观察和记录。

9. 最小转弯直径测量

（1）试验准备

被测车辆应处于装载均匀的最大总质量状态；轮胎气压应符合技术条件规定，并保证全部车轮接地；汽车的转向轮最大转角应符合技术条件规定，在正式试验前应用转角测量仪测量左、右前轮向左、右转动时的最大转角，若不符合规定，应调整好再试验。

试验场地应是平坦、坚实、干燥、清洁的混凝土或沥青路面，其面积库保证被测车辆能做全周行驶。

本试验需用如下仪器：长度能足以一次测定出被测车辆最小转弯直径、最小刻度值为 1 mm 的钢卷尺；铅锤；行驶轨迹显示系统，其类型不限，一般多采用喷水式的。

（2）检测步骤和方法

① 启动汽车，使其低速行驶，将转向盘转到极限位置，并保持此位置不变，使汽车沿圆周行驶（车轮运动轨迹封闭）。

② 当汽车能稳定地在圆周上行驶后，启动安装在前外轮和后内轮处的轨迹显示装置，使该装置引到轮胎上的水管随汽车行驶缓缓放水。

③ 待轨迹显示装置显示的轨迹达一个圆周时，将汽车停下，但不得松开转向盘。找出汽车上距离转向中心最远点，并用铅锤将其向地面投影，再从此投影点向前外轮轨迹中心线做垂线（圆的法线）。具体做法为以投影点为原点，将钢卷尺“0”点压在投影点上，而后拉开钢卷尺，并在前外轮轨迹中心线近侧圆弧上摆动，找出投影点到此段圆弧上最近的点，测量原点到该点距离，这一距离记为 a。同样，在汽车上找出距转向中心最近的点，用铅锤向地面投影，以此投影点向后内轮轨迹胎面中心线做垂线，并用钢卷尺测量此垂线长度 b。测取 a、b 参数后，将汽车驶出轨迹圆。

④ 用钢卷尺分别测量前外轮与后内轮两个轨迹圆的直径。具体测量方法为一人将钢卷尺的“0”点放在轨迹圆中心线上，并按压不动；另一人持伸直的钢卷尺的另一端，在轨迹圆的另一

侧轨迹圆中心线上左右试探，找出最大数值点，则此数值即为该圆的直径（d_1或 d_2）；再在此测量方向垂直的方向上测量一次，取两者算术平均值作为试验结果。

⑤ 使汽车向相反方向行驶，即汽车向左转、向右转各试验一次。重复试验步骤①～④。

⑥ 根据 d_1、d_2 计算 d_3、d_4。

$$d_3 = d_1+2a，\ d_4 = d_2+2b$$

以上介绍的测量方法只适用于前轮转向的各类汽车。

四、拓展知识

轮胎中央充放气系统简介

轮胎中央充放气系统（CTI/DS）是指装于汽车或其他轮式车辆上的用于监测和调节轮胎气压的系统。汽车装设轮胎中央充放气系统后，驾驶员无论在汽车停驶状态还是行驶中都可以在驾驶室内方便地对轮胎气压进行检测和调节，从而大大地提高了越野汽车在松软路面上的机动能力。轮胎中央充放气系统技术在美、俄、德、法等国的军用汽车上得到了广泛的应用。进入 80 年代，美国人把 CTI/DS 技术推上了一个新台阶。与前苏联相比，美国最新研制的轮胎中央充放气系统有两大进步：一是成功地研制出了车轮阀，它将旋转密封气室从长期受压状态中解放出来，使系统保压能力不再依赖于旋转密封气室的密封性，同时使轮胎内的气体可从轮边直接放出，大大提高了系统的放气速度；二是在控制上采用了电控系统，大大提高了 CTI/DS 的自动化程度，极大地减轻了驾驶员的负担。

CTI/DS 系统主要由气源、操纵控制装置、旋转密封装置和车轮阀等部分组成。气源包括空压机、储气筒、过滤器、干燥器和管路等，其作用是为系统提供清洁、干燥的压缩空气。操纵控制装置由电控单元、电磁阀、减压阀、传感器、储气筒待组成。电控单元自动对相应轮胎进行充气或放气。它还负责对系统的工作进行监控，如果系统本身发生故障会及时报警，它既可显示系统的信息，又可以根据实际情况选择路面和定时测压时间间隔；传感器的作用是为电控单元提供轮胎气压和车速信号；电磁阀根据电控单元的指令控制气路。旋转密封装置的作用是解决车桥与车轮之间压力气体的传送问题。车轮阀装在车轮上，随车轮一起转动，CTI/DS 对轮胎的充气、放气、测压和保压等操作均通过该阀完成。目前，越野汽车已成为许多现代化武器装备的机动平台，为提高其机动能力，装用 CTI/DS 是一种效费比非常理想的选择。越野汽车装备 CTI/DS 系统以后，其通过性几乎能与一般的履带车辆相媲美。海湾战争中，多国部队庞大的运输车队能在沙漠中及时将大量作战物资和参战人员送到前线，在很大程度上得益于其军用汽车上装有 CTI/DS。CTI/DS 系统在一定程度上已经成为越野汽车现代化的标志之一。我国在部分汽车上已经试用了 CTI/DS 技术，随着 CTI/DS 技术的发展，它在商用领域如沙漠石油开采、森林木材运输等方面的应用越来越广泛。

小 结

1. 汽车的通过性是指汽车在一定装载质量下能以足够高的平均车速通过各种坏路和无路地带和

各种障碍的能力，表征汽车通过性能的主要参数是汽车的几何参数及支撑和牵引参数。

2. 影响汽车通过性的主要因素有发动机的动力性、传动系的传动比、汽车车轮、液力传动和差速器等因素，这些因素是汽车越野机动性的最主要衡量指标。

3. 汽车通过性的检测手段主要有各种典型坏路上的挂钩牵引性能试验，汽车通过陡坡、侧坡、台阶、壕沟、洼坑、路沟、弹坑、灌木丛、河流等典型障碍路况的通过能力试验。

习 题

1. 通过性的评价指标是什么?
2. 简述汽车轮廓通过性的几何参数的意义。
3. 影响汽车通过性的主要因素是什么?
4. 汽车通过性的一般检测项目是什么?
5. 简述最小转弯直径、沙地通过性和泥泞地通过性试验的检测步骤。

项目十一

汽车照明、信号装置检测与评价

一、项目要求

由于汽车在行驶过程中受到震动，可能引起前照灯部件的安装位置发生变动，从而改变光束的正确照射方向，同时，灯泡在使用过程中会逐步老化，反射镜也会受到污染而使其聚光性能变差，导致前照灯、信号灯的亮度不足，或部分损坏。这些变化都会使驾驶员对前方道路情况辨识不清，或在与对面来车交会时造成对方驾驶员炫目，或使其他车辆驾驶员无法识别本车的运行状态，造成事故。因此，为了保证在夜间或在能见度较低的条件下的行车安全，必须为驾驶员提供良好的行车道路照明和信号显示，因而及时对照明、信号装置进行检测成为驾驶员安全行车的保证。

通过本部分内容的学习，读者应掌握汽车照明、信号装置和其他电气设备的技术性能要求；掌握汽车前照灯的光学特性与光的亮度知识；掌握前照灯检测仪的构造与检测工作原理；了解汽车前照灯的检测方法。

二、相关知识

（一）照明、信号装置和其他电气设备技术性能要求

1. 基本要求

汽车的灯具应安装牢靠、完好有效，不允许因汽车的震动而松脱、损坏、失去作用改变光照方向；所有灯光的开关应安装牢固、开关自如，不允许因汽车的震动而自行开关。开关的位置应便于驾驶人员操作。除转向信号灯、危险警告信号及消防车、救护车、工程救险车和警车安装使用的标志灯具外，其他外部灯具切不允许闪烁。

2. 照明、信号装置的数量、位置、光色和最小几何可见度

① 汽车及挂车的外部照明和信号装置的数量、位置、光色、最小几何可见度应符合 GB 4785 的规定。

② 汽车必须安装后反射器。挂车及车长大于 6 m 的汽车应安装侧反射器和侧标志灯。反射器应与汽车牢固连接，且应能保证夜间其后方 150 m 处用汽车前照灯照射时，在照射位置就能确认其反射光。

③ 空载高大于 3.00 m 或宽度大于 2.10 m 的汽车均应安装示廓灯。

④ 总质量不小于 12 000 kg 的货车和总质量大于 3 500 kg 的挂车应在后部设置车身反光标识，后部的车身反光标识应能体现汽车后部宽度。车长不小于 10 m 的货车和总质量大于 3 500 kg 的挂车都应在侧面设置车身标识，车身反光标识的长度不应小于车长的 50%。

⑤ 车身反光标识的粘贴技术规范及车身反光标识材料应符合 GA406 的规定。

⑥ 牵引车挂车应在挂车前部的左右各装一只前白后红的标志灯，其高度应比牵引杆挂前栏板高出 300 mm ~ 400 mm，距车厢外侧应小于 150 mm。

⑦ 附加的灯具、反射器或附属装置不允许影响本标准规定安装的灯具和信号装备的性能，且不应对其他的道路使用者造成不得影响。

3. 照明和信号装置的一般要求

① 汽车的前位灯、后位灯、示廓灯、侧标志灯、挂车标志灯、牌照灯和仪表灯应能同时启闭，当前照灯关闭和发动机熄火时仍应能点亮。汽车和挂车上电路应保证前位灯、后位灯、示廓灯、侧标志灯和牌照灯只能同时打开或关闭，但当前位灯、后位灯、侧标志灯作为驻车灯使用时，则上述情况不适用。

② 汽车的前、后转向灯，危险警告灯及制动灯白天在距其 100 m 处应能观察到其工作状况；侧转向信号灯白天在距其 30 m 应能观察到其工作状况；前、后位置灯、示廓灯和挂车标志灯夜间好天气时在距其 300 m 处应能观察到其工作状况；后牌照灯夜间好天气时在在距其 20 m 处应能观察到其牌照号码。制动灯的发光强度应大于后位灯。

③ 对称设置、功能相同的灯具的光色和亮度不应有差异。

④ 汽车照明和信号装置的任一线路出现故障时，不允许干扰其他线路的正常工作。

⑤ 驾驶区的仪表板应采用不反光的面板或护板，车内照明装备及其在风窗玻、视镜、仪表盘等处的反射光线不应使驾驶员炫目。

⑥ 仪表板上应设置仪表灯。仪表灯点亮时，应能照清仪表板上的仪表且不炫目。

⑦ 汽车仪表板上应设置与行驶相适应的转向指示信号和蓝色远光指示信号。

⑧ 汽车均应具有危险警告信号装备，其操纵装置不应受灯光总形状的控制。对于牵引挂汽车，危险警告信号控制开关也应能打开挂车上的所有转向信号灯，即使在发动机不工作的情况下，仍应能发出危险警告信号。危险警告信号和转向信号闪光频率应 1.0 Hz ~ 2.0 Hz，启动时间不应大于 1.5 s。

⑨ 客车应设置车厢灯和门灯。车长大于 6 m 的客车应至少有两条车厢照明电路，仅用于进、出口处的照明电路可作为其中之一。当一条电路失效时，另一条电路应能正常工作，以保证车内照明。车灯和门灯不应影响驾驶员的视线和其他汽车的正常行驶。

4. 前照灯技术要求

国家标准 GB 7258—2004《机动车运行安全技术条件》对汽车前照灯的要求如下。

（1）基本要求

① 在正常使用条件下，机动车前照灯光束照射位置应保持稳定。

② 装有前照灯的机动车应有远、近光变换装置，并且当远光变为近光时，所有远光应能同时熄灭。同一辆机动车上的前照灯不允许左、右的远、近光灯交叉开亮。

③ 前照灯的远、近光灯上下并列设置时，近光灯应位于上侧，其他情况下近光灯应位于外侧。

④ 所有前照灯的近光都不允许眩目。

⑤ 汽车（三轮汽车除外）、摩托车及轻便摩托车装用的前照灯应分别符合《汽车用灯丝灯泡前照灯》（GB 4599—2007）、《摩托车白炽丝光缘前照灯配光性能》（GB 5948—1998）及《轻便摩托车前照灯配光性能》（GB 19152—2003）的规定。

（2）发光强度要求

前照灯应保证能在汽车前方 100 m 以内的路面上进行明亮而均匀的照明，使驾驶员清楚辨明路面上的任何障碍物。现代高速汽车的照明距离应达到 200 m ~ 250 m，为此 GB 7258 对机动车每只前照灯的远光光束发光强度作了要求，如表 11-1 所示。测试时，其电源系统应处于充电状态。

表 11-1　　前照灯远光光束发光强度最小值要求　　单位：坎[德拉]（cd）

<table>
<tr><th colspan="2" rowspan="3">机动车类型</th><th colspan="6">检查项目</th></tr>
<tr><th colspan="3">新注册车</th><th colspan="3">在用车</th></tr>
<tr><th>一灯制</th><th>两灯制</th><th>四灯制[1]</th><th>一灯制</th><th>两灯制</th><th>四灯制[1]</th></tr>
<tr><td colspan="2">三轮汽车</td><td>8 000</td><td>6 000</td><td>—</td><td>6 000</td><td>5 000</td><td>—</td></tr>
<tr><td colspan="2">最高设计车速小于 70 km/h 的汽车</td><td>—</td><td>10 000</td><td>8 000</td><td>—</td><td>8 000</td><td>6 000</td></tr>
<tr><td colspan="2">其他汽车</td><td>—</td><td>18 000</td><td>15 000</td><td>—</td><td>15 000</td><td>12 000</td></tr>
<tr><td colspan="2">摩托车</td><td>10 000</td><td>8 000</td><td>—</td><td>8 000</td><td>6 000</td><td>—</td></tr>
<tr><td colspan="2">轻便摩托车</td><td>4 000</td><td>—</td><td>—</td><td>3 000</td><td>—</td><td>—</td></tr>
<tr><td rowspan="2">拖拉机运输机组</td><td>标定功率>15 kw</td><td>—</td><td>8 000</td><td>—</td><td>—</td><td>6 000</td><td>—</td></tr>
<tr><td>标定功率 <15kw</td><td>6 000[1]</td><td>6 000</td><td>—</td><td>5 000[2]</td><td>5 000</td><td>—</td></tr>
</table>

注：[1]四灯制是指前照灯具有 4 个远光光束；采用四灯制的机动车其中两只对称的灯达到两灯制的要求时，视为合格；

[2]允许手扶拖拉机运输机组只装用一只前照灯。

（3）光束照射位置要求

汽车装用远光和近光双光束灯时，以检测近光光束为主。对于只能调整远光单光束的前照灯应检测远光单光束。

① 在检验前照灯近光光束照射位置时，前照灯照射在距离 10 m 的屏幕上时，乘用车前照灯近光光束明暗截止线转角或中点的高度应为 0.7 H ~ 0.9 H（H 为前照灯基准中心高度，下同），其他机动车（拖拉机运输机组除外）应为 0.6 H ~ 0.8 H。机动车（装用一只前照灯的机动车除外）前照灯近光光束水平方向位置向左偏不允许超过 170 mm，向右偏不允许超过 350 mm。

② 轮式拖拉机运输机组装用的前照灯近光光束的照射位置，按照上述方法检验时，要求在屏幕上光束中点的离地高度不允许大于 0.7 H；水平位置要求，向右偏移不允许超过 350 mm，不允许向左偏移。

③ 在检验前照灯远光光束及远光单光束灯照射位置时，前照灯照射在距离 10 m 的屏幕上时，要求在屏幕光束中心离地高度，乘用车为 0.9 *H* ~ 1.0 *H*，其他机动车为 0.8 *H* ~ 0.95 *H*；机动车（装用一只前照灯的机动车除外）前照灯远光光束水平位置要求，左灯向左偏不允许超过 170 mm，向右偏不允许超过 350 mm，右灯向左或向右偏均不允许超过 350 mm。

5. 其他电气设备和仪表的要求

① 喇叭性能要求。汽车应设置具有连续发声功能的喇叭，且其工作应可靠。汽车 喇叭声级在距车前 2 m、离地高 1.2 m 处测量时，为 90 dB（A）~ 115 dB（A）。

② 发电机技术性能应良好。蓄电池应能保持常态电压。电器导线应具有阻燃性能，所有电器导线均应捆扎成束、布置整齐、固定卡紧、接头牢固并有绝缘套。

③ 车长大于 6 m 的客车应设置电源总开关，个别没有经过电源总开关的线路应设置保险装置。

④ 长途客车和旅游客车、半挂牵引车、总质量不小于 12 000 kg 的货车应安装具备记录、存储、显示、打印车辆行驶速度、时间、里程等车辆行驶状态信息的行驶记录装置；若安装数字式电子记录装备，其技术要求应符合 GB/T 19056 的有关规定。

（二）前照灯的结构和光学特性

前照灯是汽车在夜间或在能见度较低的条件下，为驾驶员提供行车道路照明的重要设备，也是驾驶员发出警示，进行联络的灯光信号装置，所以前照灯必须有足够的发光强度和正确的照射方向。在行车过程中，汽车受到震动，可能会引起前照灯部件的安装位置发生变动，从而改变光束的正确照射方向，同时，灯泡在使用过程中会逐步老化，反射镜也会受到污染而使其聚光的性能变差，导致前照灯的亮度不足。这些变化，都会使驾驶员对前方道路情况辨认不清，或在与对面来车交会时造成对方驾驶员眩目等，从而导致事故的发生。因此，保持汽车前照灯良好的性能非常重要。

1. 光的度量

所谓电光源是指将电能转变为光能的装置。我们生活中使用的手电筒便是最典型的电光源，汽车的前照灯、信号灯等均是电光源。

（1）发光强度

它是表示光源发光强度的物理量，计量单位是坎德拉（cd）。坎德拉的定义是一个光源发出频率为 540×10^{12} Hz 的单色辐射，若在一定方向上的辐射强度为 1/683 W/sr（即 1/683 W 每球面度），则此光源在该方向上的发光强度为 1 cd。

（2）照度

照度是表示受光表面被照明的程度的物理量，计量单位是勒克斯（lx）。

（3）发光强度和照度的关系

在不计光源大小的情况下（看作是点光源），照度与离开光源距离的平方成反比，即

照度=发光强度/离开光源距离的平方

从而可得，距离发光强度为 20 000 cd 光源 1 m 的地方，照度为 20 000 lx；离开 2 m 的地方，照度为 20 000/4=5 000 lx；离开 10 m 的地方，照度则为 200 lx。

2. 前照灯的基本类型

汽车前照灯按其结构特点可以分为全封闭式前照灯和半封闭式前照灯。按它在汽车上的安装方式又可分为外装式前照灯、内装式前照灯和可藏式前照灯；按其形状则可分为圆形前照灯、方形前照灯、长方形前照灯及异形前照灯；若按汽车装备前照灯的数量又可分为两灯制前照灯系统、四灯制前照灯系统以及带有辅助前照灯的前照灯系统等。

目前，汽车异形前照灯发展迅速并得到广泛应用。异形前照灯根据汽车造形，将前照灯的外形设计成与汽车的整体造形相协调，既增加了美感又减少了风阻系数。运动型跑车为了更进一步减小前照灯部分的风阻系数，增强其照明效果，还往往把前照灯设计成内隐式，白天行驶时看上去似乎没有前照灯但在夜间行驶时能自动将前照灯罩盖打开同时点亮前照灯。

3. 前照灯的结构

前照灯结构如图 11-1 所示，主要由光源（灯泡或发光灯丝组件）、配光镜、反光镜、插座、接线器和灯壳等组成。

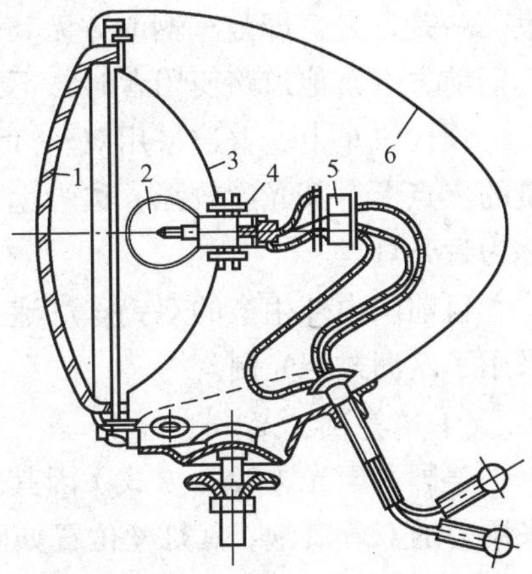

图 11-1 前照灯结构

1—配光镜 2—灯泡 3—反光镜 4—插座 5—接线器 6—灯壳

汽车前照灯灯泡通常有两种。一种是充气灯泡，其灯丝用钨丝制成。为了使灯丝在发光过程中减少钨的蒸发损耗、延长使用寿命，制造时将玻璃泡内空气抽出，再充入氩、氮、氖等混合惰性气体。另一种是卤钨灯泡，它是利用卤钨再生循环反应原理制成的，其灯丝仍为钨丝，但在灯泡内充入的气体中掺入了某种卤族元素（如碘、溴、氯、氟等，通常为溴或碘）。卤钨灯泡用耐高温、机械强度较高的石英玻璃或硬玻璃制成，可充入惰性气体的压力较高，且因工作温度高，灯泡内工作气压比一般灯泡高得多，使钨的蒸发受到更为有力的抑制。其最大优点是发光效率高（比一般灯泡高 50%～60%），耐久性好。卤钨灯泡有单灯丝和双灯丝两种。

反射镜是一种具有反射面的光学零件，其作用是尽可能多地收集灯泡发出的光线，并将这些光线聚合成很强的光束射向远方。经反射镜反射后的光线变成平行光束，射向远方，其光度增强了几百倍至上千倍。反射镜通常采用 0.6 mm～0.8 mm 的冷轧钢板冲压成旋转抛物面形状，其内表面经精工研磨后镀银、铝或铬后再抛光。因为铝镀层反射系数高达 0.9 以上，并且机械强度也较好，故现代汽车用前照灯的反射镜多采用真空镀铝工艺。

配光镜是根据配光性能要求，由一种或数种光学单元组合成的透镜，其作用是将反射镜反射出的平行光束进行折射和散射，使车前路面和路缘具有良好而均匀的照明。配光镜常用透光玻璃压制而成，其内表面是经专门设计的具有一定几何形状的凸透镜和棱镜的组合体，外表面平滑。配光镜处在前照灯的最外部，因此应具备受日光照射不老化、不变色、不变形的特性，具有一定的强度，且耐擦伤、耐腐蚀和耐高温等性能。目前配光镜的材料已采用树脂制造，其优点是成型性好，可满足复杂形状设计要求，并能大幅度减少配光镜的重量。

4. 前照灯的光学特性

前照灯的光学特性有配光特性、照射方向等。所谓配光特性，是指前照灯灯光的光形分布特性。如果将照度相同的点连成一条等照度曲线，那么，等照度曲线的形状与分布就反映出了前照灯的配光特性，如图 11-2 所示。

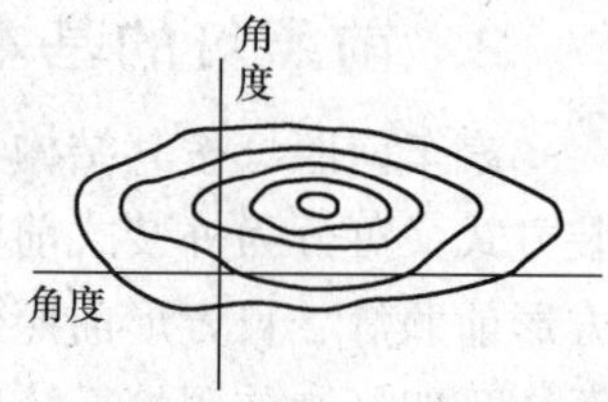

图 11-2 灯照度曲线

光束的照射方向是以其最亮的区域为中心，用该中心对水平和垂直坐标轴交点的偏离量来描述的。由于前照灯透过散光玻璃各点的光线是不均匀的，同时还有与主光轴交叉的光线，大部分还是穿过散光玻璃中心直射的，因此在离开散光玻璃足够远的地方，可以近似看作是由点光源发出来的散射光线。试验表明，当距离大于 5 m 时，实测值与理论值基本一致；距离为 3 m 时，约产生 15%左右的误差。由于受场地的限制，在用前照灯检测仪测量时，通常采用在前照灯前方 3 m、1 m、0.5 m、0.3 m 的距离进行测量，并将该测量值当作前照灯前方 10 m 处的照度，换算成发光强度进行指示。

为了既能保持良好的路面照明，又能防止产生眩目作用，汽车的前照灯光均应具有两种光束。一是远光，即当车辆前方无其他道路使用者时所使用的远距离照明光束；二是近光，即当车辆前方有其他道路使用者时，不致使对方眩目或有不舒适感所使用的近距离照明光束。

现代汽车上，普遍采用双丝灯泡的前照灯来实现上述两种光束。一根灯丝处在前照灯反射镜的焦点上，其光度较强，称为远光灯丝；另一根灯丝位于焦点的上方和前方，其光度较弱，称为近光灯丝。

目前国内外生产的双钨丝灯泡的前照灯分为美国式和欧洲式两种不同的配光制。我国基本采用了欧洲式配光制。

（1）美国式配光

美国式配光（SAE 方式）因其近光的光形分布对称，因此被称为对称形配光。这类前照灯采用普通双丝灯泡，其灯丝位置如图 11-3 所示。远光灯丝在焦点处，功率较大；而近光灯丝则向上和向右偏移（从灯泡向反射镜看去），其功率较小。

当用远光时，灯丝发出的光线由反射镜反射后，沿光学轴线平行射向远方，如图 11-3（a）所示；当用近光时，射到反射镜 bab_1 上的光线由反射镜反射后，射向前照灯光轴的右面和下面，即射向路面；而射到反射镜 bc 和 b_1c_1 上的光线反射后，则射向上面和左面，即射向迎面来车驾驶员的视线范围内，如图 11-3（b）所示；但射向路面的光线占大部分，从而减小了对迎面来车驾驶员的眩目作用。

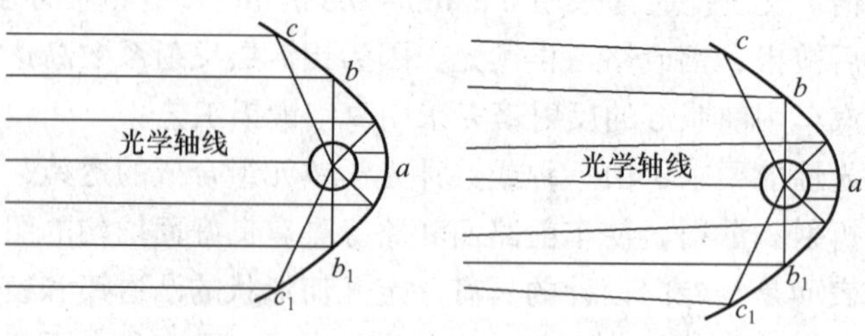

（a）远光平射　　（b）近光倾向下方

图 11-3 美国式配光的前照灯光束照射情况

（2）欧洲式配光

欧洲式配光（ECE 方式）因其近光的光形分布不对称，因此，又被称为非对称形配光。这类前照灯采用带配光屏的双丝灯泡，其灯丝位置如图 11-4 所示。远光灯丝处在反射镜的焦点处；近光灯丝则沿光轴移至焦点的前方，近光灯丝下方设有一配光屏，近光灯丝发出的光线的上半部分射向反射镜的上半部分，被反射成下倾射向路面的光束，而配光屏则可将下半部分的光线遮住，使其无法射向反射镜的下半部分，故没有向上反射的可能引起眩目的光线。近光光束光束照射情况如图 11-4（a）所示。当使用远光时，配光屏不起作用，反射光束仍直射前方，如图 11-4（b）所示。

由于带配光屏的前照灯泡防眩目效果好，符合欧洲经济委员会制定的 ECE 标准，是比较理想的配光，已被世界公认，故我国规定采用 ECE 配光方式。在 GB 4599—94 中规定近光光束的配光性能为非对称形配光。

近来，国外又发展了一种更优良的光形，其近光光形如图 11-5 所示。明暗截止线呈 Z 形，故称 Z 形配光，这种配光制不仅可以避免迎面来车驾驶员的眩目，还可以防止迎面而来的行人和非机动车使用者的眩目，更加保证了汽车夜间行驶的安全。

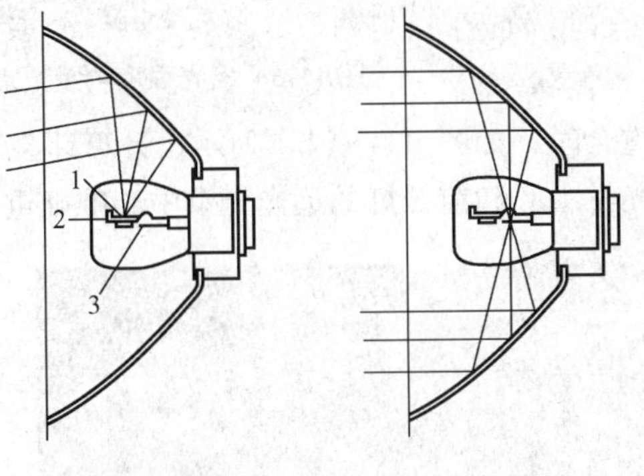

（a）近光　　（b）远光

图 11-4　欧洲式配光的前照灯光束照射情况

1—近光灯丝　2—配光屏　3—远光灯丝

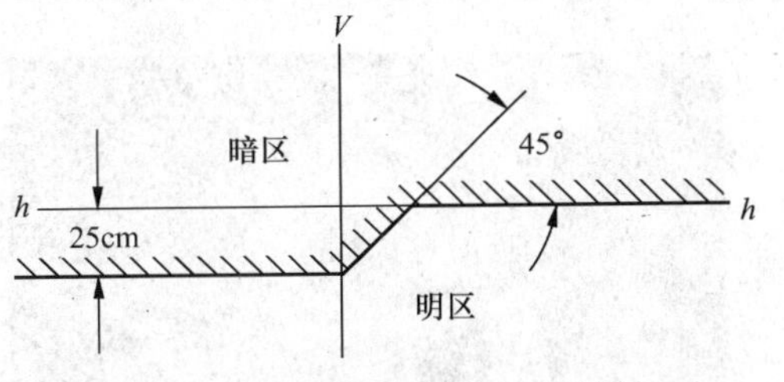

图 11-5　Z 型非对称配光示意图

（三）前照灯检测仪的结构和工作原理

用于检测汽车前照灯性能的设备，称为前照灯检测仪。

1. 前照灯检测仪的分类

根据检测距离和方法的差异，前照灯检测仪可分为聚光式（QD—2 型）、投影式（FD—2 型、QD—100 型）和自动跟踪光轴式（FD—1 型、QD—300 型、FD—103 型、QD—1 003 型、ZJ—1A 型）等。

根据测量原理，前照灯检测仪又可分为光电池式和 CCD 式等。光电池式前照灯检测仪的主要元器件是硅半导体光电池和聚光透镜。光电池用于吸收前照灯发出的光能，将其转变成光电池的电流，按该电流的大小来确定前照灯的发光强度与光轴偏移量。目前应用较多的是 CCD 式前照灯检测仪，主要有南华生产的 NHD—6 101 型远近光检测仪、浙大鸣泉生产的 QDC—1C 型远近光检测仪和佛山生产的 FD—103 型远近光检测仪。南华产 NHD—6 101 和佛山产 FD—103 型前照灯检测仪在透镜的前后安装有两个 CCD 摄像机，分别负责光轴的跟踪和前照灯配光性能和照射方向的分析，南华产 QD—1 003 型前照灯检测仪在透镜后安装有一个 CCD 摄像机，用于前照灯配光性能和照射方向的分析，而光轴的跟踪仍沿用以前的光电池方法。有的检测仪的立柱上装有扫描光电管阵列，其作用是扫描汽车前照灯的大概位置，以便光接收箱快速定位。

2. 前照灯检测仪的工作原理

（1）发光强度检测原理

如图 11-6 所示，将光电池与光度计用导线连接起来，在规定的距离使前照灯灯光照射光电池后，光电池产生对应于前照灯发光强度大小的电流，使光度计指针偏转，从而检测出前照灯的发光强度。

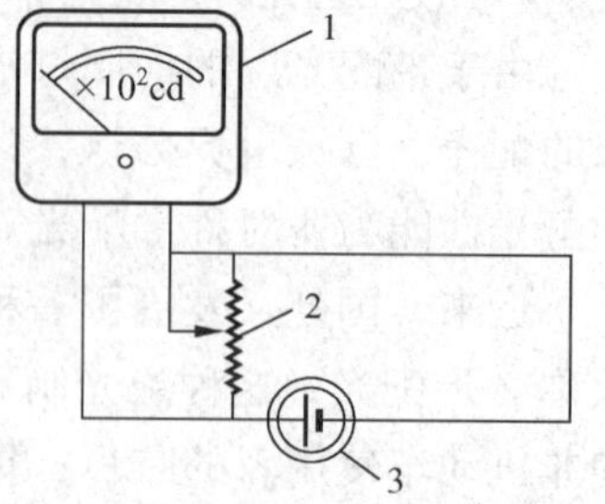

1—光度计　2—可变电阻　2—光电池

图 11-6　发光强度测量原理

（2）前照灯光轴的定位原理

前照灯检测仪可以对进入光接收箱的前照灯光束进行拍摄，利用计算机和图像处理技术对整个光斑进行量化分析处理，找出前照灯的光轴中心，通过控制系统控制驱动电动机，使光接收箱的光学中心和前照灯的远光（或近光）光束中心准确重合。当光接收箱的光学中心和前照灯的远光光束中心准确重合时，如图 11-7（a）所示，上下、左右电动机不动，仪器处于平衡状态；当光接收箱的光学中心和前照灯的远光光束中心不重合时，如图 11-7（b）所示，计算计会发出指令，使上下、左右电动机走动，直到光接收箱的光学中心和前照灯的远光光束中心准确重合。

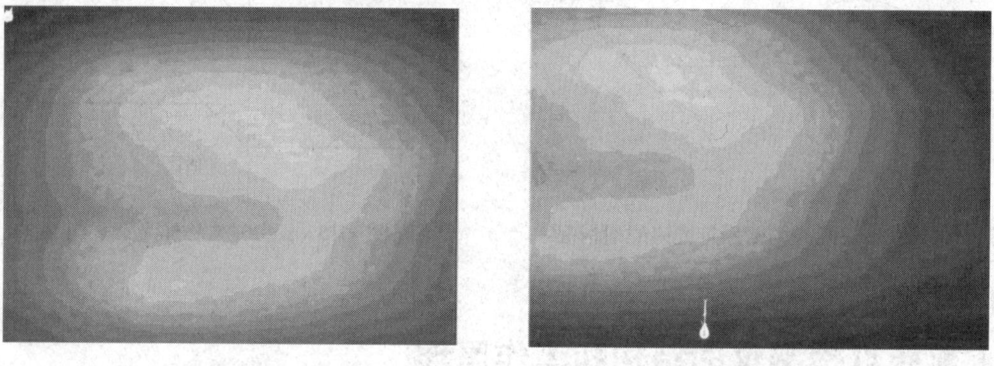

（a）光接收箱的光学中心和前照灯的远光光束中心准确重合　（b）光接收箱的光学中心和前照灯的远光光束中心不重合

图 11-7　未进行聚光的前照灯光束灰度图像

（3）偏角和光强的测量原理

对准光轴后，前照灯检测仪的 CCD 相机拍摄光接收箱聚光后的前照灯光斑，利用计算机和图像处理技术对整个焦平面光斑进行量化分析处理，找出其光束中心。不同偏角的光束其光学中心成像在焦平面上的位置不同；不同光强的点，其在图像上的灰度也不同。光强越强的点，光斑越白；光强越弱的点，光斑越暗。前照灯检测仪可以测出机动车前照灯的角度和光强。当机动车前照灯远光的偏角为零度时，远光（或近光）灯光束经过聚光透镜聚光后，其成像在焦平面光学中心也在焦平面的中心，其成像在焦平面的光分布图如图 11-8（a）所示。当机动车前照灯远光的偏角不为零度时，远光灯光束经过聚光透镜聚光后，其成像在焦平面光学中心但不在焦平面的中心，其成像在焦平面的光分布图如图 11-8（b）所示。

3. 前照灯检测仪的结构

用前照灯检测仪检测灯光性能时，一般距离大灯 1 m 或 3 m，检测时前照灯的光束通过检测仪的聚光透镜和光电元件等，将 1 m 或 3 m 处的光照度折算成 10 m 处的照度，并以发光强度值进行指示。

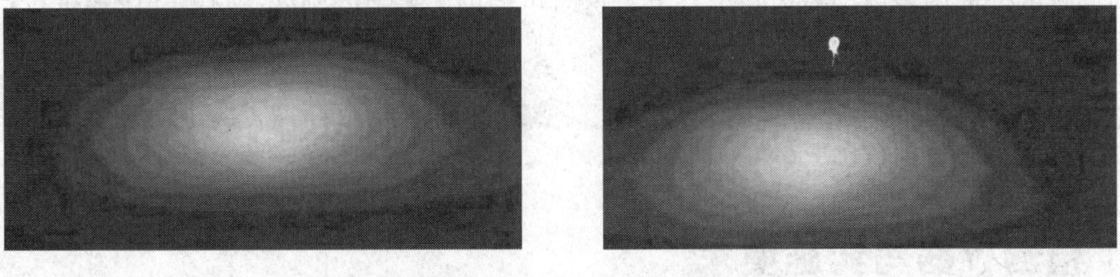

（a）成像在焦平面光学中心也在焦平面中心　　（b）成像在焦平面光学中心但不在焦平面的中心

图 11-8　聚光后的前照灯光分布图

下面以目前应用较多的南华厂生产的 NHD—6 101 型远近光检测仪说明全自动前照灯远近光检测仪结构。NHD—6 101 型远近光检测仪外形如图 11-9 所示。

控制机是前照灯检测仪进行数据处理及控制的计算机。控制机前面板的液晶显示器下方装有操作键盘，如图 11-9（a）所示；背面装有插座连接板，如图 11-9（b）所示。

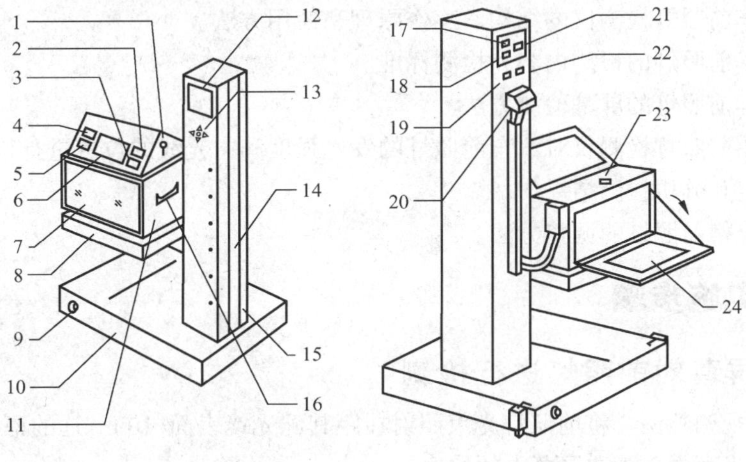

（a）　　（b）

图 11-9　仪器外形示意图

1—观测把手　2—左右方向指示表　3—上下方向指示表　4—光强指示表　5—高度指示表
6—观测屏幕　7—菲涅尔透镜 8—水平调整偏心轮　10—底座　11—受光箱
12—控制机　13—操作键盘　14—立柱盖板　15—立柱　16—准星
17—数字信号接口　18—显示器插座　19—电源开关　20—接线盒
22—打印机接口　23—水准泡 24-参数调校板

底座是整台仪器的基座，装有水平方向驱动系统，以驱动仪器整机作水平方向运动；底座内装有受光箱的上下传动机构、限位开关组、高度检测机构等。

立柱是控制机支撑部分，也是受光箱垂直运动的支撑导向柱。立柱内还安装有电气系统的主控板、电动机控制板、电源板等控制线路板。立柱表面安装有扫描光电管阵列。

接线盒位于立柱后侧，装有各连接电缆的插座。

回转台装有驱动受光箱做上下、左右摆动的传动机构，是受光箱的支撑座。

受光箱内装有光电检测元件及光学测量系统，用以测取检测参数。

各指示表用以显示实时测量数据。

观测屏幕是用以观察远光配光特性及近光明暗截止线的显示面板，当扳起“观察把手”时，被检前照灯的配光图像就会投射在屏幕上，这时可借助屏幕上的刻度，对配光图像进行目测。

三、项目实施

（一）检测仪器与实施要求

1. 检测仪器

① 聚光式前照灯检测仪、屏幕式前灯检测仪、投影式前照灯检测仪。

② 自动追踪光轴式前照灯检测仪。

③ 米尺、车辆摆正找准器。

2. 实施要求

① 熟悉汽车前照灯检测仪的结构、工作原理和使用方法。

② 掌握汽车前照灯的检测内容和检测标准。

③ 掌握汽车前照灯的屏幕检测方法。

④ 正确使用前照灯检测仪对汽车前照灯的发光强度和主光线的位置进行检查。

⑤ 正确判定和分析检测结果。

⑥ 掌握不合格前照灯的调整方法。

（二）检测实施步骤

1. 利用屏幕对前照灯进行检测

此方法为目视调整法。将前照灯光束照射在距其配光镜表面 10 m 远的幕布或墙壁上，用肉眼观察并调整光束中心落在屏幕上的位置。

我国标准规定：机动车装用远、近光双光束前照灯时，应以调整近光光束为主。我国对前照灯光束的调整与检测方法及要求均在 GB 7454 中作出明确规定。

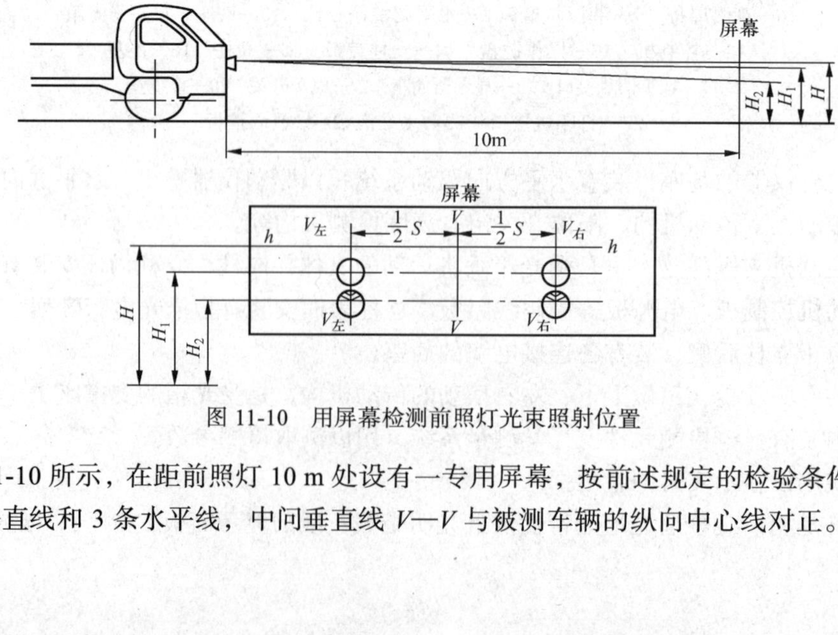

图 11-10　用屏幕检测前照灯光束照射位置

如图 11-10 所示，在距前照灯 10 m 处设有一专用屏幕，按前述规定的检验条件，在屏幕上画有 3 条垂直线和 3 条水平线，中间垂直线 $V—V$ 与被测车辆的纵向中心线对正。两侧的垂直

线 $V_{左}$–$V_{左}$和 $V_{右}$–$V_{右}$分别为被检车辆的左右前照灯的中心线；水平线 h—h 与被测车辆的前照灯的中心等高，距地面高度为 H（mm）；其下一条水平线的高度为 H_1，与被测车辆的前照灯远光光束中心的上限值（0.9 H）等高，最下面的一条水平线的高度为 H_2，与被测车辆的前照灯近光光束中心的上限值（0.8 H）等高。标准规定远、近光光束中心高度的偏差范围分别为 0.05 H 与 0.2 H，即其下限值分别为 0.85 H 和 0.6 H。

检测时，先遮住一边的前照灯，然后打开前照灯的近光开关，未遮盖的前照灯的近光明暗截止线转角或光束中心应落在由高度 H_2、H_2−0.2 H 的两条水平线及距汽车纵向中心线 0.5S+100（mm）、0.5S−100（mm）两条垂线所围的矩形面积内，否则表明近光光束照射位置偏斜，不合格。

对于远光单光束前照灯，则要检测远光光束的照射位置。检测方法与前相同，其光束中心上下位置应落在由高度为 H_1、H_1−0.05 H 的两条水平线内；左右位置，对于右灯应落在距汽车纵向中心线为 0.5S+170（mm）和 0.5S−170（mm）两条垂直线内，对于左灯向左为 0.5S+100（mm），左灯向右为 0.5S−170（mm）两条垂直线内。

用屏幕法检测前照灯，其方法简单易行，但它只能检测出光束的偏斜方向和偏斜量，不能检测发光强度，而且为适应不同车型，还需经常更换屏幕，检测效率较低。

2. 使用前照灯检测仪检测前照灯

（1）检测条件

① 检测前照灯前应保持前照灯配光镜的清洁，擦净配光镜上的脏物，以免影响发光强度。

② 汽车空载，车内乘坐 1 人，轮胎气压应符合规定。

③ 蓄电池电压应正常。

（2）前照灯检测注意事项

① 停车位置要准确，车身纵向中心线要垂直于前照灯受光面，否则主要会影响光束左右偏测量的准确性。

② 初检与复检时尽量由同一检验员引车操作。因为驾驶员体重的变化会对光束上下偏测量的准确性和重复性造成影响，尤其对微型车影响较大。

③ 前照灯检测仪正在移动或将要移动时，严禁车辆通过。

④ 检测完毕后车辆要及时驶离，车身不得长时间挡住轨道。

（3） 检测步骤

① 将被测车辆缓缓驶近前照灯检测仪，保证汽车纵轴线与前照灯导轨垂直，使前照灯与检测仪保持标准距离（根据检测仪型号确定）。

② 发动机怠速运转，蓄电池处于充电状态。

③ 利用前照灯检测仪上的找准器，使检测仪和被测车辆的前照灯对正。

④ 若为四灯制车，遮住暂不检测的前照灯，只保留一只前照灯。

⑤ 接通前照灯，分别测量前照灯光轴偏斜量和发光强度。

⑥ 根据上述步骤，对各前照灯逐一检测。

⑦ 检测完毕，将前照灯检测仪移开，汽车驶离检测工位，切断检测仪电源。

（4）影响检测结果的主要因素

① 发动机怠速转速。汽车发动机怠速时的转速过低，发电机转速也随之降低，从而使发电机处于非发电状态，蓄电池处于非充电状态，此时，汽车前照灯的发光强度将有所降低。

② 汽车前照灯距离大灯仪的距离。大灯仪检测汽车前照灯的发光强度时，是根据大灯仪受光器的照度，通过下式计算后得到前照灯的发光强度大小的。

照度=发光强度/离开光源距离的平方

其中，发光强度单位是坎德拉（cd），照度单位是勒克斯（lx），距离的单位是米（m）。

由此可见，大灯仪距离光源的距离越远，得到的照度越小；大灯仪距离光源的距离越近，得到的照度越大。实际检测时，要求汽车前照灯距离大灯仪的距离在一定值范围内，如果汽车前照灯距离大灯仪的距离比要求的距离远，大灯仪检测到的照度就小，最终指示的前照灯发光强度检测值也就比实际的小；相反，如果汽车前照灯距离大灯仪的距离比要求的距离小，大灯仪检测到的照度就大，最终指示的前照灯发光强度检测值也就比实际的大。因此，检测前照灯发光强度时，要严格掌握大灯仪距离车辆的距离。

③ 车辆纵轴轴线是否与大灯仪导轨垂直。国家标准规定的前照灯光轴偏移量限值要求，是在距离汽车前照灯 10 m 远的屏幕上测量的结果。通过理论计算可知，如果车辆纵轴轴线与大灯仪导轨不垂直，而是偏移了 1°，会使光轴偏移量变化 174 mm；如果车辆纵轴轴线与大灯仪导轨不垂直，而是偏移了 2°，则会使光轴偏移量变化 350 mm。

因此，实际检测时一定要尽可能的使车辆纵轴轴线是否与大灯仪导轨垂直。

④ 其他光源的照射。检测前照灯时，应避免外界强光照射，否则会影响检测结果。

四、拓展知识

（一）视野安全系统技术简介

1. 雨滴感知型间断刮水控制系统

雨滴感知型间断刮水系统主要由雨滴传感器、间断刮水放大器和刮水电动机 3 部分组成。雨滴传感器由震动板、压电元件、放大电路、盒体和阻尼橡胶等组成。当震动板接到雨滴的撞击能量，以本身的固有频率震动时，震动传给压电元件，压电元件产生的电压与撞击震动板的雨滴能量成正比，经放大送入到刮水放大器，刮水放大器控制刮水电动机的运转速度和间歇时间，从而调整了雨刮的工作速度。

2. 刮水器微机控制系统

随着微电子技术的发展，计算机也开始用于刮水器控制系统。刮水器微机控制系统可根据风挡玻璃表面状况自动调节刮水器的动作，它可保证风挡玻璃清晰，驾驶更安全。系统通常采用光敏传感器和高精度的计算机结合来监测雪、雨等天气条件下风挡玻璃上的透光程度。当风挡玻璃上有雨水或雪时，红外线探测器（光电管）接收到的红外线较少，电控装置检测出被反射的红外线强度的变化后，产生相应的控制信号给刮水器，使其产生相适应的刮水动作。

3. 灯光控制系统

目前国外新研制出的可转向辅助大灯系统，能够根据汽车转向角度的变化及时改变照明区的范围。该系统由转向角传感器、辅助反射镜、反射镜转角控制装置、反射镜电机执行机构组成。该车灯系统具有如下特点。

① 只移动辅助反射镜就能使一些拐角处得到充分的照明，而不用移动整个车灯。

② 与具有固定光束的辅助前照灯相比，在转动方向盘时，只对拐角照明，这样可以减少驾驶员的疲劳程度，改善其能见度。

③ 在设计上，电控与机械或液压控制相比具有更大的自由度。灯光控制系统可改善军用汽车在山区夜间行驶的安全性，因此具有应用价值。

4. 风挡玻璃显示系统

风挡玻璃显示系统又称风挡玻璃映像显示器。该系统由装在风挡玻璃上的全息反射镜、光学系统（包括平面反射镜和高辉光荧光管）和电子光源驱动器 3 部分组成。该装置可以将汽车的瞬时车速或其他车况信息（转向信号、灯光信号）用数字或符号显示在风挡玻璃上，从而使行车中的驾驶员向前观察道路的同时也可以看到仪表板上仪表提供的车况信息。

（二）光度学简介

1. 光度学

光度学是从能量的观点，来研究光的发射、传播和照射等现象的。在工厂和日常生活中，照明和采光都是人们比较关注的问题，这都要涉及光度学方面的知识。

2. 发光强度

我们知道，不同的光源发出光的强弱不同。即使同一个光源，沿着不同的方向，它的发光强弱也是不同的，发光强度就是表示光源发光强弱程度的物理量。

光源发光的强度的单位是用烛光表示的，国际照明委员会把一盏特殊构造的电灯，在规定电压下向着一定的方向的发光强度规定为 1 烛光，如图 11-11 所示，竖直的细灯丝，在规定电压下，沿箭头所指的方向的发光强度是 1 烛光。

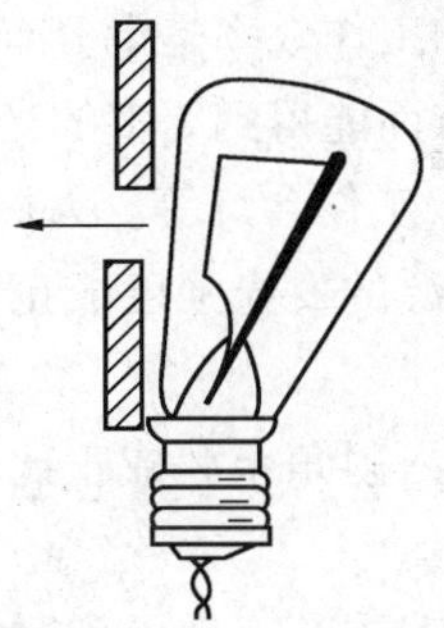

图 11-11　发光强度的规定

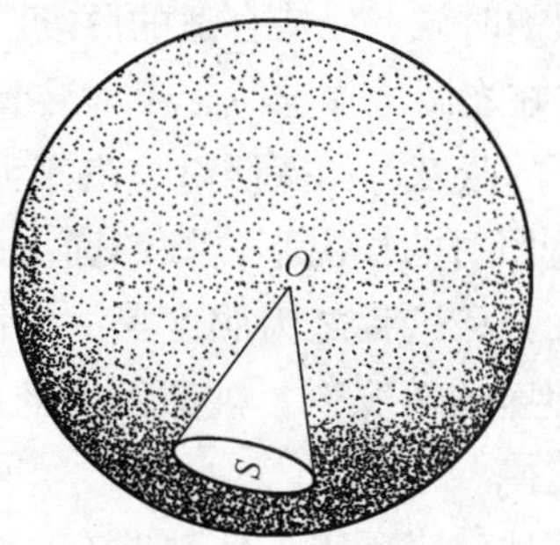

图 11-12　流明的规定方法

3. 光通量

光源发光时，总要消耗其他形式的能，所以光源也是一种把其他形式的能转换为光能的装置。光源发出的光，不断地向四周散射，设光源在时间 t 内，总共射出的光能是 A，则把辐射出来的光能跟辐射所经历的时间之比叫做光源的光通量。

如果在时间 t 内通过物体某一面积的光能是 A，把通过这一面积的光能与照射时间之比叫做通过这一面积的光通量（用 F 表示）：

$$F = \frac{A}{t}$$

光通量的单位是流明。

流明是这样规定的：首先以空间一点为球心，以 r 为半径做一个球体，再以球心为顶，以球面的一部分 S 为底截下来一个圆锥体，如图 11-12 所示，这个圆锥体内的空间叫做立体角 ω。如果截取的面积正好是球半径的平方倍，则这部分球面所对应的立体角就规定为一个单位的立体角，因为球的面积为 $4\pi r^2$，所以整个球面所包围的立体角，总等于 4π 个单位立体角。

1 烛光的点光源，在单位立体角内所发射的光通量就叫做 1 流明（1 m）。发光强度是 1 烛光的光源，它所发出的总光通量是 π 流明。如果光源的发光强度是 1 烛光，那么这个光源所发出的总的光通量是

$$F = 4\pi$$

4. 照度

在日常生活中，我们能不能看清楚一个物体或能不能辨别物体上极细微的部分，这都与物体表面被照射的程度有关。物体被照明的程度常用照度来衡量。

物体被照明的程度，显然与照射到物体表面上的光通量有关，如果物体的表面积一定，照射在表面上的光能量不同，这个物体的照明程度就不样；如果相同的光通量，照在表面积大小不一样的物体上时，那么这两个物体的照明程度也不一样。

把物体表面上所得到的光通量跟这个被照射面积之比，叫做这个表面的照度。如果用 F 表示物体表面所得到的光通量，S 表示被照射的面积，E 表示这个表面的照度，则

$$E=F/S$$

这个定义反映了当物体表面积一定时，表面得到的光通量越多，表面的照度就越大；如果表面得到的光通量是一定的，在均匀照射情况下，被照射面积越大，则照度就越小。

照度的单位是勒克斯（lx）。被均匀照射的物体，1 m^2 面积上所得到的光通量是 1 lm 时，它的照的就是 1 lx。

在工作和学习的时候，保持合适的照度，对提高学习和工作效率是十分有用的，有时候为了充分利用光源，常在光源上加上一个反射装置，使得某些方面能得到更多的光通量，以增加这一方面被照射面积上的照度，如探照灯、汽车大灯、手电筒、工作台灯等。人们能通过实践得出：

在点光源垂直照射的情况下，被照面上的照度，跟光源的发光强度成正比，跟光源到被照面的距离平方成反比，这称之为照度第一定律。

在平行光线照射的情况下，被照面上的照度跟光线的入射角余弦成正比，即：$E=E_0\cos\theta$，称之为照度第二定律。

太阳光投射到地球表面上，使地球有一定的照度，随着季节、地区和时间的不同，也就是说地球和太阳的位置不同，导致光线的入射角的不同，相应的照度也不同。在春分或秋分的正午，太阳正好垂直照射在赤道地区上，这时候，太阳并不是垂直照射在其他地区，所以这时候赤道上的照度比其他地区的照度要大。

小结

1. 前照灯是汽车在夜间或能见度较低的条件下为驾驶员提供行车道路照明的重要设备，是驾驶

员发出警示和联络的灯光信号装置。前照灯必须具有足够的发光强度和正确的照射方向。

2. 汽车前照灯的检验指标有发光强度和光轴偏移量。

3. 汽车前照灯检测的主要仪器有聚光式前照灯检测仪、屏幕式前灯检测仪、投影式前照灯检测仪、自动追踪光轴式前照灯检测仪。

习 题

1. 用公式表述发光强度、照度与光源距被照物体距离的关系。
2. 检测汽车前照灯有何必要性？GB 7258—2004 对前照灯的照射方向与发光强度有何要求?
3. 如何利用屏幕法检测前照灯光轴偏移量?
4. 简述前照灯检测仪检测发光强度和光轴偏移量的原理。
5. 利用检测仪检测汽车前照灯的条件是什么?试述检测步骤?
6. 影响检测结果的主要因素是什么?

项目十二

汽车发动机性能检测与评价

一、项目要求

发动机是将燃料的化学能转化为热能，再将热能转化为机械能，对外输出动力的机器，是汽车运行的动力源泉，其性能好坏、稳定与否，将直接关系到汽车的动力性、经济性、稳定性和安全性，也关系到运输效率与维修费用。同时，发动机又是非常复杂的系统，由诸多的零部件和总成组成，在长期的运行使用以后，会由于磨损、松动、间隙扩大而引起的性能降低或不符合国家标准。因此，必须对发动机的性能进行检测，以便进行维修、保养，保持汽车发动机的整体性能。

通过本部分内容的学习，读者应了解发动机的测功原理和功率检测方法；掌握汽缸压力检测方法，掌握汽缸漏气量检测仪的结构与检测方法，掌握曲轴箱漏气量检测仪的检测原理与方法；掌握喷油压力、燃油压力检测仪的原理和检测方法；掌握点火正时的检测方法；掌握机油压力检测方法和润滑油品质检测方法。

二、相关知识

现代汽车的发动机是集新技术、新工艺和新材料于一体的高科技产物，虽然它的可靠性越来越高，但由于工作条件恶劣，它仍是汽车运行中故障最多的总成，也是检测诊断和维修的重点和难点。传统的眼看、手摸、耳听、鼻闻和拆拆装装的方法已不能完全适应这种新结构，现代维修人员只有借助现代汽车维修仪器设备，运用正确的检测诊断方法和专家积累的诊断经验，才能迅速、准确诊断出故障。近年来，仪器设备在汽车发动机检测与诊断中的应用越来越广泛，要充分地发挥其功能和作用，就必须了解各种常用检测仪器设备的功能，熟悉它们的使用要求和注意事项，掌握正确的操作方法。

（一）发动机性能要求

1. 发动机检测的意义

发动机应动力性能良好，运转平稳，怠速稳定。

在道路上运行的车辆随着使用时间和运行里程的增加，发动机零部件会磨损，点火系统、供油系统、冷却系统及润滑系统会工作不良，这些都会引起发动机的功率下降。因此，发动机功率的变化可以表明发动机技术状况的好坏。在正常情况下，发动机功率下降，一般说明零部件磨损。汽缸活塞组零件磨损，因间隙增大，漏气量增加，致使发动机功率下降，这可通过汽缸压力或曲轴箱漏气量的测定来进一步诊断。气门与气门座磨损烧毁、密合性变差或配气相位改变，也会影响发动机功率，这可通过汽缸密封性试验进行检查。此外，点火系统和供油系统失调，以及冷却系统、润滑系统工作不正常等因素，都将导致发动机动力性能下降，甚至发生技术故障。所以，为保证车辆在道路上正常运行，要求发动机保持良好的动力性能。一般当发动机功率下降到一定程度时，不宜继续使用，需通过修理以恢复发动机的动力性能。

发动机怠速是否稳定，影响到交通畅通和行车安全，例如，车辆行至交叉路口等候放行时，发动机处于怠速运转状态，如果发动机怠速不稳定，致使发动机熄火，车辆不能迅速起步，而需要重新启动，则影响后面的车辆迅速放行。若在车辆运行中，需降低行驶速度，直到发动机怠速运转，如果怠速不稳定，则会影响车辆在低速下稳定行驶，甚至造成熄火，又需重新启动。

不同的车型发动机有不同的怠速稳定转速，可按车辆使用说明书的规定进行检验。

2. 发动机性能检测概述

（1）发动机的启动性能

发动机的启动性能是车辆在道路上安全运行应具有的性能之一。车辆在运行中停车或行驶至交叉路口，发动机熄火等候放行，欲起步运行，需重新启动发动机。如果发动机启动性能不佳，长时间启动不起来，将会阻碍车辆通行，严重者造成交通阻塞，同时也影响运输效率，所以要求发动机应有良好的启动性能，应能由驾驶员在驾驶座位上启动。

检验发动机的启动性能，可将车辆置于：汽油发动机在不低于 -5℃，柴油发动机在不低于5℃的环境条件下，用起动机启动时，应在 3 次启动中至少有一次可在 5 s 内启动。在做重复启动试验时，每次间隔 2 min。

（2）发动机汽缸压缩压力

发动机各汽缸压缩压力的大小及各缸的均匀程度不仅影响发动机作功而输出的功率和发动机运转的平稳性，而且也影响发动机的燃料经济性。为了确保发动机的动力性和经济性，要求发动机各汽缸压缩压力应不小于原设计规定值的 85%；同时为了保证发动机运转平稳，要求每缸压力与各缸平均压力的差：汽油发动机应不大于 8%，柴油发动机应不大于 10%。汽缸压缩压力与压缩比、曲轴转速、机油黏度及汽缸活塞组的技术状况等有关。对于每种车型的发动机都有汽缸压缩压力设计规定值，一般在车辆的使用手册或修理手册上可以查到。活塞及活塞环与汽缸壁间隙过大，活塞环弹力不足、卡滞及对口，气门与气门座不密合，气门脚间隙过小，汽缸垫漏气等都会使汽缸压力下降。燃烧室积炭过多，汽缸垫过薄或汽缸盖磨削过多，会使汽缸压力增高。对汽缸压缩压力的检验，不但可以判断发动机的技术状况，同时根据诊断时出现的症状，还可以判明是汽缸活塞组漏气，还是气门与气门座不密合。

（3）发动机的系统机件要求

发动机点火、燃料供给、润滑、冷却和排气等系统机件应齐全，性能良好。

发动机在各种不同的工况下，需要根据发动机工作的点火次序适时地供给强的电火花，以点燃混合气而产生动力。如果点火系统发生故障，不仅使发动机的动力性和经济性变坏，甚至会熄火或不能发动。为了保障车辆的正常运行，点火系统必须保持良好的工作性能。点火系统的故障有断火、缺火、火弱与点火正时失难等。从故障的部位看，又分低压（初级）和高压（级）线路故障。

燃料供给系统是供给发动机在各种不同转速和负荷条件下所需要不同量的燃料的装置。车辆运行中要求它既要保证发动机的动力性，又要达到一定的经济性和良好的启动性能。如果燃料供给系统出了故障，就会使发动机功率降低，油耗增加，启动性能变坏，直接影响车辆的正常运行。因此，燃料供给系统有了故障，必须及时、准确地予以排除，以保持其良好的技术状态。

燃料供给系统的故障主要是堵、漏、坏 3 种情况，汽油发动机供油系统的常见故障有怠速不良、不来油、混合气过稀或过浓等；柴油发动机供油系常见故障有油路漏油或堵塞、喷油泵调整不当、供油时间不准、调速器失灵、喷油泵泵杆被卡住等。

发动机润滑系统的工作状况良好是保证发动机正常运转的重要条件，如果润滑系统出现漏油、堵塞或机油压力不足等，将会导致发动机运动零部件磨损加剧，严重的可能导致发动机损坏。

发动机冷却系统如果失常、过热，发动机容易爆震；过冷，燃油挥发和雾化不良，均会使油耗增加，同时会使发动机启动困难。因此，发动机的润滑系统和冷却系统必须零部件齐全，性能良好，以使发动机正常、平稳地运转。

发动机排气系统的作用是汇集各汽缸的废气，从排气消声器排出。排气系统的技术状况影响发动机的输出功率。同时，在排气管口处装有排气消音器，可以减少排气噪声和消除废气中的火焰及火星。有的排气系统中装有废气净化器，以减少发动机排出废气的有害成分。所以，排气系统应保持良好的性能，以使发动机正常运转和减少排气噪声和污染。

（4）柴油机停机装置要求

柴油机的停机装置必须灵活有效。

汽油发动机可以用关断点火开关达到使发动机熄火、停止运转的目的。装有柴油发动机的汽车若使发动机停机与汽油发动机不同，必须有效地操作停机装置以停止发动机的工作。如果停机装置失灵，可能引发“飞车”现象，这是非常危险的。为了保障安全，要求柴油机的停机装置必须灵活有效。

3. 发动机检测的主要项目

发动机技术状况变化的主要特征有功率下降，燃料与润滑材料消耗增加，漏水、漏电、漏油、漏气以及运转中有异常响声出现等。

用以评价汽车发动机技术状况的主要诊断参数有：

① 发动机功率；

② 发动机燃料消耗量；

③ 汽缸密封性；

④ 排气净化性；

⑤ 混合气燃烧质量；

⑥ 点火系统工作质量；

⑦ 机油压力；

⑧ 机油中含金属量；

⑨ 发动机工作温度、震动和异响。

在进行发动机技术状况诊断时，可以应用发动机检测设备，重点检测与发动机功率、燃料消耗、排气净化和磨损等有关的参数，并进行分析和评价。因为上述 4 个诊断参数，不仅表明了发动机的工作性能和磨损状况，也是决定汽车是继续运行还是进厂（场）维护、修理的重要标志。

（二）发动机技术性能常用检测设备

1. 汽缸压力表

汽缸压力表是测定汽缸压缩压力的仪器，是判断发动机性能非常重要的仪器。通过检测活塞到达压缩终了上止点时汽缸压缩压力（以下简称为“汽缸压力”）的大小，可以得知汽缸的密封性，了解汽缸、活塞、气门、活塞环是否良好，以及各汽缸间的压缩压力差。由于具有价格低廉、轻便小巧、实用性强和检测方法简便等优点，汽缸压力表在汽车维修企业中应用非常广泛。

（1）汽缸压力表的结构与工作原理

汽缸压力表是一种气体专用压力表，它一般由压力表头、导管、单向阀和接头等组成。压力表头多为鲍登管（Bourdon—tube）式，其驱动元件是一根扁平的弯曲成圆圈状的管子，一端为固定端，另一端为活动端。活动端通过杠杆、齿轮机构与指针相连。当气体压力进入弯管时，弯管伸直，通过杠杆、齿轮机构带动指针运动，在表盘上指示出压力的大小。

汽缸压力表的接头有两种形式。一种为螺纹管接头，可以拧紧在火花塞或喷油器螺纹孔内；另一种为锥型或阶梯型的橡胶接头，可以压紧在火花塞或喷油器孔上。接头通过导管与压力表头相连通。导管也有两种，一种为软导管，另一种为金属硬导管。软导管适用于螺纹管接头与压力表头的连接，硬导管适用于橡胶接头与表头的连接。

汽缸压力表还装有能通大气的单向阀。当单向阀处于关闭位置时，可保持压力表指针位置以便于读数。当单向阀处于打开位置时，可使压力表指针回零。汽缸压力表外形图如图 12-1 所示。

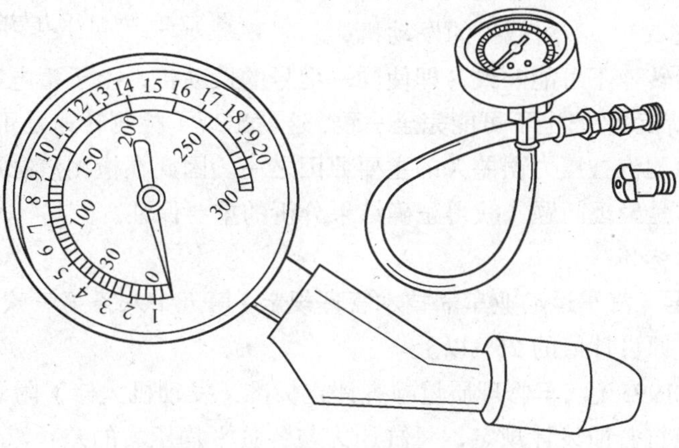

图 12-1　汽缸压力表外形图

（2）检测结果的影响因素分析

汽缸压力的检测结果高于原设计值，并不一定表明汽缸密封性好，还要结合使用和维修情况进行分析。这种情况有可能是燃烧室内积炭过多、汽缸衬垫过薄或缸体与缸盖结合平面经多次修理加工过厚造成。汽缸压力检测结果如低于原设计值，说明汽缸密封性降低，可向该缸火花塞或喷油器孔内注入少量机油，然后用汽缸压力表再测汽缸压力，进行深入诊断并记录。针对测量结果可作如下分析。

① 第 2 次测得的结果比第 1 次高，接近标准压力，表明是汽缸、活塞环、活塞磨损过大或活塞环对口、卡死、断裂及缸壁拉伤等原因造成了汽缸不密封。

② 第 2 次测出的结果与第 1 次相同，即仍比标准压力低，则表明进排气门或汽缸衬垫不密封。

③ 若两次测量结果均表明某相邻两缸压力都相当低，则说明两缸相邻处的汽缸衬垫烧损窜气。

以上仅为汽缸组不密封部位的故障分析或判断，并不能十分有把握地确诊。为了准确地测出故障部位，可在测量完汽缸压力后，针对压力低的汽缸，采用以下方法进行确诊：拆下空气滤清器，打开散热器盖、加机油口盖和节气门，用一条 3 m 长的胶管，一头接在压缩空气气源（600 kPa 以上）上，另一头通过锥型橡皮头插在火花塞或喷油器孔内。摇转发动机曲轴，使被测汽缸活塞处于压缩终了上止点位置。然后将变速器挂入低速挡，拉紧驻车制动器，打开压缩空气开关，注意听发动机漏气声。如果在进气管口处听到漏气声，说明进气门关闭不严密；如果在排气消声器口处听到漏气声，说明排气门关闭不严密；如果在散热器加水口处看到有气泡冒出，说明汽缸衬垫不密封造成汽缸与水套沟通；如果在加机油口处听到漏气声，说明汽缸活塞配合副磨损严重。

用汽缸压力表检测汽缸压力，尽管应用极为广泛，但存在测量误差大的缺点。研究表明，汽缸压力的测量结果不但与汽缸内各处的密封程度有关，而且还与曲轴的转速有关。某发动机汽缸压力与曲轴转速的关系曲线如图 12-2 所示。从图中可以看出，只有当曲轴转速超过 1 500 r/min 以后，汽缸压力曲线才变得比较平缓。但在低转速范围内，即在检测条件中由启动机带动曲轴达到的转速范围内，即使较小的 Δn，也能引起汽缸压力测量值较大的变化 ΔP。不同型号的发动机，由启动机带动曲轴的转速不可能一致，即使同一型号的发动机，由于蓄电池、启动机和发动机的技术状况不一，其启动转速也不可能完全一致，这就出现了检测转速是否符合规定值的问题，它是用汽缸压力表检测汽缸压力误差大的主要原因之一。因此在检测汽缸压力时，应该用转速表监测曲轴转速，这是发现问题、获得正确结果分析的重要保证。

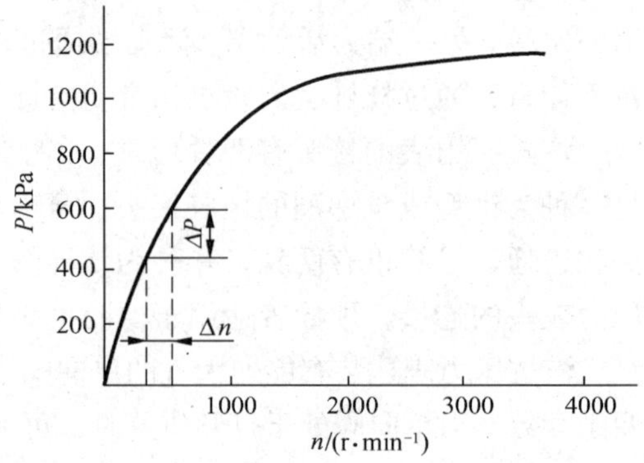

图 12-2　汽缸压力与曲轴转速的关系曲线

（3）诊断参数标准

交通部令第 13 号《汽车运输业车辆技术管理规定》第五十八条第三款规定，在用汽车发动机汽缸压力不得低于原设计值的 25%以上。

GB/T 15746.2—1995《汽车修理质量检查评定标准・发动机大修》附录 B 规定，大修竣工发动机的汽缸压力应符合原设计规定，每缸压力与各缸平均压力的差：汽油机不超过 8%，柴油机不超过 10%。

2. 真空压力表

发动机进气管的真空度，是随其自身密封性和汽缸密封性的变化而变化的。因此，在确认进气管自身密封性良好的情况下，利用真空压力表（以下简称“真空表”）检测进气管的真空度值，可用来分析、判断汽缸的密封性，并能诊断故障。

（1）真空表结构与工作原理

汽油机运转时，进气管真空度的大小可用$\Delta P_x=P_0-P_x$表示。它是汽油机各缸交替进气时对进气管形成的负压总和，其负压值的高低及稳定性的好坏与工作汽缸多少、汽油机的转速、进气系统密封性、点火性能好坏及空燃比（A/F）的大小成正比，而与节气门的开度成反比。

转速（n）的高低和节气门开度（φ）的大小，是汽油机工况的基本参数，两者均直接影响着空燃比及燃烧条件的好坏。ΔP_x值的高低及波动幅度的大小，反映了汽油机工况的好坏。例如，当节气门开度（或转速）一定时，若点火性能变坏，燃烧条件随之恶化，转速下降，ΔP_x下降，继而又影响喷油量的多少和空燃比的大小，如此相互反馈形成连锁反应。因而，ΔP_x成为汽油机因果反馈的“中心媒体”，即进气系统密封性、点火性能（早晚强弱）、空燃比（大小）等因素变化时，ΔP_x直接受其影响形成连锁反应。可见，ΔP_x的高低决定汽油机性能的好坏，如图 12-3 所示。

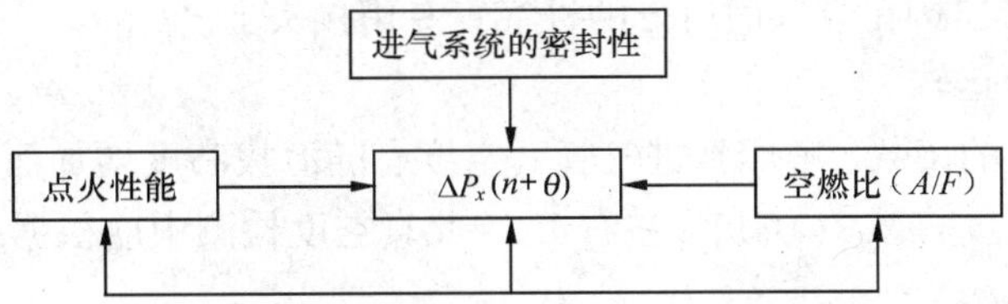

图 12-3　进气管真空度因果反馈机理图

真空表由表头和软管组成。真空表的表头与汽缸压力表表头一样，多为鲍登管。当真空（负压）进入表头内弯管时，弯管更加弯曲，通过杠杆和齿轮机构等带动指针动作，在表盘上指示出真空度的大小。真空表表头的量程为 0 kPa ~ 101.325 kPa。软管的一头固定在表头上，另一头连接在节气门后方的进气管专用接头上。

（2）真空表的作用

利用真空表对汽油机的ΔP_x进行检测，简便易行，覆盖面广，是行之有效的检测手段，其主要功能如下。

① 判断进气系统（包括汽缸内和汽缸外的相关部件）的密封性能：一旦漏气就会造成ΔP_x达不到标准值（60 kPa 以上）。

② 判断排气系统有无堵塞：排气系统的堵塞主要是由于三元催化器和消声器内因结胶、积炭或破碎而造成。由于时通时堵，排气时反压力大，使ΔP_x过低，导致排气不彻底、进气不充分、转速不稳、加速无力、空燃比失常、点火调节失控等故障的发生。

③ 判断空燃比（A/F）的大小：化油器式和电控喷射汽油机可燃混合气的配制，都是利用ΔP_x的大小来控制喷油量的多少。空燃比过大、过小都会使燃烧条件恶化，反过来又影响转速和ΔP_x的高低和表针的稳定性。此时，利用真空表可以定量地显示出ΔP_x低于标准值，表针处于不稳定的状态。

④ 判断点火性能和配气正时性能；点火性能的指标包括火花能量、点火时刻以及各工况有无缺火、断火、交叉点火现象等。点火正时的前提是配气正时无误，而点火时刻又直接影响汽缸内燃烧情况的好坏，关系到汽油机的转速和ΔP_x的高低；反过来ΔP_x的高低又影响空燃比的大小。

理论分析和实践验证得知，当进气系统的密封性和空燃比及燃油品质均为正常，动态的最佳点火提前角对应最大的ΔP_x值。当单缸断火时，若该缸原工作正常，则ΔP_x值会明显地下降（下降值可达 5 kPa）；若该缸原本不工作或工作不好，则ΔP_x值无变化或下降值较小（说明该缸的点火、喷油及密封性不好）。当加大或减小最佳点火提前角时，ΔP_x均有所下降，并且在表针的稳定性上也有明显变化。

调整点火提前角时，如果真空表显示的数值低于正常值时，可转动分电器外壳，找出最高真空度的位置，即可获得最佳点火提前角。无分电器的汽油机，如ΔP_x偏低，除密封性原因外，多数是由点火、喷油差和正时皮带（或链条）错牙所致。

利用真空表来调整和监控点火正时和点火性能的好坏，其准确程度不亚于用点火正时灯和转速仪，这一点已得到充分验证，值得推广。但应注意，空负荷测得的最高真空度ΔP_x，应适当减小 2 kPa ~ 3 kPa，作为实际应用的最佳点火提前角所对应的ΔP_x。由此可见，最高真空度ΔP_x对应的必然是最佳密封性能、最佳空燃比（A/F）和最佳点火性能（强、弱、早、晚）。

（3）真空表的使用方法

① 检测操作步骤。

a. 将发动机预热到正常工作温度。

b. 把真空表软管连接在节气门后方的进气管专用接头上。

c. 让发动机怠速运转。

d. 读取真空表上的读数。考虑到进气管真空度有随海拔高度增加而降低的现象（一般海拔每增加 1 000 m，真空度将减少 10 kPa 左右），因此真空度检测中应根据所在地海拔高度修正真空度标准值。

② 对指针位置和动作的分析、判断方法。检测中真空表指针的位置和动作，如图 12-4 所示。图中，白针表示指针稳定，黑针表示指针漂移。

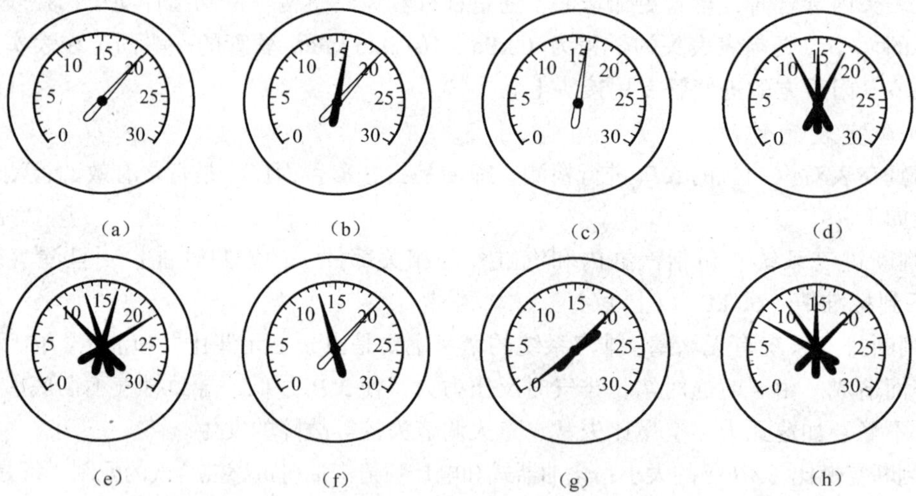

图 12-4　真空表指针位置

a. 在相当于海平面高度的条件下，发动机怠速运转（500 r/min ~ 600 r/min，下同）时，真空表指针稳定地指在 57 kPa ~ 71 kPa 的范围内，如图 12-4（a）所示，表示汽缸密封性正常。

b. 当迅速开启并立即关闭节气门时，真空表指针随之摆动在 6.8 kPa ~ 84 kPa 之间，则进一步表明汽缸组技术状况良好。

c. 怠速时，真空表指针在 50.6 kPa ~ 67.6 kPa 之间摆动，如图 12-4（b）所示，表示气门黏滞或点火系有问题。

d. 怠速时，若真空表指针低于正常值，如图 12-4（c）所示，主要是活塞环、进气管或化油器衬垫漏气造成的，也可能与点火过迟或配气过迟有关。此种情况下，若突然开启—关闭节气门，指针会回落到 0，但回跳不到 84 kPa。

e. 怠速时，真空表指针在 40.5 kPa ~ 60.8 kPa 之间缓慢摆动，如图 12-4（d）所示，表示化油器调整不良。

f. 怠速时，真空表指针在 33.8 kPa ~ 74.3 kPa 之间缓慢摆动，如图 12-4（e）所示，且随发动机转速升高加剧摆动，表示气门弹簧弹力不足、气门导管磨损或汽缸衬垫泄漏。

g. 怠速时，真空表指针有规律地跌落，如图 12-4（f）所示。每当烧毁气门工作时，指针就跃落。

h. 怠速时，真空表指针逐渐跌落到 0，如图 12-4（g）所示，表示排气消音器或排气系统堵塞。

i. 怠速时，真空表指针快速地在 27 kPa ~ 67.6 kPa 之间摆动，如图 12-4（h）所示，发动机升速时指针反而稳定，表示进气门杆与其导管磨损松旷。

进气管真空度，是一个综合性很强的诊断参数。若进气管真空度符合要求，不仅表明汽缸密封性符合要求，而且也表明点火正时、配气正时和空燃比等也都符合要求。以上只介绍了 9 种典型用真空度分析、判断故障的情况，但实际上真空表能检测的项目还有许多，真空表检测由于在检测时无须拆卸火花塞等机件，在国外被认为是最重要、最实际和最快速的诊断方法之一，现在仍继续使用。但是，进气管真空度的检测也有不足之处，它往往不能指出故障的确切部位。比如，利用真空表能测出气门有故障，但是是哪一个气门有故障，它就无能为力了。所以，此种情况，只有结合汽缸压力检测或结合汽缸漏气量（率）检测，才能加以确诊。

3. 燃油压力表

燃油压力表（如图 12-5 所示）是用来检测燃油系统压力，判断电动汽油泵、油压调节器等燃油系统元件工作情况的仪器，是电控汽油喷射发动机检修的必备工具。一般电控汽油喷射系统的供油总管设有专用的油压检测口，用以和燃油压力表连接。燃油压力表组件包括表头、各车型测试接头、连接管及使用说明书。表头一般用指针式，指示单位有 kPa、bar、PSI 等。使用说明书包含各车型的燃油压力规格。

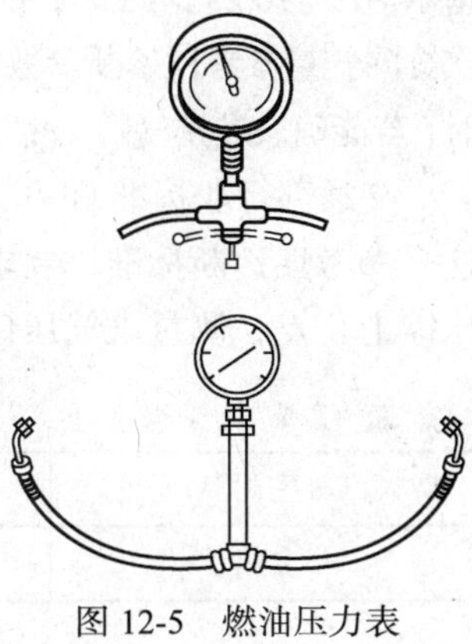

图 12-5 燃油压力表

4. 汽缸漏气量（率）检测仪

汽缸的密封性可用检测汽缸漏气量的方法进行评价。检测时，发动机不运转，活塞处于压缩行程上止点；把具有一定压力的压缩空气从火花塞或喷油器孔充入汽缸，通过压力的变化即可检测汽缸的密封性。

（1）汽缸漏气量（率）检测仪基本组成

图 12-6 所示为常用的 QLY—1 型汽缸漏气量检测仪，它主要由减压阀、进气压力表、测量表、校正孔板、橡胶软管、快速接头、充气嘴等组成。测试时，检测仪的充气嘴安装于所测汽缸的火花塞孔上，该缸活塞处于上止点位置。根据测量表压力下降值即可判断汽缸的漏气量，并由此判断出汽缸的密封性。

通过汽缸漏气量检测，发现某一缸的密封性不良后，可进一步在化油器、排气消声器出口、水箱加水口和机油加注口等处，听察有无漏气声，以判断出汽缸的漏气部位。

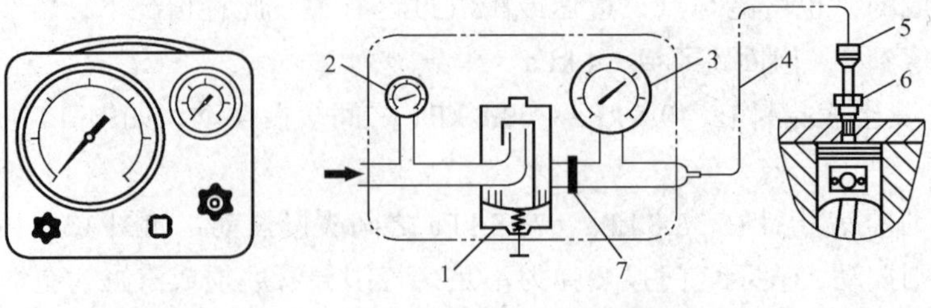

（a）仪器外形图　　（b）工作原理图

图 12-6　QLY-1 型汽缸漏气量检测仪

1—调压阀　2—进气压力表　3—测量表　4—橡胶软管
5—快速接头　6—充气嘴　7—校正孔板

对于汽缸漏气率检测，无论所使用的是何种仪器、检测方法，还是何种判断故障的方法，都与汽缸漏气量的检测基本一致。所不同的是汽缸漏气量的测量表以 kPa 或 MPa 为单位，而汽缸漏气率测量表的标定单位为百分数（%），即密封仪器出气口，漏气率为 0 时，测量表指针指示 0；而打开仪器出气口，表示汽缸内压缩空气完全漏掉，测量表指针指示值为 100%。测量表指示值在 0 和 100%之间均匀分度，并以百分数表示。这样，把原表盘的气压值标定为漏气的百分数，就能直观地指示汽缸的漏气率了。

（2）检测参数标准

汽缸漏气量（率）检测标准应根据发动机种类、缸径、磨损情况等因素通过试验确定。对于汽缸漏气量，我国还没有统一的诊断标准，对于缸径为 102 mm 左右的汽油发动机，用 QLY—1 型汽缸漏气量检测仪检测时，若测量表上的压力指示值大于 0.25 MPa，则说明密封性良好；而当测量表压力指示值小于 0.25 MPa 时，说明密封性较差，应进一步查听漏气部位，找出故障原因。表 12-1 所示为汽缸漏气量参考性诊断参数标准。汽缸漏气率检测标准如表 12-2 所示。当汽缸漏气率达 30%～40%时，若能确认进排气门、汽缸衬垫、汽缸盖等处均不漏气，则说明汽缸活塞摩擦副的磨损临近极限值。

交通部行业标准 JT 201—1995《汽车维护工艺规范》在汽车二级维护前的检测中采用了表 12-1 这一参考性诊断标准，要求 EQ1090 和 CA1091 汽车的汽缸的漏气量，在被检测汽缸置于静态压缩上止点，测量表气压值应大于等于 0.25 MPa。

表 12-1　汽缸漏气量参考性诊断参数标准

汽缸密封状况	测量表读数值/kPa	汽缸密封状况	测量表读数值/kPa
合格	＞250	不合格	＜250

表 12-2　汽缸漏气率参考性诊断参数标准值

汽缸密封状况	测量表读数/%	汽缸密封状况	测量表读数/%
良好	0～10	较差	20～30
一般	10～20	换环或镗缸	30～40

5. 曲轴箱窜气量检测仪

（1）检测原理

汽缸活塞组配合副磨损、活塞环弹性下降或粘结均会使密封性下降，工作介质和燃气将会从不密封处窜入曲轴箱。窜入曲轴箱的气体量越多，表明汽缸与活塞、活塞环间不密封程度越高。据有关资料介绍，国外新发动机曲轴漏气量约为 15 L/min ~ 20 L/min，磨损后的发动机此值高达 80 L/min ~ 130 L/min，因此，可将发动机工作时单位时间内窜入曲轴箱的气体量作为衡量汽缸活塞配合副密封性的评价指标。窜入曲轴箱的废气可以溢出的通道有：加机油口、机油尺口和曲轴箱强制通风阀，如图 12-7 所示。

显然，曲轴箱窜气量与使用工况有关。但在确定工况下，曲轴箱窜气量可反映汽缸活塞组的技术状况或磨损程度。图 12-8 所示为曲轴箱窜气量与功率和油耗的关系。

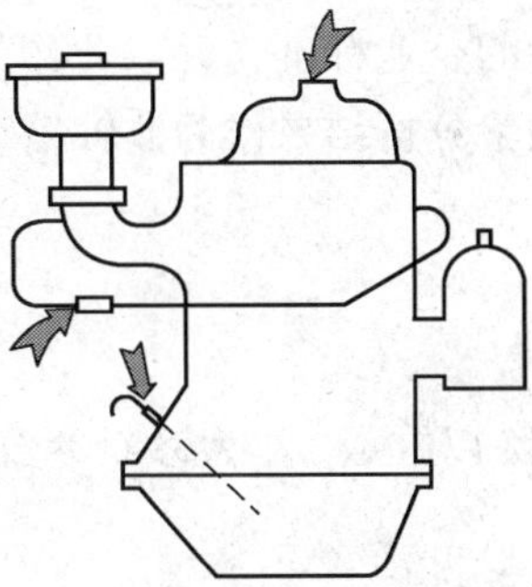

图 12-7　曲轴箱废气可以溢出的通道

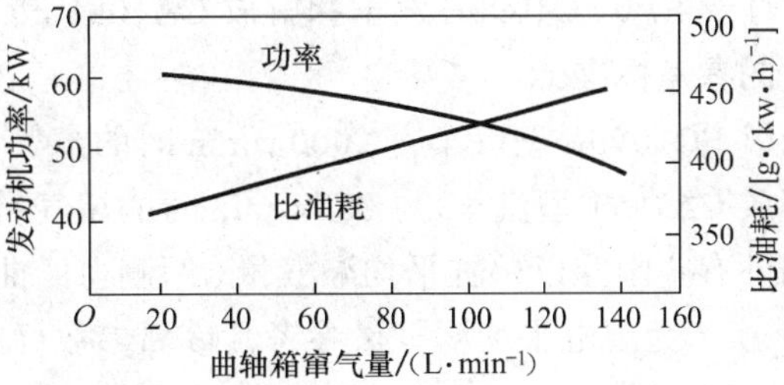

图 12-8　曲轴箱窜气量与功率、油耗的关系

（2）曲轴箱窜气量检测仪

从曲轴箱窜出的气体具有温度高、数量小、脉动、污浊等特点，因而检测难度较大，需采用专用的曲轴箱窜气量检测仪检测。早期生产的检测仪由气体流量计及与之相连的软管、集气头构成。曲轴箱窜出的废气经集气头、软管输送到气体流量计，并测出单位时间流过气体流量计的废气流量。目前，曲轴箱窜气量检测仪使用微压传感器，当废气流过取样探头孔道时，在测量小孔处产生负压，微压传感器检测出负压并将其转变成电信号。流过集气头孔道的废气流量越大，测量小孔处产生的负压越大，微压传感器输出的电信号越强。该信号被输送到仪表箱，由仪表指示出大小，以反映曲轴箱窜气量的大小。

曲轴箱窜气量检测仪如图 12-9 所示。

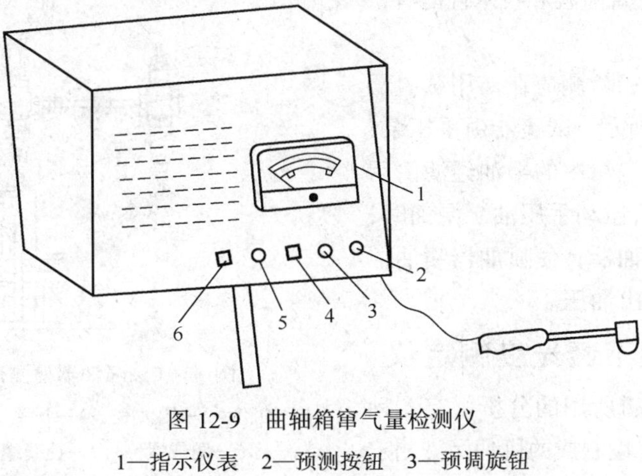

图 12-9　曲轴箱窜气量检测仪

1—指示仪表　2—预测按钮　3—预调旋钮

4—挡位开关　5—调零旋钮　6—电源开关

（3）诊断参数标准

对曲轴箱窜气量，国家标准 GB 11340—1989《汽车曲轴箱排放物测量方法及限值》中并未做出规定。在国家标准 GB 14761.4—1993《汽车曲轴箱污染物排放标准》中，对曲轴箱排放的定性规定是“汽车运行 80 000 km 内，从机油标尺口测量不允许出现正压力”。由于后一标准采用了前一标准的测量方法，因此这一定性规定可认为是对曲轴箱漏气量的规定。但是，这一规定不仅没有给出具体流量数值，也没有给出与发动机技术状况相对应的关系，从而给判断汽缸密封性带来困难；同时，由于曲轴箱窜气量大小还与缸径的大小和缸数的多少有关，而且也很难把众多车型的曲轴箱窜气量综合在一个检测标准内，因此维修企业和汽车检测站应积累具体车型的曲轴箱窜气量检测数据资料，经分析整理，制定出可参考的企业标准，并以此作为检测依据。对于东风 EQ1090E 汽车和解放 CA1091 汽车，可用以下试验分析结果作为曲轴箱窜气量检测时的参考标准：

东风 EQ1090E 型汽车，2 000 r/min 时的窜气量≤70 L/min；

解放 CA1091 型汽车，1 000 r/min 时的窜气量≤40 L/min。

国外有些国家以单缸平均漏气量（用测得的曲轴箱窜气量值除以缸数）作为诊断参数标准。表 12-3 所示为单缸平均漏气量参考性诊断参数标准。

表 12-3　曲轴箱单缸平均漏气量参考性诊断参数标准

发动机技术状况	单缸平均漏气/（L/min）	
	汽　油　机	柴　油　机
新发动机	2 ~ 4	3 ~ 8
需大修发动机	16 ~ 22	18 ~ 28

曲轴箱窜气量大，一般是由汽缸、活塞、活塞环磨损量大、配合间隙增大或活塞环对口、结胶、积炭、弹性降低或失去弹性、断裂及缸壁拉伤等原因造成的，因而检测时要结合使用、维修和配件质量等情况进行具体的分析、判断。

6. 喷油器检测试验器

喷油器的技术状况决定柴油机燃油的喷射质量，对柴油机的燃烧过程和技术性能有重大影响。

喷油器技术状况的检测应在专用试验器上进行，如图 12-10 所示。试验器由手压泵、油箱及压力表组成。油箱内的柴油经滤清后流入手压油泵的油腔，压动手压油泵泵油时，高压油经油阀流入喷油器，使喷油器喷油，同时在压力表上显示出油压。

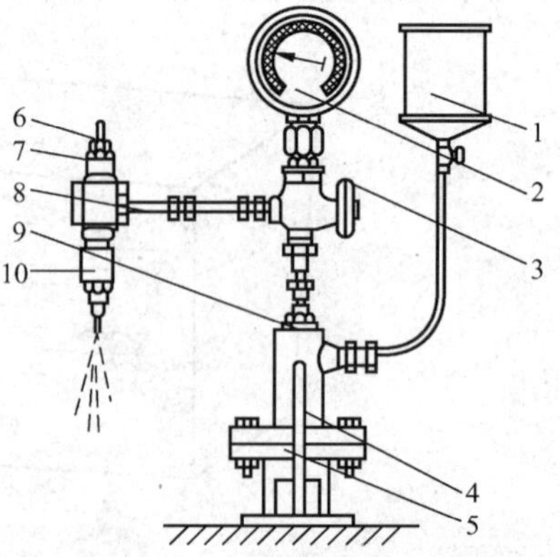

图 12-10　喷油器检测试验器结构原理

1—油箱　2—压力表　3—开关　4—高压油泵　5—手柄　6—调节螺钉　7—锁紧螺母　8—高压油管　9—放气螺塞　10—喷油器

7. 机油污染不透光度测定仪

汽车机油污染分析所用的分析仪有多种类型。利用机油不透光度制成的机油污染测定仪是最常用的机油不透光度分析法测定仪。

发动机在使用过程中，润滑油的杂质含量将逐渐增多，粘度下降或增加，添加剂性能丧失。表现在外表上，润滑油颜色会逐渐变黑。机油污染程度越大，变黑的程度也越大。根据这一现象，可通过测量一定厚度机油膜的不透光度来检测机油的污染程度。

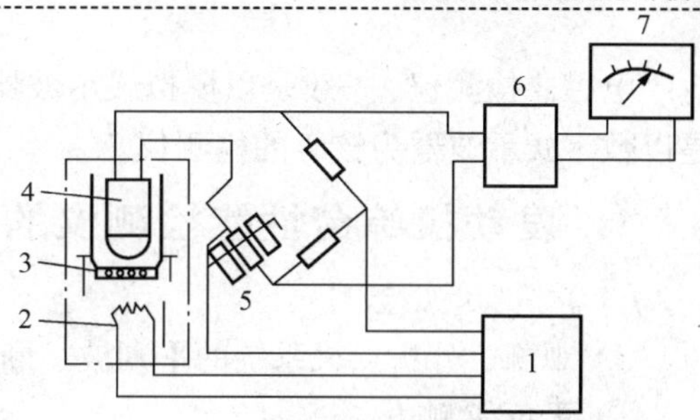

图 12-11 机油污染测定仪结构原理

1—稳压电源 2—光源 3—油池 4—光导管
5—参比电阻 6—直流放大器 7—透光度计

机油污染测定仪的结构原理如图 12-11 所示。稳压电源保证光源和电桥电路的电压稳定；油池由两块玻璃构成，且具有确定的间隙，用于放入机油试样，以形成确定厚度的机油膜；其中电桥的一个臂上装有光导管，当电源发出的光线透过油膜照射到光导管上时，作为一个桥臂的光电管电阻发生相应变化，以此判定机油的污染程度。

（三）发动机综合性能检测仪

发动机综合性能检测仪是以示波器为核心的测试仪器，当配合以多种传感器（包括夹持器、测试探头和测针等）时，它能实现对多种电量、非电量参数（温度、压力、真空、转速等）的检测、分析与判断。

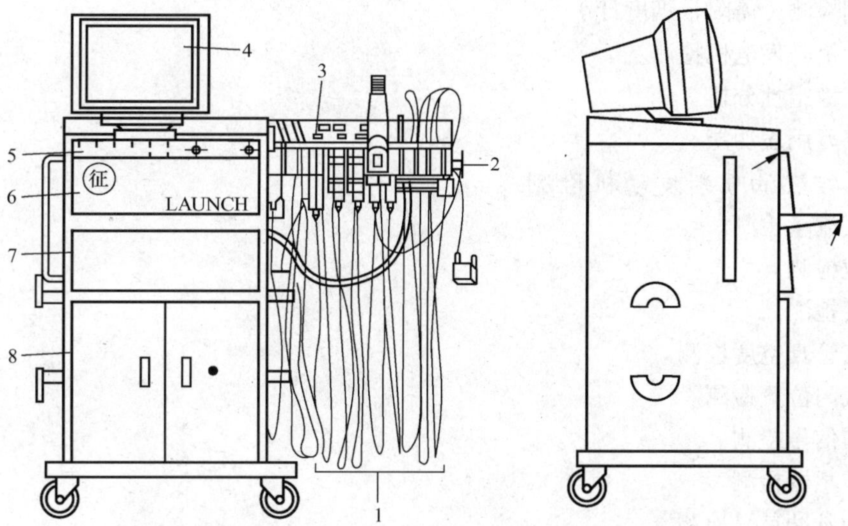

图 12-12 元征 EA1 000 型发动机综合性能检测仪

对于检测仪的类型，按使用方式，可分为台式移动式和便携式两种类型；按示波器形式，可分为模拟示波器式和数字示波器式两种类型；按示波器显示器形式，可分为阴极射线管显示器式和液晶显示器式两种类型；按控制方式，可分为电控式、微机控制式和模块控制式 3 种类型；按使用的电源，可分为交流 220 V 式、直流 12V 式和直流电池式 3 种类型。

通常，电控式和微机控制式检测仪，一般属于台式移动式，在发动机综合检测或调试工位使用，移动范围不大；便携式检测仪携带方便，可携带到任何场所和任何车辆上检测。模块控制式检测仪，既可以和微机组成台式检测仪，又可以和笔记本组成便携式检测仪。

电控式检测仪，一般是以模拟式示波器为核心的检测仪；微机控制式和模块控制式检测仪，是以数字式示波器为核心的检测仪。

1. 发动机综合性能检测仪的功能

（1）汽油机检测

① 观测、分析点火系统的平列波、断电器触点闭合角、点火高压值和点火提前角等。

② 无负荷测功。

③ 动力平衡分析。

④ 转速稳定性分析。

⑤ 温度检测。

⑥ 进气管真空度检测。

⑦ 起动机与发电机检测。

⑧ 排放检测（需附带废气分析仪）。

⑨ 数字万用表功能。

（2）柴油机检测

① 检测喷油压力。

② 检测喷（供）油提前角。

③ 无负荷测功。

④ 排烟检测（需附带烟度计）。

⑤ 起动机与发电机检测。

⑥ 转速稳定性分析。

⑦ 数字万用表功能。

（3）电控燃油喷射发动机检测

① 空气流量检测。

② 转速检测。

③ 温度检测。

④ 进气管真空度检测。

⑤ 节气门位置检测。

⑥ 爆震信号检测。

⑦ 氧传感器检测。

⑧ 喷油脉冲信号检测。

（4）故障分析

① 故障码查询。

② 信号回放与分析。

（5）参数设定

（6）数字示波器显示波形、数值

2. 发动机综合性能检测仪的功能特点

（1）动态测试

检测仪的信号采集系统能迅速、准确地采集发动机运转中各参数随时间变化的函数曲线。

这些动态参数是对发动机工作性能和技术状况进行准确判断的科学依据。

（2）普遍性和通用性

检测仪的测试、分析过程只针对发动机基本结构和工作原理的实际情况进行，因此，检测结果具有良好的普遍性，检测方法具有广泛的通用性。

（3）主动性

检测仪不仅能适时采集发动机的动态参数，而且还能主动地发出某些指令干预发动机的工作，以完成某些特定的试验程序，如发动机断缸试验等。

3. 发动机综合性能检测仪的基本组成

发动机综合性能检测仪按其外形可分为台式、柜式和便携式等形式。目前国内常见的发动机综合性能检测仪有石家庄华燕汽车检测设备厂生产的 HFZF2 000 型发动机检测仪，深圳元征的 EA-1 000 型，济南无线电六厂 QFC—5 型等型号以及德国凯文（Hermann）、德国 BOSCH（博世）等进口品牌。虽然各种型号的发动机综合性能检测仪在结构、使用方法等方面存在一定的差异，但其基本组成是一致的，都是由信号提取系统、信号预处理系统、采控显示系统 3 大部分组成，如图 12-13 所示。

图 12-13　发动机综合性能检测仪的基本组成

（1）信号提取系统

由于发动机结构复杂，各种信号拾取点的形状位置各不相同，且发动机上的信号既有电量的（如电压、电流等）又有非电量的（如压力、温度等），因而发动机综合性能检测仪的信号提取系统比较复杂。它由许多形状各异、功能不同的传感器（采样夹）组成。信号提取系统通过采样夹或传感器对被测信号进行拾取，并将拾取的非电量信号转化为电信号提供给信号预处理系统进行处理，同时响应发动机综合性能检测仪内部计算机发来的指令，对发动机的工作情况进行控制（例如进行单缸断火试验等）。

各种型号的发动机综合性能检测仪的信号提取系统虽然各不相同，但一般都包括了蓄电池电压传感器、电流传感器、点火系初级信号传感器、点火高压传感器、标准缸传感器、缸压传感器、柴油机供油压力传感器、异响传感器以及测量电压、电流、电阻、波形的万用表、示波器探头等，如图 12-14 所示。这些传感器（采样夹）按所拾取信号的不同可分为电量的和非电量的。拾取电量信号的传感器（采样夹）有充电电压传感器、充电电流传感器、启动电压传感器、启动电流传感器、点火高压传感器等。对于非电量的信号，需要通过不同类型的传感器将其转化为电量信号再进行测量，例如，缸压传感器将汽缸内的压力转化为电信号，以便测量汽缸压缩压力；外卡传感器将柴油机高压油管的管壁扩张情况转化为反映管路内部压力变化的电信号以测量柴油机的供油压力；温度传感器将油温、水温转化为电信号以进行温度的测量等。传感器按与拾取点的接触方式，还可分为接触式和感应式（非接触式）两种。接触式的传感器如充电电压夹、启动电压夹、点火初级信号接线夹（白金传感器）等，与拾取信号点都有同样的接触形式，即直接夹持在信号拾取点的金属部分，使所要拾取的信号可以直接传到信号提取系统。感应式的传感器用来拾取某些不能直接测量的信号，如启动电流（它的幅值一般都达到 100 A 以上，这样大的电流如果直接测量，则必定对信号提取系统及检测设备有很高的要求，另外将检测设备串接至被测设备中去，必定会对被测设备造成影响）、点火电压（其幅值通常达到几千伏以上，直接测量不但对检测设备的耐高压能力要求很高，而且操作安全性亦很差）等。现代汽车发动机的结构都比较复杂，某些信号如果直接测量，操作起来很不方便。在这些情况下，最好选择非接触式的传感器。

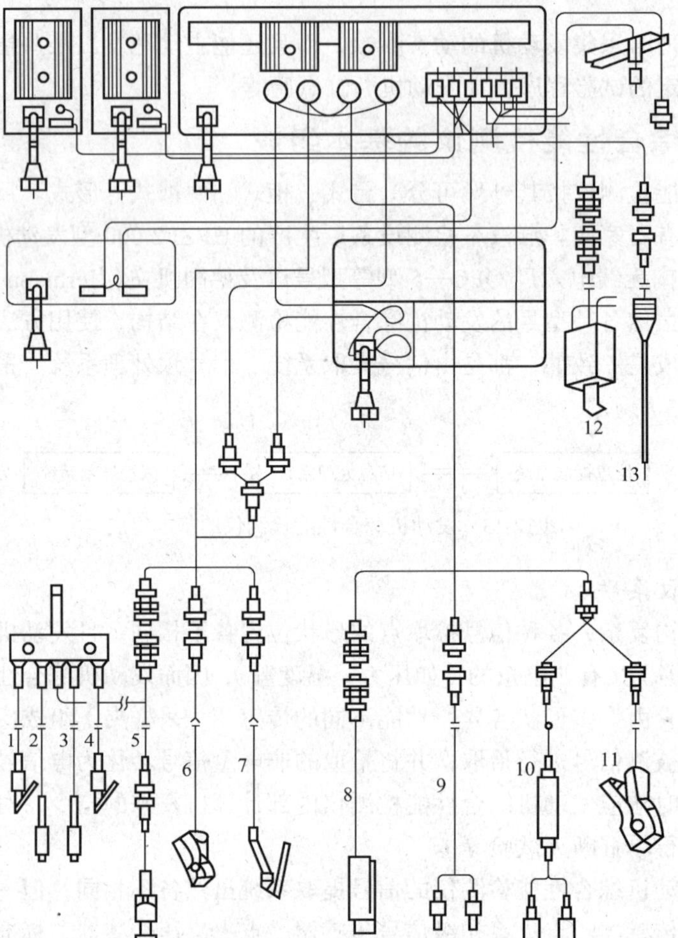

图 12-14 信号提取系统组成

1、4—蓄电池夹 2、3—点火线圈初级接线夹 5—上止点传感器
6、7—电感式或电容式夹持器 8—频闪灯 9—探针 10—鳄鱼夹
11—电流互感钳 12—压力传感器 13—温度传感器

（2）信号预处理系统

信号预处理系统也称前端处理器，是发动机综合性能检测仪的关键部件。它充当信号提取系统与采控显示系统间的桥梁，对信号提取系统拾取的信号进行衰减、滤波、整形、放大，并将信号输入计算机高速采集卡的输入端进行处理。

信号预处理系统按其安装形式可分为两种，一种是外置式的，另一种是内置式的。外置式一般由并行或串行电线连接到主机柜，并且在信号预处理系统还引出各信号采集系统的传感器连线，连接到各信号提取系统的传感器或采样夹。由于外置式的信号预处理系统经常装在一个黑色的盒子里，所以有时也把它称为“黑盒子”。美国的 BEAR200 型发动机综合性能检测仪采用的就是外置式信号预处理系统。

内置式的信号预处理系统一般做成一块或几块电路板，安装在主机柜内部，并直接从主机柜的接头引出信号提取系统各传感器的连线。国内有许多发动机综合性能检测仪采用这种模式。

无论是内置式或外置式的信号预处理系统，都有许多传感器的连线，连接时注意一定要“对号入座”，不能接错，否则可能会损坏检测仪甚至发动机。

（3）采控显示系统

现代发动机综合性能检测仪的采控显示系统多采用计算机加高速数据采集卡的形式。采用计算机来进行控制显示的好处有：友好的人机界面，醒目的菜单系统，方便快捷的键盘鼠标操作，方便可靠的数据存储与打印等。利用计算机技术，还可以将车辆的标准数据存储起来，用以跟实测的车辆数据比较，并能用计算机自动判断车辆技术状况的好坏，提出维修建议等。采用高速数据采集卡，可以提高数据采集的速度与可靠性，使检测仪更加精确。

计算机软件也是采控显示系统的重要组成部分，各种型号发动机厂家生产的检测仪其软件存在一定的区别，在用户界面、操作方法等方面都存在一定的区别，使用前，应详细研读说明书，了解清楚操作方法、注意事项。标准及车辆信息管理是检测仪软件的一个重要方面，一般在检测前需要输入被测车辆的车牌号码、发动机型号、汽缸数、点火顺序等车型信息。

4. 发动机的动力性检测

（1）动力性检测

① 测试导线的连接。进行无外载测功一般只需要发动机转速信号。根据不同的车辆，发动机转速的取法也不相同，汽油机可以接标准缸传感器、点火信号初级传感器、震动传感器；柴油机则可以接外卡传感器、震动传感器。

② 操作步骤。在进行发动机无外载测功时，首先要根据被测车辆发动机参数，在发动机检测仪里输入转动惯量（J）或系数（K）以及加速区间 n_1，n_2 的值等数据（不同的发动机检测仪，所要输入的数据和具体操作方法可能不同，详细情况请参考检测仪的使用说明书），然后启动发动机，并将转速稳定在怠速。然后开始测试，当检测仪屏幕提示加速测试时，踏下离合器将加速踏板迅速踩到底，使发动机节气门处于全开状态，让发动机转速迅速升高。约几秒钟后，检测仪屏幕显示出发动机无外载功率（当量功率）及加速时间的值。

（2）单缸动力性检测

① 测试导线的连接。汽油机单缸动力性测试的连线基本与点火系统相同，注意一定要接上控制断火的断电触点传感器（点火线圈初级信号传感器）、标准缸传感器。柴油机由于没有点火系统，故只能用发动机各缸逐缸断油的方法，但一般只能用手动方式进行断油，再分别接上柴油机转速传感器测量其转速，并与正常转速比较。

② 操作步骤。启动发动机检测仪的单缸动力性检测功能，检测仪自动控制，对发动机进行逐缸断火（柴油机则要手动断油），分别测出断火后转速，并与正常时的转速进行比较，计算出下降率，并按点火（或汽缸顺号）顺序显示出来。

③ 数据分析。进行单缸动力性检测时，断火后下降的转速越多，下降率越大，说明该缸的动力性越好。对于四缸发动机，单缸断火后，转速下降 144 r/min ~ 168 r/min 或更高为正常。对于六缸发动机，单缸断火后转速下降 96 r/min ~ 109 r/min 或更高为正常。一般情况下，发动机

的汽缸数越多，则单缸指示功率占总指示功率的比率越少，加之缸多且工作均匀良好，所以单缸熄火后转速下降较小。也就是说汽缸数目越多，用断缸法判断各缸工作性能的难度就越大，仪器的误差也就越大。

（四）发动机台架检测

1. 发动机台架检测概述

发动机在工作时，汽缸内部进行着复杂的物理化学过程，在工作循环过程中又受许多因素的影响，对这一过程的描述，单靠数学计算远不能满足要求，即使借助于计算机，也必须有许多假设前提，描述的结果与实际情况可能有很大出入。因此在研究设计发动机的过程中，还必须借助于试验手段。发动机的试验对于发动机的设计、开发、制造都是必不可少的。

台架检测是发动机性能的主要试验手段。在国内外无论是研究单位还是制造单位，研究水平愈高，其台架检测设备也越先进。近年来随着对汽车产业节约能源和环境保护的要求的不断提高，对试验台架的功能要求也越来越多：试验台架不仅要能进行稳定工况试验，还要能进行变工况试验；不仅要能进行耐久性试验，还应能够进行工况变化的瞬态试验；不但要能测量发动机的动力性和经济性，还要能进行排放和其他特殊项目的测试。因此，发动机的台架试验技术随着汽车发动机产业的发展而不断发展。

发动机台架检测的测试项目主要包括以下几项。

① 功率的测试。通过测功机及其控制装置测试发动机输出的转速和扭矩，并控制发动机的油门和负荷。

② 油耗的测试。

③ 冷却水温度的测试，发动机台架检测不仅能测试冷却水的温度，还能通过温度调节机构控制冷却水温度。

④ 润滑油压力和温度的测试。

⑤ 排气温度的测试。

⑥ 环境参数（包括大气温度、大气压力和相对湿度等）的测试。

⑦ 其他测试项目。通过某些专项试验可测试其他一些项目。

2. 发动机台架检测的设备

随着电子工业的发展和微处理器技术的推广应用，发动机台架检测所用的试验设备也不断得到改进，测量的精度、可靠性，操作的灵活性都有了很大提高。尤其是工业自动化技术的不断革新，单板机、单片机技术的应用，使仪表的自动化、智能化程度越来越高。现在的测功机无论是水力式、电力式或电涡流式的，都有一套自动调节和控制系统，可以在恒定转速、恒定扭矩下控制发动机的运转。用户只需调整转速、扭矩至某一设定值，控制器就可以通过自动控制、反馈装置来维持发动机在某一稳定工况下运行，在稳定工况下操作人员不用担心转速和负荷的改变，因而改善了操作条件，提高了测量的稳定性和测量的精度，也缩短了测量时间。图 12-15 所示为发动机试验台架的组成，由于发动机台架检测所测量的参数包括功率、转速、燃油消耗量、燃油消耗率等参数，因此，发动机台架检测应包含的基本试验设备有测功机、转速测量装置和燃油消耗量测量装置。

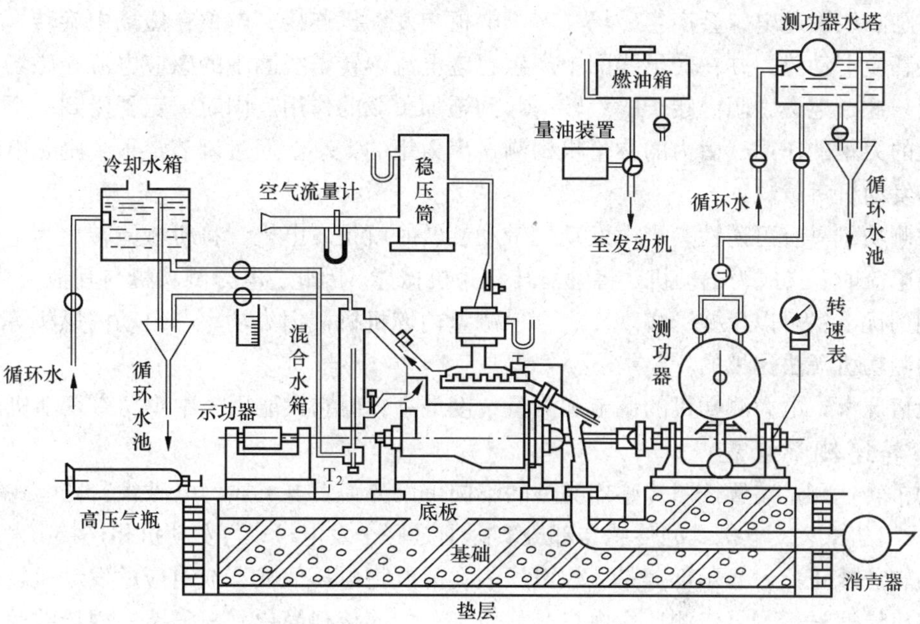

图 12-15　发动机试验台架简图

（1）测功机

① 水力测功机。水力测功机是一种典型的吸收型测功机，它将发动机的输出功率转变为热量消耗掉，同时在此过程中完成转矩测量。

水力测功机主要由转子和定子（外壳）两部分组成。它利用转子在充满水的定子中旋转所产生的摩擦阻力来吸收发动机功率，同时通过与可摆动的外壳相连的测力机构调出转矩。由于转子的结构不同，水力测功机大体上可分为柱销式、盘式和涡流室式（或称闸套式）3种形式。

水力测功机的结构简单、体积小，而且吸收的功率大，因而应用范围最为广泛，但是它在改变工况时需要一定的反应时间。

② 电涡流测功机。电涡流测功机主要由定子和转子两部分组成。转子用高导磁率钢制成，其外圈有齿与试验台主动滚筒相连，并在磁场线圈之间转动。定子四周装有励磁线圈。当给励磁线圈通电时，在转子和定子的间隙中产生磁场，而且齿顶处磁通密度大，齿根处的磁通密度小。当转子在发动机的带动下旋转时，齿根处的磁场减弱，根据电磁感应定律，在定子中会产生感应电动势，于是在定子中产生电涡流，方向可以根据右手定则来确定；而齿顶处磁场增加，同理可以确定电涡流的方向。

定子中涡流环处于磁场中，受到电磁力的作用。根据左手定则，可以确定电流的受力方向。由于齿顶磁场强度大、齿根处磁场强度小，因此定子总的受力方向，与转子转动的方向是一致的。

在电涡流测功机中，发动机功率全部转化电涡流的能量，电涡流在定子中转变为热能，如果不加以冷却，测功机将被烧坏。电涡流测功机采用水冷，在转子和定子的间隙中加入水，由水泵进行强制循环，通过流动的水带走热量。

电涡流测功机的量程范围大、测量精度高，易于控制。

③ 电力测功机。电力测功机的结构类似电动机或发电机，主要由定子、转子和壳体组成。

对定子中励磁线圈通电，会产生磁场。转子电枢与发动机连接，电枢在磁场中旋转，在转子线圈中产生感应电动势，并在转子线圈中产生感应电流。转子线圈中的感应电流在磁场中受到电磁力作用，这个电磁力阻碍转子的旋转，起到施加负载的作用。同时，定子受到一个大小相等方向相反的力矩的作用，由力的称量机构测量出力矩的大小。通过调节定子中励磁电流的大小可以调节发动机负载。

电力测功机具有可逆性，当由发动机带动旋转时就是发电机，将机械能转化为电能；当对电机输入电流时，又成为电动机，将电能转化为机械能。因此，电力测功机与其他测功机相比，具有独到的优点：可以反拖，实现冷磨合、测量内燃机机械损失功率、启动内燃机等，这是其他种类的测功机无法比拟的。

一般情况下，电力测功机的调节和测量精度最高，但它只能用于中小功率发动机。

（2）转速测量装置

发动机转速测量装置按照传感器类型的不同可以分为发电机式、电磁式、光电式等。

① 发电机式。发电机式的传感器部分实际上是一个发电机，与发动机相连接。发电机的输出电压与转速成正比，显示部分是一块电压表，只要把电压值换算成对应的发动机转速，就可以对发电机转速进行测量。测速发电机与显示部分的连接很简单，只需要一根导线就可以，因此便于实现远距离操作。测功机上用的就是该种转速表。

② 电磁式。电磁测速装置如图 12-16 所示。利用电磁感应原理，与发动机连接的齿轮和一个绕线圈的磁铁。发动机带动齿轮旋转时，每个齿经过磁铁时，在线圈中产生一个感应电动势。知道齿轮有多少个齿，测量每秒钟产生的脉冲数量，即可获得发动机转速。有的转速测量装置不用专门齿轮，而直接利用发动机的飞轮。

③ 光电式。光电式利用光电变换原理，给发动机连接一个开有一定数量的狭缝或孔的圆盘，称为“遮光盘”。圆盘两侧分别装有光源和光电管，当其中一个狭缝（或孔）与光源和光电管在一条直线上时，光线能够照射在光电管上，在电路中产生一个脉冲信号。与电磁式一样，光电式可以通过脉冲计数和计算得出发动机转速，也实现自动控制，如图 12-17 所示。

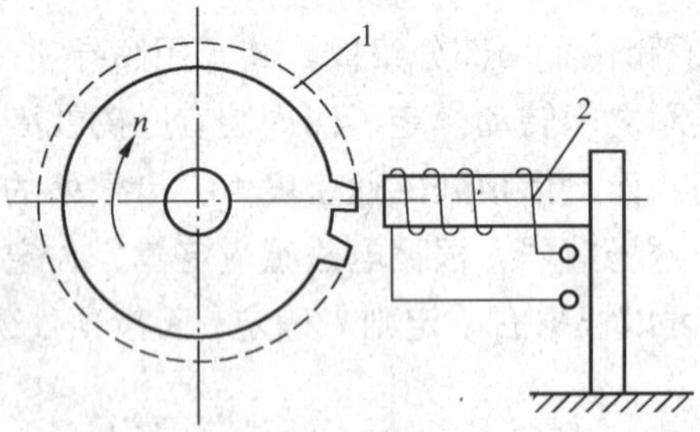

图 12-16　电磁测速装置

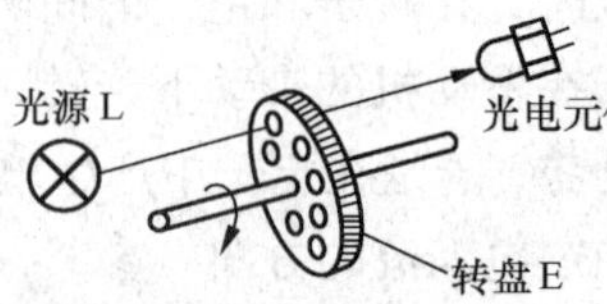

图 12-17　光电式测速装置

（3）燃油消耗量测量装置

在发动机台架检测中，由于燃料的性质不同，所采用的燃油消耗量测量装置也有所区别。针对汽油发动机的试验一般使用容积法测量装置，而柴油发动机的试验则一般使用重量法测量装置。

① 容积法测量装置。容积法使用特制的玻璃量杯，该量杯由若干个不同容积的玻璃泡串联而成，玻璃泡之间用细玻璃管连接。量杯内加入汽油，当开始测量时，电磁阀关闭，由量

杯向内燃机供油。在每个细玻璃管处装有光源和光电管。当细玻璃管中有油的时候，光电管接收不到光源的光；当油面经过细玻璃管后，光电管就能够接收到光源的光，光电管中就会产生一个电脉冲。每个玻璃泡的容积是已知的，只需要测量相邻两个电脉冲之间的时间间隔（Δt）。为了保证测量的精度，Δt 不能过短（不小于 20 s）。内燃机不同的工况的燃油消耗量变化很大，为了在各个工况下保证测量精度，所以量杯由一系列不同容积的玻璃泡组成，以满足测量精度的要求。采用细玻璃管连接可以使油面以较快的速度流过，并减小油面波动引起的误差。

一次测量结束以后，电磁阀打开，油箱向发动机供油，同时汽油借助压力进入量杯中，直到与平衡瓶中油面相等时停止，为下一次测量作好准备。

容积法燃油消耗量测量装置的基本结构如图 12-18 所示。

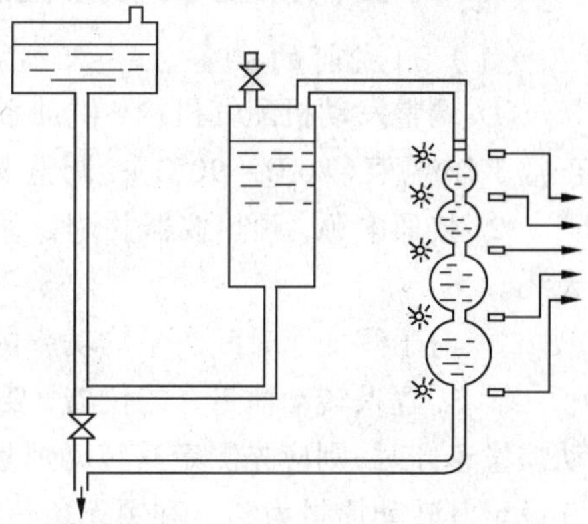

图 12-18　容积法燃油消耗量测量装置的基本结构

② 重量法测量装置。与汽油相比，柴油的透明度低且黏度较大，如果柴油也使用容积法测量燃油消耗量会产生较大的误差（油面已经降低，但颈管处仍然残留柴油，透明度低而光电管无法导通），因此柴油的测量不能采用容积法，而只能使用重量法，通过专门的重量式油耗仪进行测量。

三、项目实施

（一）检测仪器与实施要求

1. 检测条件

① 发动机功率检测的无负荷测功仪。

② 汽缸压力表、汽缸漏气量检测仪、曲轴箱漏气量检测仪。

③ 闪光正时检测仪。

④ 机油压力表；不透光法润滑油品质检测仪器。

2. 实施要求

① 了解无负荷测功仪的结构、工作原理和使用方法。

② 熟悉无负荷测功仪动态检测发动机功率的方法。

③ 掌握汽缸压力表、汽缸漏气量检测仪、机油压力表、曲轴箱漏气量检测仪的组成与使用方法。

④ 掌握汽缸压力表检测汽缸压力的方法。

⑤ 掌握汽缸漏气量检测仪检测汽缸漏气量的方法。

⑥ 掌握曲轴箱漏气量检测仪检测曲轴箱漏气量的方法。

⑦ 掌握用机油压力表检测机油压力的方法。

⑧ 熟悉不透光法检测仪检测润滑油品质的方法。

（二）检测实施步骤

1. 无负荷测功仪动态检测发动机功率

（1）测试前的准备

① 调整发动机配气机构、供油系统和点火系统，使之处于技术完好状态；将发动机预热至正常工作温度（80℃～90℃）；调整发动机怠速，使之在规定范围内稳定运转。

② 接通电源，预热仪器并调零，把传感器按要求连接在规定部位，无连接要求的则应拉出天线。

③ 对于测加速时间、平均功率的仪器，应按要求把起始转速 n_1、终止转速 n_2 调好。

④ 需置入转动惯量 J 的仪器，要把被测发动机的转动惯量置入仪器内。若被测发动机的转动惯量未知时，则应先测定其转动惯量。其方法为先选一台已知最大功率 P_{emax} 的同类型发动机，并设定其转动惯量为 J_1，利用无负荷测功仪对该发动机进行多次功率测量，若测得的最大功率为 P_1，则被测发动机的转动惯量 J 可按下式计算：

$$J = \frac{J_1}{P_1} \times P_{emax}$$

⑤ 按下其他必要的键位，如机型（汽油机、柴油机）选择键、缸数选择键和“测试”键等。

（2）动态功率检测

动态功率检测的常用测试方法有怠速加速法和启动法两种。

① 怠速加速法。发动机在怠速下稳定运转，然后突然将节流阀开到最大位置，发动机转速猛然上升，当转速达到所确定的测试转速（测瞬时功率）或超过终止转速 n_2 时，仪表显示出所测功率值。此后应立即松开加速踏板，以避免发动机长时间高速运转。记下或打印出读数后，按“复零”键使指示装置复零。为保证测试结果可靠，一般重复测量 3 次，取其平均值。该测试方法既适用于汽油机，又适用于柴油机。

② 启动法。首先将节流阀开至最大位置，再启动发动机加速运转，当转速达到确定值或超过终止转速后，仪表显示出测试值。启动法可用于化油器式汽油机，由于排除了化油器加速泵的附加供油作用，因此可检查化油器的调整状况。

（3）检测注意事项

提高无外载测功的测试精度，必须从操作方法和被测车辆的准备工作着手，首先加速踏板踏下的速度和力度要均匀，且要求重复性良好，为此该项测试必须由经过专门训练的专职人员操作。为避免操作上的主观误差，须取 3 次测试结果的平均值，若有飞点必须剔除。

被测车辆与加速能力有关的机构必须处于正确技术状态，尤其是供油系统的踏板拉线、油门摇臂等机构的间隙对发动机的加速过程影响极大，在测试前必须设法消除上述各连接处的不当间隙，但不允许调整原车化油器的加速泵位置和柴油机的调整机构。惯性系数 K 的确定，对无外载测功至关重要，K 值的内涵已完全超出发动机的转动惯量。仪器生产厂家提供的某些车型的 K 值多为发动机台架试验的总功率试验状态，即不带空气滤清器、冷却风扇和排气消音器，显然这一 K 值不能为检测站对汽车进行就车检测之用。因此，检测站测试必须使用有关使用部门提供的就车试验 K

值，即是同一机型也要注意是否有特殊的附件，如空调、转向助力泵、风扇的驱动方式等，也就是说，对同一底盘的各类改装车，*K* 值的选取必须慎重。对于新型或初次试验的车型必须经过大量试验，并与出厂指标和台架试验对比后形成一个具有代表性的统计值作为该车型的 *K* 值。

为避免迅猛加速过程操作上的误差而引起的数据离散，可将节气门事先开至最大，然后打开点火开关，发动机即启动并自由加速。为使测试数据尽量准确并不损害发动机，试验前必须充分暖车使冷却系统预热到正常工作温度。

必须说明的是上述无外载测功的理论依据在机理上尚需斟酌，首先这一方法所测得的是发动机的加速性能，仅仅是动力性的一个侧面，而不是全部，众所周知，功率指标高的发动机其加速性能不一定优良。

但因无外载测功法简单易行，在没有测功设备或无须严格要求最终测试结果的情况下，例如作为同一台发动机调整前后或维修前后的质量判断，这是十分有效的。

2. 汽缸压缩压力检测

（1）利用汽缸压力表检测

① 启动发动机，使它运转至正常工作温度（冷却水温为 70℃～90℃）。

② 发动机熄火，清除发动机火花塞或喷油器（柴油机）周围脏物并将火花塞或喷油器全部拆下。

③ 把节气门和阻风门置于全开位置。

④ 把汽缸压力表的锥形橡胶接头压紧在被测汽缸的火花塞孔内（或把螺纹管接头拧在火花塞孔上）。

⑤ 用启动机带动曲轴旋转 3 s～5 s（不少于 4 个压缩冲程），指针稳定后读取读数，然后按下单向阀使指针回零。

⑥ 重复步骤⑤。需要说明的是：每个汽缸的测量次数应不少于 2 次，测量结果应取其测量次数的平均值。

⑦ 按上述方法依次检测各个汽缸。

（2）利用汽缸压力测试仪检测法

① 检测前准备。用汽缸压力测试仪检测汽缸压力时，发动机应首先运转至正常工作温度，并把节气门和阻风门置于全开位置。其传感器的安装及测试过程中的操作应按测试仪使用说明书的要求进行。

② 检测方法。使用国产 WFJ—I 型发动机检测仪（济南）测试汽缸压力时，传感器的安装和操作过程如下。

a. 拆下任一缸火花塞，把缸压传感器安装在火花塞孔中。

b. 把电流传感器夹在蓄电池的搭铁线上，传感器上箭头指向蓄电池负极，两爪对正、密合；转速传感器安装于分缸线上，白金信号红色鳄鱼夹夹在点火线圈“－”极接线柱上或分电器接线柱上（触点点火系统），白金信号黑色鳄鱼夹搭铁。

c. 在输入键盘上键入操作码 06，用启动机带动发动机运转 4 s～6 s，仪器将会自动打印出各缸的压缩压力值。缸压传感器所在缸为标准缸，其余各缸的压缩压力值从标准缸以下按点火次序排列。

应注意的是：标准缸的汽缸压缩压力值是由缸压传感器直接测出的，其余各缸的压力值则是通过各缸启动电流峰值与标准缸启动电流峰值相比较而得到的。因此，为保证测试结果可靠、准确，应经常用汽缸压力表的检测值与用缸压传感器的检测值相比较，以检查缸压传感器是否可靠。

3. 汽缸漏气量（率）检测

汽缸漏气量（率）检测的具体步骤如下。

① 发动机预热至正常工作温度。

② 清除火花塞周围脏物（最好用压缩空气吹净），而后拧下所有汽缸的火花塞，并在火花塞孔上装好充气嘴。

③ 接好压缩空气源，在检测仪出气口堵塞的情况下，用调压阀调节进气压力，使测量表指针指示 0.4 MPa。

④ 卸下分电器盖，安装好活塞定位盘，如图 12-19 所示，使分火头旋转至第一缸跳火位置（此时 1 缸活塞到达上止点，1 缸进、排气门均处于关闭位置），然后转动定位盘使刻度 1 对准分火头尖端（分火头也可用专用指针代替）。

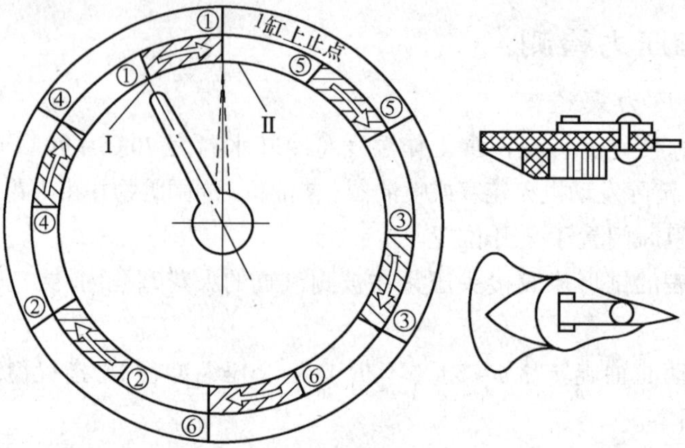

图 12-19 活塞定位盘

⑤ 为防止压缩空气推动活塞使曲轴转动，变速器挂高速挡，拉紧手制动。

⑥ 把 1 缸充气嘴接上快速管接头，向缸内充气，此时测量表上的压力读数便反映了该汽缸的密封性。

⑦ 摇转曲轴，使分火头（或指针）对准活塞定位盘上下一汽缸刻度线，按以上方法检测该汽缸的漏气量。

⑧ 按上述方法和点火次序检测其余各缸的漏气量，为使检测结果可靠，各汽缸应至少重复检测一次，取其平均值作为最后的检测值。

4. 曲轴箱窜气量检测

（1）测试步骤

① 打开电源开关，按仪器使用说明书的要求对检测仪进行预调。

② 密封曲轴箱，即堵塞机油尺口、曲轴箱通风进出口等，将取样探头插入机油加注口内。

③ 启动发动机，待其运转平稳后，仪表箱仪表指示值即为发动机曲轴箱在该转速下的窜气量。

（2）检测注意事项

曲轴箱窜气量除与发动机汽缸活塞组技术状况有关外，还与发动机转速和负荷有关。因此在检测时，发动机应加载，节气门应全开（或柴油机最大供油量），并在最大转矩转速（此时窜气量最大）时测试。发动机加载可在底盘测功机上实现。测功机的加载装置可方便地通过滚筒、驱动车轮和传动系统对发动机进行加载，可以实现发动机在全负荷工况下从最大转矩转速至额定转速的任一转速下运转，因此，可用曲轴箱窜气量检测仪检测出各种工况下曲轴箱的窜气量。

5. 喷油压力检测

（1）操作步骤

拆下试验器的锁紧螺母，旋松调节螺钉，然后把喷油器装在试验器上；压动试验器手柄，排除留在油管和喷油器中的空气和脏物。

以每分钟 60 次的速度按压试验器手柄，同时观察喷油器喷油过程中压力表上的读数。各缸喷油器的喷油压力应相同，并应符合制造厂的规定标准。如果喷油器的喷油压力不符合规定，可通过增、减喷油器调压弹簧处的垫片或调整喷油器调压螺钉的旋入量调节喷油压力。旋入调压螺钉时，喷油压力应提高；反之，则应降低。

调整喷油器后，应旋紧试验器锁紧螺母，再次进行喷油压力试验，直至调整到符合标准值。

（2）喷雾质量检查

以每分钟 120 次的速度按压试验器手柄，喷油器喷出的油雾束应细小均匀呈雾状，油束的锥角、喷射方向应符合要求。

如图 12-20 所示，轴针喷油器喷出一束锥角在 10° ~60° 、均匀并对称的油雾。

（3）喷油滴漏现象的检查

当以较慢的速度按压试验器手柄，或在低于标准喷油压力时停止按压时，喷油器喷孔处不应有油滴流出。

6. 燃油压力的检测

燃油系统的工作是否正常，可通过检测系统压力，落差压力和残压等参数来判定。燃油压力表的具体使用方法如下。

（1）准备工作

拆下连接冷启动阀的油管，并将其接到检测压力表的一端（如图 12-21 中 C 所示），压力表的另一端接至燃油分配器的检测口（如图 12-22 中 B 所示）。压力表与油管之间用三通管连接。三通管上设置一个旋转柱塞阀，当旋转阀手柄转至位置“1”时，压力表与油管 C 和 B 端均相通；当旋转阀手柄转至位置“2”时，压力表与油管 B 端通，与油管 C 端不通。

拆下燃油泵继电器，并用跨接线连接燃油泵继电器插座的“87”和“30”接头。

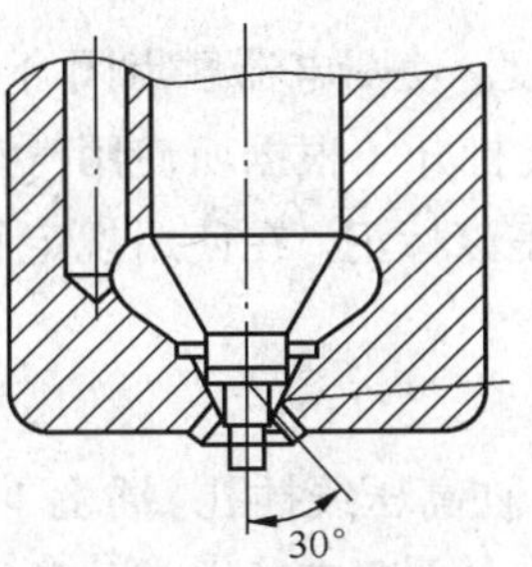

图 12-20 喷油器锥角

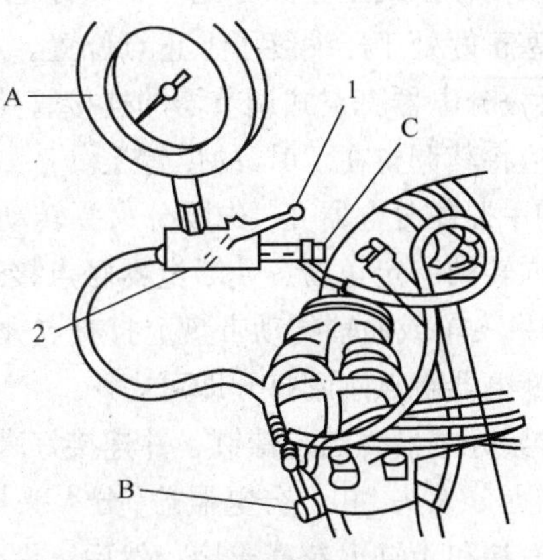

图 12-21 检查燃油压力

（2）检查系统压力

将压力表旋转阀手柄扳至位置“1”，打开点火开关，使燃油泵运转，此时压力表读数为系统油压，应为 610 kPa ~ 650 kPa。

系统压力太低的可能原因有以下几点。

① 油管泄漏，一般为油管接口泄漏，应检查并且装好。

② 燃油泵供油不足，从燃油分配器上拆下供油管，使燃油泵运转 30 s，将燃油量于一量杯内，油量最少必须有 0.8 L，否则，应更换燃油泵。

③ 燃油滤清器堵塞，应更换燃油滤清器。

④ 燃油压力调节器不良，应调整或更换燃油压力调节器。

（3）检查落差压力

将压力表旋转阀手柄扳至位置“2”，拆下电液式压差调节器上的电连接器，打开点火开关，使燃油泵运转。此时压力表读数应低于系统压力 20 kPa ~ 50 kPa，否则，说明电液式压差调节器不良，应予以更换或调整。

（4）检查残压

打开点火开关以使燃油泵运转 5 s，然后关掉点火开关，在 10 min 之后燃油泵压力不应该低于 350 kPa，此为正常残压。

若残压下降过快，夹住至油箱的回油管时，残压下降减少，表明燃油压力调节器不良，需进行调整，必要时更换；当夹住至油箱的回油管时，残压仍然下降过快，则表明油管泄漏或燃油泵单向阀泄漏，查明油管无泄漏时，应更换电动燃油泵。

7. 点火正时的检测

发动机点火正时的检测方法有：经验法、闪光法和缸压法三种。

（1）用经验法检查并校正点火正时

① 用手摇把摇转曲轴，用分电器凸轮将断电器触点完全打开，检查并调整断电器触点间隙，使其保持在 0.35 mm ~ 0.45 mm 范围内。继续摇转曲轴，查看其他各缸触点间隙是否均在规定范围内。

② 将 1 缸活塞摇至压缩终了上止点位置。先拆下 1 缸火花塞，摇转曲轴，直到能听到从火花塞孔发出排气声，说明 1 缸已处于压缩行程。然后在继续摇转曲轴的同时，注意观察飞轮上或曲轴传动带盘上的上止点标记。当该标记与固定标记对正时，停止摇转曲轴并抽出摇把，此时 1 缸活塞正好处于压缩终了上止点位置。

③ 拆去分电器真空式调节器的连接管路，松开分电器壳与缸体之间的固定螺钉，有辛烷值调节器的应将其调整在“0”的位置上。

④ 用手握住分电器壳，先顺分火头转动方向转动一定角度，使断电器触点闭合、再逆分火头转动方向转动一定角度，使断电器触点接近完全打开或完全打开（根据所使用汽油的辛烷值决定）。如果飞轮或曲轴传动带盘上打有点火正时标记，可对正该标记。在使用规定牌号汽油的情况下，断电器触点刚刚打开即可。

⑤ 拧紧分电器壳固定螺钉、并连接好真空式调节器的管路。

⑥ 插上分火头，扣上分电器盖，分火头指向的插孔即为 1 缸高压线插孔。插上 1 缸高压线，该线的另一端和 1 缸火花塞连接。然后，沿分火头转动方向按点火顺序插上其他各缸高压线，

并与对应的火花塞连接好。

⑦ 启动发动机并运转至正常热状态，进行无负荷加速试验。当突然打开节气门时，发功机应加速良好。如果加速不良，且有爆燃声，则为点火过早；如果加速不良，且发闷，甚至排气管有“突、突”声，则为点火过晚。用无负荷加速试验检查点火正时，不太准确，只能起一定的参考作用，准确的检查应进行路试。

⑧ 进行路试。为检查点火正时进行路试时，应选择平坦、坚硬的直线道路或专用跑道，全车运转至正常工作温度后，以最高挡最低稳定车速行驶，然后突然将加速踏板踩到底，使汽车急加速运行。此时，若能听到发动机有轻微的爆燃声，且随着车速促高逐渐消失，则为点火时间正确；若听到的爆燃声强烈，且车速提高后长时间不消失. 则为点火时间过早；若听不到爆燃声，且加速困难，甚至排气管有“突、突”声，则为点火时间过晚。

路试中发现点火时间不正确时，可停车进行调整。如点火时间过早，可使分电器壳顺分火头方向转动少许；如点火时间过晚，可使分电器壳逆分火头方向转动少许，再结合路试反复调试几次就可获得满意结果。

（2）用闪光法检测点火正时

用闪光法检测点火正时，须采用闪光正时检测仪（如图 12-22 所示）进行。这种方法在国内外应用十分广泛。

① 仪器准备。

a. 将闪光正时检测仪（以下简称“正时仪”）的两个电源夹夹到蓄电池（12 V）的正、负电极上（红正、黑负）。

b. 将正时仪的外卡式传感器卡在 1 缸的高压线上。

c. 将正时仪的电位器退回到初始位置，打开正时灯开关，正时灯应闪光，指示装置应指示零位。

② 发动机准备。

a. 擦拭飞轮或曲轴传动带盘上 1 缸上止点标记，以便在闪光照耀下看清。

b. 发动机运转至正常工作温度。

③ 检测方法。

a. 发动机在怠速下稳定运转，打开正时灯并对准飞轮或曲轴传动盘上的上止点标记，如图 12-23 所示。

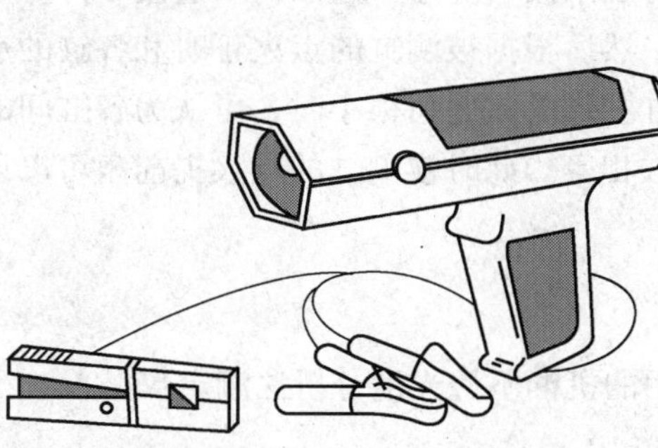

图 12-22　汽油机闪光正时检测仪

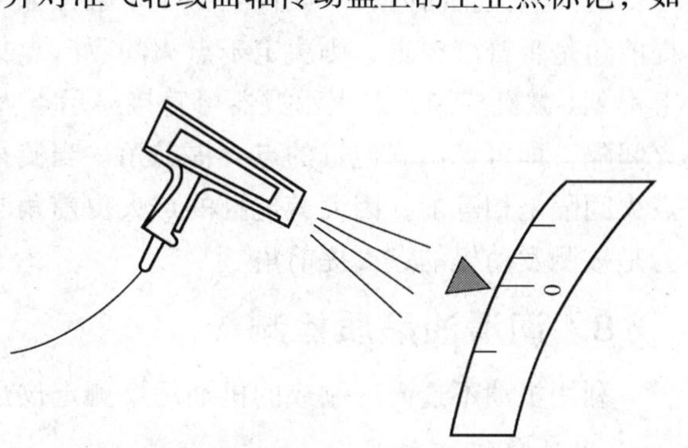

图 12-23　用闪光点火正时仪检测点火正时

b. 调正时仪上的电位器，使飞轮或曲轴传动带盘上的上止点活动标记逐渐与固定指针对齐，此时正时仪指示装置上的读数即为发动机怠速运转时的点火提前角。

c. 用同样方法，分别检测出发动机不同工况时的点火提前角。

若测出的点火提前角符合规定，对于传统点火系来说，说明初始点火提前角调整正确，同时也说明离心式调节器和真空式调节器工作正常。如果需要分别测量离心提前角和真空提前角，可拆下分电器真空管进行测量。

发动机怠速运转时离心提前角，由于分电器式传统点火系离心式和真空式调节器未起作用或起作用很小，此时测得的点火提前角实为初始点火提前角。在拆下真空管（要堵塞通化油器的管道）的情况下，在发动机某转速下测得的点火提前角减去初始点火提前角，即可得到该转速下的离心点火提前角；反之，在连接真空管的情况下，在同样转速下测得的点火提前角减去离心点火提前角和初始点火提前角，则又可得到真空点火提前角。

d. 如果需要检测并调试汽车实际运行中的点火提的角，须在路上或底盘测功机试验台上进行。

e. 检测完毕，关闭正时灯，取下外卡式传感器和两个电源夹。

（3）用缸压法检测点火正时

用缸压法检测点火正时，须采用缸压正时检测仪进行。

用缸压法检测点火提前角时，发动机应运转至正常工作温度，拆下发动机任意一缸的火花塞，装上缸压传感器。在拆下的火花塞上仍接上原高压线，在高压线与火花塞之间插接点火传感器或在高压线上卡上外卡式点火传感器，然后将火花塞放置在机体上使之良好搭铁。启动发动机使之运转。

由于被测缸不作功，因而缸压传感器采集的是汽缸压缩压力信号，其压力最大点就是活塞压缩终了上止点。拆下的火花塞虽在缸外但仍能跳火，其上的点火传感器可采集到点火开始的信号。此时输入操作指令，并变换发动机转速，即可从指示装置得到怠速、规定转速或任意转速下的点火提前角及对应转速，按下打印键可以打印出检查结果。

检测中，如果示波器屏幕显示的缸压波形最高峰值出现在后部，则表示点火提前角为负位，即发动机在上止点后点火。

缸压法和闪光法一样，可测得分电器式传统点火系统初始点火提前角和不同工况下的点火提前角、离心点火提前角及真空点火提前角。测出的点火提前角应与规定值进行对照。如不符合要求，应在点火正时仪监测下进行调整，必要时应进行修理或更换，直至符合要求。

检测点火正时时，一般仅测得 1 个缸（如 1 缸或最末缸）的结果就可以了。其他缸的点火提前角是否符合要求，则决定于点火间隔。点火间隔可从示波器屏幕中显示的重叠波和并列波上得到（微机控制式点火示波器可直接显示点火间隔），然后根据被测缸的点火正时和各缸的点火间隔，即可算出其他缸的点火提前角。当测得的各缸波形的重叠角很小时，可认为各缸间的点火间隔是相等的，因而其他缸的点火提前角与被测缸相等。此时被测缸的点火提前角可以认为是被测发动机的点火提前角。

8. 润滑油品质检测

利用机油不透光度制成的机油污染测定仪是最常用的机油不透光度分析法测定仪。

（1）操作方法

① 在油池内放入所测机油标准油样（清洁机油），调整参比电阻使电桥平衡，此时透光度计指示为零。

② 然后把发动机刚停车后曲轴箱油尺上的机油作为测试油样滴入油池。

（2）结果分析

由于测试油样已受到污染，油池内测试油样油膜与标准油样油膜的透光度有差异，光源照到光电管上的光线强度也有差异，从而引起光电管阻值的变化，使电桥失去平衡。所测油样污染程度越大，电桥不平衡程度越大，电桥输出的电流越强，透光度计指针偏转越大，从而反映出了机油的污染程度。

四、拓展知识

（一）汽车发动机电控系统技术

近几十年中，汽车发动机在不断追求节油、环保、降低噪声和提高紧凑性的目标推动下获得了快速的发展。降低燃油消耗、减少废气、降低汽车噪声和电子控制技术是汽车发动机应用高新技术的具体体现。

发动机可燃混合气的空燃比和点火时刻是影响发动机经济性、排放和动力性的两个主要因素。因此，精确地控制空燃比和点火时刻自然成为发动机电子控制的关键问题。

电控系统主要由传感器、电子控制单元（ECU）和执行器3部分组成。传感器作为输入部分，用于测量物理信号，并将其转换为电信号；ECU用于接收传感器的输入信号并进行处理，输出处理结果；执行器根据ECU发出的电信号执行动作。发动机电控技术可分为电控燃油喷射、电子点火控制、怠速控制、废气再循环控制、增压控制、故障自诊断、故障保险、备用控制以及其他控制技术。

1. 电控燃油喷射系统

电控燃油喷射系统一般由空气供给系统、燃料供给系统和电控系统组成。它根据直接或间接检测出的空气量信号，计算出燃烧所需要的汽油量，并由电控系统发出喷油器开启信号，将加压的汽油通过开启的喷油器喷入发动机。目前，电控燃油喷射系统主要采用开环与闭环控制（反馈控制）相结合的方式：对暖机和怠速等需要供给浓混合气的工况采取开环控制，其余工况则通过排气管中设置的氧传感器测量实际空燃比来进行控制。

系统控制的原理是由空气流量计或进气歧管压力传感器和发动机转速传感器测量进气空气量，由ECU根据冷却水温、进气温度和氧传感器信号等确定合适的空燃比，计算所需喷油量，进而对执行器（喷油器和电路断开继电器）进行控制。

按照喷油器安装位置的不同，电喷系统可分为单点喷射（SPI）、多点喷射（MPI）和缸内直接喷射。单点喷射用一个或两个喷油器安装在进气管节气门处。多点喷射将各个喷油器分别安装在各缸的进气歧管中，使各缸混合气分配较均匀，故而在轿车中应用较广。

按照喷油时序的不同，MPI又可分为同时喷射、分组喷射和顺序喷射3种，其中顺序喷射使喷油器能按各缸的点火顺序进行喷油，每循环喷一次，这种方式较前两种效果更好。缸内直喷特别是四行程汽油机缸内直喷是当前轿车汽油喷射中的前沿技术，直喷技术的实现大大降低了汽油机的油耗，动力性能也较MPI更为优越。同时配合其他机构，使得高空燃比稀燃技术得以实现。为了适应严格的排放法规的要求，采用带氧传感器的闭环控制的三元催化器系统能够得到最好的废气排放水平。该系统由三元催化器、空燃比传感器、空气流量计、燃油计量系统以及电控单元组成。

电控柴油喷射系统由于柴油机与汽油机的工作原理不同，电控柴油喷射除了通过控制喷油时间来控制输出动力外，还要对喷油时刻和喷油压力进行精确控制。柴油机的喷油压力，对分隔式燃烧室为 9.8 MPa ~ 12.7 MPa，对直喷式为 19.6 MPa，而汽油喷射的喷油压力只需 196 kPa ~ 294 kPa。在很大的供油压力下，通过电磁阀的开闭决定喷油量的多少其难度是相当大的。在电控柴油喷射系统中，其控制单元根据加速踏板位宣传感器和发动机转速传感器的信号计算出发动机的基本喷油量。另外，通过冷却水温传感器、进气温度传感器、进气压力传感器、溢流环位置传感器和启动机等信号，对基本喷油量加以修正，从而决定柴油机在某工况下的最佳喷油量。这样汽车在任何一种工况，柴油机均可在最佳状态下工作。直接喷射是电控柴油喷射的发展方向。从热力学的观点看，直接将柴油喷到汽缸内的燃烧室中更为有利，由此燃油经济性可提高 20%。由于柴油机电控技术和高压、多喷孔、分阶段喷油的喷油器技术的进展，军用柴油直接喷射才得以实现。目前，将油泵与喷油器结合成一体的“泵—管—油器”技术快速发展，该结构使少量燃油产生高压所需的功较少，而且需填充的管路容积较小，相应地压力波的传播时间也较短。这样就可在整个运转范围内都能达到所需的高喷射压力，并保持准确的喷油定时。

2. 发动机电子点火控制系统

汽车发动机点火系统从有触点式、普通无触点式和集成电路式，发展到现今的微机控制电子点火系统。微机控制电子点火系统可控制发动机点火提前角使其保持在最佳范围以内，使汽油机的点火时刻更接近于理想状态，从而进一步提高发动机的性能。在微机控制的点火系统中，目前出现了一种无分电器的点火系统（DLI），它取消了普通微机控制点火系统中的分电器，这样点火线圈产生的高压电不需经过分电器分配就直接送至火花塞点火。无分电器点火系统可消除分火头与分电器盖电极的火花放电现象，从而减小了电磁干扰。该系统根据点火顺序的不同，有两缸同时点火和各缸独立点火两种。在发动机点火控制中同样采用开环和闭环相结合的控制形式。启动阶段的点火时刻由 ECU 中的专门信号进行开环控制。正常运行时则通过在缸壁增设爆震传感器进行爆震反馈控制，根据爆震传感器的反馈信号调整点火时刻，使发动机工作在临界爆震状态。

（二）代用燃料发动机技术

采用电能、太阳能以及氢能等新能源作为汽车燃料在未来将会成为现实。但在今后较长一段时间内，汽车发动机燃用天然气、液化石油气和酒精将是最为现实和技术上比较成熟的石油代用燃料。

1. 酒精发动机

酒精发动机的酒精燃料之所以能在活塞式发动机上使用，是由于它点火性能良好、热值高、比功率大，但是酒精也容易损害橡胶和合成材料部件，这在设计供油系统时必须加以考虑。酒精发动机的冷启动性能差，因此需要掺入 15%的汽油或短时使用汽油喷射来启动发动机。酒精发动机的工作方式与汽油机类似，采用柴油机的系统也可以用来燃用酒精，这种发动机的压缩比可高达 21。这种系统是在直喷式柴油机燃烧系统的基础上加装外部点火装置来工作的，这对消除臭氧的形成将具有特殊的意义。

2. 氢气发动机

氢气是最清洁的能源，发动机燃用氢气的排放是水，因此可获得最理想的排放并形成资源的快速循环，所以氢气将在未来可耗尽能源消耗殆尽时起主导作用，这也是目前世界各发达国家投入大量财力、物力进行这方面研究的根本原因。氢气可以单独作为发动机的燃料，也可以与汽油作为混合燃料。氢气在后一种情况下不仅自身参与燃烧而成为火花点火发动机的一部分，而且可改善汽油的燃烧。氢气作为发动机燃料有下列特点：单位质量的低热值高，着火界限很宽，有很高的火焰传播速度，点火能量较低，是一种清洁能源。由于 3 倍的氢气才与汽油的能量相当，因此氢气与汽油的价格比约为 28:1，可见制取氢气仍显昂贵，这在一定程度上制约了燃氢发动机的应用。但燃氢发动机优异的排放性能和丰富的氢气来源对人类有着巨大的吸引力，燃氢发动机及相关技术的发展仍有强大的生命力。

3. 天然气和液化石油气发动机

近 20 年来，天然气（NG）和液化石油气（LPG）作为清洁燃料得到了较快的发展。这是由于天然气、液化石油气可以替代十分短缺的汽油、柴油；充分利用天然气资源可以减少对大气的污染；使用压缩天然气比汽油安全；天燃气、液化石油气的燃料经济性好、冷启动好、运转平稳、节省维修费用，天然气有较好的抗爆性。但天然气的携带性差，发动机的功率有所下降，以双燃料和两用燃料并存形式应用于汽车，使整车成本提高约 15%左右。天然气和液化石油气在汽车上应用的形式按点火方式可以分为电火花点火和柴油引燃式；按供气方式可分为缸外（进气管）预混合供气和缸内直接进气；按燃烧方式可分为预混合燃烧和扩散燃烧。天然气和液化石油气汽车与汽、柴油汽车相比具有更多、更新的技术内容，主要包括下列几个方面。第一，在天然气加气站方面，优化加气站的设计，在不影响其功能的情况下降低成本，发展可靠和经济的家用小型压缩机加气泵，发展自动化程度高、修理周期短、利用率高的小型加气站，发展利用率高、可灵活使用的模块式加气站和移动式充气车，加速发展新塑高压低排量的压缩机。第二，在天然气气瓶方面，发展更轻质的压缩天然气气瓶，包括铝合金和复合材料气瓶，降低其成本；开发天然气吸附技术，提高气瓶储气能力；提高液化天然气气瓶耐热保温技术水平，降低其成本，提高其实用性。第三，在发动机方面，开发专门使用于气体燃料的专用发动机，包括电控喷气技术发动机。第四，在改装技术方面，汽油机改装技术己日益成熟，今后的发展方向是研制电子化燃料管理和点火系统，从而恢复原汽油机改装后的发动机效率和动力性能，提高改装部件的集成度，降低改装成本，简化改装车的操作，使汽油车改装技术更加易于被用户接受。柴油机电火花点火改装技术的发展趋势主要有以下几点：降低压缩比，开发适用于天然气和液化石油气排放物的催化器和氧传感器技术，以控制排放物数量，采用微机控制的稀气燃烧方式，能显著提高改装后发动机的功率、热效率和降低排放指标，采用电子控制的点火正时并提高点火能量。

小结

1. 发动机应动力性能良好，运转平稳，怠速稳定。

2. 发动机指示指标用于评定发动机工作循环的好坏。发动机有效指标用于评定发动机性能的优劣。发动机有效功率、有效转矩、平均有效压力越大，动力性越好；发动机有效燃油消耗率越小，有效热效率越高，经济性越好。

3. 发动机的有效功率是曲轴对外输出的净功率，是发动机综合性能的评价指标。发动机功率检测常采用两种方法：稳态测功和动态测功。动态测功也称之为无外载（负荷）测功，无外载测功的方法所测得的是发动机的加速性能，仅仅是动力性的一个侧面，而不是动力性的全部。功率指标高的发动机其加速性能不一定优良。动态测功的常用设备是发动机综合分析仪。

4. 评价汽缸密封性的主要参数有汽缸压缩压力、汽缸漏气量（率）、曲轴箱窜气量等。检测密封性的方法有多种，各自检测原理也不同。

5. 在汽油机各系统中点火系对发动机的性能影响最大，统计数字表明有将近一半的故障是因为电气系统工作不良而引起的，因此发动机性能检测往往从点火系统开始。点火波形反映点火系统的技术状况。点火波形的检测设备通常是也发动机综合分析仪。

6. 柴油机供油系技术状况检测也是使用发动机综合性能分析仪，在检测柴油机的供油系统时，外卡式压力传感器，将供油管路的非电量供油压力信号转变成电量。柴油机供油系统技术状况检测内容主要包括喷油提前角检测、各缸供油压力波形检测、故障喷油压力波的加载分析、故障供油压力波的加载分析、喷油器的技术状况检测等。

7. 汽车发动机的性能试验，一般在专门的试验台架上进行，所以又叫发动机台架试验。

习　题

1. 发动机性能的要求是什么？
2. 发动机检测常用的仪器有哪些？各自的主要功能是什么？
3. 发动机功率检测方法有哪几种？
4. 常见的发动机动态测功方法有哪两种？
5. 评价发动机密封性的主要参数有哪些？其检测方法是什么？
6. 简述发动机密封性检测结果的影响因素。
7. 机油压力和燃油压力是如何检测的？试简述检测程序。
8. 简述发动机台架试验的目的、意义、要求与基本组成。

项目十三

整车与总成技术性能要求与评价

一、项目要求

想要保持汽车运行的良好状态，汽车全部总成、零部件除自身具备稳定良好的工作性能外，还必须具有良好的协同、协调、搭配关系，任何部分性能和要求的降低、损坏或搭配关系的弱化、缺失都将导致汽车的运行故障、损坏、甚至事故。因此，熟悉汽车的整车技术性能、总成技术性能的指标与要求，明确相应的国家标准、规定，定时进行安全检查，是使汽车时时处于良好安全的状态的保证。

通过本部分内容的学习，读者应掌握汽车整体外观与标志、载荷与质量参数要求；了解汽车发动机、转向系统、制动系统、行驶系统、传动系统、安全防护等各总成的技术性能要求。

二、相关知识

（一）整车装备技术性能要求与评价标准

1．整车外观与标志

（1）外观

① 机动车外观应整洁，各零部件应完好，联结紧固，无缺损。车体应周正，车体外缘左右对称部位高度差不允许大于 40 mm。

② 漏水要求：在发动机运转及停车时，水箱、水泵、缸体、缸盖、暖风装置及所有连接部位均不应有明显渗漏现象。

③ 漏油要求：机动车连续行驶距离不小于 10 km，停车 5 min 后观察，不应有明显渗漏现象。

④ 汽车列车在平坦、干燥的路面上直线行驶时，挂车后轴中心相对于牵引车前轴中心的最大摆动幅度，对铰接列车、乘用车列车和中置轴挂车列车不应大于 110 mm，对其他列车不应大于 220 mm。其他机动车直线行驶时，其前后轴中心的连线与行驶轨迹的中心线应一致。

（2）整车标志

① 汽车在车身前部外表面的易见部位上应至少装置一个能永久保持的商标或厂标。

② 汽车应至少装置一个能永久保持的产品标牌，该标牌的固定、位置及型式应符合 GB/T 18411 的规定，组成拖拉机运输机组的拖拉机的标牌的固定、位置及型式应符合相关标准的规定。产品标牌的具体位置应在产品使用说明书中指明。改装车不应拆改原底盘的产品标牌。

汽车应在产品标牌上标明品牌、整车型号、制造年月、生产厂名及制造国。产品标牌上标明的内容应规范、清晰耐久且易于识别，项目名称均应有中文名称。

③ 汽车必须具有车辆识别代号，其内容和构成应符合 GB 16735 的规定。应至少有一个车辆识别代号打刻在车架（无车架的汽车应打刻在车身主要承载且不能拆卸的部件）上，打刻位置应尽量位于前部右侧，如受结构限制也可打刻在其他部位。打刻的车辆识别代号应易见且易于拓印，其字母和数字的字高不应小于 7.0 mm，深度不应小于 0.3 mm；对于摩托车及轻便摩托车，打刻的车辆识别代号的字母和数字的字高不应小于 5.0 mm，深度不应小于 0.2 mm。

车辆识别代号（或整车型号和出厂编号）打刻的具体位置应在产品使用说明书中指明，一经打刻便不允许更改、变动。同一辆汽车的车架（无车架的汽车为车身主要承载且不能拆卸的部件）上，不允许既打刻车辆识别代号，又打刻整车型号和出厂编号；同一辆车上标识的所有车辆识别代号内容应相同。

④ 发动机型号和出厂编号应打刻（或铸出）在汽缸体上，且应能永久保持。在出厂编号的两端应打刻起止标记（没有打刻起止标记的空间时可不打刻）。若打刻（或铸出）的发动机型号和出厂编号不易见，则应在发动机易见部位增加能永久保持的发动机型号和出厂编号的标识。发动机出厂编号的具体位置应在产品使用说明书中指明。

⑤ 道路运输危险货物车辆的标志应符合 GB 13392 的规定。

2. 车辆后悬

客车及封闭式车厢（或罐体）的机动车后悬不允许超过轴距的 65%。对于专用作业车和轮式专用机械车，在保证安全的情况下，其后悬可按客车后悬要求核算，其他机动车后悬不允许超过轴距的 55%。机动车的后悬均不应大于 3.5 m。

注：对于多轴机动车，其轴距按第一轴至最后轴的距离计算（对铰接客车按第一轴至第二轴的距离计算），后悬从最后一轴的中心线往后计算。对于客车，其后悬以车身外蒙皮尺寸计算，如后保险杠突出于后背外蒙皮，则以后保险杠尺寸计算，不计后尾梯。

3. 载荷与质量参数

（1）装载平衡性

机动车在空载和满载状态下，整备质量和总质量应在各轴之间合理分配，轴荷应在左、右车轮之间均衡分配。

（2）质量参数核定

机动车最大允许总质量依据发动机功率、最大设计轴荷、轮胎的承载能力及正式批准的技术文件进行核算后，从中取最小值核定。

机动车在空载和满载状态下，转向轴轴荷（或转向轮轮荷）与该车整备质量和最大允许总质量的比值不允许小于：乘用车 30%，其他机动车 20%。

汽车或汽车列车驱动轴的轴荷不允许小于汽车或列车最大允许总质量的 25%。

货车列车的挂车的最大允许装载质量不允许大于货车的最大允许装载质量。

（3）乘用车乘坐人数核定

前排座位按乘客舱内部宽度（系指驾驶员两侧门窗下缘，并在车门后支柱内侧量取）核定，内部宽度不小于 1 200 mm 时核定 2 人，不小于 1 650 mm 时核定 3 人。

除前排座位外的其他排座位，按座垫中间位置测量的乘客舱内部宽度核定，在能保证与前一排座位的间距不小于 650 mm 且座垫深度不小于 400 mm 时，每 400 mm 核定 1 人。

（4）客车乘员数核定

按座垫宽和供站立乘客用的地板面积核定：座垫宽按每 1 人不小于 400 mm 核定；按站立乘客用的地板面积计算：城市公共汽车及无轨电车按每 1 人不小于 0.125 m^2 核定，其他城市客车按每 1 人不小于 0.15 m^2 核定，长途客车和旅游客车及车长不大于 6 m 的客车不允许核定站立人数。设立席的客车供乘客用的地板面积按 GB/T 12428 确定：卧铺客车的每个铺位核定 1 人；计算的乘员数取最小值核定乘员数。

（5）比功率

所谓比功率是指发动机最大净功率（或 0.9 倍的发动机额定功率或 0.9 倍的发动机标定功率）与机动车最大允许总质量之比。汽车的比功率不允许小于 5.0 kW/t。

（二）车辆总成技术性能要求

1. 发动机技术性能的一般要求

① 发动机应动力性能良好，运转平稳，怠速稳定，无异响，机油压力正常。发动机功率不允许小于标牌（或产品使用说明书）标明的发动机功率的 75% 。

② 发动机应有良好的启动性能。汽车（三轮汽车和装用单缸柴油机的低速货车除外）发动机应能由驾驶员在座位上启动。

③ 柴油机停机装置必须灵活有效。

④ 发动机点火、燃料供给、润滑、冷却和排气等系统的机件应齐全，性能良好。

2. 转向系统技术性能的一般要求

① 汽车的方向盘必须设置于左侧。其他机动车的方向盘不允许设置于右侧；专用作业车按需要可设置左、右两个方向盘。

② 机动车的方向盘（或方向把）应转动灵活，操纵方便，无阻滞现象。机动车应设置转向限位装置。转向系统在任何操作位置上，不允许与其他部件有干涉现象。

③ 机动车转向轮转向后应能自动回正，以使机动车具有稳定的直线行驶能力。

④ 机动车方向盘的最大自由转动量不允许大于：

a. 最高设计车速不小于 100 km/h 的机动车 20°；

b. 其他机动车 30°。

⑤ 汽车应具有适度的不足转向特性。

⑥ 机动车在平坦、硬实、干燥和清洁的道路上行驶不应跑偏，其方向盘（或方向把）不应有摆震、路感不灵或其他异常现象。

⑦ 机动车在平坦、硬实、干燥和清洁的水泥或沥青道路上行驶，以 10 km/h 的速度在 5 s 之内沿螺旋线从直线行驶过渡到直径为 24 m 的圆周行驶，施加于方向盘外缘的最大切向力不

应大于 245 N。

⑧ 机动车转向轴最大设计轴荷大于 4 000 kg 时，应采用转向助力装置。装有转向助力装置的机动车，行驶时其转向助力功能不允许出现时有时无的现象。当转向助力装置失效时，机动车仍应具有用方向盘控制机动车的能力。装有电动转向助力装置的汽车，行驶时应保证转向助力装置的电能供应。

⑨ 汽车和汽车列车必须能在同一个车辆通道圆内通过，车辆通道圆的外圆直径 D_1 为 25.00 m，车辆通道圆的内圆直径 D_2 为 10.60 m。汽车和汽车列车、轮式拖拉机运输机组由直线行驶过渡到上述圆周运动时，任何部分超出直线行驶时的车辆外侧面垂直面的值（外摆值）不应大于 0.80 m。

⑩ 汽车的车轮定位应符合该车的相关技术条件，车轮定位值应在产品使用说明书中标明。对前轴采用非独立悬架的汽车，其转向轮的横向侧滑量，用侧滑台检验时侧滑量值应在±5 m/km 之间。

⑪ 转向节及臂，转向横、直拉杆及球销不允许有裂纹和损伤，并且球销不应松旷。对机动车进行改装或修理时横、直拉杆不允许拼焊。

3. 制动系统技术性能的一般要求

（1）基本要求

机动车应设置足以使其减速、停车和驻车的制动系统或装置。

① 某些零件，如制动踏板及其支架、制动主缸及其活塞、制动总阀、制动主缸和踏板、制动气室、轮缸及其活塞和制动臂及凸轮轴总成之间的连接杆件，被视为不易失效的零部件，这些零部件应易于维修保养。若这些零部件的失效会导致汽车无法达到应急制动规定的性能，则这些零部件都必须用金属材料或具有与金属材料性能相当的材料制造，并且在制动装置正常工作时不应产生明显的变形。

② 制动系统的各种杆件不允许与其他部件在相对位移中发生干涉、摩擦，以防杆件变形、损坏。

③ 制动管路应为专用的耐腐蚀的高压管路。它们的安装必须保证其具有良好的连续功能、足够的长度和柔性，以适应与之相连接的零件所需要的正常运动，而不致造成损坏。它们必须有适当的安全防护，以避免擦伤、缠绕或其他机械损伤，同时应避免安装在可能与机动车排气管或任何高温源接触的地方。制动软管不允许与其他部件干涉，且不应有老化、开裂、被压扁等现象。其他气动装置在出现故障时不允许影响制动系统的正常工作。

（2）行车制动

行车制动必须保证驾驶员在行车过程中能控制机动车安全、有效地减速和停车。行车制动必须是可控制的，且必须保证驾驶员在其座位上双手无需离开方向盘（或方向把）就能实现制动。

制动器应有磨损补偿装置。制动器磨损后，制动间隙应易于通过手动或自动调节装置来补偿。

① 制动控制装置及其部件以及制动器总成应具备一定的储备行程，当制动器发热或制动衬片的磨损达到一定程度时，在不必立即作调整的情况下，制动系统仍应保持有效的制动。

② 采用真空助力的行车制动系统，当真空助力器失效后，制动系统仍应能保持规定的应急制动性能。

③ 行车制动系制动踏板的自由行程应符合该车有关技术条件。行车制动在产生最大制动效能时的踏板力：乘用车不应大于 500 N；其他机动车不应大于 700 N。

④ 液压行车制动在达到规定的制动效能时，踏板行程不应大于踏板全行程的 3/4；制动器装有自动调整间隙装置的机动车的踏板行程不应大于踏板全行程的 4/5，且乘用车不应大于 120 mm，其他机动车不应大于 150 mm。

⑤ 液压行车制动系统不允许因制动液对制动管路的腐蚀或由于发动机及其他热源的作用形成气阻而影响行车制动系统的功能。

⑥ 总质量大于 12 000 kg 的长途客车和旅游客车、总质量大于 16 000 kg 且允许挂接总质量大于 10 000 kg 挂车的货车及总质量大于 10 000 kg 的挂车必须安装符合 GB/T 13594 规定的防抱制动装置。

⑦ 汽车列车行车制动系统的设计和制造应保证挂车最后轴制动动作滞后于牵引车前轴制动动作的时间不大于 0.2 s。

（3）应急制动

① 应急制动应保证在行车制动只有一处管路失效的情况下，在规定的距离内将汽车停住。

② 应急制动可以是行车制动系统具有应急特性或是与行车制动分开的系统。

③ 应急制动应是可控制的，其布置应使驾驶员容易操作：驾驶员在座位上至少用一只手握住方向盘的情况下，就可以实现制动。它的控制装置可以与行车制动的控制装置结合，也可以与驻车制动的控制装置结合。

（4）驻车制动

① 驻车制动应能使机动车即使在没有驾驶员的情况下，也能停在上、下坡道上。驾驶员必须在座位上就可以实现驻车制动。对于汽车列车和轮式拖拉机运输机组，若挂车与牵引车脱离，挂车（由轮式拖拉机牵引的装载质量 3 000 kg 以下的挂车除外）应能产生驻车制动。挂车的驻车制动装置应能够由站在地面上的人实施操纵。

② 驻车制动应通过纯机械装置把工作部件锁止，并且驾驶员施加于操纵装置上的力：手操纵时，乘用车不应大于 400 N，其他机动车不应大于 600 N；脚操纵时，乘用车不应大于 500 N，其他机动车不应大于 700 N。

③ 驻车制动控制装置的安装位置应适当，其操纵装置应有足够的储备行程（开关类操作装置除外），一般应在操纵装置全行程的 2/3 以内产生规定的制动效能；驻车制动机构装有自动调节装置时，允许在全行程的 3/4 以内达到规定的制动效能。棘轮式制动操纵装置应保证在达到规定驻车制动效能时，操纵杆往复拉动的次数不允许超过 3 次。

④ 采用弹簧储能制动装置做驻车制动时，应保证在失效状态下能快速解除驻车状态；如需使用专用工具，这种工具应作为随车工具。

⑤ 采用液压制动的机动车，在保持踏板力为 700 N 达到 1 min 时，踏板不允许有缓慢向前移动的现象。

⑥ 采用气压制动的机动车，在气压升至 600 kPa 且不使用制动的情况下，停止空气压缩机 3 min 后，其气压的降低值不应大于 10 kPa。在气压为 600 kPa 的情况下，将制动踏板踩到底，待气压稳定后观察 3 min，汽车气压降低值不应大于 20 kPa；汽车列车、铰接客车及铰接式无轨电车、轮式拖拉机运输机组气压降低值不应大于 30 kPa。

⑦ 采用气压制动的机动车，发动机在 75% 的额定转速下，4 min（汽车列车为 6 min，铰接客车和铰接式无轨电车为 8 min）内气压表的指示气压应从零开始升至起步气压（未标起步气压者，按 400 kPa 计）。

⑧ 气压制动系统应装有限压装置，以确保储气筒内气压不超过允许的最高气压。

⑨ 汽车的行车制动应采用双回路或多回路，当部分管路失效后，剩余制动效能仍应能保持原规定值的30%以上。

⑩ 机动车在运行过程中不允许有自行制动现象。当挂车（由轮式拖拉机牵引的装载质量3 000 kg以下的挂车除外）与牵引车意外脱离后，挂车应能自行制动，牵引车的制动仍应有效。

（5）储气筒

① 压缩空气与真空保护：装备储气筒或真空罐的机动车均应采用单向阀或相应的保护装置，以保证在筒（罐）与压缩空气源（真空源）连接失效或漏损的情况下，由筒（罐）提供的压缩空气（真空度）不致全部丧失。

② 储气筒的容量应保证在调压阀调定的最高气压下，且在不继续充气的情况下，机动车在连续5次踩到底的全行程制动后，气压不低于起步气压（未标起步气压者，按400 kPa计）。

③ 储气筒应有排污阀。

④ 制动报警装置。

⑤ 采用液压制动的机动车，其储液器的加注口必须易于接近，从结构设计上必须保证在不打开容器的条件下就能很容易地检查液面。若不能满足此条件，则必须安装制动液面过低报警装置。

⑥ 采用液压制动的汽车，若液压传能装置任一部件失效，应通过红色报警信号灯通知驾驶员，该信号灯不应迟于制动控制装置发亮。只要失效继续存在且点火开关处在开（运行）的位置，该信号灯应保持发亮。但也允许采用当储液器内液面低于制造厂规定值时点亮的红色信号灯。报警信号灯即使在白天也应很醒目，驾驶员在其座位上应能很容易地检查报警信号灯工作是否正常，该装置的失效不应导致制动系统完全丧失制动效能。

⑦ 采用气压制动的机动车，当制动系统的气压低于起步气压（未标起步气压时按400 kPa计）时，报警装置应能连续向驾驶员发出容易听到或看到的报警信号。

⑧ 安装具有防抱制动装置的汽车，当防抱制动装置失效时，报警装置应能连续向驾驶员发出容易听到或看到的报警信号。

4. 行驶系统技术性能的一般要求

（1）轮胎要求

① 轮胎胎冠花纹深度：乘用车、摩托车及轻便摩托车和挂车轮胎胎冠上花纹深度不允许小于1.6 mm，其他机动车转向轮的胎冠花纹深度不允许小于3.2 mm；其余轮胎胎冠花纹深度不允许小于1.6 mm。

② 轮胎胎面不允许因局部磨损而暴露出轮胎帘布层。轮胎不允许有影响使用的缺损、异常磨损和变形。

③ 轮胎的胎面和胎壁上不允许有长度超过25 mm或深度足以暴露出轮胎帘布层的破裂和割伤。

④ 同一轴上的轮胎规格和花纹应相同，轮胎规格应符合整车制造厂的出厂规定。

⑤ 机动车转向轮不允许装用翻新的轮胎。

⑥ 机动车所装用轮胎的速度级别不应低于该车最高设计车速的要求。

⑦ 双式车轮的轮胎的安装应便于轮胎充气，双式车轮的轮胎之间应无夹杂的异物。

⑧ 乘用车用轮胎应有胎面磨耗标志。乘用车备胎规格与该车其他轮胎不同时，应在备胎附近明显位置（或其他适当位置）装置能永久保持的标识，以提醒驾驶员正确使用备胎。

⑨ 轮胎负荷不应大于该轮胎的额定负荷，轮胎气压应符合该轮胎承受负荷时规定的压力。具有轮胎气压自动充气装置的汽车，其自动充气装置应能确保轮胎气压符合出厂规定。

⑩ 车轮总成的横向摆动量和径向跳动量

总质量不大于 3 500 kg 的汽车不应大于 5 mm；摩托车及轻便摩托车不应大于 3 mm；其他机动车不应大于 8 mm。

⑪ 最高设计车速大于 100 km/h 的机动车，其车轮的动平衡要求应符合有关技术条件的规定。

⑫ 轮胎螺母和半轴螺母应完整齐全，并应按规定力矩紧固。

（2）悬架要求

① 悬架系统各球关节的密封件不允许有切口或裂纹，稳定杆应连接可靠，结构件不允许有变形或残损。钢板弹簧不允许有裂纹和断片现象，同一轴上的弹簧形式和规格应相同，其弹簧形式和规格应符合产品使用说明书中的规定。中心螺栓和 U 形螺栓应紧固、无裂纹且不允许拼焊。钢板弹簧卡箍不允许拼焊或残损。

② 减震器应齐全有效，减震器不允许有明显渗漏油现象。

③ 最高设计车速大于 100 km/h 且轴荷不大于 1 500 kg 的乘用车，其悬架特性应符合 GB 18565 的有关规定。

④ 车架不应有变形、锈蚀和裂纹，螺栓和铆钉不应缺少或松动。

⑤ 前、后桥不应有变形和裂纹。

⑥ 车桥与悬架之间的各种拉杆和导杆不应变形，各接头和衬套不应松旷或移位。

5. 传动系统技术性能的一般要求

（1）离合器

① 机动车的离合器应接合平稳，分离彻底，工作时不允许有异响、抖动或不正常打滑等现象。

② 踏板自由行程应符合整车技术条件的有关规定。

③ 离合器彻底分离时，踏板力不应大于 300 N（拖拉机运输机组不应大于 350 N），手握力不应大于 200 N。

（2）变速器和分动器

① 换挡时齿轮应啮合灵便，互锁、自锁和倒挡锁装置应有效，不允许有乱挡和自行跳挡现象；运行中应无异响；换挡杆及其传动杆件不应与其他部件干涉。

② 在换挡杆上应有驾驶员在驾驶座位上即可容易识别变速器和分动器挡位位置的标志。若换挡杆上难以布置，则应布置在换挡杆附近易见部位。

③ 有分动器的机动车，应在挡位位置标牌或产品使用说明书上说明连通分动器的操作步骤。

（3）传动轴

传动轴在运转时不允许发生振抖和异响，中间轴承和万向节不允许有裂纹和松旷现象。发动机前置后驱动的客车的传动轴在车厢地板的下面沿纵向布置时，应有防止传动轴滑动连接（花键或其他类似装置）脱落或断裂等故障而引起危险的防护装置。

（4）驱动桥

驱动桥壳、桥管不允许有变形和裂纹，驱动桥工作应正常且不允许有异响。

6. 安全防护装置的一般要求

（1）汽车安全带

① 乘用车的所有座椅（第3排及第3排以后的可折叠座椅除外）均应装置汽车安全带，座位数不大于 20（含驾驶员座位，下同）或者车长不大于 6 m 的客车及最高设计车速不小于100 km/h 的货车和半挂牵引车的前排座椅应装置汽车安全带。长途客车和旅游客车的驾驶员座椅、前面没有座椅及前面护栏不能起到必要防护作用的座椅应装置汽车安全带；当（同向）座椅的座间距大于1 000 mm且座垫前面沿座椅纵向不大于600 mm的范围内没有能起到防护作用的护栏或其他物体时，也应装置汽车安全带。

② 卧铺客车的每个铺位均应安装两点式汽车安全带。

③ 汽车安全带应可靠有效，安装位置应合理，固定点应有足够的强度。

（2）车外后视镜和前下视镜

① 机动车（挂车除外）应在左右至少各设置一面后视镜。

② 车长大于 6 m 的平头货车和平头客车车前还应至少设置一面前下视镜，前下视镜应保证驾驶员能看清风窗玻璃前下方长 1.5 m、宽 3 m 范围内的情况。

③ 车外后视镜和前下视镜应易于调节，并能有效保持其位置。

④ 安装在外侧距地面 1.8 m 以下的后视镜，当行人等接触该镜时，应具有能缓和冲击的功能。

（3）前风窗玻璃刮水器

① 机动车的前风窗玻璃应装备刮水器，其刮刷面积应确保驾驶员具有良好的前方视野。

② 刮水器应能正常工作。

③ 刮水器关闭时，刮片应能自动返回至初始位置（拖拉机运输机组除外）。

④ 汽车驾驶室内应设置防止阳光直射而使驾驶员产生眩目的装置,且该装置在汽车发生碰撞时，不应对驾驶员造成伤害。

⑤ 乘用车前风窗玻璃应装有除雾、除霜装置。

⑥ 安全出口。

a. 车长小于 6 m 的客车，在乘坐区的两侧应具有危急时易于乘客逃生或救援的侧窗。

b. 车长不小于 6 m 的客车，如车身右侧仅有一个供乘客上下的车门时，应设置安全门或安全窗。长途客车和旅游客车应设置车顶安全出口。卧铺客车的卧铺布置为上、下双层时，侧窗布置应为上下双排。使用安全门时，应保证不用其他器具即可将它向外推开。安全出口的数量、位置应符合有关规定。

c. 安全门应满足下列要求。

- 安全门的净高不应小于 1 250 mm，净宽不应小于 550 mm。
- 门铰链应在门前端，向外开启角度不应小于 100°，并能在此角度下保持开启，同时还应设有开启报警装置。在安全门打开时，应能提供不小于 550 mm 的自由通道，此时开度不小于100°的要求可不满足。
- 通向安全门的通道宽度不应小于 300 mm，不足 300 mm 时，允许采用迅速翻转座椅等方法加宽通道。
- 安全门应有锁止机构且锁止可靠。安全门关闭时应能锁止，且在车辆正常行驶情况下不会因车辆震动、颠簸、冲撞而自行开启。

- 安全门不用工具应能从车内外很方便地打开车门，门外手柄应设保护套，且离地面高度（空载时）不应大于 1 800 mm。

d. 安全窗应满足下列要求：

- 安全窗和安全顶窗的面积不应小于（3×105）mm^2，且能内接一个 400 mm×600 mm（对车长不大于 7 m 的客车为 330 mm×500 mm）的椭圆；若安全窗位于客车后端面，则其面积不应小于（4×105）mm^2，且应能内接一个 500 mm×700 mm 的矩形。
- 安全窗应采用易于迅速从车内、外开启的装置；或采用安全玻璃，并在车内明显部位装备击碎玻璃的手锤。
- 安全顶窗应易于从车内、外开启或移开。安全顶窗开启后，应保证从车内外进出的畅通。弹射式安全顶窗应能防止误操作。

e. 标志。

- ①每个安全出口应在其附近设有“安全出口”字样。
- ②乘客门和安全出口的应急控制器应在其附近标有清晰的符号或字样，并注明其操作方法，字体高度不应小于 20 mm。

（4）燃料系统的安全保护

① 燃料箱及燃料管路应坚固并固定牢靠，不会因震动和冲击而发生损坏和漏油现象。

② 燃料箱的加油口及通气口应保证在机动车晃动时不漏油。

③ 机动车的燃料系统不允许用重力或虹吸方法直接向化油器或喷油器供油。

④ 燃料箱的加油口和通气口不允许对着排气管的开口方向，且应距排气管的出气口端 300 mm 以上，否则应设置有效的隔热装置。燃料箱的加油口和通气口应距裸露的电气接头及外部可能产生火花的电气开关 200 mm 以上。车长大于 6m 的客车的燃料箱的加油口和通气口应距排气管的任一部位 300 mm 以上。

⑤ 汽车燃料箱各部分不允许前伸至前置汽油发动机的前端面。车长大于 6 m 的客车燃料箱距客车前端面不应小于 600 mm，距客车后端面不应小于 300 mm。不允许用户加装燃料箱。

⑥ 机动车燃料箱的通气口和加油口不允许设置在有乘员的车厢内。

（5）气体燃料专用装置的安全防护

① 气体燃料的供给系统应有有效的安全保护结构措施，以防止气体泄漏，如高压过流保护装置。

② 对于两用燃料汽车，应设置燃料转换系统并安装燃料转换开关。在燃料控制上，应具有当发动机突然停止运转时，即使点火开关打开也能自动切断气体燃料供给的功能。燃料转换开关的安装位置应便于驾驶员操作，其挡位标记应明显，能分别控制供油、供气两种状态。气体燃料和汽油电磁阀的操作均应由燃料转换开关统一控制；当电流被切断时，电磁阀应处于“关闭”位置。

③ 车用压缩天然气气瓶应符合相关标准规定,压缩天然气管路应采用不锈钢管或其他车用高压天然气专用管路；车用液化石油气气瓶应符合相关标准规定，高压管路应采用液化石油气专用管路。

④ 气瓶（车用压缩天然气气瓶和车用液化石油气气瓶等统称为“气瓶”）应被安全地固定在车上，安装气瓶的固定座应具有阻止气瓶旋转、移动的能力，固定座应便于拆装工作。气瓶安装后其强度和刚度不允许下降，车架（车身）结构强度也不应受影响。

⑤ 气瓶安装位置应远离热源，必要时应采取隔热措施。在任何情况下，气瓶及其所有高压管路和高压接头与发动机排气管和传动轴的任何部位之间的距离不允许小于 75 mm；当两者的距离在 75 mm ~ 200 mm 之间时，应设置固定可靠的隔热装置。

⑥ 气瓶应安装在通风位置或采取有效的通风措施。

⑦ 气瓶与汽车后轮边缘的距离不应小于 200 mm。气瓶安装在汽车车架下时，气瓶下方应采取有效防护措施且气瓶及其附件不允许布置在汽车前轴之前。

⑧ 气瓶不允许直接安装在驾驶室、载人车厢和货箱内。当不得不安装在上述部位时，必须设置防护罩并将气瓶与驾驶室或载人车厢有效分离。隔离装置应有很强的防护功能，当车辆受到冲撞时，隔离装置应能有效地防止气瓶冲入驾驶室、载人车厢或货箱内。

⑨ 气瓶的安装和保护罩的设置，应能保证气瓶集成阀的正常操作和检查。

⑩ 手动截止阀和调压器应符合有关规定。手动截止阀应安装在气瓶到调压器之间易于操作的位置，阀体不允许直接安装在驾驶室内。

- 气瓶至调压器之间应安装滤清装置，并易于检查、清洗和更换。
- 高压管路的特殊部位（如相对移动的部件之间）应采用柔性管线，其余部位应采用刚性管线。
- 刚性高压管路应排列整齐、布置合理、固定有效，不允许与相邻部件碰撞和摩擦，所有高压管路和高压管接头应得到有效的保护，高压管接头应安装在能看得见且操作者易于接近的位置。
- 所有管路接头处均不应出现漏气现象。

（6）其他要求

① 机动车发动机的排气管口不允许指向车身右侧。

② 专门用于运送易燃和易爆物品的道路运输危险货物车辆，应在驾驶室上方安装红色标志灯，车上应备有消防器材并具有相应的安全措施。排气管应装在车身前部，机动车尾部应安装接地装置。

③ 客车应装备灭火器，灭火器在车上应安装牢靠并便于取用。

④ 汽车应装备符合 GB 19151 规定的三角警告牌，三角警告牌在车上应妥善放置。

⑤ 乘用车和车长小于 6 m 的客车前、后部应设置保险杠，货车应设置前保险杠。

⑥ 机动车的货箱或其他载货装置，其构造应保证安全、稳妥地装载货物。

⑦ 货车货箱（自卸车、装载质量 1 000 kg 以下的货车除外）前部应安装比驾驶室高至少 70 mm 的安全架。

⑧ 无驾驶室的三轮汽车货箱前部应安装具有足够强度的安全架，其高度应高出驾驶员座垫平面至少 800 mm。

⑨ 驾驶员和货物同在一个车厢内的厢式车，在最后排座位的后方应安装具有足够强度的隔离装置。

⑩ 牵引车与被牵引车的连接装置。

a. 连接装置应坚固耐用。

b. 牵引车和被牵引车连接装置的结构应能确保相互牢固地连接。

c. 牵引车和被牵引车的连接装置上应装有防止机动车在行驶中因震动和撞击而使连接脱开的安全装置。

⑪ 汽车和挂车侧面及后下部防护装置。

a. 总质量大于 3 500 kg 的货车和挂车应提供防止人员卷入的侧面防护，其技术条件应符合 GB 11567.1 的规定。

b. 货车列车的货车和挂车之间应提供防止人员卷入的侧面防护。

c. 除半挂牵引车和长货挂车以外的总质量大于 3 500 kg 的货车和挂车的后下部必须装备符合 GB 11567.2 规定的后下部防护装置，该装置对追尾碰撞的机动车必须具有足够的阻挡能力，以防止发生钻入碰撞。

注：长货挂车是指为搬运无法分段的长货物而专门设计和制造的特殊用途车，如运输木材、钢材棒料等货物的车辆。

三、项目实施

（一）检测仪器与实施要求

1. 检测器材

① 具备整车与总成技术性能检测的汽车。

② 底盘间隙观测仪、底盘间隙观测台。

2. 实施要求

① 能按汽车整车技术性能对汽车整车进行认定与检查。

② 能按汽车各总成技术性能的要求对汽车各总成进行检测。

③ 掌握底盘间隙观测仪对汽车底盘进行动态检测的方法。

④ 能根据汽车运行的各种恶劣环境对汽车进行合理的使用与检测。

（二）检测实施步骤

1. 整车检测

（1）车辆认定

主要检查项目有牌照号码、车辆类型/厂牌型号、车身颜色、发动机号、VIN 代码/车架号、主要特征参数等。

（2）整车

主要检查项目有装备齐全/完好/有效、车体周正/左右对称部位高度差、结构未擅自改造、标识统一、外廓尺寸、后悬以及整车清洁等。

（3）车身与驾驶室

主要检查项目有货箱底板/栏板/挡泥板、车身/驾驶室漆面、车身内外凸起物、发动机、各系统机件、车身/驾驶室固定、车门、车窗（前窗/侧窗）、门窗玻璃、刮水器/洗涤器、司乘座椅、卧铺、通道/安全出口、扶手/行李架（舱）等。

（4）行驶系统

主要检查项目有车架、纵梁/横梁、车桥、车轮/轮胎、轮胎螺栓/半轴螺栓、钢板弹簧/吊耳/销、中心螺栓/U 型螺栓、悬架/杆系/减震器/气囊等。

（5）转向系统

主要检查项目有转向节及臂/横直拉杆及球销、转向各部件/转向助力装置、转向器固定等。

（6）制动系统

主要检查项目有制动装置（行车/应急/驻车）、制动管路连接/固定、液压制动储液器液面、弹簧储能制动器、制动总泵/分泵/管路等。

（7）传动系统

主要检查项目有离合器、变速器/分动器/支架、传动轴/万向传动装置/中间支撑、驱动桥等。

（8）灯光信号及电器设备

主要检查项目有前照灯（远/近光）、前位灯/后位灯、转向信号灯（前、后、侧）、危险报警闪光灯、制动灯、倒车灯、后牌照灯、示廓灯、前雾灯/后雾灯、挂车标志灯、后反射器/侧反射器、侧标志灯、电器导线连接/固定/绝缘、蓄电池桩头及连线等。

（9）安全防护装置

主要检查项目有安全带、燃料箱/燃料箱盖、燃料管路、保险杠、侧面防护装置/后下部防护装置、车内外后视镜/前下视镜、灭火装置、牵引连接装置等。

（10）危险货物运输车辆

主要检查项目有危险货物运输车辆标志/危险品标志、运行状况记录装置、排气管位置/隔热/熄灭火星装置、电源总开关、导静电拖地带装置、罐体检验合格证、泄压阀等安全装置、罐体容积/非罐式车辆载质量等。

（11）发动机动态检验

主要检查项目有启动性能、怠速/加速状况、电源充电状况、各种仪表显示状况、关电熄火/柴油车停机装置、各类报警装置状况、发动机无异响等。

（12）底盘动态检验

主要检查项目有底盘是否异响、离合器分离/结合、变速器操纵、转向操纵/转向自动回正功能、驻车制动操作、传动轴无抖动、驱动桥运转、未漏油/漏气/漏水/漏电等。

2. 底盘动态检测

（1）底盘动态检测的主要项目和技术要求

底盘动态检验主要是通过底盘间隙观测仪的前后左右窜动来暴露车辆传动系各连接点、转向系统横直拉杆各连接部位等的间隙，便于检测人员判断其是否符合标准。其主要检查项目和技术要求如表13-1所示。

表13-1　检查项目及主要技术要求

序　号	检验项目	内　容	主要技术要求
1	转向系统	转向各部件	转向系统各部件应无损伤；紧固及限位情况良好；球销应无裂纹和损伤，不得松旷；各部件在转向过程中应无干涉、摩擦痕迹和现象；痕直拉杆不得拼焊
		转向系统固定	固定应牢固可靠
2	传动系统	变速器及分动器支架	变速器与分动器支架应联结正常、固定可靠
		传动各部件	传动各部件应连接正常；传动轴、万向节安装准确；中间轴承及支架应无裂纹和松旷现象

续表

序　号	检验项目	内　容	主要技术要求
3	行驶系统	钢板吊耳及销	不得松旷
		中心螺栓、U 型螺栓	中心螺栓、U 型螺栓应紧固
		车桥位移	不得移位
		车架纵梁、横梁	纵梁和横梁不得有裂纹和影响车辆正常行驶的变形，螺栓和铆钉不得缺少或松动
		悬架杆系统	车桥与悬架的各拉杆和导杆应无松旷和移位
4	制动系统	制动系统部件	制动系部件不得擅自改动
		制动总泵、分泵、管路老化、漏气、漏油	制动分泵、总泵、制动管路不得有漏气、漏油现象；软管不得有老化开裂、磨损等异常现象
		制动管路固定	管路固定可靠，与其他部件不应有摩蹭现象
5	其他	排气管、消声器	排气管、消声器应齐全、固定可靠，无磨损和漏气现象；排气管口不得指向车身右侧
		发动机固定、燃料箱、燃料管路	固定可靠，燃油箱及燃油管路应固定可靠，不得有漏、渗油现象；燃料管路与其他部件不应有磨蹭现象；软管不得有老化开裂、摩蹭等异常现象
		电器线路	所有电器电线均应捆扎成束、布置整齐、固定卡紧、接头牢固并应有绝缘套，在导线穿越孔洞时需装设绝缘套管并固定可靠

（2）底盘间隙观测仪使用方法

① 将被测汽车前轮驶上底盘间隙观测台台面。

② 接通底盘间隙观测台主电源。

③ 打开操纵器（或遥控器）照明灯开关，此时电动机驱动油泵，电液驱动系统进入运行状态。

④ 按下左滑板纵向移动按钮，驾驶员立即踩下汽车制动踏板使前轮制动，此时主要检查转向节主销与转向节、前桥主销支撑孔是否松旷；转向器直、横拉杆球头销是否松旷；转向器支架连接是否松动；钢板弹簧 U 形螺栓是否松动；独立悬架下摆臂铰接处是否松动和传力斜拉杆胶垫是否磨损松旷等。

⑤ 松开左滑板纵向移动按钮和汽车制动踏板，按下右滑板横向移动按钮，此时主要检查：左、右轮毂轴承和主销铰接是否松旷；左、右钢板弹簧及销是否松旷；左、右悬挂其他连接是否松动；前部车架有无裂纹和悬架系统各零件有无裂纹等。

⑥ 松开右滑板横向移动按钮，按下右滑板纵向移动按钮，并立即踩下制动踏板使前轮制动，此时主要检查内容与④所述相同。

⑦ 左、右滑板停止动作，驾驶汽车使后轮驶上滑台台面。

⑧ 按下右滑板横向移动按钮，此时毋须踩下制动踏板，其主要检查内容与⑤所述相同。

⑨ 松开右滑板横向移动按钮，关闭照明灯，切断底盘间隙观测台主电源，汽车驶离底盘间隙观测台。

四、拓展知识

未来世界汽车安全技术发展趋势

从传统上说，汽车安全的概念分为两个内容：一是主动式安全技术，即防止事故的发生；二是被动式安全技术，即事故发生后对乘员的保护。汽车安全技术开发是两者并举，但更重视前者。以下是即将在今后几年逐步普及的新的汽车安全技术。

1. 集成安全系统

这种系统将汽车驾驶分为5种不同的“驾驶状态”：即正常状态、预警状态、躲避碰撞状态、无法躲避碰撞状态和碰撞之后状态，分别以先进技术对乘员进行综合性保护。这种安全系统在汽车上装备先进的雷达系统和电脑系统。在行驶中，集成系统可以使汽车自动监测路面、迎面来的车辆和行人或其他物体，并计算出驾驶员应该作出何种快速反应以及车辆应该多快减速等，然后根据情况发出各种警示信号。这些工作都能在瞬间完成，以使驾驶员有足够的时间作出反应。

驾驶员疲劳检测系统是集成安全系统的重要组成部分，包括眼睛跟踪系统等先进的测试系统，可以测定驾驶员的呼吸情况，眼睛睁开的大小和眨眼的频率有多快，从而来测定驾驶员的警觉程度和疲劳程度，并确定需要何种安全支持措施来应对目前的驾驶状况。如果发现驾驶员处于疲劳驾驶状态，汽车就会发出警告以确保安全。

追尾事故是最常见的汽车交通事故。据美国国家公路交通安全局的统计，79%的汽车追尾事故都是由于驾驶员注意力分散造成的，只要提前半秒钟给驾驶员一个提醒，追尾事故就可以减少60%。安装集成安全系统就可以根据各种情况提前给司机警示，有效地防止追尾事故的发生。在躲避碰撞状态，集成安全系统会自动运用防抱死制动装置、牵引力控制装置和稳定性增强设备等系统，使汽车的各个系统达到最佳状态，帮助驾驶员避免可能发生的碰撞。随着电子伺服技术的应用，将来的汽车技术可以发展到这样一个高度智能化的程度：在遇到紧急情况如有人突然横穿马路时，集成安全系统可以使自动刹车或转向以防止事故的发生。

2. 安全气囊

自从安全气囊问世以来，这一系统已经挽救了成千上万人的生命。但是，目前的安全气囊也存在自身的缺陷，从而造成了一些不应有的伤亡事故。由于在事故发生的一瞬间必须完成铺垫功能，因此气囊必须以极快的速度弹出以保护车内人员安全。据美国有关部门计算，安全气囊弹出的瞬间时速高达40公里左右。个子较小的驾驶人员身体比较靠近方向盘，在车速不是特别快的时候发生事故，驾驶人员往往不是由于事故本身而受伤，而是被迅速弹出的气囊击伤。多年来，美国每年都会发生一些被安全气囊打伤甚至致死的事故。

美国的德尔福公司的新技术可以有效解决安全气囊不十分安全的难题。该公司开发了一种被称为“被动式乘客识别系统”的新技术，推出了世界第一个乘员体重传感系统，使保护乘员的安全气囊可以以智能的方式打开或收缩。传感系统可以根据乘员的体重、身高和胖瘦程度以及在座位上的具体位置，来决定安全气囊弹出的确切程度，从而对多种体形和身高的乘员进行有识别的保护。

这一系统说起来简单，在实际设计和运作过程中则是十分复杂和先进的一项技术。最近，美洲豹车型已经使用了德尔福公司开发的这一新技术，深受用户的欢迎。预计这种新的安全气囊技术将在今后几年在许多车型上普遍使用，使安全气囊真正起到安全保护作用。

此外，德尔福公司在乘员被动保护方面还设计出一种主动式膝垫以加强对架驶员的保护作用。它采用一个充气式装置，在发生正面碰撞事故时，系统会把膝垫自动向乘员的方向移动，从而减轻事故对人员腿部的损伤。

3. 自动变速巡航技术

汽车巡航技术是目前西方汽车上普遍使用的技术，对在高速公路上方便驾驶和减轻驾驶员的疲劳很有帮助。但目前汽车普遍拥有的巡航技术只能在行驶中保持一种速度，即在汽车行驶到一定速度后启动巡航系统，汽车就会保持一个固定速度自动前进，不用再踩油门。但是一旦遭遇紧急情况，驾驶员必须立即刹车减速以防止事故发生，因此，驾驶员必须随时准备制动。采取制动动作以后，巡航系统自动失去功能，必须重新加速后再次设置巡航速度。

新型巡航系统则具有高度智能化功能，能够自动调整车速，巡航时速最低可以保持在20mile(lmile≈1.61km)。当一辆汽车在街道上行驶时，另一辆车在前面引导和配合，两辆汽车不时用报话机联系以配合行动。当技术人员启动巡航系统后后面的汽车跟着前面的汽车保持一定距离前进，仪表盘上小型雷达屏幕上的绿色信号显示前方的路况，3 个车道线中中间车道有一小车形状的信号，这就是在前面配合试验的汽车。前面的汽车不时变化速度前进，后面的车辆则自动与它保持一定距离。前面的汽车减速时，后面的车也自动减速；前面的汽车加速时，后面的汽车也跟着自动加速。当前面的车辆驶离车道后，屏幕显示前方中间车道无任何车辆，汽车立即自动恢复既定巡航速度，迅速前进。

先进的自动变速巡航技术可以使驾驶员在道路上，特别是在繁忙的高速公路上更方便、轻松地驾驶汽车，同时也可有效减少事故的发生。

4. 制动控制系统

汽车高速行驶中急制动或急速拐弯易造成翻车，这是导致道路交通事故伤亡最大的原因之一。新型制动系统可以有效地减少此类事故的发生。其基本原理是通过中央底盘的控制器，将制动、悬挂、转向、动力传动等控制系统进行“电子化连接”，通过复杂的控制运算，协调各个系统，使车辆的整体性能和稳定性达到最佳水平，减少颠簸和快速转向时离心力造成的冲撞作用。

小 结

1. 对汽车的整体安全运行影响的因素有很多，主要有汽车整车的外观与标志、车辆后悬、载荷与质量参数等方面的技术要求。

2. 汽车车辆的总成技术要求包括发动机技术、转向系统技术、制动系统技术、行驶系统技术、传动系统技术、安全防护技术等方面一般技术要求，这些要求是确保各部分正常运行的基础与前提。

3. 汽车整车的检查主要包括整车外观标志和底盘动态的检查。

习　题

1. 国标对车辆外观有何要求？
2. 汽车应在产品标牌上标明哪些内容？
3. 国标对车辆后悬有何要求？
4. 如何进行汽车质量参数核定？
5. 简述国标对发动机技术性能的一般要求。
6. 简述转向系统技术性能的一般要求。
7. 国标对汽车轮胎、车轮总成的横向摆动量和径向跳动量是怎样要求的？
8. 国标对离合器、传动轴有何要求？
9. 国标对汽车燃料系统的安全保护有何要求？
10. 国标对机动车发动机的排气管口有何要求？

参考文献

[1] 吴光强．汽车理论．北京：人民交通出版社，2007

[2] 安相璧，马效．汽车检测设备与维修．北京：北京理工大学出版社，2005

[3] 安相璧，马麟丽．汽车检测诊断技术．北京：北京理工大学出版社，2005

[4] 李军．汽车使用性能与检测技术．北京：人民交通出版社，2002

[5] 安相璧．汽车使用性能与检测．北京：金盾出版社，2007

[6] 李健．汽车使用性能与仪器设备．上海：上海科学技术出版社，2007

[7] 肖健．汽车使用性能与检测．北京：机械工业出版社，2002

[8] 郭彬．汽车使用性能与检测技术．西安：西安电子科技大学出版社，2007

[9] 余志生．汽车理论．3 版.北京：机械工业出版社，2003

[10] 安相璧，马麟丽．汽车检测工手册．北京：电子工业出版社，2005

[11] 仇雅莉．汽车检测诊断技术与设备．北京：电子工业出版社，2005

[12] 苗泽青．汽车检测人员岗位培训教材．北京：人民交通出版社，2005